小学数学学习素材的
创意开发

“做”出思维

谢英　范韦莉　主编

苏州大学出版社
Soochow University Press

图书在版编目(CIP)数据

“做”出思维:小学数学学习素材的创意开发/谢英,范韦莉主编. --苏州:苏州大学出版社,2024.8.
ISBN 978-7-5672-4909-7

Ⅰ. G623.502

中国国家版本馆 CIP 数据核字第 2024AA2609 号

书　　名:“做”出思维:小学数学学习素材的创意开发
　　　　 “ZUO” CHU SIWEI: XIAOXUE SHUXUE XUEXI SUCAI DE CHUANGYI KAIFA

主　　编:谢　英　范韦莉
责任编辑:金莉莉
助理编辑:谢　刚

出版发行:苏州大学出版社(Soochow University Press)
社　　址:苏州市十梓街 1 号　邮编:215006
印　　装:镇江文苑制版印刷有限责任公司
网　　址:www.sudapress.com
邮　　箱:sdcbs@suda.edu.cn
邮购热线:0512-67480030
销售热线:0512-67481020

开　　本:787 mm×1 092 mm　1/16　印张:21.25　字数:466 千
版　　次:2024 年 8 月第 1 版
印　　次:2024 年 8 月第 1 次印刷
书　　号:ISBN 978-7-5672-4909-7
定　　价:68.00 元

凡购本社图书发现印装错误,请与本社联系调换。服务热线:0512-67481020

“数学是一棵富有生命力的树”，
儿童数学以“创意做”的方式生长。

——扉页题记

序

“动手做数学”,演绎指尖上的智慧

《义务教育课程方案和课程标准（2022 年版）》（以下简称《新课标》）要求所有学科用不少于 10% 的课时设计“跨学科主题学习”活动，推进课程综合化、实践化。为了更好地贯彻落实《新课标》，南京致远外国语小学数学组推出了“动手做数学”系列案例。

著名儿童心理学家皮亚杰认为：“智慧的鲜花是开放在指尖上的。”“动手做数学”系列案例就是根据儿童好动、好奇、创造力强等特点，深化“做”的设计，将数学知识渗透在“做”的实践中，为学生提供充足的时间、空间和机会，让他们在动手动脑中习得和应用知识，获取解决实际问题的能力。在开展“动手做数学”活动时，教师应注重让学生在观察、实验、猜测、验证、推理中经历数学探究和发现的完整过程，实现主动参与、积极思考、敢于实践、勇于创新等多方面能力的综合发展，从而实现《新课标》提出的“致力于实现义务教育阶段的培养目标，使得人人都能获得良好的数学教育，不同的人在数学上得到不同的发展，逐步形成适应终身发展需要的核心素养”。具体来说，小学数学课题组的研究成果有以下四点值得关注。

1. 基于学生经验展开教学

学生是学习的主体，教学要把学生已有经验作为新知识的增长点，引导学生从已有经验中“长”出新的经验。因此，数学教学要紧密联系学生的生活实际，从学生的生活经验和已有的知识经验出发。例如：在“速度是多少”一课中，教师先通过苏炳添的跑步速度唤起学生的生活经验，再通过“滚小球”活动加深学生对“速度”本质的理解。“纸上得来终觉浅，绝知此事要躬行。”学生只有动手操作，才能真正形成属于自己的个体化经验。这种经验的沉淀必将成为学生的一种素质、一种能力，使学生受用一生。

2. 给学生留足思考时间与空间

爱因斯坦曾说过：“学习知识要善于思考、思考、再思考，我就是靠这个学习方法成为科学家的。”在数学教学中，教师要留给学生足够的思考时间与空间，重视思考的过程，充分发挥学生的自主性、主动性和创造性，鼓励学生对数学知识产生自我理解，尊重学生的个人感受和独特见解。例如：在“怎样围体积最大”一课中，记住解决这个问题的结论非常容易，以后遇到类似的问题套用结论也能得到正确答案，但是这种方法并不可取。学生个体之间存在差异，不能简单地通过思考的快慢来评判学生思考的质量，因为多数成年人眼中十分“小儿科”的结论对于学生来说都是陌生且要内化的。从这个角度来说，给予学生足够的思考时间与空间才是真正的以学生为中心。

3. 让学生从“学会”到“会学”

学习如何学习，即学会学习，教师要教会学生如何正确地进行学习，正如陶行知先生认为好的先生不是教书，不是教学生，乃是教学生学。例如：在“测量的学问”一课中，关于测量体积这个主题需要知道什么，对于测量土豆体积需要知道什么，要带着问题进入课堂。而在课堂学习之后，学生要总结学到了什么，更重要的是要思考自己想学什么，还能发现哪些新问题值得去思考。比如测量不规则物体的体积有什么共性的方法，不同的测量方法之间又有哪些异同点，这才是科学思考问题的方式。“课已尽、意未止”，学生是带着收获与思考在继续前行的，学习如何学习就必须重视学习策略，即学生要懂得学什么、何时学、为什么学以及怎样学。唯有如此，才能实现从“学会”到“会学”的蜕变。

4. 提升学生素养，实现学科育人

《新课标》明确指出育人的任务要通过学科的教学来实现，这必将驱动更深层次的学科实践创新。“动手做数学”就是致力于数学学习方式的创新，它超越学科在知识与技能层面上的功能，是从学科育人的高度对人的整体性发展的全面建构。经由“动手做数学”领悟数学价值，催化思维生长，催生思想生成，强调学生在“过程中”成长，以此激发学生学习数学的兴趣，调动积极性，鼓励创造性思维，养成良好的数学学习习惯，学会恰当的数学学习方法，树立完整数学观，提升数学核心素养，最终实现学科育人。

“动手做”是数学教学中一片待开垦的沃土，是数学教育改革希望的田野，需要广大教师用更大胆的革新意识与实践态度，面向每个学生，深耕课堂，从而让数学素养能够“人人带得走”。

江苏教育报刊社《小学生数学报》编辑部

殷　英

目 录

第一章

数学实践育人的背景分析

“做”出思维，突出一个“做”字。做，即实践。追根溯源，数学是从哪里来的？数学源自人类的实践，在实践中发展、培育、塑造人，这是数学的应然追求。站在数学实践育人的思想高度，瞻望小学数学中的“做”，我们会领略到更加灿烂的数学教育教学风景。

第一节
文献综述:数学实践的理论扫描

一、陶行知的“教学做合一”

(一)陶行知“教学做合一”思想的内涵

陶行知是我国著名的教育家、思想家,他所倡导的“生活即教育”“社会即学校”“教学做合一”等教育思想对我国教育事业的发展产生了深远的影响。其中,“教学做合一”是其生活教育理论的方法论,对于教学实践有着重要的指导意义。

“教学做合一”是对生活教育理论的说明,是指在学习、生活中对照事物讲是“做”,对提升自身知识技能而言是“学”,对他人的影响是“教”。它的中心思想在于“做”,“做”就是实践。教师应该围绕这一重要基础,选择教学内容,设置教学流程。同时,陶行知也强调“在做中教,在做中学”。在这一理念的作用下,师生已超越传统的师生关系,他们之间更像是朋友。教学过程也不再是以往的照本宣科,而是借助各种新技术,营造出积极和谐的教学氛围,激发学生的学习热情,并引导学生将教育和生活联系在一起。

(二)陶行知“教学做合一”思想在小学数学课堂教学中的应用原则

要想“教学做合一”思想在小学数学课堂教学中发挥应有的价值,教师需要遵循以下应用原则。

1. 主体性

从“教学做合一”思想中可以看出,它在强调“教”与“学”的基础上更加突出以学生为主体的“做”。这就要求教师在组织开展教学活动时,引导学生积极主动地参与到教学活动中,让他们在“做”中不断深入“学”,以“做”促“长”。

因此,在小学数学课堂教学中应用“教学做合一”思想时,教师应该始终坚持以学生为主体,秉持主体性原则,突出学生的主体地位,这样才能够充分发挥“教学做合一”思想的教育价值。

2. 实践性

“教学做合一”思想认为课堂教学活动应该以实践应用为前提,并将其作为目标,然后在这样的前提下再开展课堂教学。

因此,“教学做合一”思想在小学数学课堂教学中的应用应该以实践为中心,同时也要将其作为课堂教学的落脚点。教师应该遵循实践性原则,结合现实生活来组织开展教学活动,引导学生从实践中学习知识和技能,然后再将其运用到现实生活中,从而达到学以致用的目的。

3. 启发性

小学生年龄尚小,他们的好奇心、探索欲非常强,对于未知的事物比较好奇。因此,在课堂教学中,教师要根据学生的这一身心发展特点,引导学生在教学活动中提升自己的探究能力。同时,对于小学数学课堂问题,在“做”中学,能更好地实现对学生的有效启发。

二、杜威的实用主义教育思想

（一）杜威实用主义教育思想的内涵

杜威的实用主义教育思想以其实用主义哲学、儿童心理学以及社会学等理论为根基,从经验教育出发,将教育活动与生活实践相结合,提出教育的目的就是让儿童更好地适应社会。杜威的实用主义教育思想主要包含以下内容。

1. 教育即生活

杜威在《民主主义与教育》一书中指出,“在最广泛的意义上,教育乃是社会生活延续的工具”。他认为生活本身就是一个变化不停、发展不止的过程,由此,人们从生活中所得到的经验也是需要不断改变的,而教育就处在这个不断变化发展的生活过程中。在杜威看来,个体只有过好了儿童阶段,才能更好地过渡到成人阶段。同时,儿童阶段的生活应该保持其相对性与独立性,不能把成人阶段的标准强加给儿童。此外,杜威认为学校的教育和生活应该遵循儿童的爱好和兴趣,以满足儿童的发展,推动社会的进步。

2. 教育即生长

杜威从个体发展与生活的连续性出发,认为教育就是对经验的不断改造与重构,是一个连续不断生长的过程。他指出,传统的教育理论忽视儿童的个性与天赋,一味依靠外部压力盲目施加给儿童太多的东西,实际上违背了教育的本质。

因此,杜威的教育即生活理论从儿童的发展规律出发,关注儿童的身心状况,让儿童在社会环境中通过主动地不断认知与接触外部事物来获得经验的增长,从而使自身得到更加充分与自由的成长。

3. 教育即经验的不断改造

在杜威看来,经验的基础在于人与环境的相互交融和相互作用,经验的积累不仅包括知识的获得,还有品德的形成以及应对未来生活能力的提高。经过改造的经验也更有利于指导和控制以后的经验,使新的经验得以继续改造,并由此得以向更加成熟、复杂的方向发展。基于此,杜威认为教育可以使儿童的经验逐步加深与扩展,学校和教师的主要责任就是正确判断每种经验对儿童的好奇心与创造力的作用程度,以及通过必要的、适当的指导与改造使其朝良好的方向发展。

(二)杜威实用主义教育思想在教学中的应用原则

要让杜威的实用主义教育思想在小学数学教学中发挥应有的价值,教师需要遵循以下应用原则。

1. “从做中学”

“从做中学”既是杜威教学方法论的一个基本原则,也是他全面批判传统教学方法的中心论据。杜威认为,传统的教学方法只是在固定的教室地点直接传授书本上的知识,严重脱离了学生的社会生活与实际需要,这种灌输式教学方法无法充分调动学生兴趣与个人爱好,更不能激发想象力与创造力。所以,不应当一味灌输书本知识,而要通过“做”让学生在切身参与中获得知识与经验。“从做中学”主张把实践活动当作重要的教学方式,教学内容也不局限于书本,教师在教学活动中应该由原来的主导作用转变为启发和协助学生活动的参谋作用。教师应通过“做”使课堂、书本能与学生的活动、经验联系起来,在“做”中学习书本上的知识,以此来打通直接经验与间接经验之间的隔阂,避免“知”与“行”的不合一。

2. 平等的师生关系

一方面,杜威认为学校就是一个小型社会,教师和学生应该具有平等的关系,所以师生关系平等是教学活动中的一个重要原则;另一方面,学生即儿童是教学的中心,一切教学活动都应该紧紧围绕儿童的需求来展开。杜威的“儿童中心论”教育观认为儿童的天性就爱好活动,并善于在活动中激发自己的学习兴趣与动机,也只有在这样的教育环境下才能取得真实有效的成果。同时,杜威虽然坚持儿童是教育活动的中心,但并没有贬低和否定教师的作用,更不主张教师角色的“退场”。他认为,教师之所以能成为教师,正是因为他们最懂得儿童的需要和发展可能,并且教师也会有计划展开他们的工作。在以儿童为中心的教育活动中,教师要积极为学生构建一种充满探索性和发展性的环境,扮演好教育活动参与者、指导者与组织者的角色。

杜威不仅把“实践育人”作为他教育思想的中心原则,还一以贯之地把该原则落实到实践中去。他主张,学校教育要与社会和生活相接轨,设立各种实验室、种植农场、厨房以及工厂等,在给学生布置的作业中应涵盖绘画、编织、园艺、烹饪、种植等各种形式的内容,并鼓励学生参加感兴趣的活动,让学生在劳作、观察中学习与成长。杜威认为,通过各种形式的实践教学活动,不仅能让儿童在“做中学”中培养个人兴趣,激发求知欲望,促进全面生长,还能消除学校与社会之间的教育隔阂,培养学生之间友爱互助的社会精神,为学生以后的职业生涯奠定基础。

三、弗赖登塔尔的数学教育思想理论

荷兰著名数学家和教育家弗赖登塔尔在其代表作《作为教育任务的数学》一书中提出

了“再创造”理论，在数学教育界产生了巨大的影响。即使在课程改革持续推进、教育理念不断翻新的当下，“再创造”理论对以发展学生核心素养为目标的数学教学仍然具有实在的指导价值。

（一）弗赖登塔尔的数学教育思想观

弗赖登塔尔对数学教育有一些独特的见解，可以概括为下面几个观点。

1. 不应当教现成的数学，而应当教活动的数学

弗赖登塔尔提出，“将数学作为一种现成的产品来教，留给学生活动的唯一机会就是所谓的应用，其实就是做问题。这不可能包括真正的数学，留作问题的只是一种模仿的数学……面对这些现成的数学，学生唯一能做的事就是不断复制”。这个观点是对传统数学教学形态的一种反叛，意图将先学后做的思维方式颠倒过来，在活动中展开学习。

2. 教学活动是让学生“做数学”的过程

弗赖登塔尔认为，教学的最好方法是让学生做。这就为“活动的数学”规定了活动的方式。“做”既包括动手，也包括动脑。动手做的本质是借助身体去认知，动脑做的本质则是思维实验。显然，这一思想与杜威的“从做中学”一脉相承。他们都认为理想的教学过程应当是：教师积极鼓励儿童在活动中主动思考，积极尝试，可以运用观察和推测、实验和分析、比较和判断，对问题展开研究，并能自主调动他们的手足耳目和头脑等身体器官，去亲身体验探究问题的全过程。

3. 教学活动应当让学生经历数学化的过程

“数学化”是指学生应该学习将非数学内容或不完整的数学内容，组成一个合乎数学的精确性要求的结构。例如，将空间转化为图形，是空间的数学化；整理平行四边形的性质，并在比较分析中进行抽象化处理，从而得出平行四边形的意义，是平行四边形概念的数学化。

数学化有两种形式。一是横向数学化，即将实际问题转化为数学问题，发现实际问题中的数学成分，并对这些成分做形式化处理，把生活世界引向符号世界。二是纵向数学化，即在数学范畴内对已经形式化了的问题做进一步抽象化处理，这是更深层次的数学化，是从符号到概念、简单到复杂的数学处理过程。

数学化是对“活动的数学”在内容方面的圈定。数学产生于现实，每个学生都有不同的数学现实。数学现实是指数学课程内容应该与现实有密切的联系，并且能够在现实生活中得到应用。数学的整体结构应当存在于现实中，只有密切联系现实的数学才能充满着各种关系，才能与现实结合并且得到应用。儿童总是处于某种现实的情境中，有些情境承载着重要的数学信息，这些情境中的数学信息就是儿童面对的数学现实之一。

学生需要对现实进行数学化，将非数学内容数学化，将不完整的数学内容组织成一个合乎数学的精确性要求的结构。而数学化的核心步骤是用数学方法将实际材料组织起来，组织材料本身就是一项数学活动。这里要强调的是，数学化有两个要点。一是数学化的结果应当是结构化的知识体系。例如，平行四边形的每一个性质都是数学陈述，但是这些陈

述的整体本身只是一个"大杂烩",只有用逻辑关系建立结构,它才成为数学,而这个过程就是数学化。二是数学化有进阶的特征。数学化首先是对数学现实进行加工,形成局部的数学材料,这是低层次的数学化过程;然后是对局部的数学材料进行整体组织,形成结构化的数学,这是高层次的数学化过程。

4. 数学活动的一个目标是"再创造"

"再创造"是指由儿童本人把要学习的内容发现或创造出来。弗赖登塔尔认为,普通的儿童也有能力"再创造"出他在将来的日常生活中所需要的数学,不仅可以创造内容,也可以创造形式。学习过程必须含有直接创造的层面,即从学生的观点上来看是创造,是主观上的创造,而不是客观意义上的创造。

教师的任务是引导和帮助学生进行"再创造",而不是把现成的知识灌输给学生。弗赖登塔尔认为,学生有某些潜在的能力,若要发展这种潜能,学生的学习不能从完美的、现成的结果开始,更不能将各种规则、定理等远离现实生活的抽象内容生硬地灌输给学生,而应该创造合适的条件(通常是提供一些情境或现象的材料),逐步让学生在实践的过程中,通过自己的发现去学习数学,获取知识,使头脑中已有的非正规的数学知识与思维发展为科学的理论。生物发展重演律指出,个体发展过程是群体发展过程的重现。这个规律在数学学习上也是成立的:学生具有发现数学知识即"再创造"的能力,数学发展的历程也可以在学生身上重现。

例如,学生可以根据自身的数学现实创造个性化的 $2+3=5$ 的计算过程,而不能说学生创造了 $2+3=5$ 这个算式的计算原理。所以,学生可以创造"数学化"而不是数学,创造"抽象化"而不是抽象,创造"算法化"而不是算法,创造"语言描述"而不是语言。

通过"再创造",可以促进人们形成数学教育是一种人类活动的观念。通过"再创造"来学习,能够获得发现的乐趣,激发学习的兴趣,并获得学习的动力;通过自身活动得到的知识与能力比由旁人"硬塞"来的,要理解得更透彻,掌握得更充分,同时也更善于被应用,还可以较长久地被记住。

(二)弗赖登塔尔的数学教育思想在教学中的应用原则

数学化、数学现实、有指导地再创造,三个核心思想相互实现、互为融合。数学化是重要的数学教学方式,让学生经历数学化的过程首先需要教师依据数学史剖析教材内容,对其进行重组再创造,并结合学生的数学现实创设恰当的问题情境,引导学生在情境中进行探究活动并经历完整的数学化过程。为了促进学习的有效迁移,在横向数学化与纵向数学化的过程中,教师要突出知识之间的丰富联系,重视对数学整体结构的教学。换句话说,弗赖登塔尔的数学教育思想中也蕴含了深刻的整体教学观念。要让弗赖登塔尔的数学教育思想在小学数学教学中发挥应有的价值,教师需要遵循以下原则。

1. 教充满联系的数学

强调按各个课时的内容逻辑来设计的教学往往会导致知识的片段化与碎片化。教材的编写重视数学内部的联系以构建单元知识结构,却忽视了数学与外部的联系。与外部相关的情境即便有,也更像是起点缀作用的布景,与数学真正的联系很少。弗赖登塔尔赞成人们学习的每件事情都应该是充满联系的,他认为教学不要教孤立的片段,而要教连贯的材料。连贯的材料是指具有多方面联系的、符合学生数学现实的材料。学生获得与现实有丰富联系的知识,才能形成良好的认知结构,助力长时记忆,才能有效培养应用意识促进学习的迁移。

弗赖登塔尔所指的联系涉及两个方面:数学学科内部之间的联系,数学与外部的联系。他把学习过程作为一个整体进行考虑,认为各学习要素的结合应当被组织得尽可能早、尽可能长和尽可能强。例如,函数、图像、方程应该看作交织缠绕在一起的各个学习分支,而代数与几何之间的互动交织也不必只限定在解析几何上。但是,弗赖登塔尔强调数学概念与原理的教学要先考虑数学与学生的生活现实及数学基础的联系。与数学联系的外部现实内容可以是日常生活的、自然的、物理的、化学的或者数学本身的材料。教师在具体教学中要引领学生在现实中"做数学""用数学",逐步发展为看似与现实没有联系但与现实充满联系的形式化数学体系。教师教"充满联系的数学"也就是要让学生充分经历横向数学化与纵向数学化的过程。

2. 按照数学的整体结构进行教学

弗赖登塔尔认为,传统的教学理论主要聚焦于局部分析具体的教学内容,没有按照数学的整体结构进行教学。即便是现在,一线的数学教学情况似乎也没有太大的改观。数学依附于现实,因此数学的整体结构也应该存在于现实之中。这里的整体结构不是指数学已有的、现成的演绎体系,而是学生随着学习过程中数学知识的不断充沛而不断发展变化的、动态的整体知识结构,它应与现实世界充满各种有机联系。强调按照数学的整体结构来进行教学,就是要结合学生的数学现实教"充满联系的数学",唯有如此才能使学生获得一个随着学习不断更新优化的、与现实密切结合的整体知识结构,并将之应用于现实。需要再次明确的是,这里的现实是指学生已有的生活经验与数学知识基础。

四、具身认知理论

具身认知理论主要指生理体验与心理状态之间有着强烈的联系。具身认知科学的研究者认为,人类的思维和行为不是独立于身体之外的。相反,它们深受我们的身体(包括感官、运动系统和大脑)的影响。例如,我们的视觉系统不仅影响我们看到的内容,也影响我们思考的方式。同样地,我们的身体动作也能影响我们的认知过程。

在小学数学知识学习阶段,引导学生获得具身认知,不仅是一种学习策略和方法,更是一种全新的理念和思想,能够给学生的创新探究提供良好条件。学生拥有具身认知后,便能够提升自我的身心与环境之间的互动性,能更好地适应数学课程教学模式。

(一) 具身认知理论的内涵

具身认知理论与一般的身心二元论的观念有所不同,更注重身心合一。身心本身就是一个整体,相互依存,如果没有身体,那么人的心理就没有了依托。心理状况是身体的反映,心理认知本身不是凭空出现的,要借助一定的载体,通过身体器官表现出来。认知不是简单地罗列知识,而是通过身体感官去感受,获得良好的认知。人的身心要想获得愉悦感受,必须在外界感受并感知各种事物,由感知带动自身发展,获得身心愉悦的体验感。

(二)具身认知理论在教学中的应用原则

要让具身认知理论在小学数学教学中发挥应有的价值,教师需要遵循以下应用原则。

1. 操作性

在认知发展的过程中有身心一致的表现,是具身认知的基本原则,学生的意识体验增强,那么通过行为所获得的反馈往往刻在学生的心中。在数学教学中,教师关注学生学习能力的发展情况,就需要围绕理论学习以及实验操作两个方面,让学生强化自我的主体意识,在实践中掌握更多的数学知识。具身认知的身心一致原则,要求教师在教学指导阶段避免因过分追求效率而忽视教学核心的要求,要展现数学课程知识的应用性。

2. 探究性

教学活动是帮助学生认知知识的基本过程,教学中数学知识要灵活形象地展现,而且要让学生在探索的过程中发现数学知识,了解数学知识的本质,这样才能完成数学知识的探究学习。以具身认知为基础,学生能自觉参与学习活动,获得主动学习知识以及再创造的机会,就会成为知识的发现者以及研究者。

3. 情境性

在数学课堂之中应用具身认知的理念,是认知与身体以及环境互动的最终结果。也就是说,数学学习不仅是一种身体行为,也是深入环境之中的。学习的过程不能脱离现实情境,学习不只是一种大脑的抽象符号的变换。在一定的文化环境之中,受到情境因素的影响,具身认知强调学习活动在大脑之中,身体在环境之中。问题情境本身就是数学实验活动的基础,在教学实验活动之中,学生与环境相互作用、相互构建,数学实验开展要利用学生对现实的好奇心,构建或模拟相应的问题情境。通过创设逼真的教学情境,学生能深入数学知识学习阶段,发展好奇心与探究欲望。

五、以上理论对教学的意义

(一)消除教与学相互分离的弊端

传统的小学数学课堂教学基本上是教师在讲台上讲解,学生在下面听,然后学生再将所学的各种数学知识与技能运用到课堂练习中,这种课堂教学模式下的教与学是一种相互分离的状态。但将陶行知“教学做合一”思想融入小学数学课堂教学中,则可以有效改变这一状态。“从做中学”,整个课堂教学可以通过“做”将教与学融合在一起,从而消除传统数学教学中教与学相互分离的弊端,更好地提升课堂教学效果。

（二）实现数学知识联结的学习

学生有主动探究学习的意识，能够获得良好的实践经验，实现丰富、扩展课程知识及深化学习的目标。在学习活动中，将稳定意义的联结工作做好，能积累改造经验，让学生对数学知识有深刻的理解，最终实现知识的拓展与迁移。学生通过具身认知的引导，能够实现知识的联结，触类旁通，个体能有效地参与社会互动，表露自己的学习经验，并转变学习观念，那么学科与学科以及与生活之间的联结效果会进一步提升。

（三）让学生实现创造性学习

具身认知要求学生加强身体与环境的互动性，关注实践性的探索，以获得良好的学习经验。嵌入环境之中，表示数学知识来源于环境，知识本身就是在环境之中形成的，且依赖于某种情境。有身体行动之后践行学习，最终的学习效果才能得到提升。学生实现数学知识的再创造以及应用，离不开具身认知的支持。

（四）提升学生兴趣

小学生学习数学知识，多半是因为社会环境以及教育教学环境的影响，但是外在压力对学生的学习效果的影响是否能持续，核心是能否让学生将知识转化为内部需求。教师构建趣味化的课堂，能够给学生提供更多动手实践操作的机会；学生在学习的过程中有强烈的学习兴趣、探究欲望，且保持良好的学习态度，即便有学习压力，也能将其转化为内部需求。

（五）锻炼学生的实践能力

“教学做合一”思想在小学数学教学中的应用，可以有效提高学生的实践能力。“教学做合一”思想强调“从做中学”。通过“从做中学”，一方面可以让学生认识到数学学科与现实生活之间的联系，另一方面也可以让学生不断提升知识运用能力，增强利用所学知识解决现实问题的能力。

六、总结

以上理论都具有一些共同的特点，即注重学习者本身，认为学习者才是学习的主体，学习更注重学习者自身的体验和经历。儿童心理学家皮亚杰就曾说过，七至十一二岁这个阶段的儿童处于具体运算阶段，出现了逻辑思维和零散的可逆运算，但一般只能对具体事物或形象进行运算。因此，儿童仍然需要借助具体的操作活动作为外部支撑点，从而达到对知识的理解与内化 。而在数学活动中，“从做中学”就是让学生自己动手，在操作过程中寻找解决问题的方法和策略，达到在获得知识的同时提高思维能力的目的。

（刘慧敏、郑雪凤）

第二节
时代召唤：发展素养的课程变革

· 全脑学习 ·

一、全脑学习与“做”数学的背景分析

（一）全脑学习的内涵解读

在人们探索教育的道路上，将教育与脑科学的研究相结合，始终是一个热门话题，也是发展教育所迫切需要的。大脑是神秘的存在，科学家正通过研究努力揭开大脑神秘的面纱。罗杰·斯佩里通过实验，揭开了大脑左右半球的秘密，明确了左脑和右脑的功能分工以及功能侧重的不同：左脑擅长语言、逻辑、数学和顺序等思维活动，善于分析，线性感强；右脑擅长音乐、想象、空间和创造等非逻辑和非理性的思维活动。这一研究成果为人们了解人脑更高级的功能提供了新思路，也为数学教育的变革和进步提供了助力。

人们在脑科学的研究中发现，“半脑”的思维模式存在着一定的局限性。人类在数学学习中更偏向于用左脑进行思维思考，在大多数情况下，在小学数学的学习中也会更多地使用左脑思考。从左脑的功能角度来看，数学确实更适合用左脑思考。但这种突出强调左脑优势的观点，对于教师的教学和学生的学习造成了很大的局限。

“半脑”思维模式的局限性的提出和发现，要求我们合理利用左右脑，以此帮助学生实现全脑思维的发展。从事科学研究，既需要非常强的逻辑，又需要丰富的想象力。这里的“逻辑”，就可以理解为左脑的思维，而“想象力”则是右脑思维的概括。青少年创造性的培养，呼唤的不是半脑、半人的教育，而是全脑、全人的教育。

随着《新课标》的发布，核心素养成为教师关注的重点。运算能力、推理能力和符号意识等主要发展左脑思维，空间观念、创新意识等主要发展右脑思维。这里的左脑和右脑思维，不是毫无关联的，两者反而应该是相互作用的，是一个有机的整体。小学数学的学习，是否能够帮助学生左右脑合力，开发学生的全脑思维，将是学生核心素养全面培养的关键。

在教育工作者们意识到“半脑”思维的局限性以及“全脑”思维的重要性后，小学数学

的教学需要探索一条新的道路,以此来帮助学生实现全脑思维的开发。在小学数学学习中,"做"数学可以成为学生实现全脑思维发展的一条有效路径。

(二)"做"数学的内涵解读

皮亚杰提出:认识来源于主体和客体间不能分离的相互作用。在数学学习中,理性思考得出客观的结论更符合左脑的客观性,所以教师在教学过程中通过计算、推理等相关内容,帮助孩子们学习数学知识,这是典型的左脑思维模式。然而在小学阶段,抽象的数学结论和方法往往需要具象的数学元素来帮助学生理解,客观的数学认知往往也需要主观的探索和认知来支撑,这些主观的、具象的元素则是右脑擅长的部分。我们在数学教学中可以融入许多"做"的元素,诸如画数学图像、做数学实验等。这些"做"数学的活动,可以避免半脑思维的局限性,转而帮助学生从抽象、客观的半脑思维走向具象的、主观与客观相结合的全脑思维。

在教学中融入"做"数学,加入数学活动和数学实验,打破了以往的教学模式,知识不再是直接呈现,而是将学习内容融于"做"之中,让儿童通过自主操作、自主实验来学习抽象的数学知识。这不但符合儿童心理发展的特点,遵循儿童在小学阶段的认识规律,而且有利于发展儿童的合作能力和创新意识,有利于儿童的个性化发展和科学世界观的养成。正如陶行知提出的"教学做合一"教育思想,其中做是教和学的重中之重。儿童在"做"中发现,在"做"中体验,在"做"中感悟,在"做"中思考,在"做"中内化,不但提升了数学学习的有效性,而且发展了自身的数学素养。

二、"做思共生"的数学课程变革

"做思共生"是一种新的教学理念。"做思共生",顾名思义,是指"做"与"思"共同生长,并相互影响。"做"是指动手操作和实践,让学生参与到完整的学习活动中去,通过实验、亲历、操作,在实践性的学习活动中得到探索、体验、感悟的经历,在"做"数学中主动建构知识、掌握技能。"思"是指动脑思考、思索,是让学生通过分析、发现、推断、猜想,并经过验证、反思、归纳、总结这样的一系列过程,进而提出自己的观点和想法,完成整个知识的建构。学生们也在这个过程中逐步产生创新意识,不断促进自我发展。杜威提出的"从做中学"的教学思想,倡导通过"做"与"思"让数学知识自身生长出来。"做思共生"将实践活动、理论学习、思考探究进行融合,是学生实现"做"与"思"相结合的一种有效途径。

对于教师而言,利用好"做"与"思"相结合的优势,可以激发学生对获取数学知识的积极性,并且能够让学生在动手操作的过程中感受到所学知识的价值,再通过不断思考,体会数学知识与实际生活之间的联系。"做中有思,思中有做"的课堂,可以增强学生对数学的探究能力,最终孕育并强化学生的数学核心素养。

"做思共生"的主要载体和活动方式是数学实验。数学实验既是儿童对数学主动探究的过程,也是对数学模型自主建构的一种重要学习方式。数学实验让学生在学习过程中全身心地投入，充分体验知识产生、发展的全过程，将学生的探究活动衍生、发展成为活动和思维的经验。这种学习方式区别于传统的机械式的教学，有效地贴合了《新课标》中学生应用意识和创新意识等核心素养的培养需求。在数学课堂和实际教学中引入数学实验，能有效地带领学生亲身参与和体验，并在此过程中加深对数学知识的理解，让学生在动手操作中不断获得因自主探究后获得结果而带来的成就感；通过自主操作、自主探究，真正从“被动学习”进阶到“主动学习”阶段，让学生的手脑协同通过实验融入数学课堂中，让学生在“做中思”“思中研”“研中创”，从而更好地将数学的基本活动经验内化为数学的概念和知识，推动自身数学思维的发展，发展自身的数学素养，提高自身的数学学习能力。也只有巧借实验，才能让学生打开“自我学习”的开关，真正达到“做思结合、突破自我、发展创新”的境界，实现数学核心素养的提升。

在数学实验中，问题是思维的起点。好的问题，是思维的着力点，也是引导学生发现问题、探究问题和解决问题的关键。因此，教师应当设计合理、贴近学生生活的问题情境，引导学生带着问题进行操作，围绕问题进行思考，在操作中融入思考，在思考后优化操作，逐步为“做思共生”积蓄力量。同时，在实验活动之后进行小组合作交流，是连接“做”与“思”的桥梁，有了交流才能真正实现“做思共生”。基于“做思共生”的视角，交流的目的在于展示“做”和“思”的过程，在“实践—思考—讨论”的过程中不断审视和反思自己的操作步骤和结论，从而形成“实践—思考—讨论—再实践—再思考”的思维循环，对自身已有的认知进行再认知，从真正意义上实现有效、高效的建构。因此，合作交流对于“做思共生”的教学策略而言同样重要。在交流中，学生通过与他人互动、磋商，更好地感知和体验数学知识的发展过程，不断修正自身的思考与实践，以获得思维上的启迪和对学习成果的体验，最终实现“做思共生”。

“做是思的前提，思是做的内化。”教师可以问题为引导，设置一个“做思场”，让学生去合作实验、去反思优化、去交流争辩，通过“做”“思”“辩”三者的有机结合与转换，为思维发展创设坚实的平台。

总之，在一线教学中，教师应结合学生所学内容，寻找合适的切入点，引导学生合理设计和开展数学实验，以“做思共生”为核心，注重动手操作、思考和交流，不断地渗透数学思想。在实验中设计开放的任务，创设轻松的环境，通过数学动手做，自我进行数学知识获取，掌握数学技能，拓展数学思维。引导学生在不断地尝试、建构和反思中发现问题、检验真理，获得基本的数学活动经验和思想方法，将感性认识转化为理性思考，将主观感受转化为客观认知，有效提升数学思维能力、应用能力和创造能力，真正实现全脑学习的“做思共生”。

·全人教育·

随着时代的发展,"全人教育"理念逐步被广泛认可与推广。"全人教育"理念是以人为本的教育理念,强调在拓展书本知识与学生的实用技能的同时,也要注重学生品格的塑造和心智的成长。教师在教学中不仅要培养学生的实践和创新能力,也要培养学生良好的品德修养。"全人教育"理念下的数学教育也应当进行相应的创新和改革,数学教师在开发动手做学习素材时,要注重学生的个体发展,在健全学生人格的基础上,关注学生综合素养的养成,让每个学生的潜能都可以获得充分、自由且持续的全面发展。

一、核心素养的表达

(一)"全人教育"理念下数学核心素养的培养

数学核心素养是学生在数学学习的过程中逐步形成的,是适应社会需要和个体终身发展且具有基本数学特征的学生应该具备的思维品质和关键能力。而"全人教育"理念所强调的恰好与之相符合,该教育理念要求教师关注学生各方面能力与情感的均衡成长,目的是把学生培养成智能双全、人格独立、道德高尚以及身心健康的全面发展的人。"全人教育"理念下的数学教育在关注学生数学核心素养的同时,也需要注重学生认知和情感的统一、能力和品格的统一。教师应当以学生为中心,以学生的认知与兴趣为基础,关注学生数学语言、数学思想、数学情感以及数学方法的培养,开发有助于学生全面发展的数学动手做学习素材,设计形式多样的数学活动以达成课堂教学目标。在日常的动手做数学课堂中,教师可以通过提出问题、自主思考、合作探究、集体讨论以及小组汇报等多种方式,引导学生进行数学方法和数学思想的探究,培养学生的数学核心素养。而课堂上的小组合作与课堂讨论这样互动学习的方式对提升学生各方面能力效果显著,学生在分享自己探索数学知识的经验和解决数学问题思路的过程中,也有效促进了与同学之间的合作和交流。

(二)数学核心素养的培养离不开多元评价方式

"全人教育"理念下的数学动手做以学生为中心,评价方式也是多元的。学生在数学学习中,除了考试这种单一的考核维度外,也应当通过其他的评价方式获得肯定,这样才有助于学生的身心发展。在动手做课堂的数学学习过程中,学生的动手操作技能、领导能力、创新思维能力、逻辑思维能力、语言表达能力、思想道德水平均可以加入学生数学课堂综合素养的评估体系中。当然,除了教师对学生进行评估之外,学生对自我能力与课堂表现的评估以及同学之间相互的评估也应该纳入评估体系中。学生通过对课堂活动中自我表现的回忆及其在集体活动中参与度的多维度思考,进一步明确自我能力的培养目标,也可以有效地激发内在的潜能和对数学学习的兴趣。此外，教师在设计动手做课堂教学时，也要关注数学学科与其他学科之间存在的知识联系，在发展数学核心素养的过程中，让学生充分了解数学在其他学科中的运用，提升学生跨学科的创新思维能力，使学生在数学教学中获取全方位的成长，进而推动学生数学核心素养的发展，这也是实现“全人教育”理念下数学教育的重要途径。

二、认知和情感的统一

（一）数学教育中认知和情感的重要性

认知和情感是数学教育中不可忽视的两个方面。数学认知是指学生对数学方法与知识的认识、理解和掌握情况，而数学情感则是指学生对数学学科的态度和喜爱程度。实际上，教师不难发现有些学生对数学学习常常感到困惑与畏惧，在一些学生的原有认知中，数学这门学科非常枯燥无味，这会严重影响数学教学的质量。在这种情况下，如何有效提升学生的数学认知能力，如何激发学生对数学学习的兴趣和喜爱，已经成为数学教育工作者迫切需要思考的问题。

（二）开发动手做素材，助力认知和情感的统一

1. 丰富课堂形式，激发学生兴趣

要想“全人教育”理念下的数学教学助推学生认知和情感的统一，那么就需要教师思考并开发一系列可激发学生兴趣的数学动手做学习素材。一方面，教师可以在教学设计中增加有趣的数学游戏，让学生在游戏与互动中体验数学方法和思考的乐趣。众所周知，学生喜欢游戏，精心设计的数学游戏能让学生把枯燥乏味的学习转化成身心愉悦的体验。教师把课堂教学内容转变成数学游戏活动中的要求与规则，能让学生在游戏中体验数学知识的趣味与奥妙，在轻松快乐的游戏氛围里更高效地习得数学知识与技能。如：数学拼图游戏可以帮助学生提升空间想象力和逻辑思维能力；有趣的数学游戏不仅能激发学生对数学知识探究的兴趣与热爱，还能提升学生解决数学问题的能力和拓展学生的数学创新思维；闯关游戏能激发学生对数学的挑战兴趣与热爱，令学生在游戏情景里感受数学学习的魅力。另一方面，教师应当注重数学建模与数学推理，教师可以设计培养学生推理能力的数学实验，让学生在数学实验中体验数学逻辑和方法的魅力。数学探究和实验是数学教学的一种有效方式，可以帮助学生更好地理解数学概念和原理，提升学生的数学思维能力，开发学生的潜能。通过数学实验和探究，学生可以在实践中理解抽象的数学原理、规律和概念，增强数学直觉，提升对数学的感性认识。

2. 善用生活情境，提升学生认知

值得注意的是，教师要善于结合生活情境来开发数学动手做学习素材，引导学生结合日常生活经验来体验数学学习的乐趣与价值，让学生能够将习得的数学知识灵活运用于现

实的生活情境中,再设置巧妙的问题情境来唤起学生解决数学问题与探究数学知识的意愿。而动手做中教师开发的有趣的学具也有助于吸引学生持续地进行数学学习,帮助学生更好地培养数学核心素养,进一步激发学生对数学学习的兴趣,提升自身对知识的认知。动手做课堂中的互动教学也提升了学生的人际交往能力,增强了学生之间沟通交流的意愿,从而实现认知和情感的统一。

三、能力和品格的统一

(一)"全人教育"理念下能力和品格的重要性

能力和品格的培养对于"全人教育"理念下的数学教育而言也至关重要。数学是一门需要学生理解知识和掌握技能的学科,它需要学生具备一定的数学思维能力、数据分析能力和逻辑推理能力,然而很多学生却缺乏这些方面的能力,导致他们在数学学习中遇到许多的困难。数学动手做非常重视培养学生的综合能力与内在品格,教师通过数学动手做学习素材的开发,可以帮助学生加深对数学知识的理解和掌握,提升他们的数学认知能力。学生在数学教学活动中不仅仅能够习得数学知识,培养多方面的能力,还能够获得人格品德和情感态度的成长。

(二)开发动手做素材,助力能力和品格的统一

为了实现能力和品格的统一,教师需要开发一些能够培养学生高尚品质的数学动手做学习素材。例如,教师在数学课堂不仅可以增加数学实践活动,也可以在教学中设置数学小竞赛,让学生在实践中掌握与运用数学知识和方法,在小组活动与交流中培养学生的合作精神、语言能力与创新思维。同时,教师还应当基于学生的认识基础和身心发展特点开发多元化的数学探究活动,运用数学科普或数学探究课让学生在探索中体验数学的美妙,进一步保持学生对数学知识的好奇心和培养学生对数学问题的探究精神,让学生能够从中理解数学定理与公式的证明,从而在数学探究学习的过程中发现数学规律和特性。显而易见,动手做可以让学生通过操作来理解数学知识与掌握相应的技能,可以培养学生的耐心与合作意识,而学生在动手做中既锻炼了自身的实践能力,也提升了自身的创造能力。因此,通过数学动手做学习素材的开发,能够帮助学生更好地实现能力和品格的统一。

综上所述,"全人教育"理念下的数学教育需要关注数学核心素养表达、认知和情感的统一以及能力和品格的统一。通过数学动手做学习素材的开发,不仅可以提高学生的数学认知能力,还可以培养学生的品格和态度,促进学生的全面发展,进而为学生综合素养发展奠定坚实的基础。

·创新能力和实践能力的培养·

党的二十大报告中就明确指出“创新是第一动力”,还提出我国要建成创新型国家。创新型国家建设的核心是创新型人才的培养。基于时代的召唤,我国人才的培养要注重创新能力和实践能力的提升,而创新能力和实践能力的培养,应从中小学基础教育开始。南京致远外国语小学(以下简称“致远外小”)的“创意学习”课程理念,就是围绕儿童的创意学习开展的一系列课程体系。在致远外小的校园里,创意型教师开发创意型课程,创意型课程培育创新型学生。致远外小的数学团队,在学校创意学习课程理念的引领下,进行了“动手做”的开发和实践。“动手做”引导学生在“做”中思,在“做”中创,在“做”中积累实践活动经验。“动手做”的学习方式,遵循儿童的认知规律,是有利于学生创新能力和实践能力培养的有力抓手。

一、创意学习是创新能力和实践能力培养的有效路径

创意学习是致远外小提出的课程主张的独特组成部分。所谓创意学习,是指学生在教师的指导下,以已有知识经验为基础,在强烈的学习动机的支配下,自主参与学习过程,通过创新思维,运用各种有效的学习策略,不拘泥于书本、不墨守成规,理论结合实践,大胆探索、独辟蹊径,用新思路、新方法挖掘新内容,从而在学习过程中有所创新,提高创新心理素质和实践能力的学习方式。创意学习围绕儿童创新素养的培养,以儿童探究意识、创造性思维和实践能力为培养目标,通过课程学习和项目、活动引领,引导学生主动获取并应用知识进行创新、创造的一种学习方式。这种学习方法具有新颖性和创造性。

让儿童进行创意学习,课堂中就少不了教师设计的富有创意的问题。“动手做”案例“测量的学问”中,在学生经历了多种不规则物体(土豆、苹果和黄豆)的测量后,教师设计了一个创造性解决问题的环节:测量乒乓球的体积。这个话题一抛出,课堂里瞬间热闹起来了,学生思维的火花被点燃,学生创新的意识被激活。短短的几分钟里,先后有十几个学生发言,每个学生都说出了属于自己的独特的解决方法。有的说把水换成沙子;有的说可借助三角形的稳定性,用三根牙签按压;有的说可制作一个小吸盘,将其压入水中……

创意学习为儿童营造了丰富的学习场域,创意学习营造的学习场域更能释放儿童的天性,突破儿童生活的常规化,激发儿童的自主性和创造性。创意学习是培养儿童创新能力和实践能力的有效路径。

二、“动手做”是落实创新能力和实践能力的有力抓手

应用意识是中小学所有学科的基本要求,但不同学科的表现形式并不完全相同。就数

学学科而言，学生应该意识到数学是认识、理解与表达现实世界的一种基本方式，意识到数学与现实世界有着密切的联系。从问题解决的角度来看，要培养学生的创新能力和应用能力，教师要开发更多的有真实情境、有意义的数学活动。致远外小数学团队开发的“动手做”案例，其研究的问题往往是基于真实情境的真问题，是富有探究意义的好问题。“动手做”的研究素材是便于尝试的，具有研究性；是丰富多样的，具有多元性。研究素材有的源自教材，有的源自学生的疑问，还有的源自生活。在开发和实践的“动手做”案例中，有的是验证某个数学猜想，有的是探索某个数学规律，有的是解决某个数学问题。例如，探索规律的课例“变幻的组数”，素材源自苏教版小学数学二年级教材上的一个问题：在计数器上，5 颗珠可以组成哪些三位数？课堂上老师引导学生用一一列举的方法进行思考。课后有一个孩子提出了猜想：如果从 1 颗珠子开始列举，是不是珠子越多，组的数也越多？就是这个被学生提出的学生想研究的问题，被教师开发成了“动手做”。课堂伊始，教师带领学生尝试从“1 颗”到“6 颗”组数，认为验证的结果就是从“1”不断加下去的，但实际上组成三位数最多要用 27 颗珠子，可是只有一种情况。这一种极端的情况激起了学生继续研究的兴趣。经历第一轮反转后，学生很快想到 25、26 颗，甚至有学生敏感地意识到 14 颗也很有研究价值！最终的规律并没有一开始想的那么简单，这当中还隐藏着有趣的正态分布问题。这种打破常规的探索规律课，在经历多次反转和烧脑的同时，在学生的思维中埋下一颗不固化的种子。学生也不再是接受知识的容器，而是成为知识的生成者和问题的解决者。

要培养学生的创新意识，还要关注发现和提出问题的能力。爱因斯坦说：“提出一个问题往往比解决一个问题更重要，因为解决一个问题也许仅是一个数学上或实验上的技能而已，而提出新的问题，新的可能性，从新的角度去看旧的问题，却需要有创造性的想象力，而且标志着科学的真正进步。”例如，“动手做”案例“结果是 0 的秘密”中，先是创设游戏情境，激发起学生的探究欲望，接着教师引导学生用数学的眼光观察，用数学的思维思考，最终引导学生提出“怎样做结果才能是 0”的数学问题。这节课学生通过“自主感悟—萌生猜想—分析验证—修正猜想—体验成功”等研究活动，发现“结果是 0”的秘密，其本质就是判断和的奇偶性。在这节课上，学生最特别的经历是：提出的猜想通过验证，发现是不成立的。这时就需要学生继续思考，修正自己的猜想，再次展开验证，这就打破了课堂中“有猜想，经验证，必成立”的常规。每一个猜想的提出，都是基于仔细观察和独立思考的，这个过程就是在培养学生发现和提出问题的能力。

苏霍姆林斯基说过，儿童的智力在他的手指尖上。“动手做”让学生自由开放地在“做”中玩、“做”中学、“做”中研、“做”中创，让学生亲身体验知识和技能的形成和发展过程，让“教学的过程”转变为“学习的历程”，让学生的创新意识和实践意识等核心素养在“做”中孕育，在“做”中形成。

（刘　媛、桑　坤）

第二章

数学"动手做"的课题报告

培养创新精神与实践能力是新时代赋予各学科教学的历史使命。如何让数学教学更好地践行创新、发展创新、实践创新是我们一直在思考的问题。我们一直在以课题为抓手，深入探索走向创新的数学之路。

第一节
课题报告1:创意学习的深入探索
——创意学习的结题报告

一、课题的研究背景

1. 时代发展的需求

在人工智能时代,学习、教育和教学的形态都在发生着巨大的变革。传统教学模式下的以教师为中心的角色特征也将逐渐被消解,教师应该是学习行为的设计者、学习资源的开发者,应具备创新思维意识,不墨守成规,将理论结合实践,大胆探索。

2. 学校发展的需求

致远外小紧紧围绕“笃学善创、宁静致远”的校训,于2009年提出了“创意学习”这一理念,并进行了“支持儿童创意学习的课程建构”的行动研究。“支持儿童创意学习的学校课程变革的行动研究”成功立项为国家级规划课题,“支持儿童创意学习的课程建构”荣获江苏省教学成果一等奖。

3. 学生发展的需求

反思当前课堂现状以及学生在数学学习中遇到的问题,标准化、统一化、机械化思想依然占据着我们的课堂,严重限制了学生的思维发展。随着时代的发展,学生创新意识和实践能力的培养日益得到重视,社会需要更多的创新型人才,培养学生的创新素养、创新能力则迫切地需要教师具备创新能力、创新素养,加快从以“教”为中心向以“学”为中心转变,从以知识传授为主向以能力培养为主转变,从以课堂学习为主向多种学习方式转变。我们必须主动适应这一转变,满足学生的多样化与个性化需要,使教育更加体现以人为本的思想理念。

为此,我们努力找寻学生“现实生活”与学校“数学学习”的交汇点,将目光聚焦于“数学创意学习”,开展了本课题的研究。

二、课题的核心概念

创意学习指学生在教师的指导下,在强烈的学习动机支配下,运用各种有效的学习策略,不拘泥于书本、不墨守成规,大胆探索、独辟蹊径,用新思路、新方法挖掘新内容。

数学创意学习并不是某一种特定方式，而是以真实情境为依托，将儿童已有的数学知识与现实生活联结，在掌握基本数学方法之余，鼓励儿童主动打破学习边界，积极挖掘新方法、新策略，从多个角度分析问题，点燃儿童的创新热情。它由问题驱动，鼓励儿童积极思考、质疑讨论，用数学的语言表达自己的见解，产生思维的重组和有质量的对话，引领儿童的数学思维迈向新的高峰。它以解决问题为目标，鼓励儿童将理论结合实践，融合数学思维方法、数学思维能力、创新思维意识，在问题探究中丰富儿童数学学习经验。

学校省级教研课题“支持儿童数学创意学习的实践研究”立足于真实情境，通过对课内知识的延伸与拓展，将抽象知识的学习过程转变为实践性、开放性的研究过程，丰富儿童数学学习体验，关注儿童已有的数学经验与现实生活的联结，鼓励儿童充分经历探索和发现的过程，让儿童真切地体会数学知识的形成过程和发展的内在逻辑及其中所蕴含的理性思考。需要指出的是，并不是所有的数学学习内容都适用于上述研究，“支持儿童数学创意学习的实践研究”也需要对学习的内容进行具体分析，并在适当环境中进行实践。

三、课题的具体实施

（一）研究目标

（1）探索儿童数学创意学习的内涵。

（2）分析儿童数学创意学习的构成要素。

（3）确定支持儿童数学创意学习的基本路径。

（二）研究内容

（1）儿童数学创意学习的内涵。包括调查和梳理儿童数学创意学习的现状，分析儿童数学创意学习的构成要素，探讨教师教学行为对儿童数学创意学习的影响。

（2）儿童数学创意学习的实施原则。包括数学创意学习的一般流程、数学创意学习的组织方式等。

（3）支持儿童数学创意学习的基本路径。包括开发不同年级“支持儿童数学创意学习”典型教学课例。

（三）研究过程和方法

第一阶段（2017 年 6 月—2017 年 9 月）

（1）检索关于“创意学习”研究相关文献资料，组织课题组全体成员学习，撰写文献综述。

（2）深入分析目前儿童数学学习存在的问题，形成研究前调查报告。

（3）撰写课题研究开题报告，组织开题论证会。

（4）课题组核心成员分解研究任务，明确各自研究的内容和侧重点，制订子课题研究方案。

本阶段主要研究方法:文献研究法、行动研究法。

第二阶段（2017 年 10 月—2018 年 12 月）

（1）探索教师教学行为和学生内在动机的推动因素对儿童数学创意学习的影响。

（2）探索支持儿童数学创意学习的内涵。

（3）总结支持儿童数学创意学习的原则与方法,撰写论文。

（4）组织阶段成果展示活动。

（5）撰写中期研究报告,做好中期评估工作。

本阶段主要研究方法:案例研究法、行动研究法、经验总结法。

第三阶段（2019 年 1 月—2020 年 8 月）

（1）分析与提炼支持儿童数学创意学习的构成要素。

（2）总结支持儿童数学创意学习的实施策略。

（3）确定支持儿童数学创意学习的基本路径与方法。

（4）汇编关于支持儿童数学创意学习系列案例、论文。

（5）汇编学生创意作品。

本阶段主要研究方法:案例研究法、行动研究法、经验总结法。

第四阶段:（2020 年 9 月—2020 年 11 月）

（1）撰写课题研究报告和工作报告,筹备结题活动。

（2）组织结题活动。

（3）组织成果推介活动。

本阶段主要研究方法:经验总结法。

四、课题研究的成果

（一）儿童数学创意学习的内涵

1. 创意学习是儿童主体的学习

学习是主客体的相互作用,是儿童内在经验的改造和组织。从儿童的角度来讲,学习过程是从经验到理论、从生活到学科、从常识到科学的转化和上升的过程。创意学习是基于儿童的经验、生活和常识进行学习的。

学习的核心是思维的参与,创意学习的核心是儿童的原生态思维的参与。所谓儿童的原生态思维,即儿童未经教师指导和未被课本同化的原始思维、本真思维、独立思维,当然也包括儿童在教师和教材启发下产生的个性化见解、想法。创意学习就是要鼓励、保护、尊重儿童的原生态思维,当然也要改造、提升、完善儿童的原生态思维,因为这也是儿童创新性思维发展的源泉。儿童学习的最高境界就是能产生“精彩的观念”,这实际上就是儿童创意学习的展现。

创意学习也是儿童情感参与的学习。创意学习要尊重儿童的真实情感,只有真实的情感表现才能实现创意学习,因此,创意学习是儿童思维、情感、兴趣、爱好、精神、生命参与的学习。

2. 创意学习是指向数学学科核心素养的学习

数学学科的核心素养主要有数学抽象、逻辑推理、数学建模、直观想象、数学运算和数据分析。创意学习始终以发展学生的数学学科核心素养为目标,教师要创意地教,学生要创意地学。创意学习意味着学生要对数学知识进行加工、消化、吸收,并在此基础上内化、转化、升华;在学习方式上强调“自主、合作、探究学习”。

创意学习的目的是将数学学科素养和教育内涵有机融合。从“三维目标”走向“核心素养”。因此,创意学习是数学教育在高度、深度和内涵上的提升,是数学教育对人的真正回归。

3. 创意学习是探索性、创新性的学习

创意学习是一种能重组认知结构或者重新提出问题的学习形式。随着科学技术的不断发展,数学这门学科知识应用的领域越来越广泛,人类社会正大步迈向“数字化”时代。未来社会所需的人才应该是会学习、会创造,具有开拓能力和进取精神的人。创新思维恰好能契合时代的需求,它是人类思维的高级形态,是创意学习的核心和灵魂,具有独特性、新颖性和发散性。

教师在教学中要根据儿童实际情况,要求儿童根据一定的目标和任务,凭借自己的知识和能力,运用一切已知的信息,对同一个问题从不同的方面、不同的角度进行思考与假设,超越习惯的认知方式,获得高品质成果的思维活动。

(二)儿童数学创意学习的构成要素

教育的最终目标应该指向“人”,知识技能、过程方法和情感态度价值观都是为了发展人、成就人。儿童数学创意学习,其本质就是要造就儿童正确的数学观念,以满足其后续发展成长所必备的品格和关键能力。

1. 具备数学学习的经验

在数学教学中,直接经验和间接经验同等重要。直接经验为间接经验的获得提供支撑和生长点,而间接经验又为直接经验提供事实和价值依据,是对直接经验的提炼和提升。在教学中必须充分重视直接经验在教育活动中的价值和作用,以直接经验来丰富、扩展和提升儿童个体的认知。直接经验是儿童个体认识的起点和基础,是间接经验的“母体”,也是儿童学习间接经验的“消化酶”,具有“活化”知识、促进知识转化为能力的作用。

数学创意学习实际上是对经验的改造与重组。在数学创意学习中强调关注学生的经验,在课程结构中增设经验课程,在课程实施中倡导学生主动参与、乐于探究、勤于动手,强调注重培养儿童的独立性和自主性,引导学生质疑、调查、探究,在实践中学习。

2. 具备解决问题的策略

知识在创意学习的过程中是一种必要的存在,但解决问题的关键还是在于其获得的方式以及过程,具备一定的解决问题的策略是学生能够进行创意学习的前提。倘若儿童能够掌握一些解决问题的策略,并能熟练灵活地运用,那么他们在学习活动中才能熟练地进行数学知识的迁移与发展,进一步萌生更有创意的想法。分析与解决问题时可以运用的策略有很多,诸如从简单想起、特殊与一般、顺推与逆推结合等。学生一旦面对问题信息就会自发调动相应的学习活动,外显的行为反应(诸如画图、列表、举例等操作技能)、内隐的心理活动与心理运算(诸如方法、策略、数学思想等思考技能)都包含在这些学习活动中。

儿童在创意学习的过程中,个体认知风格是有明显不同的,拥有不同认知的儿童在完成同一学习任务时往往表现出解决问题策略的多样性和个体方法的差异性。教师要注意并利用好个体的认知偏好,让儿童自主探究,引导儿童用自己的方式投入数学学习之中,使得不同层次和水平的儿童都能形成符合自身认知的特色的学习策略。

3. 具备多元表征的能力

儿童在表达自己创意想法或思路时,能够使用通用的且大家都能接受的表征方式是十分重要的。因此,表征是学生进行创意学习的“脚手架”,用合适的方式清晰地表征问题、表征思维过程是一种很重要的数学能力。数学中常见的表征,一般可为动作化表征、形式化表征、图像化表征与语言化表征,即借助于外在的实物、模型、图像、符号等,帮助个体更好地理解、组织和存储信息。对于儿童来讲,由于生活背景、数学经验等不同,对同一问题会呈现出不同的表征方式,不同的表征方式会对问题的解决产生不同的效果。单一表征不利于儿童对知识的全面理解,多元表征则能反映事物的整体样貌,优化创意学习的样态。

培养多元表征能力是对儿童学习一种较高的要求,作为教师要有效指导儿童用具有个性的方式解释相关的数学概念,让儿童有机会从多个视角、运用多种方式表征学习内容,通过启发式教学引导儿童发现知识间的内在联系并形成相应的连接,以此逐步了解与掌握学习的方法,并且能真正地应用在自我独立学习的过程中,实现可持续发展。

4. 具备自我监控的能力

自我监控是儿童为了达到创意学习的目标、提高创意学习的效果、保证创意学习的成功,在进行创意活动的全过程中将自己正在进行的学习活动作为意识对象,对认识活动不断进行评价调节的过程,包含制订大致学习计划、监控学习过程、修改学习策略、评估学习效果等内容。在向儿童呈现学习任务的同时,要努力让儿童把注意力从指向问题本身转变为指向自己分析问题时正在做什么、想什么,即从问题的高度移至加工过程的高度。

教师要善于借助目标强化、展现、反思等教学策略,时刻提醒儿童对自己的学习过程进行检验和总结,久而久之,儿童的心理活动就会习惯性地时刻被置于自我监控状态,随着自觉性、主动性等自我意识的增强与觉醒,学习活动便进入了高一级的层次。当这种学习过程与结果在评价中得到积极反馈后,又会让儿童形成更强劲的学习动力,从而让创造力得以提升。

(三)支持儿童数学创意学习的实施原则与基本路径

支持儿童数学创意学习的基本策略,强调三个观点:教学,是一种创造,而不是结果;教学,包括知识、信念、行动和态度的变化;教学,并不是教师做了什么,而是教师在教学中发挥了什么创意。因此,我们努力追求教师能够主动积极地参与创意教学,快乐地享受创意教学的过程。

1. 支持儿童数学创意学习的实施原则

儿童数学创意学习不仅要符合数学学科本身的特点,还要符合儿童的认知规律与身心发展特征。因此,支持儿童数学创意学习,必须遵循如下原则。

(1) 儿童先行。

儿童先行表现为儿童的学习先于教师的传授,儿童想法的表达先于成人想法的表达。学习的本质就是尝试成功。探索新的数学知识,解决新的数学问题,不妨让学生先尝试着说一说,做一做。儿童先行原则要求我们及时关注学生全员参与的深入程度和教学反馈的覆盖范围,了解学生真实的困难和快乐,洞察错误背后的迷思与误解,彰显正确背后的智慧与风格,鼓励学生完成从错误调整到正确、从单一调整到多元的认知过程。

(2) 悟创结合。

儿童积极主动地进行认知心理活动同化或顺应的过程,是“悟”的表现;儿童创造性地把知识与自己建立联系,让知识具有个人意义,进而创造性地解决实际问题的过程,这是“创”的表现。悟创结合要求我们让儿童能够有思考或挑战的机会与内容,鼓励并引导儿童丰富或调整自己的解释,积累或拓展自己的经验,改进或完善自己的方法,从而在自悟自得和共悟共得的学习情境中建立自己对数学的理解,形成创见性的经验和智慧。

(3) 思维可视。

发展学生的数学思维,是儿童数学创意学习关键的价值诉求。小学阶段儿童的思维正处于具体运算阶段向形式运算阶段的过渡期,在该阶段学生可以运用简单的语言、直观的符号等对客观世界进行表达,但理解抽象的科学概念或知识时需要形象化的物质媒介作为依托。例如,“图鉴”作为一种常见的思维交流工具,尊重了儿童喜欢通过丰富多彩的图示展示思考方法和路径的特点,在儿童天性与学科本质之间架构起一座桥梁,让学科的情趣与学习的乐趣有机融合,从而培养儿童的学习兴趣,激活他们的创造潜能。

2. 支持儿童数学创意学习的基本路径

开展数学创意学习,我们在综合考量不同年级学生的年龄特征、认知方式以及学习内容特点的基础上,选取合适的路径开展研究活动。

(1) 创新教学预案。

课堂教学是一个有目的性、有计划的活动。在创意教学实施的过程中,教师应合理安排学习材料、合理组织学生活动,给学生充足的自主探索的时间。这就要求教师的教学设计必须留有弹性,充分考虑创意教学课堂中出现的各种情景,合理预设并留有更大的包容度和自由度,给学生多一点实践、多一点活动的余地、多一点提问的空间,使得学生积累研究活动的直接经验,带着这样的经验走入“小组”,阐明观点,解释发现,分享收获,修正完善。鉴于对创意学习的进一步思考,在进行教学设计时,将一改以往的教案形式,在明确学生的具体活动任务的同时,侧重对学生活动过程中的及时评价,及时关注学生的学习过程,突出儿童先行，形成教案向教学案的转变（图 2-1、图 2-2），在设计教学案的过程中，关注学生的创意学习。

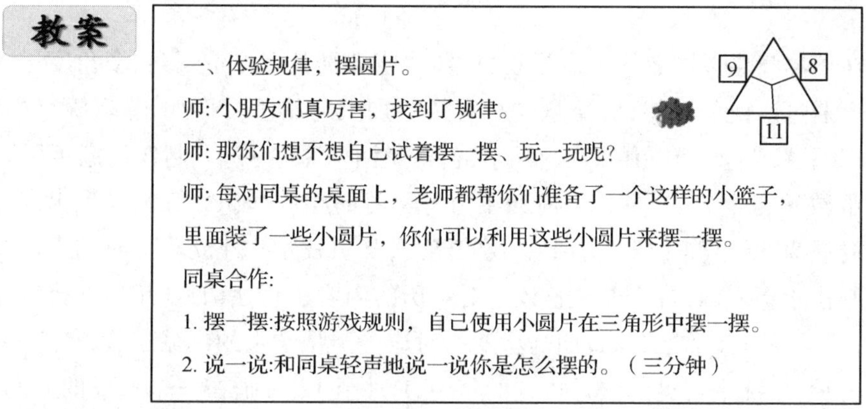

图 2-1

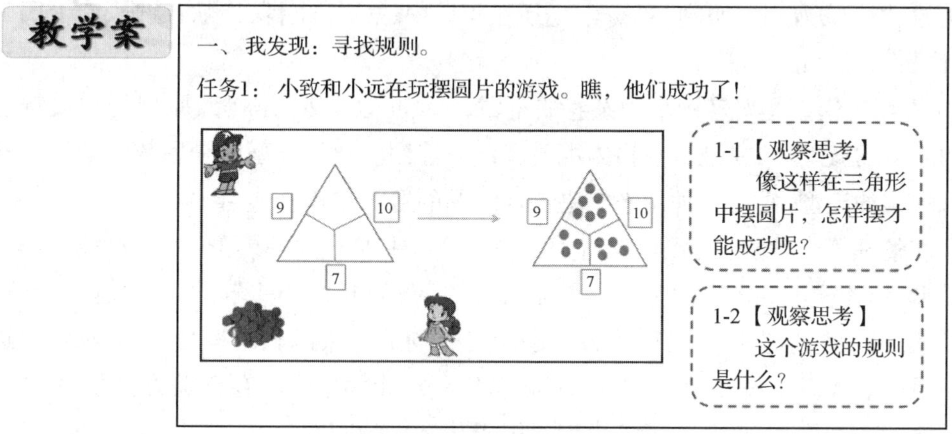

图 2-2

教学案中的情境设计应具有开放性，能够激发学生学习的兴趣；提出的问题要有适当的深度、跨度和梯度；问题的设置要由易到难，符合认知规律；提问的角度要变化、新颖，引导学生进行多角度思考，锻炼学生的创新思维和发散思维。同时，新型的教学案以课堂活动的形式呈现，促使每一个学生动脑思考、动手操作和有效地参与学习，给每一个学生提供参与课堂学习和交流的机会，最大限度地提高单位时间内学生的参与度。学生在这样开放性的学习环境中，各抒己见，交流碰撞，创新教学课堂便真正成为学生的精神家园，成为学生自由发展、综合素质整体提升的舞台。

（2）研制思维工具。

① 图鉴。儿童学习数学的过程需要充分借助形象、直观的教学手段来帮助其实现从具象到抽象的认知理解过程。图鉴作为一种常见的思维交流工具，把本来不可视的、抽象的思维直观地呈现出来，被可视化的“思维”更有利于知识的理解和记忆。图鉴表达的是一个个探究认知的过程，体现的是一个个由具象认知到抽象再现的思维加工过程，是高阶

思维逐渐展开与攀登的过程。图鉴在学生的“画”里,融入学生对数学概念的理解、对数量关系的分析、对空间几何的表象、对数学方法的创意,这些都使得学生的数学思维清晰可见。

教师在培养学生以图鉴为支点呈现思维时,应鼓励其多方位观察、多角度思考问题,还需培养他们通过广泛的联想,对信息进行有效的加工与推理。例如,苏教版小学数学三年级下册“年、月、日”这个单元,课程内涵丰富,与生活联系紧密。“制作创意年历”这一活动让学生了解数学与生活的联系,并借助年历将学习的相关知识系统地呈现出来,并找出年历中蕴藏的规律,既培养了学生动手实践的能力,又引发学生建立珍惜时间、合理安排时间的愿景。制作年历之前,首先要从整体上对年历的内容进行建构,如年历的排版布局、每个月的天数、平年与闰年的区分、日期与星期的对应等。从学生的作品来看,年历的呈现形式大体分为三种:生活中常见的按月排列的年历;1 月至 12 月画在一条长长的时间轴上的时间轴型年历;1 月至 12 月分布在一个钟面上的时钟型年历。后两种能明显看出一年的时间是连续的、周而复始的。此外,部分学生还在年历中融入了生肖、诗歌、绘画、二十四节气等元素,作品彰显个性、创意十足。

② 模型。模型是对客观事物某些属性的一种近似反映,是按照原型的相关特点抽象出来的原型的微缩体,或是呈现物体本质属性的范例。数学模型就是用数学的语言和符号来模拟现实的模型,它是一种用来解决特定问题的数学结构。

我们整理了小学阶段学习内容中的已有模型,主要有数的模型、运算模型、方程模型、关系模型、结构模型和图形模型。在教学设计时,我们开始关注教学内容具体属于哪一范畴的模型,并引导学生通过自己的数学经验自主创造解决问题的模型,并鼓励学生进行多元化的表达。在教学设计中,安排回顾与反思环节,让学生形成有意识的反思,回顾解决问题中具体运用的模型,以及思考该模型适用于什么样的问题。

③ 迁移。如果知识是通过全面地研究和分析本质特征相关的不同实例后获得的,那么就有可能把它迁移到新的实例上去。迁移作为一个思维工具,常常见诸概念教学、解决问题的策略教学、复习课教学等。例如,在学校的创意课程“把数学画出来”中,关于单元复习的思维导图绘制就属于迁移类思维工具,学生通过对某一单元思维导图的绘制,经历全面的研究和知识脉络的整合与理解,在以后相关的知识中均可以找到共同要素,重建已有的认知结构以顺应新知识,即建立一种新的上位结构,以包容已有的下位知识。

利用一些创意学习的方法使知识点发生有效的迁移作为一种思维工具,是“举一反三”的前提。从元认知的角度来说,从一个具体的情境活动迁移到与其相同或相似的其他活动情境当中去,迁移性的不断提高是数学学科自我监控能力提高的重要标志。许多数学上的知识是相互联系在一起的,例如,在倍数、因数中提到的相互依存关系同样可以适用倒数、成正比与反比的两个量等。

(3) 开发校本课程。

① 数学小实验。“数学小实验”是在国家课程的指引下,结合学校支持儿童数学创意

学习的需求，将各年级所涉及的可实验资源充分挖掘，系统整合，带领学生进行数学创意学习的过程。“数学小实验”是为了验证某个数学猜想，探索某个数学规律，解决某个数学问题，通过一定的手段，在实验环境下，发展学生的数学思维，对数学进行探究和建构。在小学进行数学实验，可以从具体的数学教学内容出发，由数学问题引发思考，设计实验方案，引导学生根据方案进行猜想和假设，观察操作，分析类比，归纳概括，改进提升，等等。数学实验前，师生可以共同思考，提出问题，设想解决方法，制订实验方案；在数学实验中，通过教师引导，师生合作、生生合作等形式，生成资源，激发学生思考的热情，在交流中碰撞出智慧的火花，发展学生的创新思维；在数学实验后，引导学生回顾与反思整个实验过程，累积经验，总结提升，培养自主能力，主动地、创意地投入后续的数学学习活动中去。

在实施国家课程的同时，深挖教材，开发学习素材，结合学生的年龄特点和已有的数学活动经验，将整个小学阶段的数学小实验分成三个年龄段：数学“慧”玩、数学“慧”学、数学“慧”思，让学生自然而然地投入数学学习活动中，并在其中创意学习，创意体验，创意收获。主要活动安排见表2-1。

表2-1　数学小实验分类表

年龄段	数学小实验
数学“慧”玩 1－2年级	单数和双数的秘密
	创造直尺
	买东西的学问
	七巧板中的奥秘
	手指和数学
	我的时间安排表
数学“慧”学 3－4年级	买菜称重
	铺地锦
	家到学校有多远
	鞋码与脚长的关系
	创意统计
	升和毫升的秘密
数学“慧”思 5－6年级	我为绿色校园做规划
	阶梯电价
	一张A4纸有多厚
	我做小小设计师——设计月饼盒
	测量不规则物体的体积
	商场促销策略的调查与研究

② 把数学画出来。结合苏教版小学数学教材“螺旋式上升”的编排特点，课题组成员开发了“把数学画出来”系列课程，从各年级教材出发，细致分析“数与代数”“图形与几何”

“统计与概率”“综合与实践”四大领域的内容分布，积极寻找各年级教材中画图素材的断层处与补充点，让画图不再是随机地分布在各年级，而是经过系统的梳理后能让学生直观地运用起来，并成为学生创意学习的工具。

低年龄段重技巧，注重在画图中促进思维发展。例如，在苏教版小学数学二年级“小远的生日派对”一课中就补充了画图解决“一半问题”的内容。利用这样的问题，帮助学生感受如何根据所画图示进行有理有据的数学推理。学生通过课程提供的探索路径，尝试“巧克力图”“线段图”“表格图”（图 2-3）等图表，用不同的图表表示方法对同一个问题进行了创意表达，在画图过程中提升了思维的灵活性和广阔性。

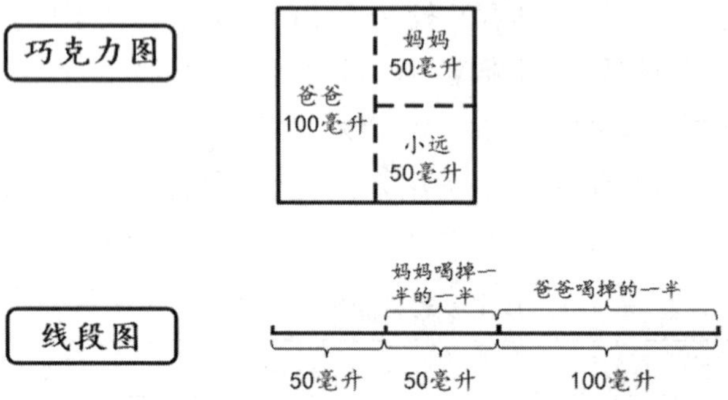

列表格

原来的果汁	喝掉了一半（爸爸）	一半的一半（妈妈）	剩下的50毫升（小远）
200毫升	100毫升	50毫升	50毫升

图 2-3

中年龄段重明理，注重在抽象活动中促进思维提升。如在苏教版小学数学四年级“平分秋色”一课中，用画条形图的方法抽象出“求平均数”的本质即“移多补少”（图 2-4）；在“李代桃僵”一课中，借助图示抓住解决“鸡兔同笼”问题的关键在于“找出假设与实际之间‘腿’的差值”（图 2-5）；在“别开生面”一课中，通过分析图示明晰不同条件下盈亏问题的解决方案（图 2-6）……上述课程，从画图的角度帮助学生探索如何清楚表达问题的本质，提升了学生思维的敏捷性和独创性。

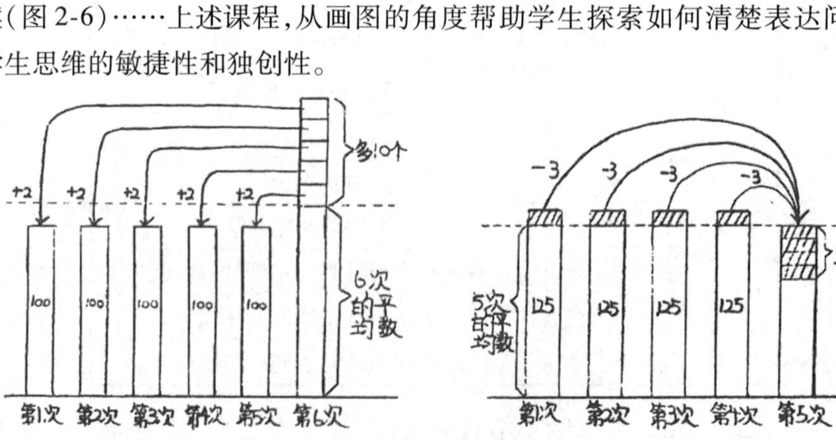

图 2-4

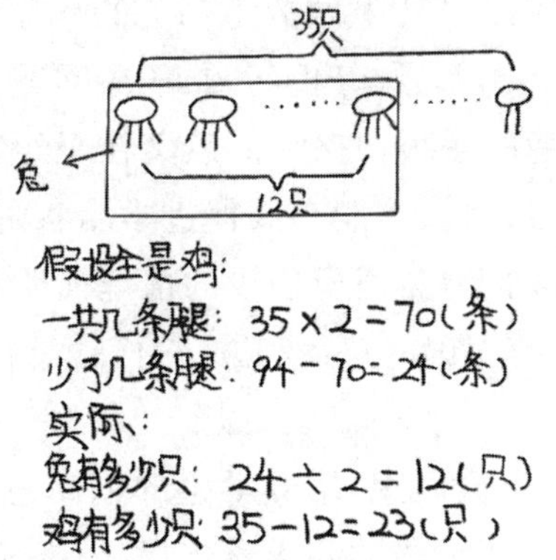

图 2-5

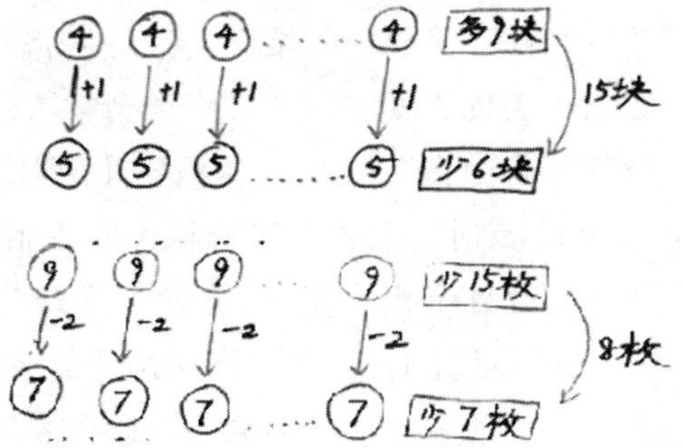

两种方案实际的差额÷两种方案中每人份数的差额=人数

图 2-6

高年龄段重能力，注重在建模活动中促进思维进阶。苏教版小学数学六年级“表面涂色问题”中，提出“36 块相同的小正方体拼成一个大的长方体，表面涂色，然后分开，则三面涂色的小正方体最多有几块，最少有几块”这一问题，让学生直面难题，进入“惑”的状态，从而产生画草图探究的需要。在探究的过程中，学生利用教材中“表面涂色正方体”的学习经验，抓住问题本质，通过画图抽象出“表面涂色问题”的数学模型（图 2-7），感受几何的直观感受带来的计算的准确性和推理的快捷性，也在对比和反思中自觉优化活动经验，提升了思维的批判性和深刻性。

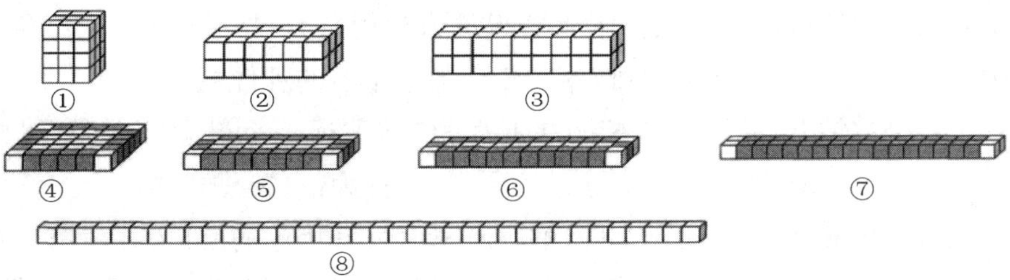

36块相同的小正方体拼成一个大的长方体，表面涂色，然后分开，则三面涂色的小正方体最多有(32)块，最少有(0)块。

图 2-7

③ “动手做”数学。“动手做”是认识数学事实，发现数学规律和手段，渗透数学思想和

积累数学活动经验的载体和平台。“动手做数学”通过所创设的情境和核心问题的引领,启发学生在“做”中发现问题、提出问题、分析问题、解决问题,学生也能更真切地体验到成为一名学习者、开发者和创造者的乐趣。探究的意义在于经历,数学学习不能仅停留在肤浅的层面,只有激发学生的学习兴趣,才能有效促进学生各种能力的发展。创造型任务的“动手做”应运而生,它的特点是问题本身所创设的情境简明易懂,但在高阶思维发展上具有复杂性;便于学生尝试,但没有明确的路径和方法,任务具有探索性;做法丰富多样,呈现思维的多元性。

在“动手做”中可以让学生学会联想,培养学生的创新意识。创造型任务的“动手做”素材由师生共同挖掘,根据不同年龄段的要求逐步提高,在实际教学中要拓展知识形式与知识应用,合理分布板块内容,安排学习材料和学生活动,注重学生的知识建构、有效的知识迁移、真实问题的解决以及批判性高阶思维的培养,将习得内容融入原有的认知结构中,进而做出决策,帮助学生在课堂中实现深度学习并最终学会学习。

以致远外小校本课程“玩转三角数图”为例,一年级学生利用已有的分与合的知识,由研究一个数的分与合,借助数图扩展到三个数之间分与合的联系,探索数与数之间的数学规律,感悟探究规律的数学方法。设计了找一找(引导学生发现三角数图中数的规律),摆一摆(通过“动手做”体验规律),说一说(通过交流,优化选数的策略),想一想(尝试利用规律进行思辨)等学习任务(图 2-8)。学生通过一系列的“动手做”,初步学会探索规律的一般过程,最后的环节设计更是本课的点睛之笔,不仅给学生的思考留足空间,也为在五年级“和的奇偶性”学习后再次说理埋下了伏笔。

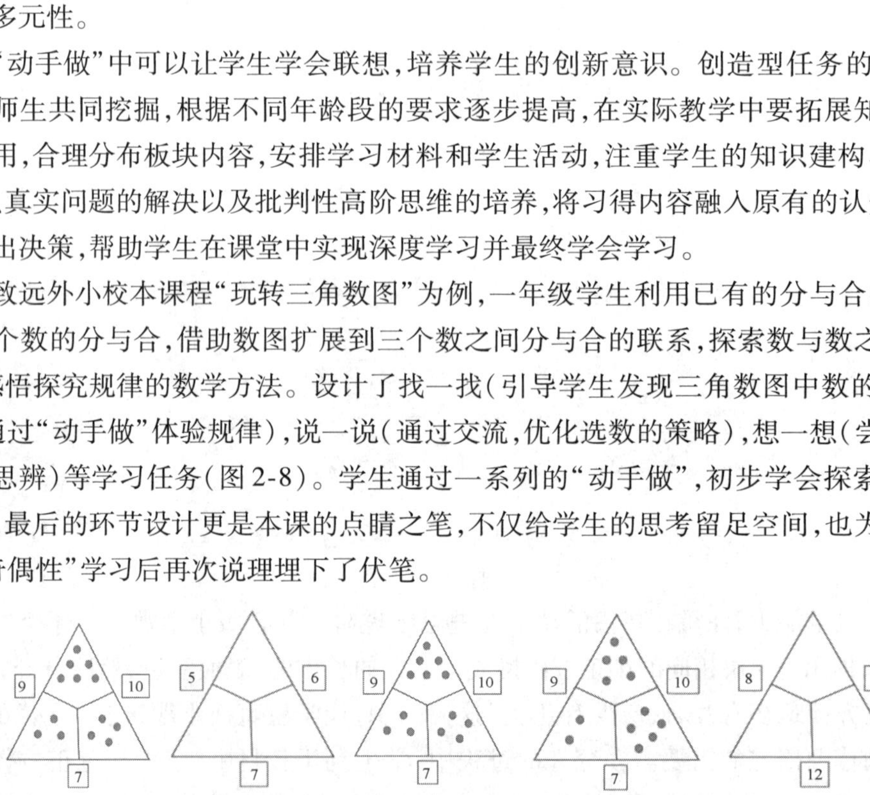

图 2-8

在“动手做”过程中培养学生的数学应用意识,而综合实践活动是良好的培养应用意识的载体,可以借助实际意义的工具“做数学”,在“做”中体验,在“做”中感悟,在“做”中提升。在实际教学中还可以充分发挥学生的想象力和创造力,打破学科壁垒,将数学学习置于现实生活中,真正激活学生的思维,培养学生数学学习的理性精神。

以苏教版小学数学五年级上册“校园绿地面积”与致远外小科学校本课程“校园植物志”融合后开发的“动手做”课程“我为绿色校园作规划”为例,首先指导学生根据已学的数学知识和校园绿植的相关知识,以小组为单位研究南京有特色的园区,并用图文并茂的方式概述规划预案;在活动中组织学生交流对任务分析的结果,帮助学生形成任务框架,并根据任务顺序分析子任务,继而完成校园绿地面积活动记录卡;在活动后引导学生关注校园绿地的作用,形成爱护环境的意识。

④ 魔“数”师工坊。在“支持儿童数学创意学习的实践研究”课题的引领下,结合小学

一年级新生入学和六年级学生毕业典礼，依托魔“数”师工坊，研发与支持儿童数学创意学习的校本课程：始业课程和毕业课程。目标不仅是教给学生更多的知识，更是以主题为核心，通过“超级链接”，调动数学内部不同领域的知识，调动不同学科的学习，不断拓展未知域，增长见识面，构建新系统，形成新见解，促进学生形成系统化、结构化的数学思维。

始业课程包括“我的课堂”“我的书包”“我的教室”“生活中的数学”四块内容，围绕“体验数学学习乐趣，培养良好的课堂习惯”，通过游戏，寓教于乐。带领学生初步了解数学课堂的课堂常规，通过交流以及相应的动手操作实践活动，加深学生对课堂常规的认识；围绕“创设情境，帮助学生了解数学”，在教学中创设各类游戏、儿歌等，初步向学生渗透“数学来源于生活，又回归于生活”的思想；围绕“尝试不同教学方法，初步渗透教学思想”，通过绘本、游戏、儿歌、情景操作等各种适宜一年级学生年龄特征的教学活动，初步了解学生在数数、比较、分类等方面的数学素养。

毕业课程则致力于创新学生学习方式，综合运用小学阶段的数学知识与方法解决实际问题，培养学生的问题意识、应用意识和创新意识，积累学生的活动经验，提高学生解决现实问题的能力。课程内容的设置以“数学游戏”“数学与生活”“趣味数学问题”为载体，对小学阶段所学习的数学知识进行特色汇报。在汇报过程中，邀请全体六年级学生及学生家长加入魔“数”师工坊的课程中，通过抽签、抢答等多种互动形式，让学生在游戏中灵活运用小学阶段的数学知识。例如，在“毕业课程”中，诗朗诵《当数学遇上古诗词》，将苏教版小学数学一年级上册“认识 10 以内的数”、三年级上册“间隔排列”、四年级上册“周期问题”等知识融入其中，让学生在吟诵诗词的过程中了解文理学科的融合，感受数学的魅力；数学小品剧《狐狸骗肉》，将有趣的数学卡片谜语与小品相融合；数学相声《妙猜心数》，将在小学学习的“方程”与即将在初中接触到的“二元一次方程”相融合。学生在精彩的演绎中展现“好玩的数学”，体会数学独特的魅力。

（4）改进评价方式。

设计和实施有效的评价体系，恰当地呈现评价内容和结果，对支持儿童创意学习能够起到助推作用。评价的目的是让学生在学习中不断体验进步与成功，认识自我、建立自信，也就是以评价的方式促进学习，这就要求评价主体多元化、评价方式多样化。

我们采取了延缓评价与课堂观察评价两种评价方式。① 延缓评价法。考试的功能不仅是“甄别和选拔”，还应发挥其促进和激励作用。特别是对于学习有困难的学生，耐心的等待能让他们看到自己的进步，获得成功的体验。② 课堂观察评价法。开展以学生为中心的课堂观察评价，就是要充分关注学生的状态，比如在“动手做”的校本课程中，每一次的动手操作以及小组合作，都是教师进行课堂观察评价的契机；用成长记录袋收集相关材料，多角度评价儿童的学习和进步状况。

我们还打破了评价过程中学生的“被动”局面，提倡评价主体的多元化。评价过程中包括教师评价、学生自评与互评、师生互评等。这种评价不再是评价者对被评价者的单向刺激反应，还让被评价者在此过程中进行对照和比较，既看到优点也看到不足，激发他们的内在潜能。

评价结果的呈现和有效利用可以让学生增强数学学习的自信心,激发学生学习数学的兴趣,养成良好的学习习惯。以往教师多用书面形式呈现结果,给学生的作品标上有趣的符号,这样的做法符合儿童的心理特点。除此之外,还可以把学生的学习过程用图片的形式记录下来,并配上鼓励性、肯定性的文字,让学生产生良好的情感价值导向。

静态呈现方式有利于评价主体的操作,动态呈现方式更有利于关注学生在活动过程中的体验感。例如,在"画数学"课程中,除了做出相应的练习,学生还会模仿教师在视频课程中的操作,自己尝试用"画数学"的方式解决问题,并用视频记录学习的过程以及心得体会,点燃自主探索的精神及创作的热情。

五、课题研究的成效

自课题立项以来,我们立足学生现状,关注学生生活,围绕研究方案,扎实开展研究,取得了初步的成效。

(一)学生方面

1. 学习兴趣日益浓厚

现实中,原本"好玩"的数学却让学生感到索然无味,越来越多的学生随着年级的升高慢慢厌恶数学。而数学创意学习以其鲜活的研究内容、独特的研究方式走进学生的视野,更新了学生对数学学习的固有认识,一个个真实的数学创意学习的研究让学生好奇、好动的天性得到满足。在这样的学习过程中,学生不断滋生积极的学习情绪,并将这种情绪迁移至日常的数学学习中,从而更加亲近数学,对数学产生了更多的好奇心和兴趣。学生乐学善学,课堂学习高效,增强了数学学习的自信心,在学习的过程中,更加愿意去尝试、去体验、去反思。

2. 数学核心素养显著提升

数学创意学习提升了学生的数学核心素养,随着数学小课题研究的深入,学生慢慢学会用数学的眼光观察现实世界,大胆用数学的思维思考现实世界,并尝试用数学的语言表达现实世界,不同的学生在数学上得到了不同的发展。在实践与综合应用的活动中,学生往往会从自己的生活经验和角度出发,产生不同的思考方法。在解决问题时,学生不再被事物的表面现象所迷惑,而是自觉地透过本质看问题,自觉地把问题抽象概括为数学模型,转化为数学问题。教师更加鼓励学生独立思考,引导学生进行讨论与交流,培养学生良好的思考习惯和合作意识。

3. 学习方式发生改变

教师讲、学生听,教师问、学生答,教师出题、学生做的传统教学模式已严重阻碍了现代化教育的发展,这种教学模式无法培养学生的实践能力和创新能力。在数学创意学习的引导下,学生学习数学的方式悄然发生改变,遇到数学问题喜欢动手做了、喜欢画图了,会做数学小实验了,学生在数学学习的过程中更加愿意自主探究、合作学习。近年来,课题组成员多次参与省、市、区级数学教研活动,学生在活动中充分展现出自身的风采,自信、聪慧的致远外小学子得到了与会领导、教师的高度赞赏。

4. 学业成绩显著提高

近年来,学校学生在多次省、市调研中成绩名列前茅,历届毕业生的综合素质得到其他学校的充分肯定。在学业负担不重的情况下,学生通过创意学习,男、女生均衡发展,学习成绩显著提高。从课题实验过程中看,教师更能尊重和接纳学生,学生在轻松、愉快的学习氛围中更能静下心来思考问题、解决问题。

5. 学生学习成果丰富

以前,在各种学生读物上发表作文的学生为数不少,但是发表数学小论文的学生几乎没有。数学创意学习为学生积累了丰富的素材,一批学生在教师的带领下开始动笔撰写数学小论文,及时记录自己研究的过程与结果。由于自身需求在实践与综合应用的学习过程中得到了满足,因而他们的学习积极性得到了充分调动,“爱学”与“乐学”的情趣,也空前高涨。在创意学习的推动下,学生自发开展数学小研究、小课题,将自己的研究成果变成一篇篇小论文、一张张数学想象画、一个个数学小制作等。三年来,学校共有50多篇数学小论文在南京市及建邺区组织的“数学与生活”活动中荣获一、二等奖。

(二)教师方面

1. 研究团队更新观念

教育观念的更新是落实课题研究的关键,课题组成员系统学习《数学教育心理学》《寻变》《多元智能理论》《学习的本质》等教育科研参考材料,努力提高自身理论水平,形成多篇阅读笔记。同时,认真进行公开课、优质课和集体备课的磨课、评课活动,为研究团队观念更新创造契机。课题研究十分注重“走出去、请进来”相结合的办法,组织部分教师到外校学习、取经,同时邀请市、区教研员来校做专题讲座并指导教学科研工作,多次承办市、区研训活动,为研究团队观念更新提供平台。

2. 课堂样态产生变化

从“教堂”向“学堂”转变,聚焦学生认知建构、注重潜能发挥。在开展“支持儿童数学创意学习的实践研究”过程中,团队着眼于学生数学能力的发展、数学思维的唤醒,以促进学生自主发展;着眼于学生的全面成长,促进学生认知、情感、态度与技能的形成;着眼于学生终身学习愿望和能力的形成,促进学生可持续发展。

3. 教学方式发生改变

从关注“教法”向关注“学法”转变。教学过程是师生交往、积极互动、共同发展的过程,现实中教师往往主导着课堂,因此,教师的教学方式显得尤为重要。在开展研究过程中,教师们普遍重视教学方式的改进,突出学生的主体地位,注重激活学生的创新意识;鼓励学生主动参与学习活动,在积极探究中勇攀思维的高峰;带领学生认真学习,丰富数学学习方式。同时,视其为教师专业成长的重要平台。由于本课题的研究没有现成的教学材料，没有现成的研究框架，这恰好给了教师们充分的自主权，他们都是教材的开发者和使用者，这种特殊的身份引领着教师们不断地学习、实践、反思，在不经意间进入研究状态，并在研究中重塑自身的教育理念，其专业能力得到了长足的发展。

4. 科研水平稳步提高

随着课题研究的推进，边实践边反思、边实践边总结已成为课题组成员的自觉行为。教师们的教育教学论文频频见于各级报刊。《生活教育》杂志社编辑看到课题组成员的投稿后对“支持儿童数学创意学习的实践研究”非常感兴趣，并主动从 2020 年 10 月起在《生活教育》杂志上开辟专栏，连续刊登课题组的研究成果。课题组成员围绕“数学创意学习研究”这一主题在《教育研究与评论》《小学数学教育》《小学教学研究》《数学教学通讯》等省级以上期刊发表论文十余篇。课题组成员多次参加市、区级教学及基本功竞赛，其中刘媛老师在南京市小学数学信息技术能手教学比赛中获一等奖，崔宏宇老师在建邺区“创新杯”课堂教学竞赛中获一等奖，朱彤老师在建邺区智慧课堂竞赛中获一等奖……各级教学研究活动中都活跃着课题组成员的身影。

（三）学校方面

1. 课程建设精彩纷呈

为了激发学生学习数学的兴趣和积极性，提升学生的创新思维品质，一系列的数学校本课程逐渐发展成熟。“数学小实验”课程课前师生的共同思考，实验中的合作交流，实验后的回顾反思，都让师生间更加默契；“把数学画出来”课程积极寻找各年级教材中画图素材的断层处与补充点，让画图不再是随机地分布在各年级，而是经过系统的梳理后能让学生直观地运用起来，并成为学生创意学习的工具。精彩纷呈的校本课程，使课堂从“鸦雀无声”变成“畅所欲言”，从“纹丝不动”变成“自由活动”，从“注入式教学”变成“自主探究”。

2. 评价体系逐渐完善

校本课程种类的多样和内容的丰富，要求我们用更多元的方式进行评价。一方面，评价的方式变得多样化。如：延缓评价法让教师能够耐心地等待学习上有困难的学生，让他们慢慢看到自己的进步；课堂观察评价法能让教师在课堂中充分关注到学生的学习状态和思维状态。另一方面，评价的主体也变得多样化。在小组活动中，教师评价、学生自评与互评、师生互评等评价方式也成为教学中的常态。随着课题研究的稳步推进，关注学生在创意学习中的体验感，逐渐成为本校教师的共识，多元评价体系日益完善。

3. 教学文化以学生为本

教学文化是师生教学实践赖以展开的前提，教学文化是一种活动的文化。在创意学习的潜移默化下，学生成为课堂的主体，在课堂中学生能积极开动脑筋、主动发言，不像过去那样只会听课，不会发表自己的意见。在创意课堂中，学生不仅有话说，还说得透彻，并且有自己独到的见解。学生和教师以平等的方式互动交流，营造了良好的课堂环境，如今致远外小的课堂，学生们都能做到敢想、敢说、敢质疑、敢评价。教师与学生形成了一个真正的“学习共同体”，在合作交流中共生共长。

六、课题研究的反思

在课题研究与实践中，我们虽然取得了不少成果，但随着研究的深入，我们发现在研究中仍存在着一些问题，对后续的研究也有相应的思考。

（一）主要问题

1. 成果需要进一步推广

目前，我们课题研究在建邺第五盟区 5 所小学内开展，几所学校的师生都积极参与了课题研究。但是这样的影响程度远远不够，鉴于数学创意学习研究对学生数学学习的深远影响，理应向周边更多学校辐射，让更多的学生享受好玩的数学。

2. 理论需要进一步提炼

由于参与研究的教师都是一线的数学教师，缺乏深厚的科研理论功底，在研究成果的呈现形式上，教学案例较多，有深度的论文和总结相对较少。对于课堂中专业性强的部分，只能翻阅文献资料，缺乏系统性的理论体系，也缺乏专业性的理论指导。

3. 视野需要进一步开拓

此项研究对本校的教师和学生产生了正面的影响，虽然课程内容已经比较丰富，我们仍希望能有不一样的、更有意思的数学活动，能够激发学生的学习兴趣。同时，本校教师也要与兄弟学校的教师多沟通与交流，了解别人做得好的地方，为我所用。

（二）今后设想

结题不是课题研究的结束，而是给我们一个系统梳理和反思过往研究的时间和空间。我们将在前期研究的基础上，进一步开展实践验证和理性思考，让学生数学创意学习研究走得更远。

1. 加强区域推进力度，扩大研究范围

我们将尝试联合区内外其他兄弟学校开展数学创意学习的研究，扩大研究范围，共享研究成果。

2. 继续争取专家指导，提炼研究成果

一直以来，我们非常珍惜各位专家对课题研究的指导。今后，我们将继续加强与专家的联系，邀请不同领域的专家走进校园，走进学生数学创意学习研究现场，就数学创意学习的实施展开全方位的指导，并帮助我们提炼研究成果，争取在已有理论和实践成果的基础上再上一个台阶！

第二节
课题报告2:学习素材的创意开发
——“动手做”的开题报告

一、课题的核心概念及其界定

1. 小学数学“动手做”的概念

“动手做”既是学生认识数学事实、发现数学规律的方法和手段,也是渗透数学思想、积累数学活动经验的载体和平台,在学生的数学学习过程中发挥着独特的教育功能。

2. 小学数学“动手做”栏目

“动手做”栏目是苏教版小学数学教材中的特色内容,通常出现在单元结束并与教材所学内容相配套的环节,其整体的编排顺序及价值追求与小学数学学习的有序展开有着很高的契合度。内容涉及“数与代数”“图形与几何”“统计与概率”三大板块,具有很强的趣味性和可操作性,是发展学生学科核心素养的重要载体。

3. 小学数学“动手做”栏目的开发设计

“动手做”栏目的开发设计是指基于教材中的“动手做”栏目,通过寻找挖掘内在的学习线索,一方面认真落实教材提供的“动手做”内容,另一方面对“动手做”活动内容和材料进行有序开发与深度挖掘,进而丰富小学数学教学内容。

4. 小学数学“动手做”栏目的开发设计与案例研究

从学生已有的生活经验和相关的知识背景出发,通过对课内“动手做”内容的延伸以及对“动手做”栏目的开发设计,将数学学习活动设计成学生可以动手实践的、感性化的操作过程,让学生在“做”中学,从而达到思维提升的目的。学生在发现问题、拟定计划、提出猜想、验证调整、回顾反思的过程中主动运用多种方法解决问题,不断形成、积累、拓展新的数学活动经验,体验动手做的魅力、自主探索的美妙、合作交流的乐趣,在深刻理解数学本质的基础上构建属于自己的数学认知结构。

二、国内外相关领域研究现状述评及研究意义

（一）国内外相关领域研究现状述评

1. 国外相关领域研究现状

（1）“动手做”在美国的首次提出。

“动手做”理念，最早可以追溯到美国教育家杜威所提出的“从做中学”理论。该理论强调将儿童的自身经验和兴趣作为学习起点，让儿童在“做”的过程中建构自己的知识结构，将“做”与“学”进行有机融合，以活动教学代替传统讲授，以亲身经验代替书本知识，以主动活动代替教师主导。“动手做”背后的学习观也契合瑞士心理学家皮亚杰的“发生认识论”学说。

20 世纪 80 年代，美国诺贝尔物理学奖获得者里昂 · 莱德曼为了解决学生的厌学问题，转变传统的以教师传授为中心的教学方式，提出了“动手做”（Hands-on）学习理念，提出要发掘生活中的教学素材，改进学生的学习态度、学习计划和学习方法，让学生在实际动手操作中，通过观察与实践、合作与交流逐步提升学习能力，自此“动手做”成为美国国家教育改革的重要内容。同时，美国的“QUASAR 计划”从认知要求的角度检视数学教学任务，将数学教学任务划分为高水平任务和低水平任务，高水平任务又细分成做数学和有联系的程序型，低水平分为记忆型和无联系的程序型。

美国促进科学协会于 20 世纪 80 年代制订了“2061 计划”，而美国国家科学研究会从 1991 年 8 月起动员了几万人进行“动手做”研究，4 年后，美国第一部科学教育标准于 12 月发布，其中进行美国教育改革的重要原则中就有“动手做”探究式学习（Hands-On Inquiry Learning）。

纵观美国的“动手做”研究，主要有以下几个方面的特征：重视生活教育，倡导学生观察生活中的事物，教学内容取材于实际生活；教师精心设计教学实验，引导学生自己提出和分析问题，让学生通过动手操作、自主探究与合作交流解决实际问题；关注学生探究的过程而非仅关注成果；强调科学的指导，重点关注学习伙伴之间的知识分享与交流互动。

（2）“动手做”在法国的迅速发展。

法国“动手做”的发展要从小学科学教育谈起，自 18 世纪起，法国的小学便开始了科学的教学。随着教学研究的深入，法国的一些教育专家们逐渐意识到科学教育并未真正在学校里得以落实。部分学校的科学教育只是表面工作，仅仅向儿童教授基本的计算和读写常识。教育者们逐渐发现传统的教师教授科学知识存在一定的弊端，他们提出要让学生通过科学的调查思考和实际的动手操作来掌握研究方法，建构科学知识。

法国国民教育部于 1994 年派出了专门的代表团到美国进行考察学习，对在芝加哥进行的里昂 · 莱德曼博士的“动手做”科学教育改革进行了深度考察。代表团的领袖法国科学院院士乔治 · 夏帕克深受美国“动手做”研究的启发，提出理应像美国一样在法国的小学进行教育改革，让学生在动手操作中习得科学知识。他的提议很快获得法国科学院和国

民教育部的高度支持,而这次教育改革被命名为“动手做”(La Main à la Pâte,简称LAMAP)。两年后,在法国特雷召开了一次教育会议,会议的主题是“改善对学生的培养方法,从幼儿园起进行自然科学教育”,自此,“LAMAP”教育项目正式推出,而后《动手做——法国小学科学教学实验计划》一书的编写标志着法国“动手做”的改革正如火如荼地进行,自此法国“动手做”得以高速发展。

纵观法国“动手做”的改革,其最主要的特征是具备强有力的研究团队。法国“动手做”的改革有信息技术作网络支撑,其研究团队不仅有教师培训中心和省级教学资源作为主力,还有著名科学家和众多科学研究者作为强大的后援。

国外的“动手做”研究对国内“动手做”项目研究的开展起到了很多借鉴作用。

2. 国内相关领域研究现状

我国“动手做”项目的研究源于1994年成立的科学能力建设委员会,时任我国教育部副部长的韦钰院士作为委员会成员接触了国外先进的教育理论。她提出要结合我国国情,借鉴国外先进的“动手做”项目教育的研究经验,尝试着在我国进行实践与推广。2001年,“做中学”这一教育改革在我国开始实行,“做中学”基于“动手做”,是在幼儿园和小学实行的探究式教学,该教学改革的成效十分显著,实验地区不断扩大且在农村学校也逐步实行。

随着教育改革的深入,数学教育者逐渐意识到“动手做”的开发对数学教学的研究也具有深远意义,便尝试在小学数学教学中也引进“动手做”。上海师范大学的杨庆余副教授带头进行了“动手做”改革。2002年,其申请的“小学数学学习中Hands-on(动手做)的探索与实践”被确立为国家“十五”规划教育部重点项目。

近几年,国内的一线数学教师和教科研人员越来越关注“动手做”的内容编排与课程操作方面的研究。

华东师范大学孔企平教授认为,“动手做”活动既是学生学习数学的基本方式,也是教师教学的基本理念。“动手做”的目的是让学生带着自己的数学思考自主探究、合作交流,进而提升学生科学探究的意识和能力。

关于“动手做”的内容编排,张悦嬛在《“动手做”教材编排、教学价值与实施策略》中写道:苏教版教材在全套12册教科书中共编排了37次“动手做”内容。从分布情况来看,除一年级上册没有编排之外,其余每册均有编排。从知识领域来看,涉及“数与代数”领域的有10次,涉及“图形与几何”领域的有23次,涉及“统计与概率”领域的有4次。从活动类型上看,属于操作体验型的一共有28次,属于探究发现型的一共有9次。

叶凯红在《把握“动手做”价值——聚焦核心素养》中提出:“动手做”主题活动贯穿于整个小学数学义务教育教材中,每个“动手做”活动都注重结合相关教学内容进行编排。“动手做”主题内容与“综合与实践”活动比较相似,都是“一类以问题为载体,以学生自主参与为主的学习活动”。区别在于“综合与实践”内容涉及的点比较多,有时不能在一个课时内完成;而“动手做”内容针对性强,便于研究。

关于“动手做”的课程操作,刘亚琴在《探寻“动手做”课程的操作要义》中提到:实施

“动手做”课程的展示，并不仅仅是让学生做一个简单的汇报，让学生说一说流程，而是要对“动手做” 课程的实施进行总结、反思，从而提升“动手做”课程的品质。

综上所述，“动手做”栏目的开发应该以学生为主体，注重教学内容的编排，合理设计教学过程，让学生在动手操作中展示学习成果，实现知识的探索。虽然已有部分深耕于一线的数学教师和教科研人员开始关注“动手做”的教学内容，但相关内容的教学并未得到有效落实，缺乏系统性的栏目开发设计与案例研究，更没有相关的教学策略可以借鉴，并且我国“动手做”的研究缺乏强有力的教科研团队作为支撑。由此可见，无论是“动手做”的理论研究，还是课程资源的具体开发，“动手做”栏目的课程价值与学科育人作用尚未得到充分的发掘。因此，小学数学“动手做”栏目的开发设计与案例研究有必要进一步地深入。

（二）研究意义

1. 理论意义

建构主义学习理论认为：知识不是通过教师传授获得的，而是学习者在一定的情景即社会文化背景下，借助他人（包括教师和学习伙伴）的帮助，利用必要的学习资源，通过意义建构的方式获得的。“情景”“协作”“会话”“意义建构”是学习环境中的四大要素。小学生的年龄与认知特征决定了其在数学学习的过程中，往往要借助恰当的外部活动来促进对数学概念的理解。而“动手做”恰好是帮助小学生理解数学概念、揭示数学原理、探索数学规律的重要途径。史宁中教授强调数学活动经验属于过程性目标，而过程性目标可以在学生的“动手做”过程中得以实现。

具身认知是一种不能脱离身体的认知方式，其最重要特点是：大脑会通过身体的性质、感觉和方位等来认知世界。在学习过程中，学生已有的经验是重要的基础，注重利用学生身体开展具身性的活动，从个体真实感受中获得新的语言经验，实现对知识的具体感知。具身性学习过程需要学习者全身参与、亲身体验。认知在本质上产生于身体参与的具身活动，是身体与环境互动的结果。在“动手做”学习中，要注重身体的感觉通道的感受，重视学生的情境感受，关注学生情感匹配与共情，增加身体体验的互动性。

本研究从小学数学“动手做”栏目的开发入手，为教学研究提供了一个新视角，体现了与时俱进的研究方向。“动手做”栏目既可以让学生在观察中发现问题，也可以让学生在具体实验、动手操作与趣味游戏中分析与解决问题。“动手做”栏目的开发与教学案例研究以教材为依托，又不完全囿于教材，让学生充分体验数学实践的过程，这不仅可以帮助学生习得丰富的数学知识，还有助于补充日常的小学数学课堂教学，从而丰富学生的数学学习经历，发展学生的合作能力、实践能力和创新能力。

2. 实践意义

(1) 促进学生的发展。

本课题的研究目的是丰富学生的数学学习经历和提升学生学科核心素养。“动手做”不仅是学生探寻未知世界的有力工具,也是学习智慧的一种体现。小学数学的“动手做”是能调动学生多种思维与感官参与的数学实践活动,丰富的教学内容渗透了多种数学思想方法,富有趣味性、操作性以及思考性,同时,学生的生活经验、感受、兴趣、爱好、知识、能力等构成课程资源的有机成分。学生在“动手做”活动开展的过程中,经历观察、猜想、验证和交流等一系列数学活动的探究,在小组合作与交流中共同探讨解决问题的方法与途径,有利于促进学生数学活动经验的积累,进而优化学习质态。

(2) 促进教师的发展。

本课题的研究为一线的小学数学教师的“动手做”案例研究提供了一定的参考。在新课程的理念下,教师本身构成课程实施中最有价值的课程资源,是课程资源的引导者、开发者。课程开发使教师的选择余地加大,机会增多,进而满足教学的多种需要,但同时对教师自身素质的提高也是一个挑战。通过对“动手做”的已有研究进行细致的梳理,并对小学数学“动手做”栏目的开发与教学案例进行系统性的实践研究,以及对研究过程和结论以及存在的问题等进行详细的阐述,可以加深教师对所教知识本质的理解,促进教师从整体上把握课程和教材,实施高效教学。

(3) 促进学校文化特色的发展。

该课题的研究有利于我们在学校文化建设上创出特色、创出品牌,有利于学校以更广阔的视角发展学校文化的内涵。学校文化特色决定着教师的“教”和学生的“学”,学习方式转变和课程变革又反过来促进学校发掘自身已形成的特色文化,成为构建学校新型文化的主要资源。“动手做”栏目的开发与实践研究有助于促进学校文化特色的形成,让学科文化建设促进学校文化建设。丰富的案例搜集、开发与展示,不仅扩充了学校的文化资源,同时也丰富了学校特色文化课程。“动手做”教学让学生不拘泥于课本,用独到的眼光去解读所学的知识,让学生得到全方位的发展,促进数学课程与学校文化融合为一体。

三、研究的目标、内容与重点

(一) 研究目标

(1) 开展小学数学“动手做”栏目内容开发设计的相关研究,探索开发的相关原则、路径、方法等,并形成小学数学“动手做”栏目的教学内容。

(2) 研究小学数学“动手做”的教学案例,通过对小学数学“动手做”教学案例的研究,形成小学数学“动手做”教学的策略与方法。

(3) 通过研究,有效提升学生的数学能力和数学素养,提升教师的课程开发能力,形成学校校本教研的特色。

（二）研究内容

1. 小学数学“动手做”栏目的开发设计研究

梳理苏教版小学数学教材“动手做”栏目的内容，挖掘适合融入“动手做”的教学素材，探讨开发和设计“动手做”内容的原则与方法。主要内容包括以下几点：

（1）苏教版小学数学教材中“动手做”栏目的学习现状及原因分析。

（2）厘定小学数学“动手做”教学的价值指向。

（3）小学数学“动手做”栏目开发设计的原则与方法。

（4）开发与构建小学数学“动手做”学习素材。

2. 小学数学“动手做”栏目的教学案例研究

积累学生活动经验的方式方法，形成学习共同体的评价方式和实现思维进阶路径等。主要内容包括以下几点：

（1）探索小学数学“动手做”学习的基本路径与方法。

（2）研究小学数学“动手做”典型教学课例。

（三）研究重点

（1）通过小学数学“动手做”学习素材的开发，探索开发设计的基本原则与策略，并对相关学习素材进行分类和整理。

（2）对教材中以及开发的“动手做”素材进行实践，并对课例进行具体的分析与研究，探索小学数学“动手做”教学的基本策略，形成一系列“动手做”经典案例。

四、研究的思路、过程与方法

（一）研究思路

阅读近年来国内外本领域相关研究成果，对目前小学数学“动手做”栏目的学习现状进行深入分析；邀请专家论证指导，提出课题研究假设，探索小学数学“动手做”栏目开发设计的原则与方法；通过课堂教学实践进行验证，开发与构建小学数学“动手做”教学素材；总结、提炼研究过程中的成功经验，确定小学数学“动手做”学习的基本路径与方法，形成《小学数学“动手做”栏目的开发设计与案例研究》报告。

（二）研究过程

第一阶段：准备阶段（2021 年 6 月—2021 年 10 月）

（1）参阅文献资料，组织课题人员进行培训和理论学习，撰写文献综述。

（2）分析目前苏教版教材中“动手做”栏目的学习现状，形成研究前调查报告。

（3）撰写课题研究开题报告，组织开题论证会。

（4）分析研究任务，制订子课题研究方案，研究人员明确各自研究的内容和重点。

本阶段主要研究方法：文献分析法、问卷调查法和行动研究法。

第二阶段：实施阶段（2021 年 11 月—2023 年 12 月）

（1）组织教师梳理小学数学“动手做”栏目的内容并分析其特点。

（2）开发与构建小学数学“动手做”的学习材料和有关素材。

（3）总结小学数学“动手做”栏目开发设计的原则与方法，撰写经验论文。

（4）组织阶段成果展示活动，撰写中期研究报告，并进行中期评估。

（5）提炼小学数学“动手做”学习的基本路径与方法。

（6）小学数学“动手做”研究系列案例和论文汇编。

本阶段主要研究方法：案例研究法、行动研究法和经验总结法。

第三阶段：总结阶段（2024 年 1 月—2024 年 5 月）

（1）收集整理课题研究的过程性资料，进行分析、归纳、提炼与总结。

（2）撰写课题研究报告和工作报告，筹备结题活动。

（3）组织结题活动。

（4）组织成果推介活动。

本阶段主要研究方法：经验总结法。

五、主要观点与创新之处

（一）主要观点

“动手做”作为一种新的数学教学理念，承担着实现数学课堂上培养儿童思维能力和数学素养的意义，小学数学“动手做”学习基本价值取向有以下几个方面：

1. “动手做”是学生的个体行为

“动手做”不是教师演示操作流程，学生模仿完成，而是教师提供目标，暗示思维走向，由学生自己设计路径、制订方案来完成任务。因此，在“动手做”的过程中，学生是独立的个体，他们通过自己的思考、自己的行动达成学习目标，本质上就是自我构建知识的过程。

2. “动手做”不是知识传递模式

客观主义强调知识的客观性，认为人的学习过程是将客观知识转化为主观知识的过程。与此不同的是，“动手做”不是教师告诉学生这个知识是什么，而是要学生通过自己的感知和具体的操作来认识事物的特征，构建知识的雏形，然后通过论证来确立知识的合理性，这符合建构主义学习的基本要义。

3. “动手做”是合作学习方式，合作学习是“做数学”常用的方法

小组中同学之间可以相互讨论，充分发表自己的看法和意见，在交流中完成学习任务。交流本身就是学生思维差异的取长补短，这也是社会建构主义的内核所在。

（二）创新之处

1. 完善课程内容，加强实践环节

开发发现数学规律所需要的素材，使抽象关系可视化。安排动眼观察、动手操作、动脑思考等实践活动，使学生通过自主活动获取事实，从而形成对概念原理的深刻体悟。

2. 给学生的学习方式和教师的教学方式带来实质性变化

在“动手做”中，需要调动各种感官参与数学认知活动，通过观察、操作和实验等实践活动，获得发现规律所需要的现实材料，在此基础上开展归纳、类比、抽象和概括等思维活动，抽取共性，得出规律，并获得解决问题的方法的启发。

第三章

数学“动手做”的实践图谱

狭义地说，“动手做”是数学教材的重要板块，是数学课程单元的重要组成部分，它搭建起学科与生活、学习与实践、课内与课外的桥梁。广义地说，动手做数学（简称“做数学”）是一种学习方式，它贯穿于数学学科学习的全过程，使数学成为活动的数学、实践的数学、创造的数学、伴随儿童生命成长的数学。本书的研究与阐述，以数学教材“动手做”为基点，遵循儿童发展规律和数学学科特点，探索数学学习方式的变革，创生出一种“做数学”的教学新样态。

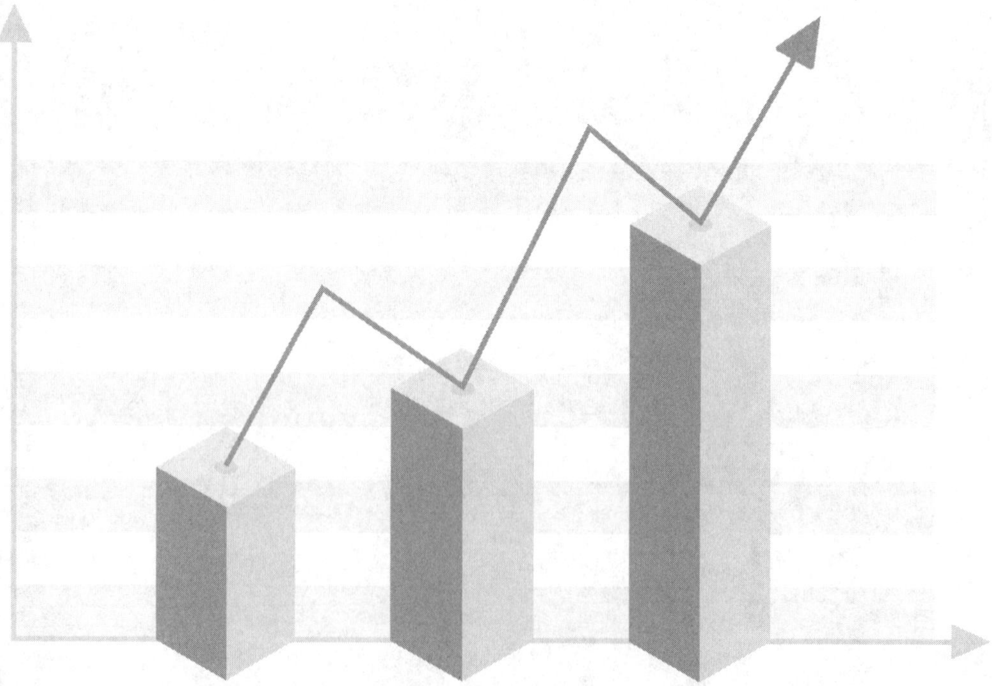

第一节
学材解析1:用儿童的方式抵达数学内核

“动手做”本身是学生认识数学事实、发现数学规律的方法和手段,也是渗透数学思想、积累数学活动经验的载体和平台。从2020年开始,学校教研组基于教材中的“动手做”栏目,一方面认真落实教材中的“动手做”内容,另一方面对“动手做”活动材料进行了开发与实践。

《义务教育数学课程标准(2022版)》中明确指出,在数学教学中,教师一定要加强对学生动手实践能力的培育,让学生能够深化直观体验,明确学习目标。总的来说,就是要让学生的数学思维“有物可参”,试图从学生已有的生活经验和知识背景出发,将数学学习活动设计为学生可以动手实践感性化的操作过程,让他们在“做”中学。

一、苏教版教材“动手做”的内容梳理

1.“动手做”的内容分布

“动手做”是苏教版小学数学教材的特色栏目,从一年级下册就开始设置,每册均有不同的内容,共计37个“动手做”活动,第一学段共安排15次,第二学段共安排22次(图3-1)。

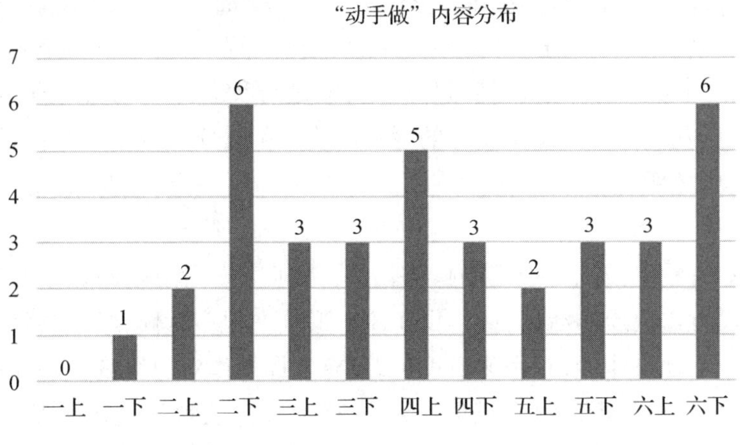

图3-1

从知识领域分布的维度看(图3-2),“动手做”栏目中结合“图形与几何”内容的活动所占的比重最大。结合“数与代数”内容的活动有11个,结合“图形与几何”内容的活动有22

个，结合“统计与概率”内容的活动有 4 个。

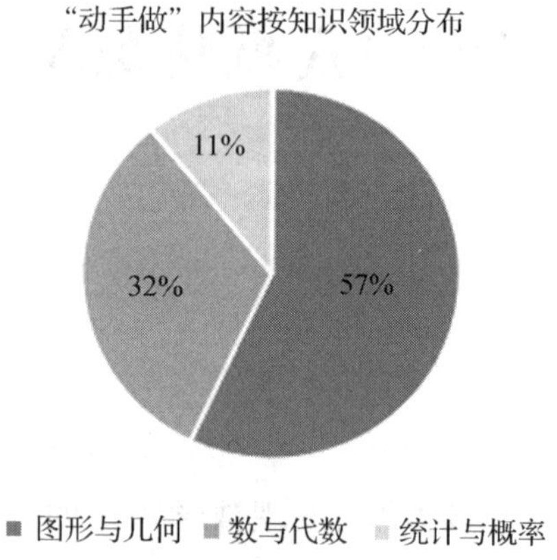

图 3-2

2.“动手做”的任务类型

“动手做”通常出现在单元结束并与教材所学内容相配套的环节，任务类型多种多样。主要包含数据收集、方案设计、动手制作、实验操作、数学游戏以及探索规律等。教材中的“动手做”既包含图形的变化，又隐藏数的规律，还内含统计知识。

3.“动手做”课程的现状分析

纵观教材中“动手做”的内容，与小学数学学习的有序展开有着很高的契合度。然而在实际教学中，很多教师对这部分内容的重视程度不够。我们曾在南京、苏州、无锡等地的学校对二年级、三年级、五年级的学生做过这样的实验：用一张不规则的纸片分别折出一个长方形和一个正方形。二年级学生还没有学过长方形和正方形的知识，但也有一部分学生可以折出来。而三年级和五年级的学生已经学过长方形和正方形的知识，因此我们想三年级的正确率应该比二年级的高，五年级的应该比三年级的高。实际情况如何呢？先来看折长方形的正确率情况。A 学校：二年级是 92.5%，三年级是 70%，五年级是 59%，与我们的预期正好相反；C 学校：五年级是 81.25%，三年级是 91.67%，五年级的正确率还不如三年级；而 B、D、E 这三个学校虽然数据稍微好一些，但是与我们预期的目标还有一定的距离。那这 5 个学校折正方形的情况又是怎样的呢？B 学校和 D 学校很少有学生能折出来，而且学校与学校之间的差距也很大，虽然其他几所学校稍微好一点，但与我们所期待的还是相距甚远。

我们不禁思考：看上去没有难度的操作活动，为何达不到预期的效果？反思平时的教学，很多教师并没有重视操作活动，使得操作流于形式。很多时候，学生在活动中扮演的只是一名操作工，有活动没体验，有操作没思考，没有发挥操作对思维的促进作用。

通过以上的梳理与分析，我们看到，“动手做”为教师的教学提供了很多素材，为学生提供了很多的思考空间，但教师普遍对这部分内容研究不足，对“动手做”的课程价值没有很好的理解。

二、小学数学“动手做”课程的价值指向

“动手做”包含许多不同的任务类别，学生在解决这些任务时无明确的或暗含的路径可遵循。“动手做”在本质上是非常规的，其价值不在于解决某个具体问题，它要求学生能深层次地探索和理解概念，体现现实生活情景的复杂性，要求学生能运用独特的方式描述数学的抽象性，在问题解决的过程中获得经验。

1. 从认知学习理论的知识分类原理分析

爱因斯坦曾说，你能够看到什么，取决于你大脑中有什么知识。解决“动手做”任务的过程中，学生内隐的知识结构发挥着巨大作用，这些知识包括陈述性知识、程序性知识和策略型知识，每类知识在认知发展过程中都有其独特的意义（图 3-3）。若缺乏陈述性知识，学生将不知道用什么去做和做成什么样；若缺乏程序性知识，学生将不知道怎么做；若缺乏策略性知识，学生将不知道自觉提醒和指导自己怎么做和避免怎么做。

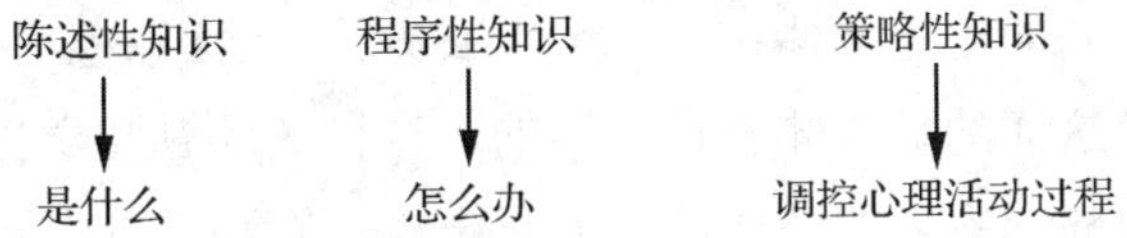

图 3-3

心理学研究表明，很多学习用功却无法获得成功的学生多数欠缺程序性知识和策略性知识。数学问题解决专家阿兰·施恩菲尔德曾对美国学生和数学专家解决某问题的过程分别进行分析（图 3-4）。

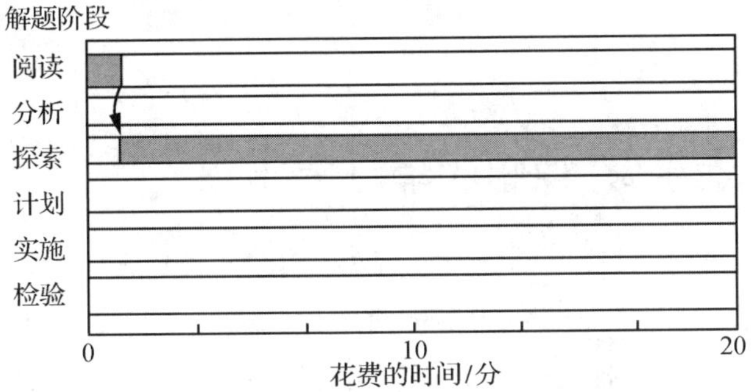

（1）学生解决问题的思考路径

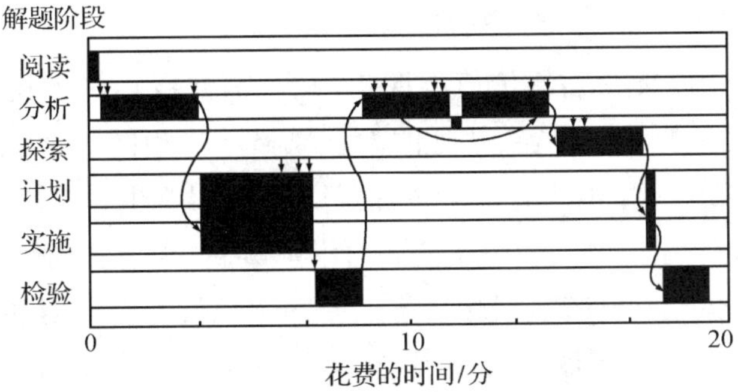

（2）专家解决问题的思考路径

图 3-4

图 3-4(1)是学生解决问题的思考路径,学生首先是阅读,进而一直探索,在无自我监控的情况下试着解决问题,而数学专家解决问题的路径就较为丰富,始终处于自我监控的状态下不断调整。由此可见,知识在解决问题的过程中只是一种必要的存在,决定解决问题的关键还是在于其观念获得的方式及过程,具备一定的解决问题的策略才是数学认知结构形成所必须具备的,这是“动手做”内容所承载的重要价值。

2. 从数学任务认知要求的水平分析

李忠如翻译的《实施初中数学课程标准的教学案例》中提到:数学任务认知要求的四种水平,分别为记忆型、无联系的程序型、有联系的程序型和做数学。前两者属于低水平的认知要求,后两者则是高层次认知要求的方式,是教学中力求学生达到的水平。其中“有联系的程序型”任务涉及理解、意义或概念的常规步骤,可以在多种表达形式之间建立联系;“做数学”则是更高层次的任务,教师在一开始时不会介入,需要学生独立分析任务并积极检查对问题解决策略可能起限制作用的因素。

例如,将若干块相同的小正方体拼成一个大长方体,表面涂色后分开,其中三面涂色的小正方体有 6 块,思考这样的长方体是什么样的。这样的问题与学生之前学习的内容产生了认知冲突,先前学习的内容表明三面涂色的正方体都在顶点处,且都有 8 个,而此时三面涂色的只有 6 个,这时就需要学生综合调动已学内容,借助动手操作、空间想象等方式将解决问题的过程变得更具体、更形象、更丰富。这样的图形只能是一层,可能是这样的,也可能是那样的。荷兰数学家弗赖登塔尔指出,数学教学方法的核心是“再创造”。学生通过“再创造”来学习数学的过程,就是“做数学”的过程。由此可知,“动手做”的最终目的就是“做数学”。

三、小学数学“动手做”课程的学习设计

“动手做”有三个明显的特点:其一,它是数学化的学习活动,所有的操作活动都有明确的学习目的,即便是游戏也有一定的目标指向;其二,它是身心联动的行为操作,动手、动口,手眼、手脑并用是学习过程的常态,通过对数学材料或实物的实际操作来感知学习对象;其三,它的行为操作包含画一画、填一填、摆一摆、量一量、数一数、算一算等形式,它是典型的“做中学”与“学中做”的学习活动。

“动手做”作为一块具有独特价值的课程内容,需要我们深入挖掘、整体设计。尽管“动手做”的内容、儿童的认知路径、教师的教学风格不尽相同,但教学过程的形式和规律也存在一些共性。经过一年半的实践探寻,我们总结了以学生为主体,以教师为主导的“动手做”课程的整体设计(图 3-5),以一个主题(问题、项目、观念、技能)为单位,发现问题,进而拟定计划,操作探索,验证交流,回顾反思。教师组织设计合适的动手做内容,激发学生“动手做”的需要,在学生拟定计划、操作探索、验证交流时要给予适当的帮助,最后还要以评价为指引,为学生自主或有指导地学习提供“脚手架”。下面我们从教师的“教”、学生的

“学”以及学习过程进行具体分析。

图 3-5

1. 从“依赖经验的教”到“指向性地教”

现实中，很多教师对学生学习的规律性、差异性、科学性认识不足，往往根据个人教学经验设计学习方案。在“动手做”教学中，教师的“教”实则是一种阶段性的、非连续的行为，通过问题情境或主题任务，让学生产生“动手做”的需要，凡是学生能通过“做”学会的，教师不用教，当学生有困难时，教师才通过演示、启发、追问等方式介入“教”。

“指向性地教”意味着更加凸显学生的“学”。具体体现在：观察学生的“动手做”过程，关注学生操作的细节；倾听学生关于做的方法的讨论，评估其中体现的创新性思维；了解学生完成的情况，分析学生在解决问题中获得的心得体会；通过提出明确的评价指标，更好地指引学生投入“动手做”的过程中。此外，教师“指向性地教”还应充分尊重学生个体学习的差异，允许学生采用不同的学习方法。

2. “从模糊地学”到“专业地学”

很多时候都是教师帮学生设计好研究方案，从学习目标到学习内容及材料均需依赖事先设置好的规定，学生对于学什么、怎样学、学的效果如何等都是模糊不清的，显然这不是学生需要的学习方式。建构主义教学理论认为，学习是学生从“现有水平”向“潜在发展水平”转化，学生有必要了解在“动手做”中自己学习的全过程（图 3-6）。

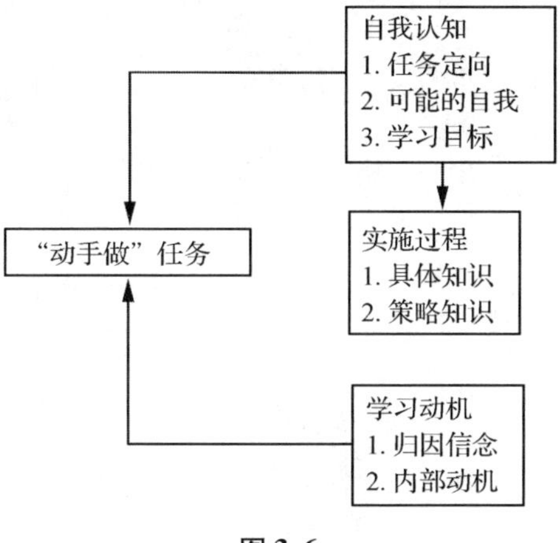

图 3-6

学生在课前学习环节，应明晰自己的“现有水平”，借助经验拟定研究计划，关注学习目标，知道自己为什么学习，发现自己的问题和不足。在实施“动手做”的过程中，知道该采用何种学习方法，并有意识地关注同伴的问题，通过多元互动调适或修正自己的学习过程，若按计划未完成学习任务，还要再次思考计划的可行性。例如，学生应学会向自己提问：我打算怎么办？我可以通过什么方法解决这个问题？我还能怎么调整？“动手做”任务完成之后能主动通过评价任务判断自己是否真的学会了，并对下一步学习做出决策。当学生意识到自己是学习者和思考者时，他们的学习将始终指向学习任务，不断询问自己是否理解，学生的学才能从“模糊”走向“专业”。

3. 从“教学过程”到“学习历程”

“动手做”基于学习者视角的学习历程设计，根据学习目标、学习内容及学情，灵活设计不同类型的进阶学习过程。清晰的学习目标引领学生学习，将教学目标转化成学习目标，学生能够根据自己的情况，有计划、有目的地学习。巧妙的学习活动促进深度学习，“动手做”的过程应充分体现开放性和动态生成性。

思维是隐性的，但要将学生的思维显性地表达出来。“动手做”就是让学生的思维从隐性到显性的“脚手架”。在小学阶段提倡学生动手做数学，当“动手做”真正成为解决问题的一种行之有效的策略，并通过课程设计使得这种意识逐渐增强且形成习惯时，它就会成为学生用之不竭的财富。

（范韦莉）

第二节
学材解析 2:“动手做”,儿童思维进阶的“云梯”

一、“动手做”的意义

“动手做”本身是学生认识数学事实、发现数学规律的方法和手段,也是渗透数学思想、积累数学活动经验的载体和平台,在学生的数学学习过程中发挥着独特的教育功能。从目前的学习状态来看,我们的教学必须从知识本位向以人的发展为主要核心目标转变。在这种转变的过程中,我们需要具体分析学生在学习过程中可能出现的困难,以及解决这些困难的教学方法。

“动手做”试图从学生已有的生活经验和相关的知识背景出发,将数学学习活动设计为学生可以动手实践感性化的操作过程,让他们在做中学,以此达到思维提升的目的。

二、“动手做”过程中的核心目标

1. 在“动手做”的过程中积累数学活动经验

学生获得数学活动经验的过程,至少需要经历这样几个阶段:原初经验阶段、再生经验阶段、再认经验阶段、概括性经验阶段、再次参与多样化的数学活动阶段,以及逐渐内化为概括性经验图式阶段。很多专家都提到过数学活动经验,特级教师贲友林在《关于获得数学活动经验的三点认识》一文中提到:学生经历或参与了数学活动,未必就一定获得了数学活动经验。所以,作为一线教育工作者,我们更要关注“动手做”,引导学生在“动手做”中,将经历变成经验。教师需要有意识地设计、组织每一次数学活动,让学生积淀数学活动经验。

2. 在“动手做”的过程中形成学习共同体

“动手做”过程中学生在个体体验的基础上必然会经历交流表达、合理倾听、团队意识、合作意识等过程,从而达成学习共同体的构建。由于“动手做”的挑战性,在交流过程中,学生发现了问题不确定性中的开放性和解决问题的奇妙方法,从而对数学产生了更好的学习体验,进而发展出相应的、积极的数学学习情感。

3. 在“动手做”的过程中实现思维进阶

“动手做”是和解决实际问题紧密联系在一起的活动经验,需要通过“动手做”发展学生“做”数学的能力。“动手做”的内容没有明显的解题路径,无法简单地套用现有的知识去解决问题,需要非算法化的复杂思维。因此,在“动手做”的过程中,需要学生会用知识,但具体怎么用,只有通过动手做才能达成。在“动手做”的过程中,学生对原有知识概念的理解,对数学知识的内在联系,综合运用数学知识解决问题的能力得到发展,将形式化的知识借由“动手做”而真正掌握和内化,从而达成思维进阶。

以“动手做”素材《剪拼无盖长方体》为例。这个无盖的长方体该如何去剪,体积才能最大?教师通常会让学生直接通过数据计算去解决,但作为“动手做”素材,会从学生已有的知识经验出发,让学生通过实际操作,经过多次尝试不断在“做”中积累数学经验,当“做”出的无盖长方体体积并不是最大时,又会产生质疑、不断探究,并且通过学生之间的交流分享,最终达成学习共同体的构建。

三、构建“动手做”教学素材体系

明确了“动手做”过程中的核心目标,有了实施的抓手,我们就可以将视角放置于“动手做”教学素材体系的构建。

(一)“动手做”素材的特点

1.“动手做”素材便于尝试,具有探究性

以“动手做”素材《对折问题(二)》为例(图3-7),将一根绳子对折两次,它会被平均分成4份,如果将这根绳子对折两次后沿着中间剪开还会被分成4份吗?如果不会,那可以分成几份?如果继续对折,又会分成几份?这样的“动手做”素材非常方便学生去尝试,只需要准备几根绳子就可以了,但是到底会分成几份?这是需要学生去动手实践探究的。

对折问题(二)

【问题】

将一根绳子对折两次,它会被平均分成4份。如果将这根绳子对折两次后沿着中间剪开还会被分成4份吗?如果不会,那可以分成几份?

【计划】

1. 先拿出一根绳子将它对折一次。
2. 对折之后,从中间将这根绳子剪断。
3. 数一数,这根绳子被剪成了几份。
4. 下图是一根绳子,试着把你刚刚剪的过程在下图中画一画。

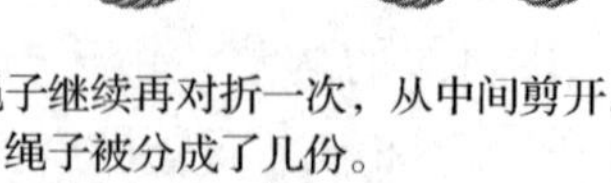

【尝试】

1. 将这根绳子继续再对折一次,从中间剪开。
2. 数一数,绳子被分成了几份。

图 3-7

“动手做”通过情境引导和问题引领，让学生完整地经历一次次探索与发现的过程，启发他们在“做”中发现问题、提出问题、分析问题、解决问题，有利于培养他们主动探究的意识。

2.“动手做”素材简单易懂，解题具有复杂性

“动手做”素材的实践者是学生，因此在素材的选取上首先要考虑的就是“动手做”素材本身的内容要简明易懂，学生不需要花大量的时间在读题和理解题意上。

以“动手做”素材《玩转三角数图》为例（图 3-8），题目简单易懂，只需要将圆片放入相应的空白处，使得相邻两个部分的数加起来等于边上的数即可。题目简单易懂，但却没有推荐一条解决问题的途径，解题步骤也不明确，无法简单地套用现有的知识去解决，需要学生不断尝试，因此，往往具有复杂性。

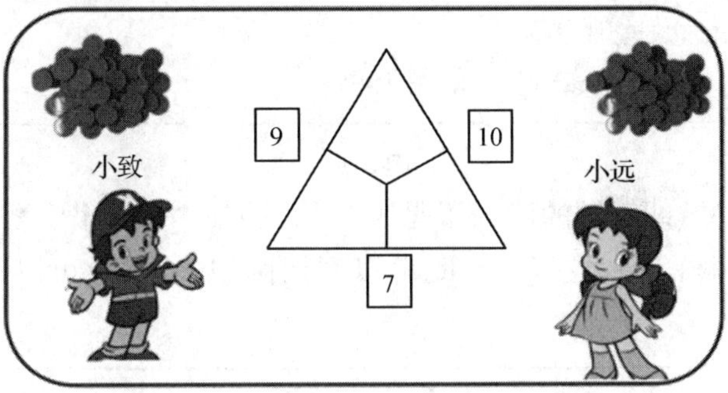

图 3-8

3.“动手做”的素材丰富多样，具有多元性

（1）素材来源是多元的，它可以来源于教材中的延伸，也可以来源于教师、学生、实际生活等。

以六年级“动手做”素材《“矮胖子”和“瘦高个”，体积大 PK》为例（图 3-9）。在学习苏教版小学数学六年级下册“圆柱和圆锥”这一单元的内容时，教师会把重点放在探究圆柱的体积推导过程，而忽略了这个“动手做”素材，忽略了在由“面”变“体”的过程中平面图形和立体图形之间的联系，实际上这一内容是需要学生在一系列活动中体验自我探寻的过程，在探寻的过程中去寻找解决问题的方法和策略的。

“矮胖子”和“瘦高个”，体积大 PK

【问题】

如图，张师傅和李师傅用同样大小的长方形铁皮围成通风管（一张横着卷成圆柱形，另一张竖着卷成圆柱形）（接口处忽略不计），三个徒弟讨论围成的通风管体积大小。

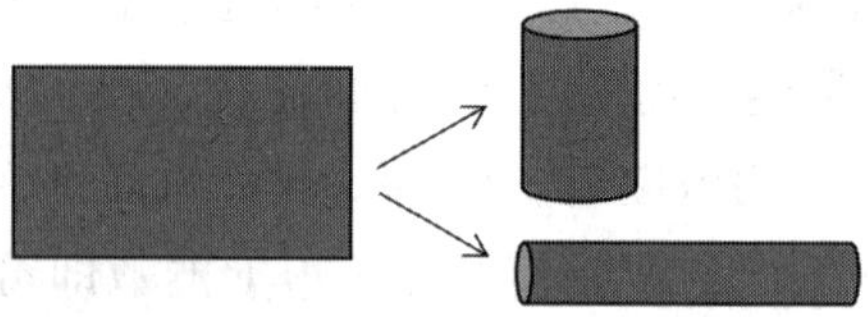

甲说：张师傅的通风管比较高，我叫它“瘦高个”，它的体积应该大。

乙说：李师傅的通风管比较粗，我叫它“矮胖子”，我觉得它的体积应该大。

丙说：张师傅的“瘦高个”高，但是细；李师傅的“矮胖子”粗，但是矮。所以，它们的体积应该一样大。

同学们，你认为两个圆柱的体积一样大吗？

图 3-9

（2）解法是多元的，即解题的路径不是唯一的，例如，“动手做”素材《画等边三角形》（图 3-10），要画出这样的等边三角形，既可以利用圆规来画，也可以利用量角器、三角尺来画。

画等边三角形

【问题】小致学习了三角形的知识，想做一个边长 6 厘米的等边三角形，你能帮他把这个三角形画出来吗？

图 3-10

（3）答案不是唯一的。例如，“动手做”素材《拼一拼》（图 3-11），用两块三角尺能拼出哪些图形？各有哪些不同的拼法？拼出来的图形是不一样的，即这里的答案不是唯一的。

拼一拼

两人一组，每人准备如下图所示的两副三角尺，在小组里拼一拼。

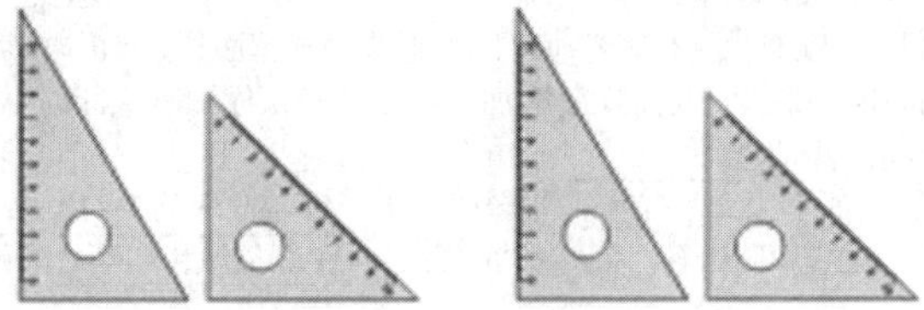

【问题】用两块三角尺能拼出哪些图形？各有哪些不同的拼法？

【计划】（1） 准备两副三角尺，猜一猜：用两块三角尺能拼出哪些图形？

（2） 想一想：你打算拼长方形，要拼出这个图形，需要哪两块三角尺呢？选一选。

（3） 你打算把这两块三角尺的哪两条边拼在一起，拿出三角尺按你的想法拼一拼，把拼的方法画下来。想一想：还有不同的方法吗？

图 3-11

（二）不同年级“动手做”的要求不同

1. 低年级，计划明确，提供材料

以“动手做”素材《魔法棋盘》为例（图 3-12），这里根据难易顺序，合理地给学生安排了 3 个层次的计划，并且提供了用来探究的棋盘，即 6×6 和 5×5 的方格纸。

魔法棋盘

【问题】把6个棋子放入6×6的棋盘（如图1）中，使每个棋子不同行、不同列以及不同斜行。

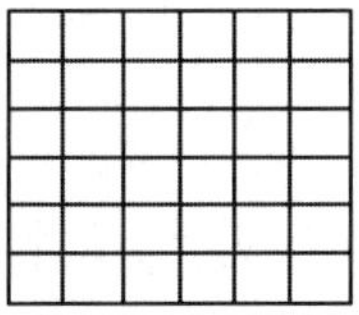

图1

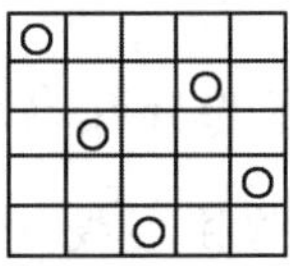

图2

【计划】1. 先观察在5×5的棋盘（图2）里，棋子是怎么摆放的。

2. 想一想在6×6的棋盘里该如何摆放。

3. 还有没有其他不同的摆法。

图 3-12

2. 中年级，框架式计划，注重尝试与探究

以“动手做”素材《空中农场变形记（一）》为例（图 3-13），这里给定了计划的框架，不仅可以通过动手操作发现答案，也可以通过画示意图发现条件和问题之间的关系，这里只

给学生一个基本框架，让学生自主选择探究的方法。

空中农场变形记（一）

【问题】致远校园里有一个空中农场，原计划用一块正方形土地种青菜，因同学们喜欢吃青菜，生活老师想扩大青菜的种植面积，把正方形菜地的边长增加5米，那么它的面积就增加了95平方米，你知道原计划中正方形菜地的种植面积吗？

【计划】1. 你可以动手操作，剪一剪、拼一拼，发现其中的奥秘。

2. 你还可以通过画示意图的方法，发现条件和问题之间的关系。

尝试：选择计划中的一个建议，试着做一做。

图 3-13

3．**高年级，自主设计，自主尝试，自主验证**

以“动手做”素材《剪拼无盖长方体》为例（图 3-14），材料没有给出具体的实施计划，而是让学生在下方的空白处将自己的想法画出来，让学生能够自主设计、自主探究。

剪拼无盖长方体

【问题】小致和小远在一起剪纸，小致突发奇想，开口说：“我们来剪拼无盖长方体吧！”小远立马来了兴趣，“可以怎么剪呢？体积会不一样吗？会不会有哪种剪法做出来的长方体体积最大呢？” “好期待，我们快剪拼试试吧！”（长、宽、高都为整厘米数）

【计划】你觉得可以怎样剪？将你的想法在下方的空白处画出来。

【尝试】给你一张长8厘米、宽4厘米的长方形纸，试着剪剪看，可以有几种剪法，并算出相应长方体的体积，并找出最大体积的长方体。

图 3-14

（三）“动手做”板块内容的分布合理

学校教师通过一学年的选题和实践，结合各个年级学生的特点和教材的内容，整合延伸了一套较为系统的“动手做”素材（图 3-15）。并且根据知识领域的三大板块：数与代数、图形与几何、统计与概率，结合低、中、高年级学生的认知水平和年龄特点，将动手做板块内容进行合理的分布。其中“图形与几何”所占比例最大，也与这部分中需要学生去动手做的内容较多且富有探究性相符合。

图 3-15

三年级的《吃一块巧克力，周长变吗?》“动手做”素材，在实施过程中学生积极性非常高，愿意将自己的想法付诸具体的行动上。

五年级的《神奇的圆点》“动手做”素材，非常吸引学生的眼球，学生探究热情高涨，教学效果突出。

四、“动手做”教学设计的实施建议

1. 设计教学案，促进学生深度学习

深度学习的重点在于关注学生的学习过程，提升学生的综合素养。因此，在“动手做”教学设计的实施过程中，教师应合理安排学习材料、合理组织学生活动，给学生充分的自主探索的时间，使得学生积累研究活动的直接经验的同时，带着这样的经验走入小组，分享收获、解释发现和方法，阐明观点，经历修正和完善，提升学习力，促进深度学习。

鉴于对深度学习的进一步思考，为了让深度学习能真正发生，在进行动手做教学设计时，将一改以往的教案形式，在明确学生的具体活动任务的同时，侧重及时评价，及时关注学生的学习过程，突出学生本位原则，形成教案向教学案的转变，在设计教学案的过程中，切实地关注学生的深度学习(图 3-16)。

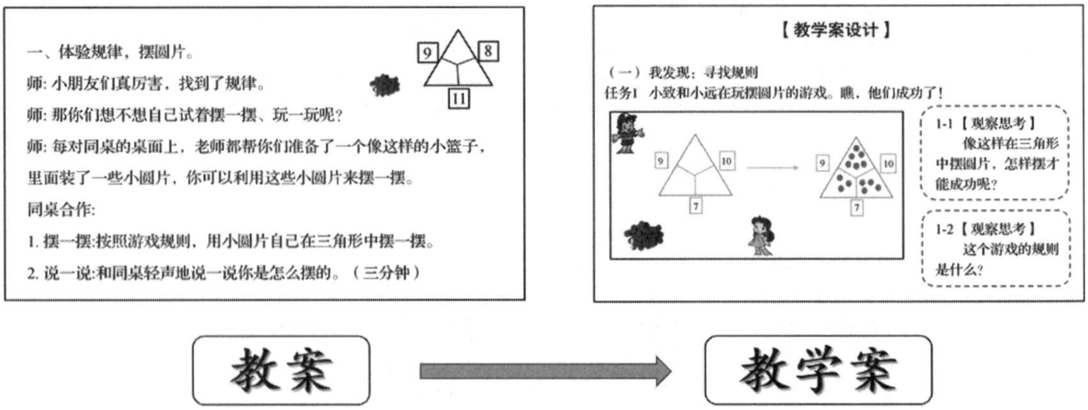

图 3-16

2. 关注核心问题,注重学生自主探究

重视学生的自主探究,教学设计要求板块化,避免设计过于烦琐破坏学生思维的流畅性与整体性。板块化设计中要关注核心问题,核心问题的设计使得“动手做”的探究活动有主体、有方向,不表面、不肤浅,使“动手做”活动趋向理性。

以“动手做”素材《吃一小块巧克力,周长变吗?》为例,如何吃掉一块,我们可以这样吃,也可以那样吃,还可以怎么吃? 抓住核心问题,将板块分为 4 个部分进行设计。板块一:呈现核心问题,引发思维冲突。板块二:激活经验,引发思考。板块三:尝试操作,自主探究。板块四:交流分享,让不同层次的学生得到不同的发展。

关注核心问题,能够让不同层次的学生在自主探究、互相交流中“发声”,让每名学生的思维可视化,使得每名学生在“倾听—交流”的过程中获得不同的经验和感受;在交流与碰撞中,看见思维发展的过程,听见思维进阶的声音。

3. 建立表征联系,重视思维留痕

重视思维留痕,思维留痕包括板书留痕和思维可视化。留痕在于丰富知识的不同表征形式,更多的是在不同的表征形式之间建立联系,从而真正地丰富对概念的理解。如果将定义描述为“骨架”,不同的表征则是“血肉”,它们之间有了联系,就能真正达成理解,也就有了“灵魂”。

这是“动手做”素材《和的奇偶性》(图 3-17)活动过程中留下的思维痕迹,学生利用小正方形,通过拼一拼、看一看、说一说等多种表征形式,明确和为偶、和为奇的具体表象,丰富概念理解。

这是“有余数的除法”(图 3-18)活动课后的板书留痕,板书体现了“动手做”过程中学生具体的活动经历,板书留痕有利于加深学生的视觉记忆,增加学生对数学知识长时记忆,促进正确信息的顺利提取,有助于学生达成对所学知识的理解,使知识有了“灵魂”。

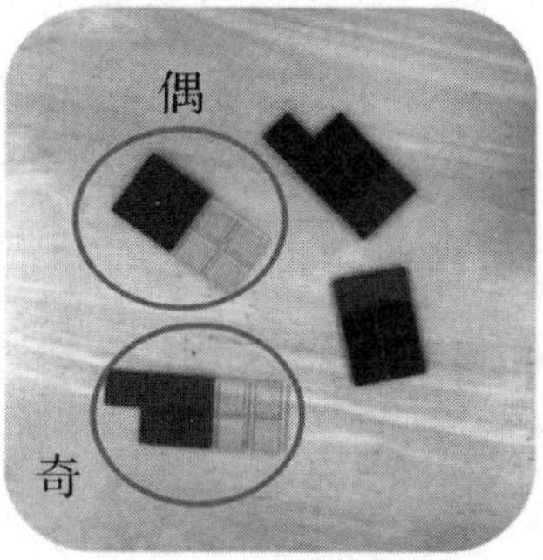

图 3-17

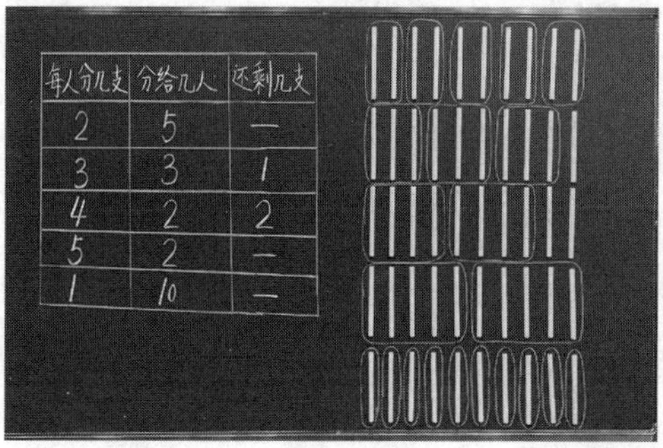

图 3-18

4. 利用多种方式，促进思维进阶

在进行“动手做”活动设计时，要让学生经历自主探究—自主建构—独立表达—合作交流—回顾反思—重新构建这 6 个过程。

从自主探究到自主建构，实现的是学生个体知识的原生态建构。从自主建构到独立表达，通过思维可视化，将内部思维向外显行为进行转化。独立表达后要在同学之间进行合作交流，从原生态的独立知识建构转向对知识的多元理解。在多元理解的活动中，实现了学习共同体的建构。合作交流后再经历回顾反思，对已有的知识、方法、策略三个方面进行相应的学习调节。在回顾反思的基础上又重新建构对原有知识的认识，从而实现对知识的深刻理解，实现思维进阶。

以“动手做”素材《草坪中的学问》为例，出示内容后学生可以借助原有的知识，知道可以把四块小路拼起来，完成自主构建，在独立表达时通过画图将自己的想法展示给其他同学，在与同学合作交流的过程中，同学们就能达成共识，可以用长减路宽，宽减路宽，找到一个更好的解法。同样，也可以把空白的小路面积先求出来，然后用总面积减去小路的面积。这样就体现出对同一知识的不同理解，从而建构学习共同体。接下来，进一步合作交流、合作反思，会发现有三种不同的情况：第一种是小路横着平行于长方形的边，第二种是小路竖着平行于长方形的边，最后一种是横竖都不平行的。通过回顾反思，知识横竖都不平行的情况是无解的。在回顾反思中，对这几种情况进行知识的重新建构，明确只要有一条小路和长方形的边平行是有解的。这样思考的过程就可以深化对知识的理解，从而达成思维的进阶。

在“动手做”课程的新视野下，学生不仅获得了知识，提升了数学能力，更体验到了数学思考的美妙、数学思想的深远、数学创造的乐趣，还孕育出了非数学学科特有的创造能力、动手能力、实践能力、合作能力等，最重要的是，他们开始“做”，并会“做”，且“快乐地做数学”。

（桑　坤）

第三节
“动手做”的系统建构
——儿童创意学习的学科实践

弗赖登塔尔提出,学习数学唯一正确的方法是实行“再创造”。这里的“再创造”指的正是动手“做”数学的过程。

一、研究背景

培养学生的数学核心素养是小学数学教学的重要任务,《新课标》围绕核心素养提出了“三会”的要求:会用数学的眼光观察现实世界,培养儿童感官体验;会用数学的思维思考现实世界,关注儿童思维发展;会用数学的语言表达现实世界,鼓励儿童个性表达。因此,从学科育人的角度来看,“动手做”作为苏教版小学数学教材的特色板块,既是儿童认识数学事实、发现数学规律的方法,也是渗透数学思想、积累活动经验的手段;既是落实核心素养、彰显儿童创意的有效载体,也是提高审美能力、实现审美理想的重要平台(图 3-19)。

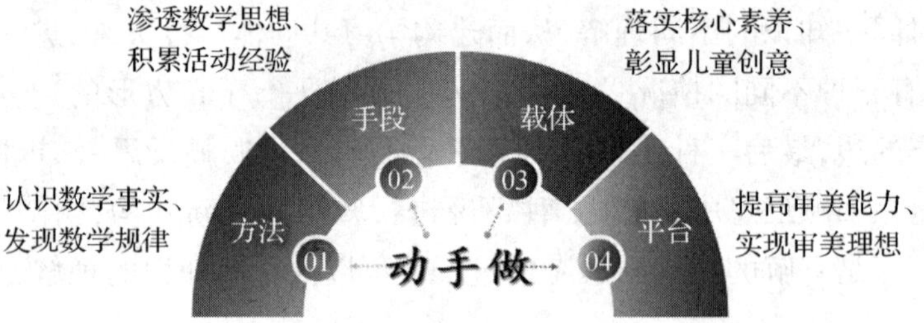

图 3-19

从 2017 年开始,学校数学团队就在“创意学习”的理念引领下,进行学科创意实践,以课堂教学为起点,深入挖掘“动手做”育人价值,将“做”数学的理念贯穿学生数学学习的全过程(图 3-20)。

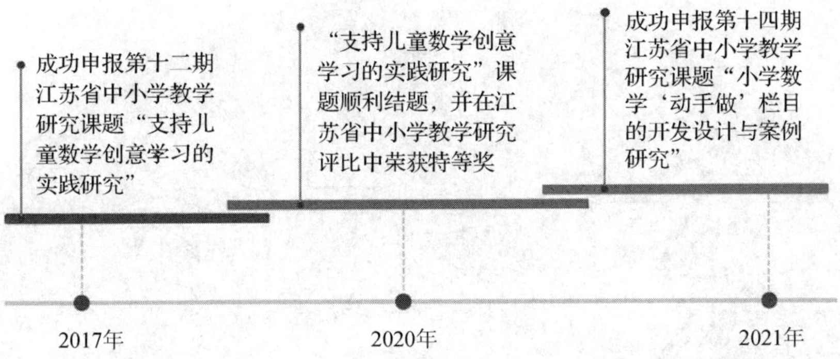

图 3-20

儿童在“动手做”中经历“建立和谐的伙伴关系”“收获积极的情感体验”“激发创意的学习方式”“建立牢固的学习信念”这四大阶段，参与“自主探究—社会建构—创意发现”的完整过程，通过数学创意学习，实现美的创造（图 3-21）。

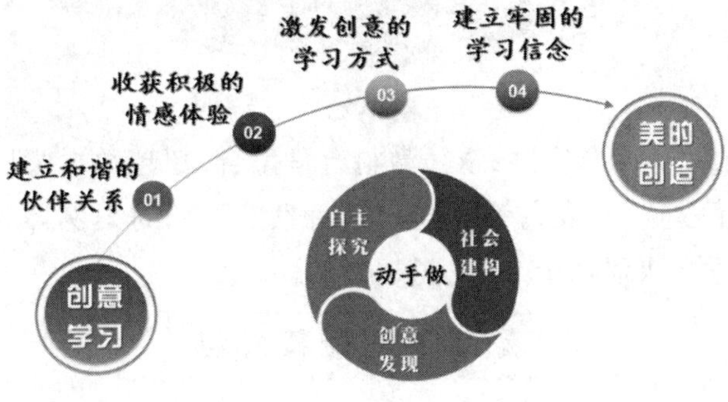

图 3-21

二、实践路径

经过近三年的实践探寻，团队联系《新课标》，从学科素养出发，总结了指向实践育人的数学“动手做”整体设计架构图（图 3-22）。包括明确“动手做”素材特征——开放性、操作性、便利性、生成性、丰富性、挑战性；筛选“动手做”课例的开发原则——基础又多变、有趣又烧脑、合力又合智、成功又成长；丰富“动手做”研究的课例体系——根据数与代数、图形与几何、统计与概率、综合与实践“四大领域”的分布进行了丰富的课例开发；总结“动手做”课程的关键要素——积极地浸入、想象性尝试、协同性探究、理解性进阶、分享性交流、拓展性迁移；最终，将学生在“动手做”中的学习体会和学习收获落实于创意载体中进行展示——“数学‘慧’玩”“数学‘慧’学”“数学‘慧’思”“数学‘慧’画”。

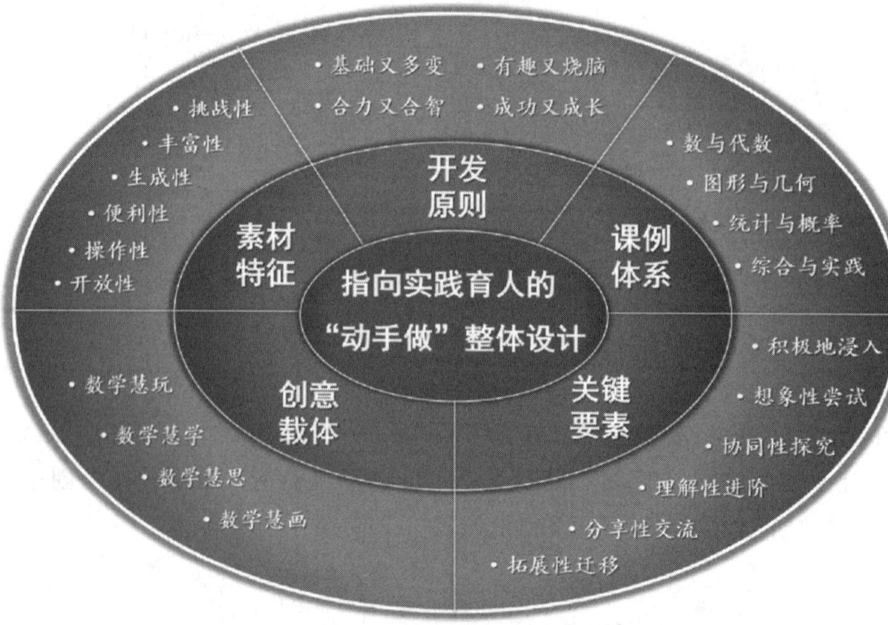

图 3-22

从教材出发,团队深耕课堂实践,依托教材合理整合,超越教材尝试链接,分板块、分领域、分主题,对典型案例进行开发,持续丰富“动手做”研究的案例体系,从“四大领域”出发,目前已开发“动手做”课程六十余节(图 3-23)。

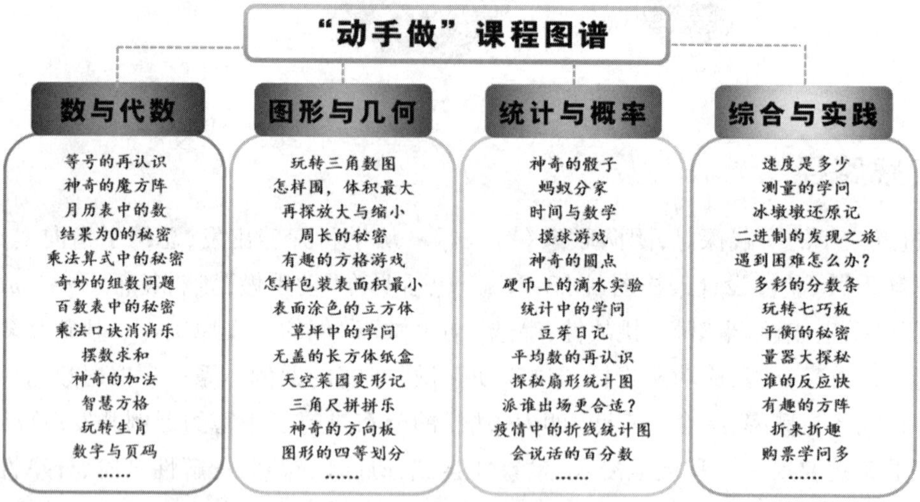

图 3-23

开发“动手做”案例的过程中,我们以教材为依托,又不完全囿于教材,在其基础上进行了适度的延伸、拓展和创新。以下为部分动手做案例:

【案例 1　草坪中的学问】

在五年级,学生会碰到这样一道题:在一块长 12 米、宽 8 米的长方形草坪上,有两条宽 1 米的小路,那么草坪的面积是多少? 通常学生会通过平移的方式,将四块小草坪转化成一个长方形,从而算出草坪的面积是 77 平方米(图 3-24)。

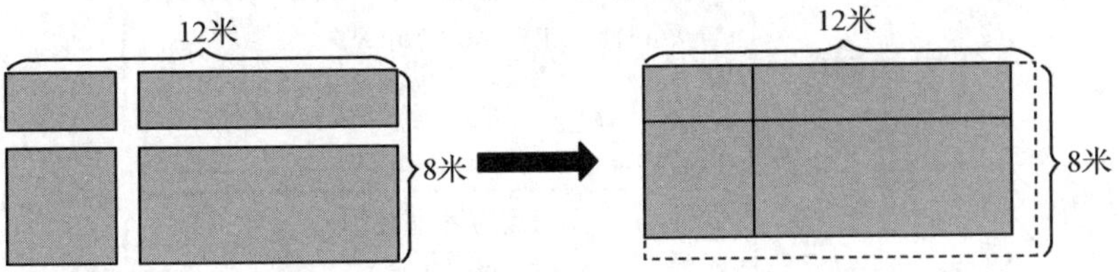

长：12–1=11 (米)　　　　宽：8–1=7 (米)
面积：11×7=77 (平方米)
答：草坪的面积是77平方米。

图 3-24

可是，当我们把题中的小路调整后，几乎所有的学生都会按原来的思路，不假思索地把四段小路拼接起来算出草坪的面积。但实际上，第二幅图是没有办法拼接成长方形的（图3-25）。

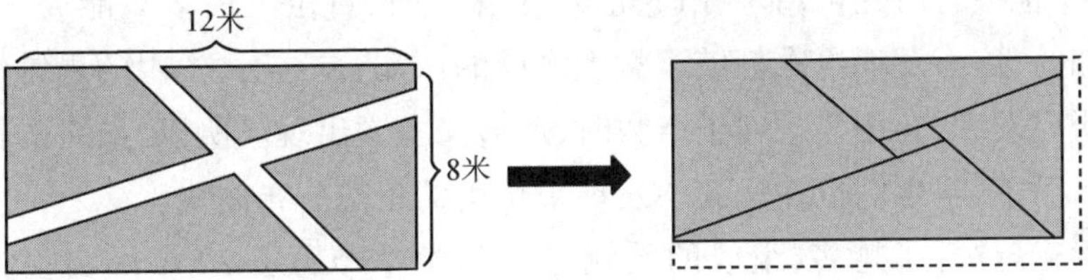

图 3-25

所以，我们鼓励学生动手剪一剪、拼一拼，在动手操作后发现草坪中的学问。

我们也借助教研活动的机会，针对这组题在区域内对近 500 名教师进行了调查，能正确判断的教师仅达到了总数的 20%。因此，为了打破思维定式对数学学习的影响，团队设计了《草坪中的学问》“动手做”案例，引导学生将操作与思维有机结合，打破思维定式，形成批判性思维，养成“动手做”的思维习惯。“做”出思维，就是鼓励学生在“动手做”中“再创造”。

教材中的“动手做”内容，不仅蕴含着数学的思想方法，而且体现着数学的文化与精神，能够锤炼儿童追求真理的探究意志。

【案例 2　奇妙的组数问题】

苏教版小学二年级教材中有一道思考题，引起了五年级学生的热议，由教材中的“用 5 颗珠能摆几个三位数”案例，五年级学生们开启了对“多少颗珠可以摆出多少个三位数”的数学小课题研究——有的学生提出了“珠子越多，组成的数就越多”的猜想（图 3-26）。

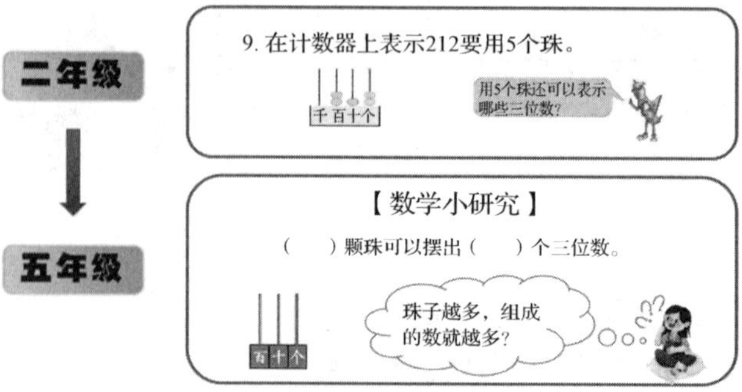

图 3-26

但是在列举“1 颗”到“4 颗”珠子的情况后,马上就会有细心的学生意识到:组成三位数最多要用 27 颗珠子,可是摆法只有 1 种! 这个极端情况引起了学生继续研究的兴趣。在经历第一轮思维反转后,他们很快地想到去验证 25、26 颗的情况,甚至有学生敏感地意识到中间值 14 也很有研究价值。在研究 14 颗珠子时,百位上最多只能放 9 颗珠子,且不是从 1 开始加的,这一发现再次打破了学生之前的认知,在这时,学生的思维经历了第二次反转。继续研究发现,在用 9 颗珠子组数时,反转又一次出现。所以,最终的规律并不像一开始想的那么简单,学生们也在研究中发现了优美的正态分布曲线。

从一开始猜想“珠子越多,组成的数就越多”,学生经历了 20 余次实验和 3 次思维反转,像数学家一样经历问题的探究过程,在曲折变化中获得对数学问题的深刻理解。最终发现了组数背后隐藏的“秩序”,这是逼近真理的过程,更是创造美的过程。

三、阶段成果

目前,学校数学团队的“动手做”研究已经取得了初步的成效,并在一定范围内辐射推广——承办市级教研专场活动,进行经验分享,得到了专家和教师的肯定。团队围绕“动手做”这一主题在《教育研究与评论》《生活教育》《江苏教育》等省级以上期刊发表论文 10 余篇。50 余篇在市、区论文案例评比中获奖。近百名学生的“动手做”作品在市、区“数学与生活”比赛中获奖,数十篇学生“动手做”小论文在《小学生数学报》《时代学习报》等少儿期刊上发表。学生在欣赏中流连,在观察中思索,在操作中期待,在成果前惊喜。目前,致远微语微信公众号已发布了百余篇学生“动手做”作品,累计阅读量约十万次,在社会中产生了广泛而深远的影响。

在研究过程中,教师们边实践边反思,编写了小学数学“动手做”研究课例集、案例集、学生作品集。“动手做”成果收录在学校的《致远儿童教育叙事》《创意思维工具》等专著中。

“动手做”让儿童像数学家一样思考,使儿童在“做”的过程中丰富实验与归纳的经验,发现问题背后的深刻,发现混沌中隐藏的秩序,发现日常现象中的和谐,并让学生深刻感受到数学的抽象美、秩序美、和谐美,最终成为数学美的发现者和创造者。

(刘　媛)

第四章

“做”中感悟，建立数感

数感主要是指对于数与数量、数量关系及运算结果的直观感悟。能够在真实情境中理解数的意义，能够用数表示物体的个数或事物的顺序；能够在简单的真实情境中进行合理估算，做出合理判断；能够初步体会并表达事物蕴含的简单数量规律。数感是形成抽象能力的经验基础。建立数感有助于理解数的意义和数量关系，初步感受数学表达的简洁与精确，增强好奇心，培养学习数学的兴趣。

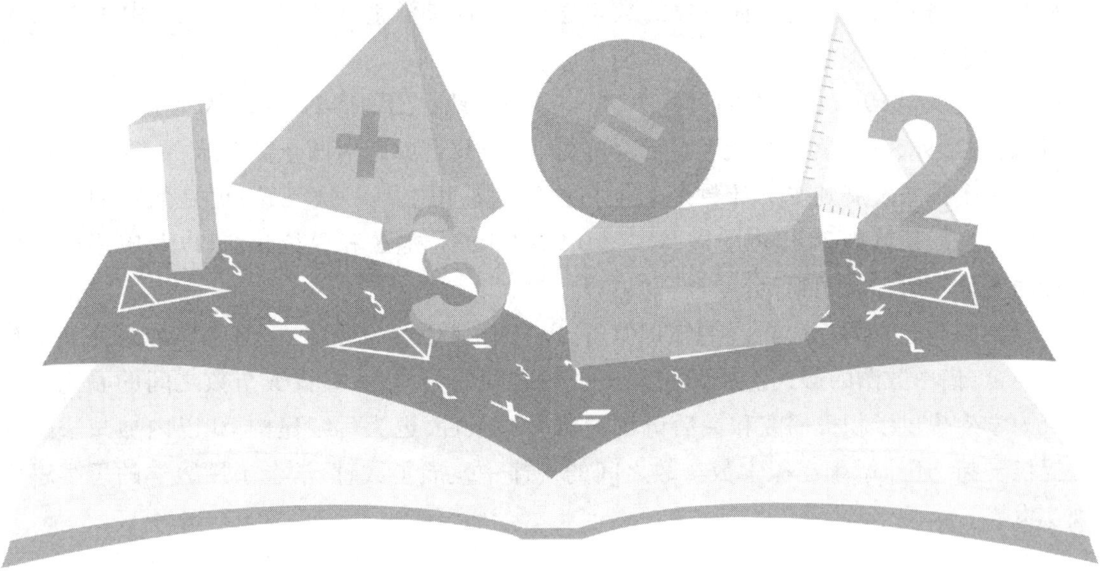

案例1
玩转三角数图

一、开发背景

(一) 素养分析

本案例主要体现的核心素养为数感。在“三角数图”这一专有情境中,能通过各部分圆片数量,抽象出“个数”这一基础经验,并能结合三角数图这一具体情境,通过简单的推理发现隐藏的数量关系,即每两个相邻部分的圆片数量合起来等于这条边上的数。通过对三角数图三条边上的数进行运算,逐渐形成基于经验的直观感悟。在学习过程中帮助学生理解数的意义和数量关系,学会用数来概括数学规律,在感知、感悟的过程中,渗透感性体验和理性思考,初步培养学生学习数学的兴趣。

(二) 教材分析

本案例内容安排在苏教版小学数学一年级上册第七单元“分与合”之后,是对“分与合”这一单元内容进行灵活练习而设计的“动手做”案例。“分与合”在小学教学中不仅是一种操作、一种知识,还是一种重要的数学思想;不仅是学生认识客观世界常用的方法,还是学习数学的一种策略。

在学生认识10以内的数的过程中,是一个一个地数出物体的个数,从而了解相关的数值,这是按个计数;在学习数的组成后,可以把一个数看成是由两个数合成的,这是按群计数。由按个计数发展到按群计数是学生在自然数认识上的一次飞跃,更是数感的一次提升。学生在后期认识20以内的数、学习20以内的进位加法和退位减法,以及应用运算律进行简便计算时都会用到“分与合”的思想。

学生利用已有的“分与合”的知识储备,以“三角数图”为载体,由原来单纯研究一个数的分与合,借由数图的形式扩展到探索三个数之间的分与合,寻找数与数之间的联系。这不仅为学生提供了积极探究和灵活记忆的机会与条件,也为后续建构10以内加减法的算法提供支持,还让学生在探索数与数之间的规律中发展了数感,学会了用数学的思维思考现实世界。

(三) 学情分析

教学中要注重结合具体的学习内容,设计有效的数学探究活动,使学生经历数学的发生、发展过程,这也是学生积累数学活动经验的重要途径。

“三角数图”是图形与数的结合,通过线段的划分,将三角形内部分割成三部分,从而摆不同数量的圆片。学生在数学学习中要能够舍弃非本质属性,抽取出本质属性——“数”这一概念。在学习本案例之前学生已经掌握了10以内的数的分与合的知识,能够熟练并有序地记忆“2—10”各数的分与合,同时可以快速想出一个数(10以内)可以分成几和几,或者几和几合为几。此外,学生已经具备一些操作经验,可以熟练地利用一些简单学具,如圆片、小棒等,对图形数量与个数之间的关系有初步的感悟与体会。

二、教学实践

(一) 学习地图

《玩转三角数图》案例学习地图如图4-1所示。

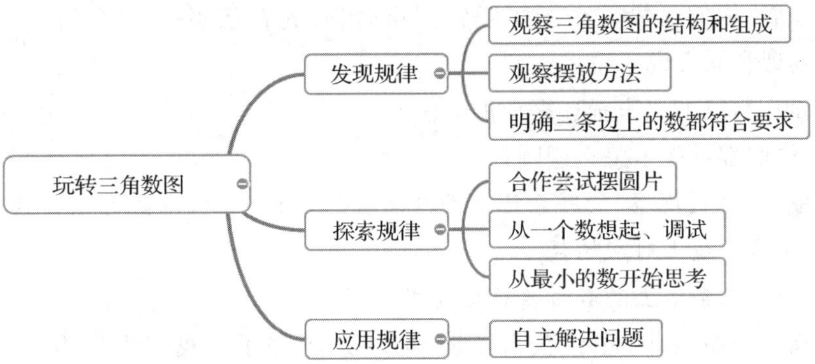

图4-1

(二) 学习目标

(1) 学生通过在三角数图中摆圆片的真实情境,掌握并能熟练运用10以内的数的分与合,增强对数与数量之间的感悟。

(2) 学生在探寻圆片摆放规律的过程中,直观感受数图中存在的数量关系,培养数感以及发现规律、应用规律的主动性。

(3) 学生在活动中增强合作意识,提高动手实践能力,同时培养学习数学的兴趣,增强学好数学的信心。

(三) 教学现场

片段一:发现规律

1.观察三角数图的结构组成

师:小朋友们,你们喜欢摆圆片吗?瞧,小致和小远两位小朋友也在玩摆圆片的游戏,

他们要把圆片摆在这样的三角形中。(图 4-2)

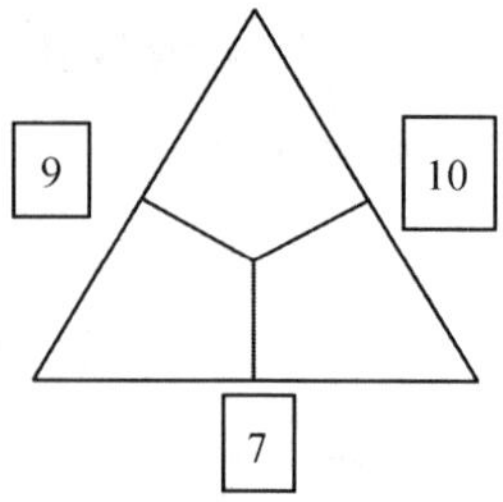

图 4-2

师：仔细观察，三角形上有什么？

生 1：有三条线(这三条线把三角形分成了三部分)。

师：还有呢？

生 2：每条边上都有一个数。

小结：是的，这个三角形被分成了三个部分，每条边上都有一个数，分别是 9、7、10。

【设计意图】 学生第一次接触三角数图，通过整体观察初步了解其结构组成，为后续的学习做铺垫。

2. 观察摆放方法

师：现在要把圆片摆到三角形中，最后小致获得了胜利。我们来看一看他是怎么摆的。(图 4-3)

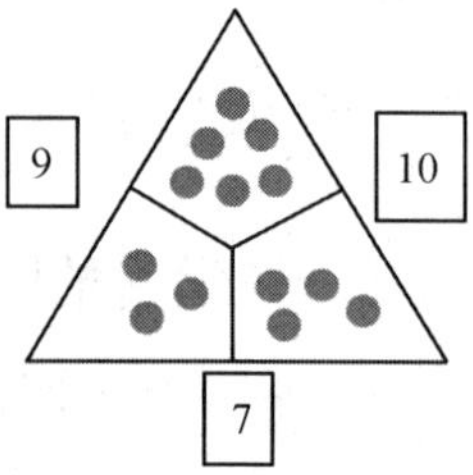

图 4-3

师：我们发现这里摆了 3 个圆片，这里摆了几个？(4 个)这里呢？(6 个)

师：小朋友们，你们看懂这个图了吗？同桌合作，先自己想一想，再把你的发现和同桌说一说。

(学生尝试用自己的语言描述摆放的方法)

师：看来，你们都看懂了怎么摆圆片。

【设计意图】 通过观察，能联系已有的分与合的知识，初步体会把相邻两部分圆片的数量加起来等于这条边上对应的数。

3. 对比加深，三条边上的数都要符合要求

师：在摆圆片的游戏中，小致获得了胜利，小远则输了。我们也来看看他为什么会输呢！

(出示错例，如图 4-4)

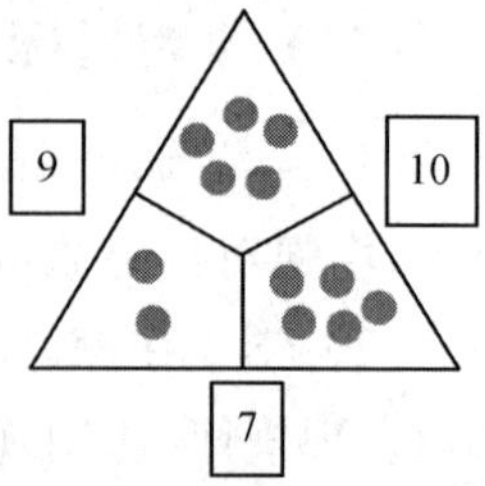

图 4-4

生：左边圆片数量分别为 5 和 2，合起来是 7，但这条边上的数是 9。

师：你能上来指着图具体说一说吗？

生：虽然下面 2 和 5 合起来是 7，右边 5 和 5 合起来是 10；但是左边 2 和 5 合起来不是 9。

师：我们不能只看一条边或两条边上的数，三条边上的数都得去看。

小结：像刚才小致摆的，相邻两部分的圆片数量合起来都等于这条边上的数，并且三条边都摆对了，才能赢得比赛。

【设计意图】 通过错例对比，让学生再次感受摆放的方法，即相邻两部分的圆片数量合起来等于这条边上的数。更重要的是，不能只关注其中一条边或两条边，而是摆对三条边才能赢得比赛。

片段二：探索规律

师：你们已经看懂了怎样摆圆片，想不想自己来玩一玩这个游戏呢？

师：请你找到自己的练习纸（图4-5）。小朋友们请看，我们这次要摆的三角形，三条边上的数分别是5、6、7。

1. 尝试摆

先听要求，再操作。

（1）摆一摆：用小圆片在三角形中摆一摆。

（2）说一说：和同桌轻声地说一说你是怎么摆的。

（巡视，请学生去黑板上摆一摆，并介绍自己是怎么摆的。）

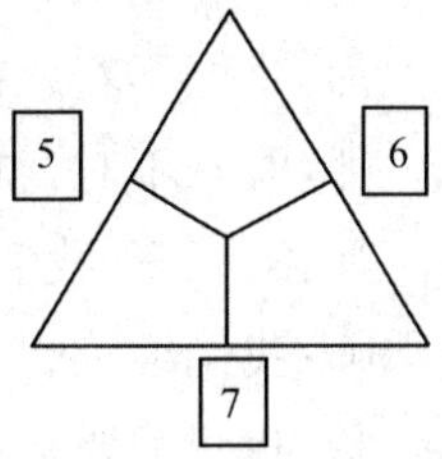

图4-5

生1：2和4合起来是6。

（我们一起来帮他检查一下吧！看他摆得对不对？）

师：看来，他摆对了，那我们把掌声送给他。

师：老师还想问问你，你刚才是从哪个数开始想的呢？

生：我是从5开始想的。

2. 从一个数想起

师：刚才摆对的小朋友，你们是从哪个数开始想的？

生1：我是从7开始想的。

师：哦，从7开始想也可以摆对。还有呢？

生2：我是从5开始想的……

小结：看来摆对的小朋友都是选一个数开始想的。无论从哪个数开始想，我们都能获得正确的摆法。

【设计意图】 在摆放的过程中，大部分学生是不能一次成功的，往往要经历尝试、调整的过程。但在操作时，学生们都从某一个数开始想，我们就可以总结出探索规律的第一步：从一个数开始想。

3. 调试

师：下面，你们想不想跟老师一块儿来学一学怎样玩这个游戏？

师：我们一起来试一个6吧。

师：小朋友们，想一想分与合，6可以分成哪两个数？

生：4和2。

师：我们在学分与合的时候，习惯上先从1和5开始分起。

师：我们先把6分成1和5，想到这里的时候我们就把圆片摆上去。

师：小朋友把你的圆片往前推，你也选择从6开始，跟老师一起来摆一摆，从6开始想，先把6分成1和5。

师：好，开始摆。你们摆好了吗？

师:我们一起想一想,如果这样去分,这里应该填多少呢?

生1:这里填2。

师:那你是想到这边7可以分成5和2。谁还有不同想法?

生2:这里填4。

师:想的时候发现这个数看这边是2,看这边是4。发现这里有2个答案,这说明答案正确吗?(是错的)

师:我们不着急把最后一个数摆上去。

师:既然不对,就说明这里6分成1和5不行。

师:接下来,我们可以调整6的分与合。

师:我们继续想6可以分成哪两个数?(2和4)

师:我只需要把一个圆片挪下来,6就可以分成2和4。

师:小朋友们像老师这样去调整。好了吗?

师:这个时候,这里还不着急去填。

师:我们再来想一想这里填几?

生:这里填3,7可以分成3和4。

师:哦,你是看这边,7可以分成3和4。

师:来,看看这里合适吗?

生:合适,5可以分成2和3。

师:看来啊,看这两边都填3,小朋友们你们都找到了吗?

师:原来这样分就摆对了。这个时候我们再把3摆上去。

师:最后,摆好了。我们一起来检查一下吧!这边是……,同时满足了三边的要求,说明我们摆对了。

师:这个游戏你们会玩了吗?

师:刚刚我们都是从6开始想,先摆6的分与合,再想最后一个数,要同时满足三边的要求。如果不行,就要去调整6的分与合,再去试。试到最后,当同时满足三边的要求时,才能把最后一个数摆上去。最后我们还要检查一下。

师:你们学会这个方法了吗?

师:如果我想从5开始,把5按照分与合的方法去调整,你们会吗?

师:小致就是用这样的方法赢得了比赛,我们一起来看看他是怎么摆的。

师:小致是从几开始想的?(5)

师:小致从5开始想,通过调整5的分与合,最后也能找到这个数,摆出正确的结果。下面,老师也想考考你们,看看你们有没有学会这个方法。

师:接下来,请你们从7开始想,先想7的分与合,通过调试,找到正确的结果。

4. 动手操作

师:谁能一边摆一边说给大家听?

（请小朋友上台展示调试的过程）

师：我们一起来检查一下。

小结：像这样，先从一个数开始想，想它的分与合。通过调整分与合，来确定最后一个数，必须要同时满足三边的要求。（板书：从一个数想起）

师：刚才老师从 6 开始想时，把 6 先分成（1 和 5）；小致从 5 开始想时，把 5 先分成（1 和 4）；刚刚这位同学从 7 开始想，把 7 先分成（1 和 6）；然后再去调整，我们发现无论选哪一个数，都是把这个数分成了 1 和几。

师：那这样去想，有什么好处呢？

生：按顺序，不重复、不遗漏。

小结：是的，我们不是每次都很幸运，能一次分出正确的摆法，像这样，从一个数开始想，有序地去分，可以不重复、不遗漏地试完这个数的所有分与合，帮助我们找到正确的摆法。（板书：有序）

【设计意图】 从一个数开始想，无法一次确定这个数在数图中要分成哪两个部分。因此，要使用尝试的策略。而如何将所有分与合的结果不重复、不遗漏地试完，找到正确的答案。我们可以从一个数分成 1 和几开始有序地想，并将此过程分为 3 个步骤：“教师演示——视频加深——学生动手操作”，层层递进，逐步让学生掌握从一个数有序地想的方法，完成数图。

5. 发现规律

师：看来啊！你们都学会了摆圆片的诀窍，敢不敢再来挑战一次？

师：现在我们倒计时 3 分钟，看谁能完成得又对又快？

师：时间到！谁能上来摆一摆。请你一边摆一边说一说。（图 4-6）

师：你是从哪个数开始想的？

师：老师在看的时候发现选 6 的小朋友摆得特别快，你们知道为什么吗？

生：6 的分与合最少。

师：6 的分与合有几种？（5 种）

师：也就是从 6 开始想，我们最多试 5 次。从 8 开始想呢？从 10 开始想呢？

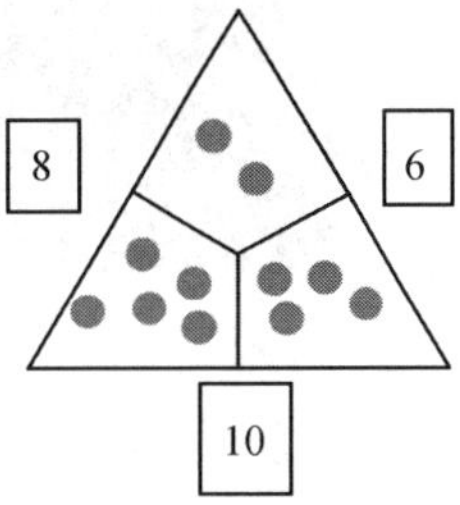

图 4-6

师：我们可以选什么样的数开始想呢？

生：最小的数。

小结：是的，数越小，它的分与合就越少。这样，我们就能够比较容易地找到正确的分法。（板书：最小）

【设计意图】 通过比较完成速度的快慢，能够发现当选择的数越小，这个数的分与合就越少。因此，完成三角数图花费的时间也越少。我们选择一个数开始想时，可以选择图中最小的数。

片段三:应用规律

师:小朋友们,我们今天学习的这种图,你们知道它在数学上叫什么吗?

师:其实啊!它叫作数图,我们一起来听一听有关数图的介绍。

师:观察我们今天学习的数图,它是什么形状的?

师:是的,它是三角形的,所以又叫三角数图。今天,我们就是在玩转三角数图。(板书案例)

师:在后面的学习中,我们还会学到其他形状的数图,比如说像砖块垒起来的图,也是数图的一种;还有这种在方格里按顺序放置100个数的图,就叫百数图。

师:看来啊!在数学中,有这么多有趣的小知识,今后我们可以继续研究下去。在这个三角数图中(图4-7),你能找出小圆片的摆法吗?

【设计意图】 介绍数学学习中出现的一些数图,丰富学生的感知,将这类有关数的知识进行归总。初步埋下思考的种子,不是所有的三角数图都可以用小圆片摆出来的,可以在后续的数学学习中继续研究。

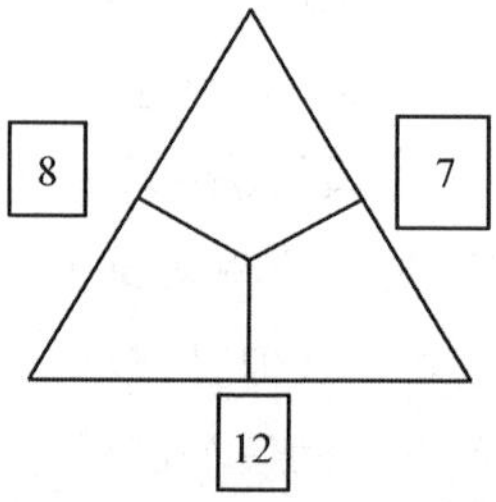

图 4-7

三、作品叙事

(一)学生作品

学生作品如图4-8所示。

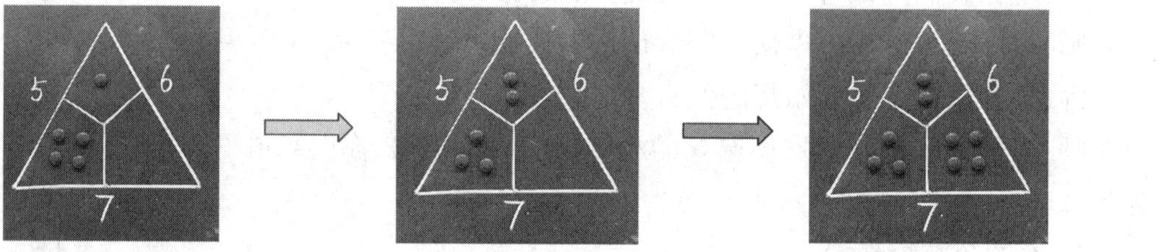

图 4-8

(二)作品思考

在此三角数图中,学生通过操作,就能看到解决此类问题的完整思考过程。观察得知,三角数图三条边上分别有"5""6""7"三个数。在前期课堂中,学生已经体验了发现规律和探究规律的学习过程,知道了解决问题的数学方法。

第一幅图展示了"选数"的过程,选择"5""6""7"中最小的数——"5",开始进行有序地分与合,从5可以分成1和4开始想。此时,发现数图中剩下的部分,既可以先想6可以分成1和几;也可以先想7可以分成4和几。根据已有经验,学生能快速地想到,剩余的部分出现了两种答案:根据"6"的分与合来想可以填5,根据"7"的分与合来想可以填3。数图中的每一部分只能对应一个"数",出现两种不同的答案,说明一开始有关5的分与合的猜想是错误的,学生能快速地想到需要对5的分与合进行调试。

第二幅图展示了“调试”的过程,5分成1和4不行,就接着按顺序进行分与合,将5分成2和3,并在图上进行调试。在调试的过程中发现学生并不会将所有的圆片拿下重新摆放,而是将“4”里的一个圆片拿走放在“1”的里面,就能完成5分成2和3的调试,既准确又不容易出错,同时也渗透了分与合中,虽然分成的两个部分数量不同,但合起来总数不变的概念。

第三幅图展示了最终解决问题的过程,可以选择剩下的6和7中任意一个数进行分与合,这里就不必再强调按数的大小进行选择,而是让学生感受只剩一部分未知时,可以通过任意两个数来确定。既可以从6开始想,6可以分成2和4,发现3和4合成7;也可以从7开始想,7可以分成3和4,发现4和2合成6。不论从哪个数开始想,学生发现都能够确定数图中三个部分的圆片数量分别是2、3、4。

三幅图展示了解决三角数图问题的完整过程,其中“选数”和“调试”两个过程是本节课的核心,从最小数开始想和有顺序、不重复以及不遗漏地想是低年级学生需要掌握的数学方法。在“三角数图”的“动手做”素材中,以游戏环节串联,驱动学生在不断地试错中,进行发现和总结,完成数学规律的探索。这个过程也是体现学生思维发展的重要路径。

四、专题分析

(一)抽象变化,产生“数”

在本案例中,教师运用三角数图中圆片的数量及摆放顺序,引导学生抽象出“数的分与合”这一数学知识在此类图中的联系与运用。在案例实践中,学生很容易舍弃圆片的形状、颜色等“非本质属性”,用数学化的眼光发现此游戏中圆片的“本质属性”,即数量关系之间的联系,用“数”这一符号来代替圆片更能清晰地看出游戏规则,有利于学生后续学习使用数学符号来进行运算和推理。因此,借助直观表征——“数”,可以逐步抽丝剥茧建立出数学化的规则,理解其本质属性。但学生理解数学知识后,教师仍需要对学生的数感水平进行检验,在本案例中表现为对数量关系之间的联系进行理解,能用概括性的数学语言表达清楚。

(二)规律探索,应用“数”

依托“数”的抽象,学生会发现数的分与合在游戏中的运用,与苏教版一年级数学教材中单独填写一个数的分与合不同,这里的三个数既相互连接,又有重合的部分。如何快速摆放圆片,探索规律就显得尤为重要。至此设计出两个片段相互承接,进行数图规律的探索:根据已有的学情基础,通过一个数的分与合,可以不断尝试推理出另外两个数的分与合。在推理过程中利用分与合的特性,有序地将一个数从1开始分,依次尝试所有可能,从而找出答案。在此过程中,很容易发现学生推理的速度有快有慢。通过采访学生,能够了解到选择的数越小,推理的速度越快。这也是因为数越小,分与合越少,尝试推理的次数也相应减少。在整个活动中,学生经历了从现实世界中抽象出数量和数量关系,以及通过对数进行运算,逐渐形成基于经验的直观感悟。其中,包括感性体验、对圆片数量的直观感知和各部分圆片数量关系间的直观联系,以及理性的思考,如何选数、有序的调试等,通过方方面面的渗透,让儿童在规律变化中感受“数感”。

(三)模型建立,加强“数”

数学建模的第一层面,是由“实际问题”到“模型结构”的导向。本次案例片段中,我们不难发现,运用探索好的“模型结构”:选最小的数开始想,帮助我们解决了在本次“动手做”数学教学中出现的三角数图的问题,完成了模型结构中的单次导向。数学建模的第二层面,是由“模型结构”到“实际问题”的逆向导向。在教学的结尾,留给学生一个问题,我们的模型结构是否能够应用于所有的三角数图?通过验证,发现本节课中所推导的模型结构不能适用所有的三角数图。每一次的模型导向,都将数学问题具象化,将抽象总结的数学规律和模型结构迁移使用,增强学生对数感的感悟,同时加强学生的数学思维能力,从而促进其学习力的持续生长。

(吕 昕)

案例2
神秘的魔方阵

一、开发背景

（一）素养分析

本案例的核心素养为数感，数是所有数学概念的基础。在小学阶段，帮助学生形成和发展数感对整个小学阶段的数学学习都非常重要。创设“神秘的魔方阵”这一教学情境，最主要的目的就是让学生能够通过观察各个位置数字之间的关系，精准地将9个数字定位在自己的位置上。在观察过几个魔方阵后，学生通过自己的推理并结合魔方阵九宫格内数字的位置关系，发现其中所蕴含的规律，能根据给定的例子发现和表示事物的变化规律，形成自己的推理意识。通过对魔方阵的学习和观察，可以帮助学生更好地了解数字之间加减法的关系，提高学生的心算能力。通过一系列的活动与实践，让学生在探索的过程中进一步形成和发展数感。

（二）教材分析

“神秘的魔方阵”与沪教版“二期课改”新教材中的“幻方”一课息息相关，这个内容出现在二年级上册第五单元“整理与提高”中，属于拓展型课程。这一类课程的设置在于激发学生的兴趣，进一步帮助学生培养探究能力、拓宽视野、活跃思维、挖掘潜能，使不同层次的学生得到不同程度的发展。

学校结合“幻方”的内容设计了“神秘的魔方阵”这一案例，主要是让学生了解魔方阵的起源，初步认识魔方阵，探索魔方阵的规律，并能运用规律求出魔方阵中缺失的数。

（三）学情素养

一年级的学生已经结束了20以内进位加法和退位减法的学习，老师需要帮助学生进一步巩固20以内加减法的计算能力，提高他们的心算能力。低年级练习课是数学教学中复习旧知识、巩固新知识以及发展学生智力的重要途径，是提高教学质量和学生素质的重要手段。计算类知识在人们的理解中，是很乏味的。一节关于计算的练习课，如果在课上纯粹讲计算法则、做计算题，对于低年级学生来说太枯燥。特别是一年级学生，他们很难做到整节课都认真听讲，所以需要老师用各种方法来吸引他们的注意力。为了使学生更好地巩固旧知识，帮助学生进一步发展数感，在低年级数学练习课的教学中，应当根据学生的心理特点加以引导，让学生兴趣盎然地进行练习。

对学生来讲，知识开始于客体的操作活动之中。因此，实际操作即“动手做”不仅是学生认识概念、理解法则、掌握新知的一种重要途径，也是促进学生积极参与认识活动和培养学生探究精神的一种重要方法和手段。特别是对低年级学生的教学，因为低年级学生年龄小，好动，好奇心强，动手操作容易吸引学生参与，让学生在课堂上亲手动一动，胜过老师一遍又一遍地讲解。所以，数学教学中“动手做”是学生智力的源泉、思维的起点。

在此基础上，我们结合 20 以内加减法的知识和“动手做”的相关内容创意开发了一节“动手做”课程——“神秘的魔方阵”。在这节课上，我们借助有趣的魔方阵，在教学中渗透 20 以内进位加法和退位减法的计算练习，进一步提高学生 20 以内加减法的心算能力，在此过程中帮助学生建立和培养数感。

二、教学实践

（一）学习地图

“神秘的魔方阵”学习地图如图 4-9 所示。

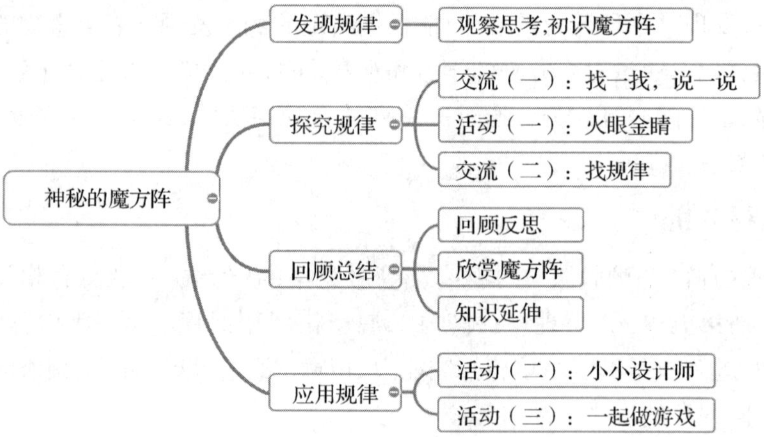

图 4-9

（二）学习目标

（1）能够根据魔方阵的特点灵活计算，进一步掌握 20 以内进位加法和退位减法的计算方法，提高心算能力。

（2）通过以小组合作的方式进行观察、操作、交流，探究魔方阵的特点，逐步形成自主探究和团结协作的意识。

（3）初步认识魔方阵，了解魔方阵的起源，感受我国古代数学文化，激发学习兴趣，感受数学美。

（三）教学现场

片段一：发现规律

1. 故事引入

师：同学们一定还记得在二年级上学期学过的一篇课文——《大禹治水》，小致和小远也在讨论这个故事呢！我们一起去看一看吧。（播放音频）

小致：小远，我们一起来听听大禹治水的故事吧。

小远：我早就知道这个故事了。

小致：这里介绍了一个有意思的知识，你肯定不知道，不信你听。

（听大禹治水的故事，认识“洛书”）

2. 引出九宫格

（播放音频）

小远：这个故事中介绍了洛书，到底什么是洛书啊？

小致：这你就孤陋寡闻了，你仔细看，龟背上有一些图案，我们先一起来研究一下。

提问：哪位小朋友已经发现图案有小秘密啊？（请生回答）

师：我们再来听听小致是怎么说的。（播放音频）

小致：其实在这个龟背上的小点就表示一个个数字（出示数字）你瞧，这是3，这是5，这是6……这样不同的点就表示一个个不同的数字，这上面有1～9这9个数字。

小远：小致，你知道得真多！

小致：而且大禹发现这9个数字有排列规律，正好横着有3行，竖着有3列，还有两条对角线。人们就把这些数字放在这样的九宫格中（图4-10）。

2	9	4
7	5	3
6	1	8

图4-10

小远：那我知道了！洛书是由9个小方格组成的，在这9个小方格上放置1～9这9个数字。

小致：没错，每个数字都得用上，不能重复。9个方格中正好有9个数字。

小远：那还不容易嘛！9个数字像我这样放，是不是就可以呢？故意取“洛书”这么玄乎的名字（图4-11）。

1	2	3
4	5	6
7	8	9

图4-11

小致：不行不行，洛书才不是这么简单呢！它有自己神奇的地方。

【设计意图】 通过小致和小远讨论故事的情境贯穿始终。由大禹治水的故事引出洛书。数学是来源于生活的，故事的引入能激发学生学习数学的兴趣，让他们能以一种积极的态度投入学习新知识的活动中去，也更能体现“动手做”的文化底蕴。

片段二：探究规律

1. 交流（一）：找一找，说一说

（播放音频）

小致：小朋友们，你们知道这个洛书（图 4-12）还有什么小秘密吗？（请生回答）

师：你可以算一算、写一写，找一找他们的小秘密。想好之后把你的想法和你的同桌说一说。

师：你们找出来那么多的小秘密，这个小朋友说每行、每列相加都是 15，是不是这样呢？（验证）

师：原来每行、每列包括对角线上的三个数之和都是相同的，都等于 15。

2	9	4
7	5	3
6	1	8

图 4-12

师：像这样每行、每列及两条对角线上的三个数之和都相等的九宫格，我们把它叫作魔方阵。（板贴）

师：今天我们就来研究“神秘的魔方阵”。

【设计意图】 小组合作进行计算，帮助学生加深对魔方阵的理解，为探究魔方阵的特征积累经验。本环节是通过正确的计算来揭示魔方阵的第一个秘密，也是魔方阵的核心规律：每行、每列以及两条对角线上的三个数之和都相等，都等于 15 。

2. 活动（一）：火眼金睛

师：小朋友们已经初步认识了魔方阵，小致这里有 2 个九宫格。能帮他判断一下是不是魔方阵吗？是的打钩，不是的打叉。

小组合作要求：

（1）同桌两人为一组进行验证。

（2）验证结束之后，说说你的理由。

出示九宫格（图 4-13）：

4	9	2
3	5	7
8	1	6

1	8	6
4	5	3
9	2	7

图 4-13

小结：我们要判断一个九宫格是不是魔方阵，首先要确定九宫格的每行、每列及两条对角线上的三个数之和是否都是 15。

师：听听小远又提出来了一个问题。（播放音频）

小远：我这里也有一个魔方阵（图4-14），但是有些数字不小心被弄丢了，你们能帮我填上缺失的数字吗？

8	3	
		9
6	7	2

图4-14

师：请帮小远填上缺失的数字，并告诉大家你是怎么填出来的？

【设计意图】 进一步加深学生对魔方阵每行、每列及两条对角线上的三个数之和都相等的印象，明确这个规律是验证九宫格是否是魔方阵的一个核心规律。利用这个规律我们不仅可以判断，还可以帮助我们把有缺失数字的魔方阵填写完整。这个环节也帮助学生进一步掌握20以内进位加法和退位减法的计算方法，提高计算能力。比如右上角的这个方格，我们可以通过15－8－3填出来，也可以通过想8＋3＋（　　）＝15来填写这个方格里的数字，无形之中考查了学生连加、连减的计算知识。

3. 交流（二）：找规律

师：你们看黑板上已经有3个魔方阵（图4-15），小致又有了新发现。（播放音频）

2	9	4
7	5	3
6	1	8

4	9	2
3	5	7
8	1	6

8	3	4
1	5	9
6	7	2

图4-15

小致：我仔细观察了这3个魔方阵，好像还有很多其他的小秘密。

小远：我们能再一起找一找吗？

师：这3个魔方阵还有哪些共同的小秘密呢？

小组合作要求：同桌两人为一组，找一找魔方阵还有哪些小秘密。

师：魔方阵的中心是5，四角都是双数，5两边的数之和为10。（教师再验证）

（板书：中心是5，四角都是双数，5两边的数之和为10）

师：原来魔方阵还有这些小秘密。

【设计意图】 探究魔方阵的特征对学生来说有一定的难度，将问题交给学生的同时，给予学生思考的空间，便于他们形成自己的想法。经过讨论交流，其实学生发现了很多规律，然后经过融会贯通，学生对知识完成建构，最后总结出魔方阵最重要的三个规律：中心是5，四角都是双数，5两边的数之和为10。通过这些自主探究活动，培养学生的合作意识，锻炼学生观察、表达和交流的能力，体现学生学习的主体性。

师：再看小远的这个魔方阵（图 4-16），前面我们是通过计算填出来的。那能不能不通过计算，用找到的这些小秘密来填呢？

8	3	
		9
6	7	2

图 4-16

师：现在填补缺失的数字的速度更快了。

【设计意图】 考查学生能否运用他们找出的规律，灵活、快速、准确地解决这个问题。

片段三：应用规律

1. 活动（二）：小小设计师

师：我们还可以用这些小秘密来设计魔方阵。（播放音频）

小远：下面请小朋友们用黑板上的小秘密来设计一个不同的魔方阵吧。

小组合作要求：

（1）同桌两人为一组，利用 1—9 的数字卡片摆一摆，设计一个魔方阵。

（2）摆完之后验证是否是魔方阵。

（3）说一说你们是怎么摆的。

师：小朋友用我们找出的规律，很快就能自己应用并设计一个崭新的魔方阵，这个魔方阵在我国古代也称为纵横图，它是我们古时候的人经常玩的一种数学游戏。小致和小远也在玩这个游戏，我们一起来看看他们是怎么玩的吧。

【设计意图】 考查学生能否灵活应用已找出的魔方阵的规律设计出属于自己的魔方阵。同时培养学生的合作意识，考查学生对知识的运用。

2. 活动（三）：一起做游戏

（播放音频）

小致：小朋友们你们想玩这个游戏吗？

小组合作要求：

（1）同桌两人为一组，拿一副数字卡片进行游戏。

（2）计时 2 分钟。

师：为什么有的小组很快就成功了？

【设计意图】 为了体现“动手做”课程的实践性和趣味性，同时为了促进学生进一步掌握 20 以内加减法的计算。设计魔方阵的卡片游戏，用卡片游戏来代替传统的笔头练习，既可以促使学生进一步应用魔方阵的规律，又可以让学生练习 20 以内的加减法，一举两得。

3. 观看微视频

师：到了后来人们又把魔方阵叫作幻方。其实魔方阵的秘密不止这些，你们想不想知道？这里有一个微视频，我们一起来看一看。（播放视频）

【设计意图】 关于魔方阵的秘密还有很多，但低年级学生的抽象思维水平不高，在这节课中并不能全部找出。特别是很难理解怎样通过旋转、对换变成其他魔方阵，因此，在这里适当地运用信息技术，制作微视频来帮助学生理解。视频中借用数与形的变换，拓宽视野，丰富学生对魔方阵的认识。

片段四：回顾总结

1. 回顾反思

师：我们找到了魔方阵的哪些秘密？

师：魔方阵的核心规律是每行、每列及两条对角线上三个数之和都相等，中心是5、四角都是双数、5两边的数之和10。

2. 欣赏魔方阵

（播放音频）

小远：小朋友们，你们想不想欣赏更多的魔方阵。除了三阶魔方阵，还有这种4行4列的魔方阵，我们称之为四阶魔方阵，还有这样的九阶魔方阵。

师：还有幻圆，生活中有用十二阶魔方阵做的地板。

3. 知识延伸

师：回到我们的三阶魔方阵，黑板上这些魔方阵用的都是1—9，那用2—10可以吗？请小朋友在课后设计一个新的魔方阵。

【设计意图】 现在的数学越来越注重与生活的联系，成功的教学经验启迪着每位教师，数学教学中若能把纯粹的数学知识与日常生活中的、熟悉的、具体的材料相联系，就有利于抽象的数学概念具体化、形象化，便于学生理解，同时也能激发学生的思维和探索新知识的欲望。

三、作品叙事

（一）学生作品

学生作品如图4-17所示。

9	4	5
2	6	10
7	8	3

9	4	5
2	6	10
7	8	3

图4-17

（二）作品思考

为了能让学生更好地理解并应用魔方阵，教师决定将魔方阵进行一次升级，将数字1—9替换为数字2—10。虽然数字变了，但是原理还是和之前一样，学生面对一个全新的魔方阵又会有什么新的表现呢?

有两名学生积极地参加了新魔方阵的解密环节，但是他们的表现相差甚多，究竟是什么原因促使这种情况发生的呢?

第一名学生来到黑板前，还是按照之前的方法将数字5放到了中间，并尝试将其他奇数放到四个角落，可是实践起来时他就发现了问题:这次的9个数字中只有4个奇数，但有5个偶数，当把数字5放到中间后就没有足够的奇数卡片将剩余的角落填满了，并且偶数卡片也会多出一张。经过多次尝试，他将数字一个个放到角落，又通过自己反复地计算，终于将一个魔方阵完成了。

第二名学生采取了另一种解决方案。他先将9张卡片按照大小顺序排列好，并挑出了中间的数字6，然后将它摆在了九宫格正中间的位置。在这之后，他又将其他4个偶数按顺序摆放到了四个角落，然后通过计算确定了其他4个奇数的摆放位置。通过这种方式，他很轻松地就完成了魔方阵，而且通过调整数字的位置，可以快速地得到多个不同的魔方阵。

第二名学生采取的方式就是我们这节课想让其他学生学会的方法，先将中间的放在九宫格正中间的位置，再根据中间数的奇偶性来确定四个角落的数字，最后剩下的数字就能很快地找到属于它们的位置了。

四、专题分析

（一）创设情境建立数感

通过小致和小远讨论“大禹治水”的故事贯穿始终，营造了一个良好的氛围。通过语言组织引起学生之间、师生之间的互动，使每个学生真正投入教学中，激发学生学习的兴趣，使学生的思维处于积极、兴奋的状态，让他们能以一种积极的态度开始投入学习新知识的活动中去，也更能体现“动手做”的文化底蕴。在认识魔方阵的结构时，由情景生成有价值的问题，让学生观察洛书上的图案，让他们自己发现龟背上的图案表示不同的数，进而把龟背图转变为九宫格，介绍它的行、列、对角线，并借助媒体演示，使学生从形象的乌龟壳上看到点图，又把点图翻译成数字，最后数字排列成了魔方阵。紧接着，由九宫格上数字排列的规律，设置交流环节，小组合作进行计算，帮助学生加深对魔方阵的理解，为探究魔方阵的特征积累经验。本环节是通过正确的计算来揭示魔方阵的第一个秘密，也是魔方阵的核心规律:每行、每列及两条对角线上的三个数之和都相等，都等于15。数感作为核心素养的主要表现，它的形成过程与学生经历数的抽象过程紧密相关。通过这样的情境创设能更好地吸引学生的注意力，在真实情境中理解数的含义，加深学生对魔方阵的理解，进而理解和掌握数的概念，建立数感，提高学生的心算能力。

（二）主体探究增强数感

学生是学习的主人，为了让他们对三阶魔方阵的特征有更真切的体验，需要将学习的主动权交给学生，让学生通过独立观察、计算，小组讨论、交流、体验等一系列有效的活动，亲自发现数学知识内在的神奇奥秘。探究魔方阵的基本特征对学生来说有一定的难度，大胆地将问题交给学生，给予学生独立思考的空间，让他们找到一些魔方阵的特征，进而形成自己的想法。再让学生通过小组合作的形式培养合作意识、锻炼思维能力，培养并引导学生在小组合作中获取知识的同时增强数感，提高学习效率。通过在小组内交流自己的发现并讨论和完善魔方阵的特征这一过程中，学生能初步体会事物背后的规律，帮助自身发展和增强数感。

（三）思维进阶强化数感

通过设计一系列的“动手做”活动，如“找一找、说一说”“火眼金睛”“找规律”“小小设计师”“一起做游戏”等注重学生身体性参与的活动，使学生感悟到学习不仅要用自己的脑子去思考，而且要用自己的眼睛去看，用自己的耳朵去听，用自己的嘴去说，用自己的手去操作，即用自己的身体去亲自经历，用自己的心灵去亲自感悟数与数之间的联系。这不仅是理解知识的需要，更是激发学生生命活力、促进学生生命成长的需要。同时，学生的“动手做”要有一定的思维提升性。如果只是为了动手而做，或为了掌握某一个知识点而动手去做，对学生长远的思维发展不一定有很大的帮助。小学数学既是学生学习数学的基础阶段，也是学生培养数学思维和数字感知能力的重要阶段。在教学中，我们更应该想方设法地让学生真正地“动”起来。这既包括外在的实践活动，也包括内在的思维活动。让他们在实践中感悟规律，有所发现，学会创新。在教学过程中，以丰富多彩的数学交流活动，进一步强化学生数感，拓展学生的思维。

（王筱薇）

案例3
多彩的“分数条”

一、开发背景

(一) 素养分析

本案例主要体现的核心素养为数感。在“多彩的‘分数条’”中,学生在对折的过程中,唤醒自身对分数的认识,为学生再次创造了认识$\frac{1}{2}$、$\frac{1}{4}$、$\frac{1}{8}$、$\frac{1}{16}$的机会,在此基础上,通过观察和比较由分数条组成的“分数墙”,让学生在交流中体会不同分数之间密切的联系。直观地发现2个$\frac{1}{2}$是1,4个$\frac{1}{4}$是1,8个$\frac{1}{8}$是1,16个$\frac{1}{16}$是1,直观的感受2个$\frac{1}{4}$是$\frac{1}{2}$,2个$\frac{1}{8}$是$\frac{1}{4}$,2个$\frac{1}{16}$是$\frac{1}{8}$。初步感受分数条与直条“1”之间的联系,进一步发展数学思维能力,从而培养学生的数感。

(二)教材分析

“多彩的‘分数条’”是苏教版小学数学三年级上册第七单元的一节综合与实践课,问题性、综合性、实践性是综合与实践课的三大特性。它安排在学习初步认识分数的含义后,其主要目的是加深学生对分数含义的认识,进一步了解分数的大小以及分数之间的联系,培养学生发现和提出问题的能力、分析和解决问题的能力,让学生经过一次次活动积极经验,形成一种思想方法的路径。

这一课时的内容一共有两个游戏环节,分别是“抢1游戏”和“清0游戏”,这两个游戏的目的都是引导学生找到分数与分数之间的关系,学会灵活地替换,进一步培养数感。从教学的角度来看,这不仅仅是两个数学游戏,更要明确的是从游戏中能发展学生什么样的思维,如何促进学生核心素养的生根。了解分数之间的关联有助于他们根据已知的结果来理解新的问题。

(三) 学情分析

《新课标》强调,要以教学活动来引导和促进学生学习,让学生成为学习的主人,把学习的权利还给学生，充分激发学生学习的自主性和创造性是至关重要的。因此，一切教学活动要围绕学生展开。

在小学阶段，这是学生第一次接触分数，无论是在意义上还是在书写上都与整数有很大的差异。所以在学习分数时，学生需要逐步理解这个抽象的概念，并且教师可以通过图形和具体的例子帮助学生理解。在学习本案例之前，学生已经初步掌握了分数的含义，并且能够计算简单的同分母分数的加减问题。在学习本案例的过程中，学生将直观的“分数条”与抽象的分数相结合，借助动手操作加深对分数之间关系的理解，进而培养数感。

二、教学实践

（一）学习地图

学习地图如图 4-18 所示。

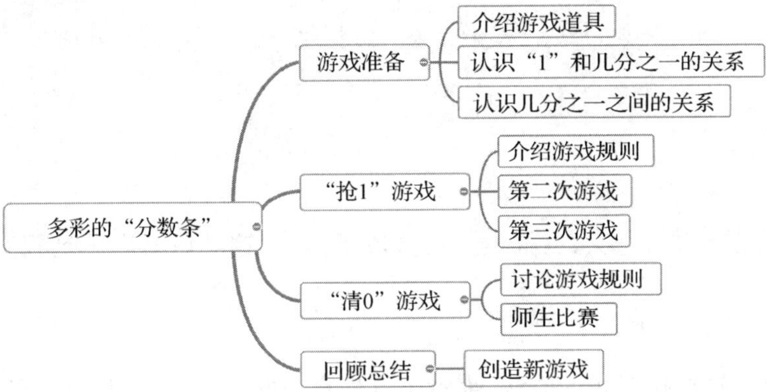

图 4-18

（二）学习目标

（1）通过综合与实践活动，加深学生对分数含义的认识，进一步认识分数的大小，了解一些分数之间的联系。

（2）通过操作，使学生能说明自己的想法，感受不同分数之间是有联系的，进一步发展数学思考，培养数感。

（3）学生在活动中感受数学内容与活动的奇妙，培养乐于合作的意识、习惯，提升操作与实践的能力。

（三）教学现场

片段一：游戏准备

1. 介绍游戏道具

师：今天老师邀请你们来上一节有趣的数学活动课。上课之前，我们先来认识一下游戏道具，这是一个骰子，你们的桌子上也有一个这样的骰子。仔细观察，你有什么发现？

生:和我们之前看到的骰子不一样,这上面是分数。

师:你能具体说一下有哪些分数吗?

生:$\frac{1}{4}$、$\frac{1}{8}$、$\frac{1}{16}$。

师:是的,每个骰子上都有2个$\frac{1}{4}$,2个$\frac{1}{8}$,2个$\frac{1}{16}$。今天我们就要借助这样的道具来学习分数的相关知识。

师:准备好了吗?上课!今天我们来研究“多彩的‘分数条’”。看到这个题目你有什么想说的?

生:我想知道什么是分数条,我想知道分数条长什么样?

师:看来你们都想知道什么是分数条。瞧,这里有一根长方形的直条,我们就用“1”表示,我把它贴在黑板上。这根绿色的直条和它一模一样,你能对折这张直条表示出一个分数吗?谁来试试看?

生:我对折一次,把它平均分成了2份,这一份就是$\frac{1}{2}$。

师:这一份呢?

生:也是$\frac{1}{2}$。

师:是啊!像这样对折一次,也就是平均分成了两份,这一份就表示这根直条的$\frac{1}{2}$,像这样的$\frac{1}{2}$就称作一根分数条。

师:你还能像他这样用对折的方法,表示出这根直条的几分之一吗?你可以先想一想,想好了吗?动手折一折吧!

【设计意图】 先给学生介绍今天的游戏道具:一个特制的骰子,开门见山地告诉学生今天要上一节数学活动课,引出今天的课题——“多彩的‘分数条’”,激发学生的好奇心和学习兴趣。

2. 认识“1”和几分之一的关系

师:同学们都折好了吧!现在我们停下手中的操作,把你的直条放在桌角。老师收集了三位同学的作品,我们一起来看一看。第一位同学,请你来说一说。

生1:我像这样对折,平均分成4份,每份就是$\frac{1}{4}$。

师:你说得可真完整,像这样对折再对折,一共对折2次,把这根直条平均分成了4份,每份就是$\frac{1}{4}$。

师:第二位同学呢?

生2:我把这根直条对折3次,平均分成了8份,每份是$\frac{1}{8}$。

师：最后一位同学的作品，我们来听听他的想法。

生 3：我把这根直条对折 4 次，平均分成了 16 份，每份是$\frac{1}{16}$。

师：他们说得都不错，把掌声送给他们。像这样一直对折下去，还能做出更多的分数条，这里我们就先使用黑板上的几个。通过刚才的折一折，我们知道了“1”里面有 2 个$\frac{1}{2}$、4 个$\frac{1}{4}$、8 个$\frac{1}{8}$、16 个$\frac{1}{16}$。

【设计意图】　学生通过将表示“1”的直条进行对折，在操作中唤醒对分数的认识，初步感受分数条与直条“1”之间的联系。

3. 认识几分之一之间的关系

师：观察这些分数条（图 4-19），他们之间有什么样的关系呢？

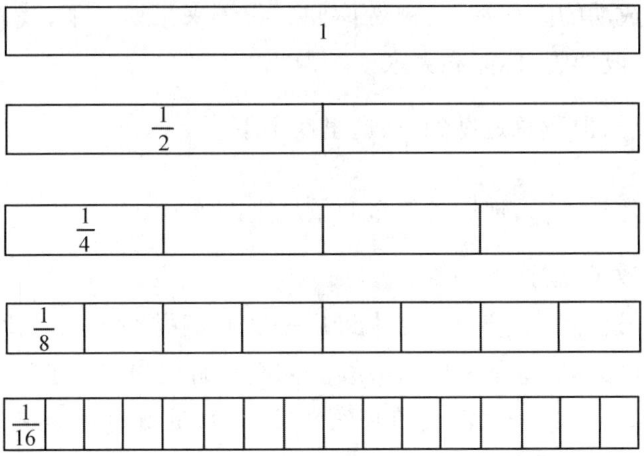

图 4-19

生：$\frac{1}{2}$里面有 2 个$\frac{1}{4}$。

师：他找到了分数条之间的关系。我们一起来看看，1 个$\frac{1}{2}$就等于 2 个$\frac{1}{4}$，1 个$\frac{1}{4}$等于 2 个$\frac{1}{8}$，1 个$\frac{1}{8}$就等于 2 个$\frac{1}{16}$。

生：下一个分母是上一个分母的 2 倍。

师：对折一次，就是平均分成 2 份，对折 2 次，平均分成 4 份。看来每多对折一次，份数就乘 2，下一个分母就是上一个分母的 2 倍。

生：这里的直条越来越短。

师：是的，我们对折的次数越多，每个直条也就越短。

师：小朋友们可真是火眼金睛，有了这么多发现，观察得真仔细！下面我们就用这些有关系的分数条一起来做游戏。

【设计意图】　通过观察和比较由分数条组成的“分数墙”，让学生在交流中体会不同分数之间密切的联系。学生通过动手操作,将图形和分数相结合,加深了对分数大小的直观理解,学生在合作与交流中进一步认识了分数,培养了数感,也为后续的两个游戏做了铺垫。

片段二:“抢1”游戏

1. 介绍游戏规则

师:第一个游戏叫作“抢1”游戏,我们先来了解一下游戏规则。

师:两人轮流抛骰子,朝上的面是哪个分数,就把表示这个分数的彩条铺在白色直条上。谁先把自己的“1”正好铺满,谁就赢了。

师:明白游戏规则了吗?老师也找了两个小助手玩了一局,我们一起来看一看。(播放视频)

师:你们看明白了吗?你们可以像视频里这样先玩一局。

师:刚刚“抢1”成功的同学举手,祝贺你们。我先来采访一下,我看你刚才没有举手,是为什么没有“抢1”成功呢,你能和大家说一说吗?

生:我最后还差$\frac{1}{8}$,但我总是抛到$\frac{1}{4}$,这里摆不下。

师:那你抛到$\frac{1}{4}$超过了$\frac{1}{16}$,你们是怎么商量规则的呀?

生:超出了就无效了,就换下一轮。

师:你们呢,也是这样的规则吗?看来最后一次我们抛的数如果让我们的分数条超过了白色直条,这一轮就无效,等下一轮再继续。你们在游戏中完善了规则,真棒!

【设计意图】 让学生第一次游戏的时候发现问题,进行讨论和交流,共同商议出完整的规则,体验完善规则的重要性。

2. 第二次游戏

师:刚才我们在游戏中完善了规则,我们再来玩一次。

师:老师在游戏过程中看到一位同学的游戏条是这样的,我想请你们来分析。他要想“抢1”成功,还需要抛到哪些分数?

(生汇报)

师:刚才同学们想出了四种不同的情况(图4-20),可以是1个$\frac{1}{4}$,可以换成2个$\frac{1}{8}$,也可以换成4个$\frac{1}{16}$,还可以把1个$\frac{1}{8}$和2个$\frac{1}{16}$组合起来。其实这里要想“抢1”成功,会出现不同的情况,并不能一次确定,要根据游戏中抛到哪个分数来决定。

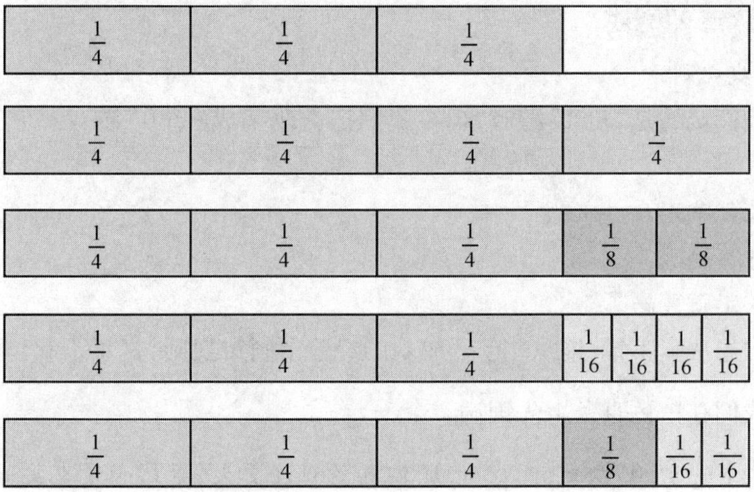

图 4-20

【设计意图】 在第二次游戏后，对已经抛了 3 个$\frac{1}{4}$，最后的$\frac{1}{4}$组成的情况引导学生进行有序的思考，用列举的策略解决问题，学会整理游戏结果。

3. 第三次游戏

师：想不想再玩一次游戏？这次男生女生来对决！老师请两位代表上台。

师：在游戏开始之前，老师想采访一下你，你最想抛到几？$\left(\frac{1}{4}\right)$你呢？$\left(\frac{1}{4}\right)$为什么你们都想抛到$\frac{1}{4}$呢？

生：因为$\frac{1}{4}$很长，能够快速赢得游戏。

师：那我们就来玩一局。不着急，我们停一下，让大家猜一猜他们谁会赢。

师：为什么你觉得男生会赢呢？

生：因为他快抛完了。

师：那我们继续来看，是不是如你所想？

师：要抛最后一次了，你紧不紧张？你想抛到几呢？$\left(\frac{1}{4}\right)$

师：祝你好运！

小结：刚才我们通过“抢 1”游戏获得了一些小小的经验，知道了 2 个$\frac{1}{4}$也就是 1 个$\frac{1}{2}$，2 个$\frac{1}{8}$也就是 1 个$\frac{1}{4}$，2 个$\frac{1}{16}$也就是 1 个$\frac{1}{8}$。

【设计意图】 第三次游戏通过邀请男生、女生代表上台比赛，产生悬念，充分体现了学生课堂主导的地位，让课堂充满趣味性。几次游戏下来，学生不仅体会到了游戏的不确定性和趣味性，也在游戏中更加深刻地感受到了分数之间的关系，并进行有序的思考。

片段三:“清 0”游戏

1. 讨论游戏规则

师:刚才我们玩的是“抢 1”游戏,现在我们把它改编成“清 0”游戏。你知道这个游戏该怎么玩吗?

生:抛到几就拿走几。

师:怎么才算赢呢?

生:全都拿走就算赢了。

师:你们的想法真不错,能从“抢 1”游戏的经验中制定规则,真了不起!为了让这个游戏更加有趣,我们在白色直条上先铺满 2 个$\frac{1}{2}$。

【设计意图】 “清 0”游戏相比“抢 1”游戏的难度更大,思维含量也更高,在过程中直接出示规则让学生尝试时,学生会不理解烦琐的规则,导致“清 0”游戏开展得并不顺利。学生既然已经明白“抢 1”游戏的规则,可以借助已有的知识经验,让他们自己尝试着制定“清 0”游戏的规则。

2. 师生比赛

师:老师想先和你们一起玩一局,敢不敢接受我的挑战?

师:我们先一人抛一次,谁抛到的分数大谁先开始。

师:我先抛,我抛到$\frac{1}{4}$,我该怎么从$\frac{1}{2}$里拿走$\frac{1}{4}$呢?

生 1:把$\frac{1}{2}$替换成 2 个$\frac{1}{4}$,再拿走 1 个$\frac{1}{4}$。

生 2:我来抛,我抛到了$\frac{1}{8}$,我把$\frac{1}{2}$替换成 4 个$\frac{1}{8}$,再拿走 1 个$\frac{1}{8}$。

师:这个方法不错!谁还有不同的方法?

生:1 个$\frac{1}{4}$、4 个$\frac{1}{8}$、8 个$\frac{1}{16}$。

师:看来要想从$\frac{1}{2}$里面拿走 1 个$\frac{1}{8}$有很多替换方法,可以把$\frac{1}{2}$换成 4 个$\frac{1}{8}$,也可以把$\frac{1}{2}$换成含有$\frac{1}{8}$的情况,还可以把$\frac{1}{2}$全部换成$\frac{1}{16}$,2 个$\frac{1}{16}$就是$\frac{1}{8}$。所以在游戏过程中,我们要灵活替换(图 4-21)。

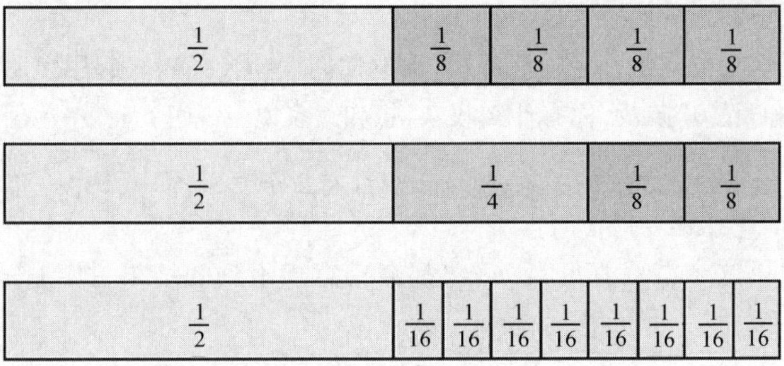

图 4-21

师：我接着抛，我抛到了$\frac{1}{8}$。

生：我抛到了$\frac{1}{4}$。

师：我抛到了$\frac{1}{4}$。

生：我抛到了$\frac{1}{16}$。可以把 1 个$\frac{1}{8}$替换成 2 个$\frac{1}{16}$，再拿走 1 个$\frac{1}{16}$。

师：我又抛到了$\frac{1}{4}$。

生：我也抛到了$\frac{1}{4}$。

师：我抛到了$\frac{1}{4}$，但我只剩下$\frac{1}{8}$了，该怎么办呢？

生：拿不走，所以这一轮无效。

师：你们又帮我们完善了“清 0”规则。

生：我接着抛，抛到了$\frac{1}{4}$。

师：我又抛到了$\frac{1}{4}$，又无效了。

生：我抛到了$\frac{1}{16}$，我“清 0”成功了。

师：在刚才的游戏过程中，要想“清 0”成功，其实就是利用分数之间的关系，把分数进行灵活替换。

师：这样的“清 0”游戏你们会玩吗？现在就请你们同桌合作，自己玩一局，别忘了像老师这样先用两个$\frac{1}{2}$的彩条铺满。

【设计意图】 共同讨论制定完规则后，通过老师和学生进行比赛，在真实的游戏中边观察边互动思考，从而理解游戏规则的关键，体会不同替换方法带来的便利。

片段四：回顾总结

师：“清 0”成功的同学和老师挥挥手，祝贺你们！今天我们一起用多彩的“分数条”玩了“抢 1”游戏和“清 0”游戏，你有什么收获，想和大家说一说吗？

生 1：我知道了分数之间的关系，例如 1 里面有 2 个$\frac{1}{2}$，4 个$\frac{1}{4}$，1 个$\frac{1}{4}$里有 8 个$\frac{1}{16}$。

生 2：我觉得这个游戏真好玩，每次都会有意想不到的结果，抛到$\frac{1}{4}$的时候我最高兴了。

师：有了这两个游戏的经验，我们可以利用这些有关系的分数条创造一些新游戏，或者是丰富游戏规则，让游戏更加有趣。你有什么好的创意吗？

生 1：我想改变分数的大小，增加$\frac{1}{32}$。

生 2：我想增加一个规则，如果连续两次抛到$\frac{1}{4}$，就可以再抛一次。

师：你们的想象力可真丰富，也期待你们课后去创造更多的游戏来向老师挑战。今天的课就上到这里。

【设计意图】 在回顾反思环节，一方面引导学生说一说本节课的体验与收获，深化学生对于分数的大小及分数之间关系的理解，体会游戏的不确定性和趣味性；另一方面引导学生在此游戏基础上再创造新的分数游戏，不断丰富已有知识经验，培养学生的创新能力。

三、作品叙事

（一）学生作品

数学日记。

有趣的分数游戏

今天我们上了一节有趣的数学活动课“多彩的‘分数条’”，看到这个名字我就在想什么是分数条呢？老师带我们一起动手折一折，折出了代表不同分数的分数条。我觉得最厉害的还是万能的“1”，它就像孙悟空一样会七十二变，能变成各种各样不同的分数组合在一起。

在玩游戏的时候，我最想抛到$\frac{1}{4}$，因为$\frac{1}{4}$的分数条最长，最容易铺满，这样我就能快速地获胜。不过，当我最后只剩$\frac{1}{16}$的时候最紧张了！我可不想再抛到$\frac{1}{4}$了，不然又无效了。玩“清 0”游戏的时候每一次拿走分数条，我都可以和我的同桌想到好多种替换方法。数学可真有趣，边玩边学，以后我对分数的了解肯定更深刻啦！

（二）作品思考

在小学阶段的学习过程中融入数学游戏可以激发学生的学习热情,吸引学生学习的注意力,让他们在宽松自由的数学课堂氛围中学习。学生在看到课题后自然而然会发出疑问“什么是分数条呢?”,然后带着疑问,再去动手折一折,知道了分数条是由对折折出来的,“1”可以由不同的分数组成,2 个$\frac{1}{2}$是 1,4 个$\frac{1}{4}$是 1,8 个$\frac{1}{8}$是 1,16 个$\frac{1}{16}$是 1,除此之外通过观察由分数条组成的分数墙,能感受到 2 个$\frac{1}{4}$是$\frac{1}{2}$,2 个$\frac{1}{8}$是$\frac{1}{4}$,2 个$\frac{1}{16}$是$\frac{1}{8}$。这样初步感受分数条与直条“1”之间的联系,加深了学生对分数的认识。

在“抢 1”游戏中,学生本能地知道想要快速赢得游戏,最好是抛到$\frac{1}{4}$,因为$\frac{1}{4}$的分数条最长。在最后一次抛数时,学生都会更加地紧张和激动,因为怕超出直条使这一轮结果无效。同时在整个过程中学生都会感受到游戏的不确定性,也增加了趣味性。

“清 0”游戏的难度要更大一些,因为每次拿走分数条之前要对大的分数进行替换,但是在进行真正的游戏时,学生能感受到替换方法的多样性,通过和伙伴的交流和对比,从而找出更简便的替换方法。

学生还能发挥自己的想象力和创新能力,创造出不同的游戏,这些游戏的核心在于帮助学生理解不同分数之间的关系,发展学生的抽象思维,培养学生的数感。

四、专题分析

（一）准备游戏,培养学生数感

学生的数感不是通过传授来得到培养的,而是建立在感悟基础之上的,是在具体的情境中,通过数学活动让学生逐步感受和体验得到的。本案例通过引导学生制作分数条,在动手和表达中促使学生进一步感受“1”里面有 2 个$\frac{1}{2}$、4 个$\frac{1}{4}$、8 个$\frac{1}{8}$、16 个$\frac{1}{16}$,把学生对分数的已有认识进行初步的抽象。再通过观察由分数条组成的分数墙,学生可以直观地看到表示$\frac{1}{2}$的分数条长度是表示$\frac{1}{4}$的分数条长度的 2 倍,从而认识到这些不同的分数之间也存在着倍数关系。将图形和分数相结合,加深了对分数大小的直观理解,进一步体会分数的意义,培养学生的数感。

（二）体验游戏,深化数学理解

在综合实践活动中,学生遇到问题,才能引发他们进一步的思考。在第一次“抢 1”游戏中,教师通过播放视频介绍游戏规则时,并没有把所有的情况都演示出来,而是让学生亲历游戏,去制定规则,从而完善规则,掌握方法。

在教学过程中,教师作为引导者,提出的几个富有思考性的问题,让学生不仅仅停留在游戏表面。如:若想赢得游戏,你最想抛到哪个数?你能判断出最终的游戏结果吗?等等。这样的提问可以让学生在带着问题去操作、思考,培养了学生发现问题、提出问题、解决问题的能力。比如到最后一步时,引导学生估算还缺少几分之一,这并不是让学生进行烦琐的分数计算,而是让学生借助直观的分数条,做出判断。学生经历了操作、发现、实践的过程,能很快说出缺少的分数,这是学生的数感初步形成的过程。

在“清0”游戏中,学生第一次抛到了$\frac{1}{8}$,从$\frac{1}{2}$中拿走1个$\frac{1}{8}$,需要用分数条组合去灵活替换,替换的方法也是灵活多样的。不仅可以把$\frac{1}{2}$替换成4个$\frac{1}{8}$,也可以替换成1个$\frac{1}{4}$和2个$\frac{1}{8}$,或者全都替换成$\frac{1}{16}$。学生可以通过不同角度去思考不同分数之间的内在关系,再次游戏的时候,便能体会到不同替换方法带来的简洁,在操作中能够深刻理解分数之间的关系,学生的数感和思维能力也能得到极大的提升。

(三)创新游戏,促进思维进阶

动手操作和用脑思考是密不可分的。由于爱玩是孩子的天性,在教学过程中,他们会被游戏所吸引,教师所做的就是让孩子带着思考去游戏,用数学的眼光去看待游戏,这样学生的思维能力才能在潜移默化中得到提高。在弗赖登塔尔看来,学生数学学习唯一正确的方式是“再创造”,教师的任务是引导和帮助学生实现这种“再创造”。在回顾反思的环节,一方面引导学生说一说本节课的体验与收获,深化学生对于分数的大小及分数之间关系的理解,体会游戏的不确定性和趣味性;另一方面引导学生在此游戏基础上再创造新的游戏,不断丰富已有的知识经验,培养学生的创新能力。所以课堂不仅要有表面的热闹,更要让学生经历数学的思考。

(计雨彤)

第五章

“做”中体验，生长量感

量感主要是指对事物的可测量属性及大小关系的直观感知。知道度量的意义，能够理解统一度量单位的必要性；会针对真实情境选择合适的度量单位进行度量，会在同一度量方法下进行不同单位的换算；初步感知度量工具和方法引起的误差，能合理得到或估计度量的结果。建立量感有助于养成用定量的方法认识和解决问题的习惯，这是形成抽象能力和应用意识的经验基础。

案例1
速度是多少

一、开发背景

(一) 素养分析

《义务教育数学课程标准(2022 年版)》指出:核心素养具有阶段性,在不同阶段具有不同表现,小学阶段侧重对经验的感悟。量感,是《新课标》对于数学核心素养的主要表现所新增加的一个关键词。建立量感,是培养学生数学核心素养的重要任务之一,对于教师和学生而言也是一个全新的挑战。

(二) 教材分析

在苏教版小学数学四年级下册的教材中,出现了速度的概念。课本以生活中学生较为熟悉的高铁列车和自行车为例,联系生活让学生认识速度,并掌握速度单位的含义。

在授课过程中,学生会联系自己的跑步成绩、音速、光速等话题谈一谈自己对速度的理解。在苏教版小学四年级上册科学教材中,介绍了速度的定义,并给出了一个学生可以在课堂上轻松完成的小实验:互相测一测你和同伴走路的速度。这个实验本质上是固定路程测量时间,或是固定时间测量路程的实验,依据测量得到的数据来计算速度的大小。

时间和路程作为物体的可测量属性,可以通过科学的测量来获得,那么速度也可以认为是一项可测量属性,科学教材中对于速度大小的测量与数学课程标准中提出的对于量感的直观感知不谋而合。因此,在数学课堂上,我们也可以设计合理的实验活动,来增加学生对速度的感知,增进对速度的认识,切实发展学生的量感。

(三) 学情分析

“量(liàng)”生根于“量(liáng)”,小学中低年级的学生,对于量感和测量是有一定的感受的。如:二年级学习长度单位时,对于长度的测量;三年级学习面积时,对于小方块数量的测量等。与此同时,学生们对于事物可测量属性的认识也是有局限性的,测量主要以事物的“静态”属性为主,受制于操作难度和可操作性,对于时间、速度这样的“动态属性”,操作测量是较少的,甚至是缺失的。四年级的学生在谈到速度时,第一反应往往是“速度 = 路程 ÷ 时间”,速度在学生脑海中往往以一种抽象的“概念”存在,而很少有学生能认识到速度也是物体的一种自身属性。

综合上述分析,结合数学教材及科学教材中关于速度的教学内容,开发了“速度是多少”这样一个跨学科案例,案例重点在于速度的测算方法、测量误差的处理、影响速度大小的因素。让学生用更科学的方式进行测量,用更直观的方式感受速度,改变教学时“重概念轻体验”的现状,切实发展学生的量感。

二、教学实践

(一)学习地图

学习地图如图 5-1 所示。

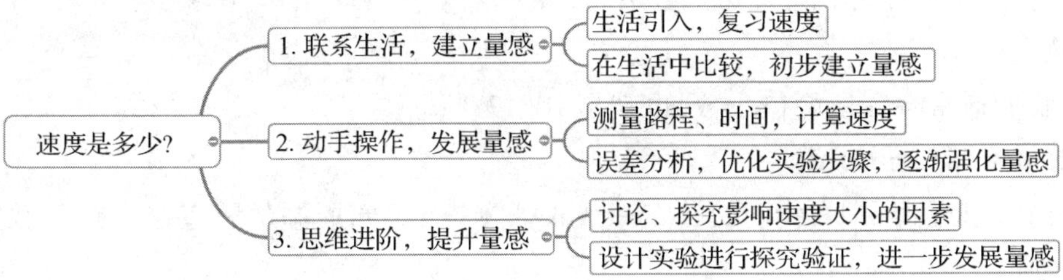

图 5-1

(二)学习目标

(1)通过对路程、时间的测量,间接测量出速度,理解速度、路程和时间的关系,在测量和计算中发展量感。

(2)通过实验中对误差的分析,优化实验和计算步骤,增强数据意识和推理意识,在比较和优化中进一步发展量感。

(3)通过对可能影响速度的因素进行分析,设计控制变量的实验步骤,对步骤进行优化,进一步发展量感、数据意识、创新意识、应用意识,培养像科学家一样严谨的科学态度。

(三)教学现场

片段一:联系生活,建立量感

1. 复习知识,铺垫方法

师:在 2020 东京奥运会上,苏炳添的成绩创造了亚洲纪录,是我们中国人的骄傲。谁还记得他参加了什么项目的比赛?

生:男子 100 米跑。

师:让我们一起通过视频来回顾一下苏炳添的精彩瞬间。(播放视频)

师:苏炳添的半决赛成绩是多少?

生:9 秒 83。

师:用小数表示也就是 9.83 秒。那他的速度是多少呢?

生:他的速度是每秒10米多一点。

师:你是怎么得到的?

生:如果100米跑10秒,那么就是10米每秒,现在时间不到10秒,那么速度应该比10米每秒多一点。

师:你的分析特别有逻辑。

生:速度就是用路程除以时间……

师:你还记得速度的算法真不错!(板书:速度=路程÷时间)

生:速度是每秒能走几米。

师:也就是说,速度是单位时间内走过的路程。现在,你能列式算出苏炳添的速度吗?

生:100÷9.83。

师:为了方便计算,请大家用手中的计算器算一算,结果是多少?(100÷9.83=10.17294)

师:我们通常会保留两位小数,也就是10.17米每秒。

2.关联生活,进行比较

师:请大家观察一下,我们的教室一般长8米左右,苏炳添从教室这头跑到教室那头,需要多久呢?

生:不到1秒。

师:你是怎么知道的?

生:他的速度大约是10.17米每秒,也就是说每秒可以跑10.17米,教室长度只有8米。

师:那同学们的跑步速度有多快呢?

生:我体育测试跑50米用了10秒,速度大约是5米每秒。

师:和苏炳添相比呢?

生:大约只有苏炳添速度的一半。

师:我们是怎样得到自己的跑步速度的?

生:通过自己的跑步路程除以跑步时间计算得来的。

【设计意图】 首先,复习速度的定义,通过苏炳添的例子引入,贴近生活,激发学生的兴趣。其次,复习路程、速度和时间之间的基本数量关系,明确要求出速度,需要知道物体运动的路程和时间,为后续环节的实验打下理论基础。最后,将得到的苏炳添的速度与教师、学生跑步的速度等生活中常见的事物和现象做比较,提升对于速度的理解,在生活化的比较中提升对于速度的感知,培养量感。

片段二:动手操作,发展量感

1.准备道具,介绍方法

师:在老师的桌子上,有一个斜坡、一个金属小球(图5-2)。如果老师将这个金属小球从斜坡上滚下来,速度是多少呢?谁能猜一猜?

生:可能是1米每秒;可能是50厘米每秒……

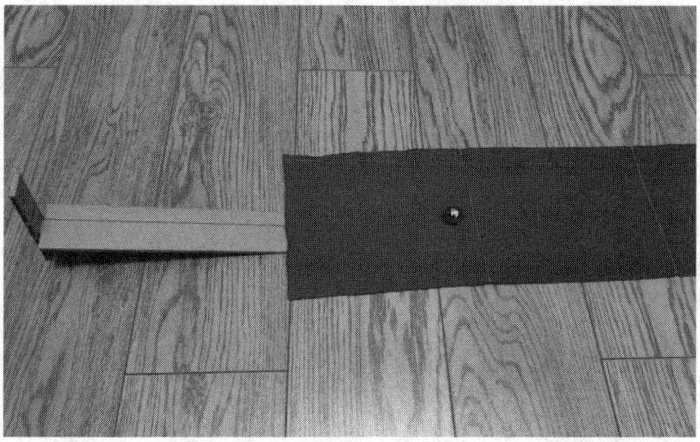

图 5-2

师:到底谁猜得更接近呢?如何验证?

生:进行实验,测一测。

师:好,那接下来我们就一起来测一测。需要测些什么呢?

生:需要测量小球滚下来的路程长度和所用的时间。

师:老师现在把小球从斜坡的最顶端,沿着中间的滑槽滚下来,一直到小球滚出红布的范围,路程长度包括哪些部分?

生:包括斜坡长度和滚下来之后的红布长度两个部分。

师:斜坡长度和红布长度是固定的,我们一起来测一下,是多少?

生:是××厘米。

师:测量会有一定的误差,我们就统一记录为斜坡长 23 厘米,红布长 80 厘米。也就是说,小球从斜坡滚到红布边缘的总长度是 103 厘米。除此之外,还要测量什么呢?

生:还要测量时间。

师:是的,现在每个小组还有一个计时器,我们一起来看一下如何使用。(播放介绍视频)

师:现在,测量路程和时间的设备、方法都有了,那么接下来,就请大家以四人为一个小组,开始测一测吧!

2. 误差分析,交流讨论

师:谁来交流一下你们小组在测量时遇到了什么困难?

情况 1:小球有时未滚到红布边缘,有时滚出了红布边缘。

生:我们小组在测量时,小球还没滚到红布边缘就停了下来。

师:那你们是如何处理这样的情况呢?

生 1:我们又重新测了几次,然后将其中能滚到红布边缘的情况进行了记录(图 5-3)。

图 5-3

生 2：我们拿直尺，重新测量了小球在红布上滚过的距离。

生 3：如果小球滚出了红布，我们就记录小球滚到红布边缘的时间就可以了。

情况 2：测量有误差，不准确。

生：我们小组在测量时，发现时间总是测量得不够准确，按秒表很难完全准确。

师：有没有小组有相同的困难？你们是如何解决的？

生 1：我们可以多测几次，选一次比较准的作为结果。

生 2：我们可以多测几次，取平均值作为结果。

师：大家觉得哪一种更好一些？

生：平均值更好，只选一次不够准确。

师：那接下来，我们就按照刚才讨论的处理方法，重新再测量一下，每个小组测量 5 个数据，求一下速度的平均值，再与大家交流。

【设计意图】 首先，在动手操作开始之前，要先让学生掌握基本的测量工具的使用方法，以及此次测量实验的目的。其次，《新课标》明确指出，初步感受度量工具和方法引起的误差，能合理得到或估计度量的结果。对于测量过程中产生的误差及处理方法，学生们在实际动手后才会有所体会，我们要在实际实验中让学生感受到误差的存在，通过充分的小组之间的交流和讨论，找到科学的处理方法。

片段三：思维进阶，提升量感

1. 教师引导，提供思路

师：刚才的实验大家做得都非常棒，但是即便取了平均值，大家最终测得的数据还是有一些差异。为什么会出现这种情况呢？

生 1：即使取了平均值，我们的测量还是有误差。

生 2：我们小组释放小球的时候是在斜坡的最顶端，有没有可能大家释放的位置不一样，导致最终得到的速度不同呢？

师：你特别善于思考。也就是说小球释放时的高度可能影响最终的结果。

师:下面请以四人为小组进行讨论,在实验过程中,还有哪些因素可能会影响最终结果,尽可能地列举下来。

(学生汇报)

生 1:斜坡的倾斜程度和小球释放时的高度可能影响最终的速度。

生 2:会不会有的小组在释放小球的时候,是直接松开手的,但有的小组会轻轻地推一下,有可能影响最终的速度。

师:也就是说,小球起始的速度可能影响最终的结果。

生 3:有可能是不同的组地上铺的红布表面是不一样的,影响了小球的速度。

生 4:有可能是不同的组的小球大小或者重量有区别,导致最终速度的不同。

(将学生提出的猜想进行关键词板书列举)

师:你们非常严谨,实验中一些细微之处都能考虑进去,太了不起了! 接下来,我们继续实验,让我们一起来揭秘,大家所猜想的这些因素是否真的会影响最终的结果。

师:如果我现在想验证小球释放时的高度是否会影响最终的速度,你会如何设计实验呢?

生:调整实验用的斜板高度就可以了。

师:实验过程中还有什么要注意的吗?

生:不能改变其他因素,否则就无法确认是不是小球释放时的高度导致的速度变化。

师:你说得特别好,我们想要研究一个因素的影响,就要控制其他因素不变。

师:我们能不能在改变小球释放的高度的同时,把小球换成一个塑料小球呢?

生:不能,否则不知道哪个因素在影响小球的速度了。

师:是啊。也就是说,我们想要研究一个因素的影响,就要控制其他因素不变。

师:那接下来,请小组成员调整斜坡的高度,前 4 个小组将斜坡高度调高,后 4 个小组将斜坡高度降低,重新测量 5 次,取速度平均值。

(学生完成后按小组汇报)

2. 自主设计,开放探究

师:大家看了刚才各小组的汇报,有什么发现?

生:我发现,小球释放时的高度越高,小球下落的速度就越快;高度越低,小球下落的速度就越慢。

师:你表达得特别完整。现在大家还想研究什么因素的影响呢?

生:小球重量的影响,地上铺的红布的影响……

师:可以如何设计实验呢?

生:保持小球释放时的高度、红布的摆放等所有因素不变,用不同重量的小球重新进行实验,来看看速度的变化。

师:是的,老师给大家提供了玻璃小球、塑料小球,还有泡沫小球,大家可以选择自己喜欢的小球进行实验。

（接着请学生分组依次对小球的材质、地上铺的布、初始速度等因素，逐一进行实验验证和交流）

【设计意图】“操作实验—误差分析—改进实验—再次分析……”此环节让学生再一次打破了认知，科学的测量实验不是一次完成的，影响实验的因素有很多，学会严谨的、科学的测量方法，分析数据变化背后的原因，是学生们很少有机会体验的。学生在这个环节会充分感受到测量的严谨性，这样的经历更有助于发展学生的数据意识和量感，感受数学探究的理性精神。

三、作品叙事

（一）课后精彩思考

在这节课下课之后，有一位同学拿着他们小组的测量数据（图 5-4）找到我，提出了他们心中的疑惑。

任务三：我将高度增高，测量小球的速度。

序号	路程/cm	时间/s	速度/(cm/s)	序号	路程/cm	时间/s	速度/(cm/s)
①	103	1.8	57.22	④	103	1	103.00
②	103	1.1	93.64	⑤	103	1.3	79.23
③	103	1.5	68.67	⑥	103	1.4	73.57

小球的速度是：79.22 cm/s。

图 5-4

这位同学观察后认为，在改变释放高度测量小球速度的时候，测了几次，小球滚得很快，都能滚到红布边缘，但是测出来的时间每次都不相同。他发现第一次测的 1.8 秒好像是不正常的，后面几次都在 1 秒到 1.5 秒之间，所以他觉得第一次测量时记录时间的同学可能记错了，所以计算平均值的时候是不是可以把这个数据删掉，不进行计算，只计算后 5 个数据，这样结果可能会更准确一点。

于是，我结合四年级平均值问题学习的经验，向同学们介绍了极端数据的处理方法。有时，我们可以去掉一个最大值和一个最小值，再来进行平均值计算，以此减少误差（图 5-5）。例如：

任务四：我将球换成蓝色玻璃球，测量小球的速度。

序号	路程/cm	时间/s	速度/(cm/s)	序号	路程/cm	时间/s	速度/(cm/s)
①	89	2.2	40.45	④	95	2.6	36.54
②	87	2.2	39.55	⑤	91	2.1	43.33
③	92	1.4	65.71	⑥	89	1.9	46.84

小球的速度是：45.40 cm/s。

图 5-5

在这份统计数据中，第三条和第四条数据是误差较大的数据，我们在计算时可以将其排除在外，来提升数据的准确度。

和学生们交流之后，我感到非常惊讶，学生对于误差的分析越来越深入，在计算平均速度时，能够考虑到极端数据对结果的影响，并给出处理方案，十分了不起。这说明，学生们的量感和数据意识正在实验过程中不断增强。

（二）课后研究报告

在课后，有学生在日记中记录了课堂上的速度实验：

今天上了一节很不一样的数学课。在课堂上，老师拿出了几块板，还有小球、秒表、计算器……这些东西放在一起，竟然组成了一个测量速度的装置。同学们迫不及待地动起手来，分工合作，把小球从板上释放，记录下小球滚下来的距离和时间，小球的运动速度就被我们算出来啦！随着实验的进行，我们都没有想到，改变小球的释放高度，或者换一个不同的小球，小球的速度都会发生变化！下课铃响了，但是同学们依然意犹未尽地讨论着刚才的实验，这真是一节有趣的数学课！

从学生日记中可以看出，学生对于这样的课程是非常感兴趣的，我们的数学实验是深入的，而不再是浅尝辄止的。实验的深度同时带来了学生兴趣的加深，学生在测量中越做越感兴趣。同时，实验的深度也带来了思考的加深，对于学生思考数据背后的信息，以及对实验环节全方位的考量，让学生的量感、推理意识和创新意识逐渐增强。

四、专题分析

量感是《新课标》中明确指出的核心素养之一，而其中“感受度量工具和方法引起的误差”“养成用定量的方法认识和解决问题的习惯”都是明确提到的关键描述。如何设计动手类的实验课程，切实提升学生的量感和测量的能力，笔者结合本案例的开发和授课过程，有如下几点思考。

（一）重概念，更重体验

在小学数学的教学中，速度的教学一直是重概念和数量关系的。学生对于速度的直观感受主要来自生活中的一些交通工具，学生对于速度表征的形成极少来自测量和实验。而学生对于数学操作活动十分感兴趣，有强烈的主观意愿，教师在授课时，如果能将测算速度需要的时间和路程交给学生测量，可以引导学生通过动手操作的方式，化抽象为具体，在动手实验中建立表象，在具身体验中孕育量感。学生进入实践性学习活动之中，其体验会更为直接和深入，教师在设计活动时，要做好环节设计、步骤优化，为学生展开创造性学习搭好“脚手架”，给学生带来全新的学习体验，让学生在观察、操作、探究和体验中积累丰富的“量”的活动经验，真正建立起“量”的直观体验，从而将量感内化于心、外化成体系。

（二）重操作，更重思考

感觉的持续发展需要思维的介入和内化。我们发现，学生进入速度的测量实践环节之后，其对于信息的捕捉、对实验中细节的分析和思考和对于误差的产生和处理，是极为细腻的，许多回答往往出乎意料。教师要做好学情调查，给学生提供更多的方法作为支撑，为学生提供足够安全的表达场，让学生们的“意料之外”都在“情理之中”。活动中，教师也要组织学生充分地进行分析、讨论、归结、优化，在交流和碰撞中形成科学思考，在探索和优化中发展量感，形成数学学科核心能力，对量感有更深度的理解，切实发展和丰富对于量感的认知。这也有助于学生日后抽象能力和应用意识的养成和完善。

（三）重能力，更重思想

在动手类实验操作课程中，提升学生思维能力，发展量感和核心素养，的确是首要目标，但是我们更要重视对于学生思维方式的培养。在实验开始之前，先提出猜想，再选择方法，最后进行理性的操作验证；在遇到困难时，耐心地进行问题分析，进而改进实验，再次试验后还要重新分析问题。在实验过程中，对影响速度因素的分析，要像科学家一样进行严谨又细致的控制变量实验。在此过程中，教师要引导学生进行理性的思考，培养学生坚毅的精神品质，这都是学生在探究性学习中获得的宝贵财富。只有这样，才能为社会造就有能力、有思想的人才。

爱因斯坦说过：“探索真理比占有真理更为可贵。”培养数学量感是一个循序渐进的过程，教师在不同教学环节渗透量感培养内容，组织学生进行多种形式的自主体验式学习行动，能够为学科教学创造更多成长点，让学生在操作实践中产生量感，在比较辨析中发展量感，在前后勾连中内化量感。

（陈　彧）

案例2
测量的学问

一、开发背景

（一）素养分析

本案例主要体现的核心素养为量感、应用意识和创新意识。

量感主要是指对事物的可测量属性及大小关系的直观感知。学生能针对真实情境选择合适的度量单位进行度量,这是衡量量感的标准之一。在“测量的学问”这节课中,学生在测量土豆、苹果、黄豆等物体的体积时,能学会正确选择合适的度量单位进行度量。在测量的过程中,学生能初步感知度量工具和方法会引起测量的误差。因此,在测量时,需要因地制宜、因情而定,选择合适的测量工具和科学规范的测量方法,以减小测量误差。在教学中,教师认识到“建立量感不仅有助于学生解决日常生活中的各种测量问题,而且有助于学生养成用定量的方法认识和解决问题的习惯,是形成抽象能力和数学应用意识的经验基础”。

应用意识主要是指有意识地利用数学概念、原理和方法解释现实世界中的现象与规律,解决现实世界中的问题。在“测量的学问”这节课中,学生借助水测量苹果的体积时,将苹果放入水中,发现苹果不像之前测量的土豆,直接会沉入水底,而是部分漂浮在水面之上。借助水来测量物体体积,物体必须全部浸没于水中,此时各个学习小组开始了头脑风暴,思考既要将苹果按压于水中,又要尽可能地减小测量误差。课堂上,学生发现手指和尺子相比,尺子体积更小;尺子和笔尖比较,笔尖又更细小,学生倾向用更细小的笔尖,将苹果按压入水中。根据学生比较、思考的过程,我们能看到量感在学生心中业已生根,我们还看到学生在测量中积累的活动经验和对测量的认知,在有意识地指引着他们的操作行为,根据手边现有的学习工具,将测量的误差尽可能地降到最低。

学生“勇于探索一些开放性的、非常规的实际问题与数学问题”是创新意识的表现之一。创新意识有助于形成独立思考、敢于质疑的科学态度与理性精神。在课堂的最后,设计了一个创造性解决问题的环节:测量乒乓球的体积。这个问题一抛出,课堂上的学生一个个瞬间兴奋起来了,学生思维的火花被点燃,学生创新的意识被激活,一个又一个解决问题的方法的提出就是创新性思维结出的硕果,可能想法欠周全,可能方法较烦琐,但学生创新意识的激活,创新火花的迸发,需要我们呵护。

(二) 教材分析

苏教版小学数学六年级上册的第一单元为“长方体和正方体的认知”。本单元是在学生已经基本完成小学阶段有关平面图形学习任务的基础上,探索和学习长方体、正方体的特征、展开图、表面积计算、常用的体积和容积单位、体积单位之间的进率和体积计算,并应用所学知识解决一些简单的实际问题。从认识平面图形到认识立体图形,是学生空间观念发展的一次飞跃,而长方体、正方体都是由长方形或正方形围成的,是最常见、最基本的立体图形。因此,教材选择长方体和正方体作为认识立体图形的起点,符合数学知识本身发生发展的逻辑顺序,符合学生的认知规律,有利于学生更好地以数学的眼光观察和了解周围世界,形成初步的空间观念,同时也为进一步学习其他立体图形打下坚实的基础。

本单元的教学内容与学生的日常生活有着十分密切的联系,让学生在现实的问题情境中主动发现、认识数学概念和方法,并把习得的概念和方法应用于解决实际问题,既有利于培养学生用数学眼光观察客观世界的意识,又有利于发展学生利用数学知识的技能提高解决问题的能力,获得良好的数学素养。教材在练习的编排上,选择大量来自现实生活的实际问题。如:在学习表面积计算时,让学生计算做纸盒、鱼缸、饼干盒商标、影集封套等需要的材料面积大小;在学习体积计算时,让学生计算石料、木料的体积,计算储物柜、冷藏车车厢的容积等实际问题。学生在解决这些问题时,既巩固和拓展了对数学知识和方法的理解,又能真切体会到数学知识在生活中的广泛应用。

本单元的学习,有助于学生核心素养中的量感、应用意识和创新意识的培养。

(三) 学情分析

(1) 学生已经积累了较为丰富的图形认识的经验。本单元在学生已经基本完成小学阶段有关平面图形学习任务的基础上,探索和学习长方体、正方体的特征、展开图、表面积和体积计算等内容。

(2) 操作是学生认识图形、探索与图形有关知识的重要方法和途径之一。长方体、正方体的特征、表面积和体积的探究,都离不开动手操作。在操作中积累的活动经验,既为学生量感的发展提供了有力支撑,也使得学生的空间观念得到了切实的发展。

二、教学实践

(一) 学习地图

学习地图如图 5-6 所示。

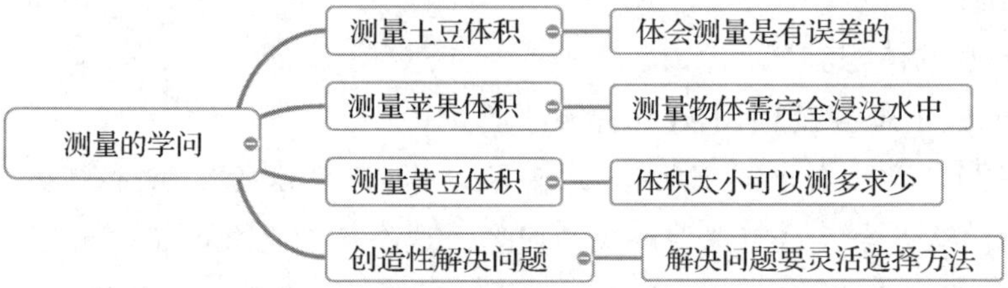

图 5-6

(二) 学习目标

(1) 结合具体的活动情境,经历测量不规则物体体积的实验过程,探索不规则物体的体积的测量方法。初步学会实验操作的技能,会求不规则物体的体积。

(2) 在实践和探索的过程中,尝试用多种方法解决实际问题。感悟在解决问题时,需要因地制宜,因情而定,灵活选择方法,积累活动经验,体会数学的应用价值。

(3) 在实际测量中,引导学生学会合作与交流,培养团结协作能力和探究能力。在创造性解决问题活动中,培养创新意识和创新能力。

(三) 教学现场

片段一:测量土豆体积

1. 引出话题

(提前板书:测量的学问)

师:你能求出图中长方体、正方体的体积吗?

生:测量出长、宽、高,根据公式计算。

师:是呀!像这样规则的立体图形,先测量出相关数据,就可计算出它们的体积。

师:今天我们要探讨的是“测量的学问”,可不是测量像这样的规则物体的体积,而是像土豆这样的不规则物体的体积,想不想尝试一下?

师:要测量土豆的体积,你会想到哪些测量方法呢?请以六人为小组进行讨论,一会儿大家交流。

2. 交流测量方法

师:谁来分享一下你们组想到的测量土豆的体积的方法?

生 1:切块、打成泥等。

师:你的方法改变了土豆的形状,工程量也挺大的!课堂上操作还有点困难呢!

生 2:用重量除以密度进行计算。

师:这里面牵扯到一个很重要的概念——密度,这个知识初中才会学到,今天我们就放一放。

生3:溢出水的方法。(板书:溢出水)

生4:上升水的方法。(板书:上升水)

生5:溢出加上升水。

生6:下降水的体积。

师:同学们善于思考,想到了好几种方法。

【设计意图】 学生会求规则物体,比如长方体、正方体的体积,但不知道如何求不规则物体的体积。这是今天这节课要解决的问题。这个问题也激起了学生的探索欲,学生提出了多种方法,哪种方法可行?哪种不可行?可行的方法中有没有最优的?这些都是学生要去挑战和解决的。

3. 估一估

师:每个小组都有一个土豆,请组长从学具袋中拿出土豆,放在桌子的中央,小组成员先观察,再估一估土豆的体积大约是多少?把你们估算的数据记录在学习单上。

(师指名三个组说一说)

师:能具体说说数据是怎么得到的吗?

师:大家的土豆都不一样,可是不约而同地选择了用立方厘米来做单位,你们是怎么考虑的?

师:大家估算的时候并不是任意选一个数据和单位,而是有自己的分析和思考的。

【设计意图】 依据测量物体的大小,能选择合适的测量单位,会估算被测物体体积的大小,这些都是学生量感的内涵之一。这一环节的设计有助于培养学生的量感。

4. 测量土豆的体积

师:大家估计得准不准呢?我们用测量数据说话。老师给大家准备了一些工具,一起来看看。(介绍工具)

(一大盆水、一个方形容器、一个量筒、一段绳子、一个托盘,操作时,请在托盘中操作,收集好溢出的水。课前跟孩子说好如何使用抹布)

师:请一位同学读一下操作要求。

小组合作要求:选择工具测量出土豆的体积,选一位代表有序地与大家分享操作步骤。

5. 汇报交流

师:哪个组跟大家交流一下,你们是怎么测量的?汇报时,为了让大家听得更清楚,请你这样描述,第一步,用什么工具,怎么做的?第二步,用什么工具,怎么做的?明白了吗?

方法1:求溢出水的体积。

师:溢出水的体积,就是土豆的体积。

师:还有哪些组也是用的这种方法?

师:用这种方法测量时要注意什么?

注意:① 读数据时要平视。

② 测量容器上尽量少沾水以减少误差。

③ 水面张力,要刮去(用尺子刮一刮)。

方法2:求上升水的体积。

师:上升水的体积,就是土豆的体积。

师:还有哪些组也用的是这种方法?

师:用这种方法测量时要注意什么?

注意:① 完全浸没。

② 测量容器内壁的数据(做实验,做学问,严谨很重要,科学可是经不起半点马虎)。

6. 提升认识

师:这两种测量方法有什么相同之处?(都转为水的体积)

师:是的,测量土豆这个不规则物体的体积,因方法的不同,水的体积有的是指溢出水的体积,有的是指上升水或下降水的体积,再或者是上升+溢出水的体积。(边说边贴)

7. 优化测量方法

师:这两种测量方法,哪种方法误差最小?为什么?

生:求上升水的体积。

【设计意图】 先让学生经历测量土豆体积的过程,再交流测量方法,在交流中,教师引导学生思考,每一种测量方法它要注意什么,这样的追问为方法的优化做足了铺垫。

8. 回应估一估

师:通过刚才大家的动手操作,测量了土豆的体积,把你们组测量的结果和估算的数据比一比。

片段二:测量苹果体积

师:还想再测量其他物体的体积吗?

师:测苹果的体积。你打算用什么方法测量?

师:请选用误差最小的方法来测量苹果的体积。(课件:苹果图)

师:刚才你们在测量苹果的体积时遇到了什么问题?

生:苹果一部分会漂浮在水面之上。

师:这个问题如何解决呢?

生:把苹果按进水里。

师:怎么按的,说得具体点?

(此处,引导学生想办法解决问题,还要考虑引起的误差要小)

师:正如同学们说的,将苹果完全浸没水中,还要尽可能减小误差。比如用牙签。(教师先示范如何用牙签,接着每组发放牙签)

【设计意图】 借助水来测量物体的体积,物体一定要完全浸没于水中。苹果和土豆都是不规则物体，在测量苹果前，大家都觉得老师只是换了一个被测物体而已，可当小组开始测量时，发现苹果和土豆有很大的不同，苹果无法完全浸没于水中。为了解决这个问题，学生想到要把苹果“按”进水里，这里的设计，就是想让学生体会到，借助水来测量物体体积，一定要将物体完全浸没于水中，如果通过外力使被测物体浸没于水中，还要考虑尽量减小误差。

片段三：测量黄豆体积

师：老师想提高难度，如果测量一粒黄豆的体积，你准备怎么测量？

明确：可以测量一些黄豆的体积，再求一粒的体积。

师：测量的方法已经有了，今天课上老师就不请同学们再动手操作了。

【设计意图】 黄豆虽说可以像土豆一样沉入水底，但单个的体积比较小，不能一下子就测量出一粒黄豆的体积，这就迫使学生需要打开思路，寻求解决问题的方法。通过讨论，学生想到对于像黄豆这样体积小的物体，可以在转化思想的基础上，测多求少。这一测量经历，再次让学生体会到，要根据被测物体的不同，灵活选择测量方法。

师：在测量三种不规则物体体积的过程中，有哪些相同和不同之处？

生：相同之处是都用到将不规则物体的体积转化成水的体积的方法。我们将未知转化为已知，应用了转化的思想。

生：不同之处是苹果需要按下去进行测量；黄豆需要测多求少。

师：我们的测量并非一帆风顺，要根据测量物体的特点，灵活选择测量方法，比如将物体体积转化成水的体积或沙的体积。当被测物体太小时，可以测多求少。具体操作时，要规范操作步骤，减少实验误差。

师：在遇到问题时，用转化的方法去解决，古时候的人们就已经这样做了，比如阿基米德测皇冠，曹冲称象。

（课件配图，老师或学生口述）

【设计意图】 学生对测量三种不规则物体体积的过程进行反思，找出其中的相同与不同。学生在反思中，发现被测物体不同，但用到的策略是相同的，这就是测量不规则物体方法的本质——转化思想。通过教师对课堂活动的巧妙设计，渗透和启发学生学会透过现象看本质的能力。

片段四：创造性解决问题

师：老师将手中的一个乒乓球放入水中，请看这个乒乓球完全漂浮在水面上。你用牙签按，按不下去，如何测量它的体积呢？

（调动学生用新的方法来解决问题）

师：你的想法很有创意。你很善于将新旧知识联系起来，并用它们解决问题。

师：同学们敢想、会思，想到了多种解决方法。这些方法中，有的比较实用，有的操作起来困难比较大。想解决方法时，还要考虑这个方法是否实用，不是想得越多越好。

【设计意图】 学生经历测量土豆、苹果、黄豆的体积后，积累了一定的操作经验，这时教师再提出测量乒乓球的体积,从学生的课堂发言可以看出,学生对转化思想的应用更为大胆,想到的方法丰富多样,让我们看到了学生创新意识和应用意识在课堂里的萌发。

片段五:全课总结

师:今天这节课我们探讨了“测量的学问”,你觉得测量的学问指的是什么?

(1) 转化。

师:遇到问题,借助转化思想,让问题迎刃而解。

(2) 减小误差。

师:规范操作步骤,减少实验误差。

(3) 灵活选择方法。

师:不测量不知道,一测量,这里的学问还真不少。今天这节课就上到这里了。

三、作品叙事

在图5-7中,重点是黑板上的三个数据:315 cm^3、100 cm^3 和105 cm^3。这些数据是学生在动手操作测量土豆前,各个小组估算的土豆的体积。教师将学生估算的数据记录在黑板上,并要求学生分享各个组的估算方法,有的把这个土豆看成一个圆柱,估算圆柱的体积,即土豆的体积;有的是将土豆看成一个长方体,估算长方体的体积,即土豆的体积。学生的估算方法,都是先将不规则土豆看成熟悉的、规则的物体进行估算,将未知转化为已知,学生已熟练掌握转化思想的应用。另外,估算时,学生选用的体积单位都为立方厘米,课上教师也让学生分享了为何都选择立方厘米做单位,从学生的回答中,可以看出学生能依据测量物体的大小,选择合适的体积单位,学生在这方面有着较好的量感。

图5-7

图5-8是一个小组用求“上升水的体积”的方法测量土豆体积的场景。水面上升了,一名学生拿出手中的直尺测量上升水的高度,在读取数据时,这名学生在努力做到让自己的视线与刻度线保持在同一水平线上。这样一个细节让我们欣喜地看到学生测量时已积累了一定的操作经验,知道在测量时,每一个操作环节都应当科学、规范,只有注重每一个细

节的“精细”,最后才能让测量的结果“精确”。

图 5-8

图 5-9 是一个小组用求“上升水的体积”的方法测量苹果的体积。当在容器中放入适量的水后,再把苹果放入水中,此时发现,苹果的一部分漂浮于水面之上,不能完全浸没于水中。借助水来测量物体的体积,测量物体必须完全浸没于水中。从图中可以清楚地看出,学生在思考和尝试如何将苹果浸没于水中。一名学生尝试用一根手指,将苹果按压入水中,另一名学生手中拿着一把直尺,觉得用直尺的一个角去按压更合适,因为直尺的一个角要比手指的体积要小,这样测量得到的物体的体积误差更小一些。测量中,学生已逐步感悟到现实生活中的物体实际上是“测不准”的,因为误差是不可避免的,但学生已经有这样的意识,就是通过合适的测量工具和科学规范的操作方法,将测量的误差尽可能地减小。

图 5-9

四、专题分析

(一) 在“估一估”中培养量感

《新课标》中对量感内涵的描述中提到“会针对真实情境选择合适的度量单位进行度量”。在“测量的学问”这节课中,就如何进行估测,以及度量单位的选择,通过有效的课堂活动设计,有针对性地进行引导。在小组进行土豆体积测量前,教师引导学生,先观察土豆的大小,再估一估土豆的体积。同学们依照活动要求,进行了估算。有的估算土豆的体积是300多立方厘米,有的估算土豆的体积是100多立方厘米。接着,教师请同学说说是怎么估的。这里的分享,是在引导同学们认识到估算物体的体积也是有方法的。通过交流,学生知道了估算时可以将土豆看成与其体积差不多的圆柱或长方体,估算出圆柱和长方体的体积,也就估算出了土豆的体积。除估算方法的引导外,教师还追问学生:每组土豆的大小是不一样的,但大家不约而同地都选择了用立方厘米做单位,大家是怎么想的?学生说,用立方毫米做单位,单位前面的数据就会很大,用立方分米做单位,土豆比一立方分米要小,这时就要用小数了,这样又比较麻烦,所以选择用立方厘米做单位最合适。

(二)在“测一测”中培养量感

在实际的测量操作中,学生在慢慢培养量感。不管是用求“上升水的体积”,还是用求“下降水的体积”,学生在向容器中倒水时,都需要对水量和测量物体的体积进行估算。例如,用求“上升水的体积”测量物体的体积时,在向容器中倒水时,需要思考倒多少才合适。倒多了放入测量物体后水会溢出,倒少了放入测量物体后水不能没过物体。同样,在用求“下降水的体积”的方法测量时,操作时也需要估算倒多少水才合适。在操作中,学生的量感在提升。

(三)在“做一做”中培养应用意识

应用意识是核心素养的表现之一。从问题解决的角度来看,要培养学生的应用意识,就需要开发更多的有真实情境、有意义的数学应用问题与活动。“测量的学问”这节课,创设多个有真实情境的测量活动:测量土豆的体积,测量苹果的体积,讨论一粒黄豆怎么测量,乒乓球的体积又该如何测量,等等。回顾测量土豆的体积时要注意什么?学生通过回顾和反思,总结出测量误差是不可避免的,但可以选用合适的测量工具,科学规范的测量方法,从而减小误差。测量苹果的体积时,遇到了新的问题:苹果会部分漂浮在水面上。同学们又开始思考,采取怎样的措施既能将苹果按压于水面之下,又能让测量的误差尽可能减小。测量一粒黄豆的体积时,因为黄豆体积小,用之前测量土豆、苹果的方法进行测量时,是看不出水上升或下降的变化。于是,有同学想到了可以“测多求少”。每测量一个物体,就会遇到新的问题,每解决一个问题,就是一次问题解决能力的培养和提升。

(四)在“想一想”中激发创新意识

创新是一个民族的灵魂。培养创新意识是中小学教育的基本任务,也是现代数学教育的基本任务。创新意识的培养应该从义务教育阶段做起,贯穿数学教育的始终。因此,在课堂教学中,教师要有意识地在教学环节中设计培养创新意识的活动,促进学生创新意识的培养。在课堂的最后,请学生想办法测量出一个乒乓球的体积。教师一开始将乒乓球放入水中,学生发现乒乓球几乎全部漂浮在水面上。用牙签、手指向水中按压,乒乓球很快就会弹开,用此前解决“苹果漂浮”的方法行不通。学生的创造性思维的阀门被打开,短短的几分钟里,先后有十几名学生发言,每名学生都说出了属于自己的独特的解决方法。有的把水换成“沙子”;有的借助三角形的稳定性,用三根牙签按压;有的想到制作一个小吸盘,将其压入水中……学生不缺乏创新意识,缺少的是引发其产生创新意识的有效活动。教师需要有意识地创设唤醒创新意识的活动,激励学生源源不断地产生富有创意的想法,让创新同呼吸一样自然。

(刘慧敏)

案例3 长方形和正方形的面积

一、开发背景

(一) 素养分析

量不仅是现实世界中最普遍、最本质的属性,也是形成“数”概念的经验基础。

《义务教育数学课程标准(2022 年版)》也指出:图形的测量重点是确定图形的大小。教学中要让学生在推导一些常见图形周长、面积、体积计算方法的过程中,感受数学度量的方法,逐步形成量感和推理意识。因此,在教学“长方形和正方形的面积”这节课时,若要发展学生的量感,我们就应该在活动设计的过程中,让学生亲身经历丰富且多层次的度量活动。

(二) 教材分析

“长方形和正方形的面积”是苏教版小学数学三年级下册的内容。教材例题的编排顺序是先教学长方形的面积计算,例 4 和例 5 通过摆面积单位进行实际测量,感受图形中含有面积单位的个数与每行摆的个数和行数的关系,形成初步经验;例 6 让学生先测量出长方形的长和宽,再用面积单位测量出长方形的面积,并通过交流主动优化方法,由此认识到只要知道每行摆的个数和行数,就能推算出长方形的面积,进而概括出长方形的面积计算公式,体现了由数到算的进阶。教材的编排通过操作活动和问题引领,经由摆、量、算等教学活动,在独立思考和合作交流中进行抽象和概括,让学生在逐步抽象的过程中发展量感和推理意识。教师在教学正方形的面积时通过长方形和正方形的关系,让学生合乎逻辑地推导出正方形的面积计算公式。整节课有层次、有条理地呈现了学生学习长方形和正方形面积的学习路径。

(三) 学情分析

课前,学生已经知道长方形和正方形的面积计算公式,并且针对教师给出的相应图形,学生已经会准确计算出面积,也会解决一些相关求面积的实际问题。当问及“长方形的面积为什么是用长 × 宽来计算?”时,学生基本无法说出其中的缘由。基于以上分析,学生在学习“长方形和正方形的面积”这节课时,主要存在以下问题。

1. 学生的现实起点高于知识的逻辑起点

教材中，例 1 安排的第一个活动是让学生小组合作，用几个 1 cm^2 的正方形摆出 3 个不同的长方形。这个活动安排的目的是希望学生在活动中发现长方形的面积跟它的长、宽有关系。然而，学生现实的学习起点是已经知道了长 × 宽就等于长方形的面积。

2. 学生形式化操作重于意义理解

当教师让学生用 1 cm^2 的正方形去测量长方形的面积时，他们会产生疑惑：明明可以算，为什么还要用这么麻烦的方法去摆？因此，学生的活动变成了浅层次的“被操作”，缺乏了自主性和思维性，他们自然也不会产生对意义深度的思考。从教的角度来看，教师在教学时，也不能将计算面积单位的个数和长 × 宽有效地联系起来，活动安排的顺序也不太符合学生学习的心理需求。

因此，教学中活动的安排是需要根据学生的现实起点进行科学设计的。有效的活动既要适合学生的学习，也要注重实践性和思维性相结合，更重要的是活动过程要真正成为发展学生量感的过程。

二、教学实践

（一）学习地图

学习地图如图 5-10 所示。

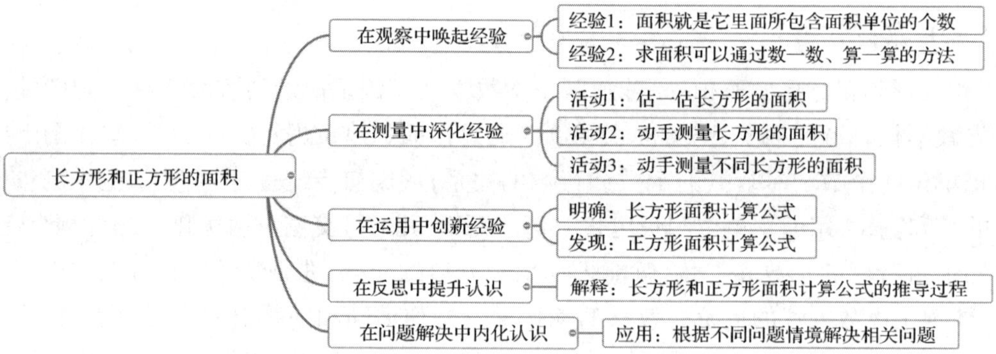

图 5-10

（二）学习目标

（1）在数学活动中能解释长方形和正方形面积计算公式的意义，并能正确应用公式解决简单的实际问题。

（2）通过观察、操作、比较、抽象、概括等数学活动，能深刻感悟长方形和正方形面积计算公式的形成过程，积累操作与思维的活动经验，发展几何直观、空间观念、推理意识、模型思想。

（3）在探索长方形面积计算公式的过程中，感悟从未知向已知转化的过程，培养参与意识和合作意识，提升学习数学的兴趣。

（三）教学现场

片段一：课前谈话

师：同学们，我们在二年级时已经学会了如何测量长度，还知道了在测量长度时要有统一的标准。请大家看屏幕，这条线段的长度是多少？（6 cm）你是怎么知道的？

生：12 cm－6 cm＝6 cm，这条线段的长度包含了6个1 cm，所以是6 cm。

师：这里的测量标准是什么？（1 cm）其实，我们在测量图形面积的时候，也是有标准的？你们知道吗？

生：1 cm^2，1 dm^2，1 m^2。

片段二：在观察中唤起经验

师：（课件出示常用的面积单位）今天我们就选择其中的一个标准1 cm^2 来研究图形的面积计算。

[出示问题：下面图形（图5-11）的面积分别是多少]

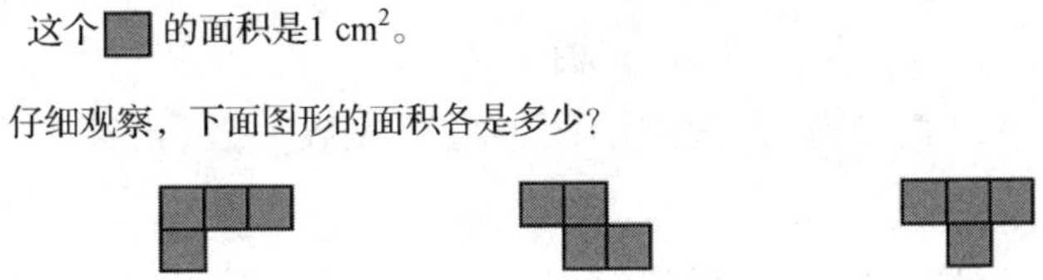

图 5-11

生：都是4 cm^2。

师：这些图形的形状不一样，为什么面积都是4 cm^2？

生：因为它们都是由4个1 cm^2 的小正方形组成的。

师：看来我们若想知道一个图形的面积，只要知道它里面包含了多少个面积单位就行了。这里还有一些图形（图5-12），它们的面积又是多少呢？

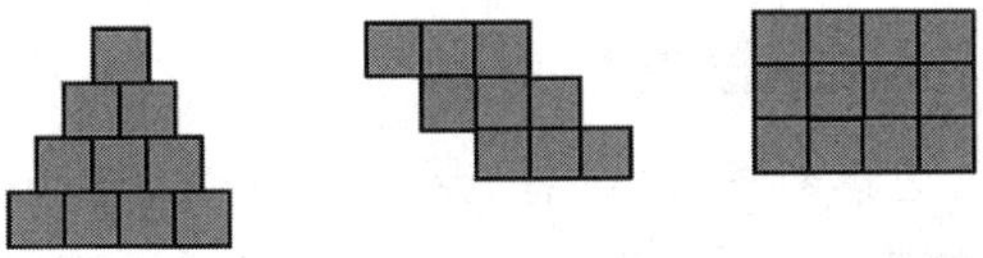

图 5-12

生1：我先分别数了一下每个图形中小正方形的个数，得出它们的面积分别是10 cm^2、9 cm^2、12 cm^2。

生2：我想补充一下，要知道它们的面积，也可以计算。第一个图形用1＋2＋3＋4＝10个；我发现第二个图形每行都有3个，有3行，可以用3×3＝9个；第三个图形有3行，每行4个，可以用3×4＝12个。

师：（同时出示下面两组图形）同学们，回顾刚才的学习过程，我们怎样知道一个图形的面积呢（图5-13）？

这个 ■ 的面积是1 cm^2。

仔细观察，下面图形的面积各是多少？

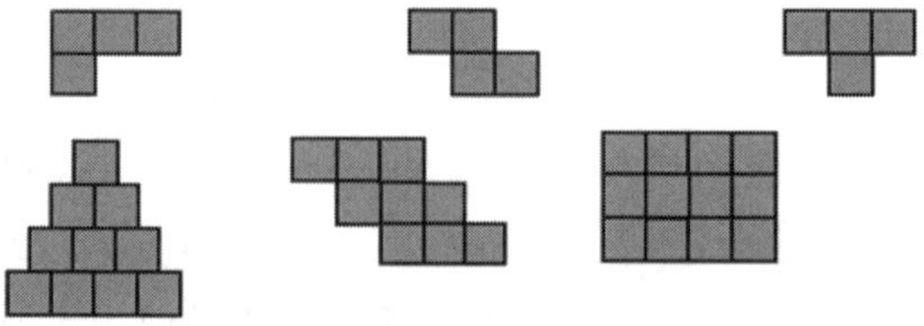

图 5-13

生1：可以数一数这个图形里包含了多少个小正方形。

生2：如果是规则的图形，我们可以用每行的个数×行数直接计算出它里面包含了多少个小正方形。

师：若想知道这两个图形的面积（图5-14），你打算怎么求？

图 5-14

生：规则的图形可以直接算，不规则的图形可以先数一数，再算一算。（板书：数一数、算一算）

师：看来，我们可以通过数一数得到面积单位的个数。也可以通过算一算，用每行的个数×行数直接计算出面积单位的个数。只要确定了图形里面包含了多少个面积单位，就能知道它的面积。（板书：面积单位的个数＝每行的个数×行数）

【设计意图】 设计这个环节的意图是想唤起学生的原有经验，让学生关注到求一个图形的面积就是求它里面包含面积单位的个数，为接下来的授课活动做好铺垫。因此，数学活动的设计需要从学生的现实经验出发，教师要深度挖掘教材中所要体现的过程及思想，应将教材用好、用活。

片段三：在测量中逐渐深化认识

1. 初步感知面积和长边摆的个数（每行的个数）和宽边摆的个数（行数）有关

师：既然大家已经会算图形的面积了，那我们来看看这个图形，你能估一估它的面积吗？

出示第一组材料：下图（图5-15）中有一个面积为1 cm^2 的正方形，请你据此估测图中长方形的面积。

这个 ■ 的面积是1 cm^2。

估一估下面图形的面积是多少？

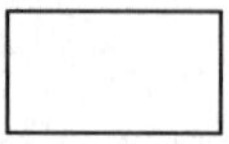

图 5-15

生:12、15、18、20、25……

师:你们是怎么估测的?

生:我在想它里面可以摆满多少个面积为 1 cm^2 的小正方形。

师:大家估测的方法都没错,可是得到的答案各不相同,看来估算还是有难度的。那我们把一个小正方形放在长方形里面(图 5-16),请你再估算一次。

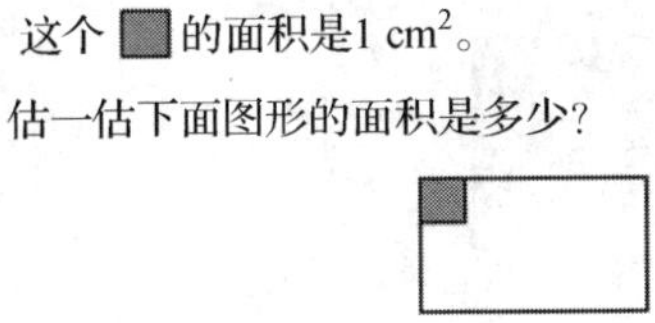

图 5-16

(学生估算结果的范围逐渐缩小)

师:到底谁估算的才是正确的呢?我们还需要进一步去测量。这个长方形就在学习单的第 1 题,请同学们打开你桌上的信封,里面就有面积为 1 cm^2 的小正方形,同桌合作,测量一下吧!

测量结束后,展示学生两种不同的方法(图 5-17)。

图 5-17

生 1:我用面积为 1 cm^2 的小正方形铺满整个长方形,发现一共用了 15 个,所以这个长方形的面积是 15 cm^2。

生 2:我用面积为 1 cm^2 的小正方形沿着长方形的宽摆,发现可以摆 3 行,沿着长方形的长摆可以摆 5 个,用 $3\times5=15$ 就计算出这个长方形中可以摆 15 个 1 cm^2 的小正方形,面积是 15 cm^2。

师:同学们在测量的时候,想到了这两种方法。比一比,它们有什么相同的地方?

生:虽然一个铺满,一个没有铺满,但这两种方法都能测量出长方形里包含了 15 个面积为 1 cm^2 的小正方形,所以可以确定这个长方形的面积就是 15 cm^2。

师:是啊!通过这两种方法,我们都能测量出在这个长方形中可以摆 3 行小正方形,每行可以摆 5 个,一共摆了 15 个面积为 1 cm^2 的小正方形,所以面积就是 15 cm^2(图 5-18)。

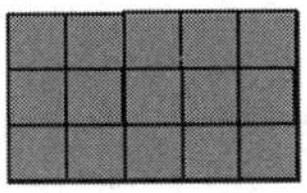

5×3=15(个)

图 5-18

师:请同学们想象一下,如果把长延长一格,面积是多少?

生:$6\times3=18$ 个,因为现在有 3 行,每行可以摆 6 个(图 5-19)

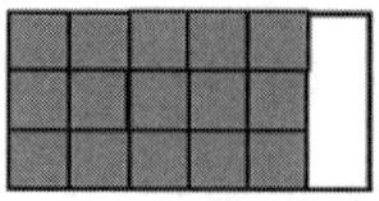

6×3=18（个）

图 5-19

师：那如果把宽延长一格，面积又是多少呢（图 5-20）？

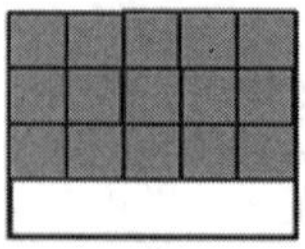

5×4=20（个）

图 5-20

生：5 ×4 =20 个。因为现在有 4 行，每行可以摆 5 个。

师：同样是延长一格，为什么面积不一样呢（图 5-21）？

比一比：

6×3=18（个）　　5×4=20（个）

图 5-21

生：因为行数变了，或者每行可以摆的个数变了。

师：看来，长方形的面积是与摆在里面的小正方形每行的个数和摆的行数有关。

2. 在测量中体验面积与长、宽之间的关系

出示第二组材料：一张 9 cm ×3 cm 的长方形纸片和一个 1 cm ×1 cm 的长方形纸片。

教师安排活动：同桌合作，用手中面积为 1 cm^2 的正方形测量下面长方形的面积（图 5-22）。

长方形的面积是多少？　　长方形的面积是多少？

图 5-22

（学生汇报测量的过程）

生：在测量时，我们用小正方形沿着长摆了 9 个，也就是每行摆了 9 个，沿着宽摆了 3 个，也就是摆了 3 行。接着计算 9 ×3 =27 个，这个长方形里可以摆 27 个小正方形，所以面积是 27 cm^2。

师：跟他们的测量方法一样的请举手。（基本上全班同学都举手了）

师：你们为什么不用全部铺满的方法来进行测量呢？

生1:太麻烦了,没有那么多小正方形。

生2:要计算这里面可以摆多少个小正方形,不一定要铺满,我们只要知道每行摆几个和可以摆几行就行了。

出示第三组材料:一张15 cm×10 cm的长方形纸片和一个1 cm×1 cm的长方形纸片(图5-23)。

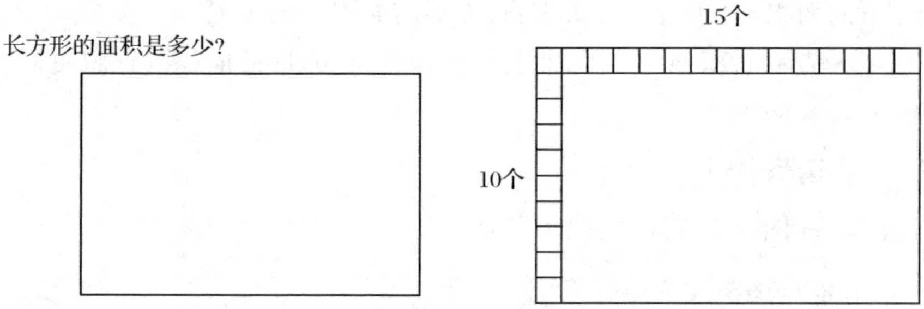

图5-23

师:同学们测量的速度越来越快,请你们同桌合作继续测量这个长方形的面积。

(学生汇报测量的过程)

生1:我们沿着长方形的长和宽摆小正方形,但最后小正方形不够了,而且这样摆好麻烦。

生2:我们组发现小正方形不够时,就用画格子的方法代替小正方形,发现沿着长要画15个,沿着宽要画10个,15×10=150个,所以长方形的面积是150 cm^2。

生3:我们用尺子量出长方形的长和宽,然后用长×宽进行计算,得到的面积也是150 cm^2。

师:像他们这样做,可以吗?(可以)

师:为什么用尺子量出它的长和宽,也能求出面积呢?请大家先和你的同桌交流一下。

生:(在展台上边演示边说)我们小组在测量的时候,发现需要的小正方形太多了,摆起来非常麻烦,所以就想到了用尺子进行测量。尺子上的刻度每一大格就是1 cm,正好相当于摆1个1 cm的小正方形。长是15 cm就相当于每行可以摆15个小正方形,宽是10 cm就相当于可以摆10行,用15×10=150(个)可以得出一共可以摆150个小正方形,所以面积就是150 cm^2。

师:有道理,这还有一个长方形,要想知道它的面积,你们需要什么条件?为什么?

生:长和宽。因为知道长就能知道沿着长可以摆多少个小正方形,知道宽就知道沿着宽可以摆多少个小正方形,相乘就能求出长方形里一共包含了多少个小正方形,也就可以求出面积了。

师:这个长方形就在学习单上,请大家先量出所需条件,再算出它的面积。

生:通过测量得知,长是10 cm,宽是7 cm,10 cm×7 cm=70 cm^2。

师:这里10和7的单位都是cm,为什么乘出来的单位是cm^2呢?

生:因为求出的结果表示长方形里一共包含了 70 个 1 cm^2 的小正方形,所以面积是 70 cm^2。

师:测量面积的时候,你们为什么不选择用手中的小正方形去测量呢?

生:太麻烦了。只要知道长和宽就可以知道里面包含的小正方形的个数了。

师:那今后我们可以怎样求长方形的面积呢?

生:长方形的面积 = 长 × 宽。(板书:长方形的面积 = 长 × 宽)

师:如果用 S 表示面积,a 和 b 分别表示长和宽,长方形的面积公式就可以表示为 $S = a \times b$。(板书:$S = a \times b$)

片段四:在运用中创新认识

教师出示练习(图 5-24),学生独立完成。

计算下面图形的面积。

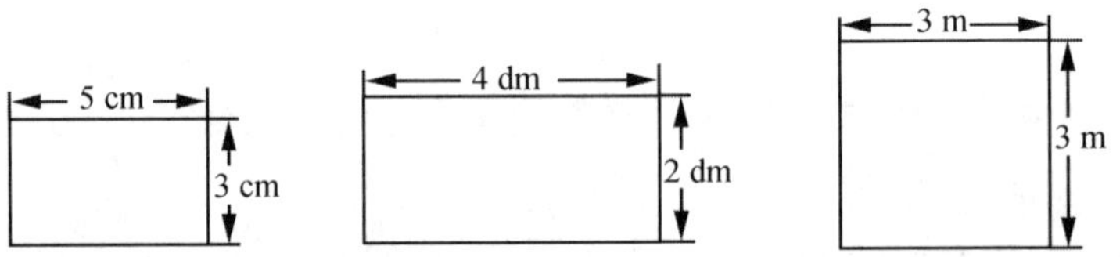

图 5-24

(学生汇报)

师:第二幅图,为什么算出的单位是 dm^2?

生:因为这里面一共可以摆 8 个面积为 1 dm^2 的正方形,所以面积是 8 dm^2。

师:第三幅图是一个正方形,那正方形的面积该怎样计算呢?请和你的同桌互相交流想法。

生 1:它的宽可以摆 3 个小正方形,长也可以摆 3 个小正方形,一共可以摆 9 个面积为 1 m^2的小正方形,所以它的面积是 9 m^2。

生 2:正方形是特殊的长方形。所以也应该是长 × 宽,只是它的长和宽相等,也就是边长 × 边长。

师:同学们分析得很有道理。正方形的面积可以用边长 × 边长进行计算,如果也用 S 表示面积,a 表示正方形的边长,计算公式就可以写为 $S = a \times a$。(板书:$S = a \times a$)

【设计意图】 根据学生思维发展的过程和水平,学生的学习一般会经历感性水平、知性水平和理性水平三个层次。其中感性是一种表面的、模糊的、没有理由的初级认识能力,知性是一种初步把握事物联系及其规律的认识能力,理性则是一种把握事物本质、能够做出适当判断和决定的认识能力。因此,为了让学生经历一个完整的活动过程,这个环节设计了四个不同层次的活动。第一个层次是在估测中产生测量的需求。第二个层次是根据自己的经验,铺满测量,再通过班级的展示和交流,发现只要铺其中一部分就能测出面积。第三个层次是发现用小正方形测量大的长方形时,比较麻烦,可以直接用尺子量出长和宽。学生在自己感性认识的基础上,不断通过调整和优化来深化自己的认识。最后一个层次是运用自己建构的模型来解决问题,进一步提升自己的认识,达到理性水平,完成建模。

因此,好的数学活动要能激发学生探知的欲望,要让学生自主经历完整的学习过程。

片段五:在反思中提升认识

师:回顾我们刚才的活动过程,长方形和正方形的面积计算公式是怎么推导出来的?

生1:我们先用一些小正方形去测量长方形的面积,发现只要沿着长和宽摆就能确定摆了几行,每行可以摆几个,用每行的个数×行数就能得到长方形中一共包含的小正方形的个数,也就得到了面积。但随着长方形变得越来越大时,用小正方形进行测量就变得有些麻烦,这时可以用直尺测量长和宽,用长×宽就能求出长方形中包含小正方形的个数,即面积。

生2:我还知道正方形的面积是通过长方形的面积推导出来的。

师:是的。求长方形或正方形的面积,也就相当于求它们里面包含了多少个面积单位。通过这节课的学习,我们发现长就相当于每行面积单位的个数,宽就相当于有几行,长×宽相当于用每行的个数×行数,也就是面积单位的个数。

(板书:小正方形的个数 = 每行的个数 × 行数。

↓　　↓　　↓

长方形的面积 = 长 × 宽, $S = a \times b$

正方形的面积 = 边长 × 边长, $S = a \times a$)

片段六:在问题解决中内化认识

师:其实在生活中,很多物体的形状都是长方形或正方形。求黑板的面积(图5-25)需要知道什么呢?求手帕的面积呢?(出示数据,学生独立完成)

图 5-25

师:有一块玻璃碎了(图5-26),如果要重新去配这块玻璃,需要配多大的呢?

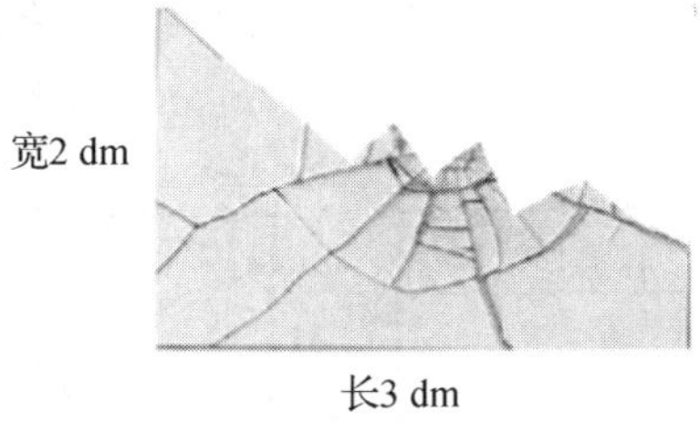

图 5-26

(学生独立完成,集体核对)

片段七:全课总结

师:通过今天学习的内容,你对长方形和正方形的面积有了哪些全新的认识?

(指名回答,师生共同补充)

师:在学习每个知识时,我们不仅要知其然,还要知其所以然。

【设计意图】 完整的数学活动应包括强调动手和感性的实践活动和强调动脑和理性的认识活动。因此,只有把外在活动与内在活动、感性认识与理性认识有机结合起来才能完整准确地理解内涵和意义。因此,在这个环节,关于正方形面积的推导过程,学生有了前面直观操作做基础,就能直接进行想象或推理,进而达到抽象。

三、作品叙事

(一)我估计

这个活动是先让学生根据已知的面积单位估测给出长方形的面积(图 5-27),这时由于学生量感能力的不同,估测的结果也会出现多种情况。这时,教师趁机追问:到底谁估测的是正确的呢?通过问题激起学生想要主动探寻结果的兴趣,学生积极测量,并想出了不同的测量方法。

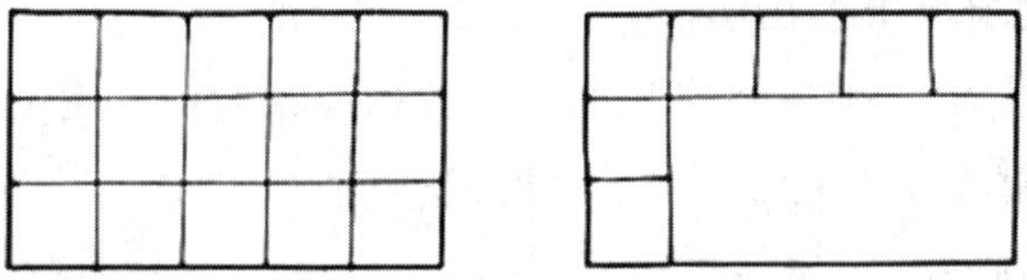

图 5-27

(二)我测量一

此项活动是测量一个 9 cm × 3 cm 长方形的面积(图 5-28),是学生基于上一个活动的测量经验来完成的。由于这个长方形的面积变大了,需要的面积单位的个数也增多,学生在测量时发现如果全部摆满,有点麻烦,不由得回想到刚才在第一个活动中发现的第二种方法:沿着宽和长摆也可以测出面积。在交流环节,我又在此引导学生思考:“为什么沿着长和宽摆,就可以求出长方形的面积?”进一步让学生感受到沿着长摆就能确定每行的个数,沿着宽摆就能确定有几行,用每行的个数 × 行数就可以直接计算出一共包含的面积单位的个数。

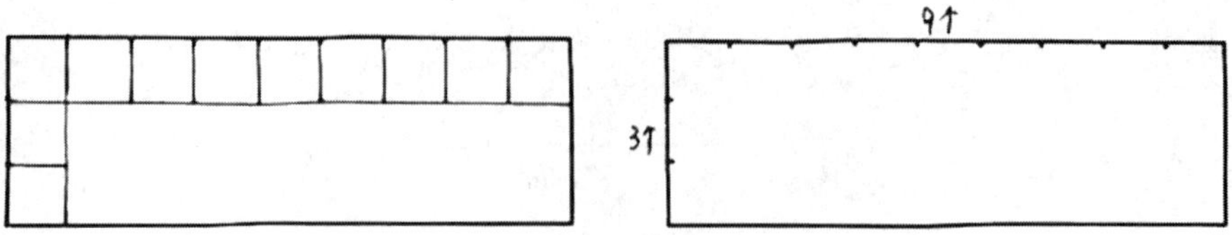

图 5-28

(三) 我测量二

此项活动是测量一个 15 cm × 10 cm 长方形的面积(图 5-29)。因为这个长方形非常大,学生发现就算沿着长和宽去摆面积单位进行测量,还是非常麻烦。如果用来测量的面积单位不够了,又该怎么办? 还有没有更好的测量方法呢? 学生在活动过程中,不断出现新的问题,他们主动思考,积极探寻解决问题的方法。最终学生发现可以先用直尺量出长和宽的长度。长的长度就能说明沿着长可以摆几个面积单位,宽的长度就能说明沿着宽可以摆几个面积单位。只要知道长方形长和宽的长度,自然就可以解决面积了。

因此,学生在经历这三个测量活动的过程中,既理解了长方形和正方形面积计算公式的意义,还在测量活动中发展了量感。

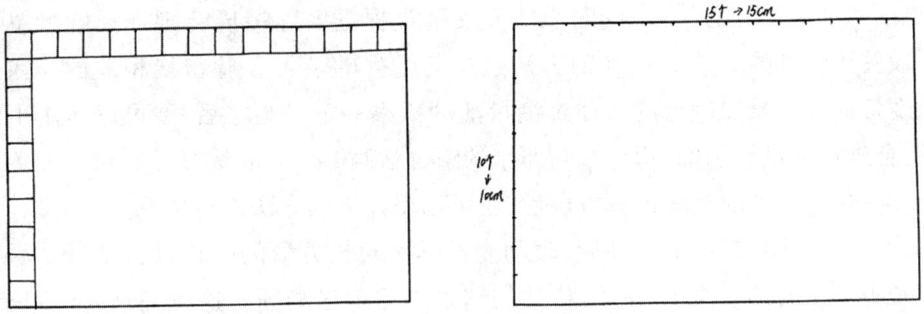

图 5-29

四、专题分析

(一) 以旧引新,培养度量意识

量感是对量的感受,是在对“量”(liàng)进行“量”(liáng)的过程中发生发展的,学生需要在学习的过程中,逐步建立凡“量”(liàng)皆可“量”(liáng)的意识。学生通过对长度、面积、体积、质量、时间等内容的学习,借助数学活动,逐步丰富数学活动经验,逐渐发展度量意识。

学生的度量意识是建立在直观感知基础之上的。比如线段的长短、面积的大小、质量的轻重等,都依赖于对外界真实环境的感知。帮助学生建立量感需要在数学教学过程中引导学生感受度量单位的重要性。度量单位,即度量的标准,一旦建立标准,就可以用单位累加的方式对度量对象用量化的方法表达。

因此,教师在进行图形的测量教学过程中,要让学生逐渐感受度量单位的重要性。教师首先通过复习引出度量长度需要看线段中包含多少个长度单位,再启发学生思考“测量图形的面积时,也是有标准的”,并让学生通过数学活动发现:要知道图形面积的大小,可以数出其所包含的面积单位的个数,也可以用计算的方法得到面积单位的个数。

培养学生的度量意识,是以学生的感性经验为基础的。感性体验既是学生对事物可测量属性感知的起始环节,也是量感发展的基础。在此基础上,教师通过有组织的教学活动,让学生逐渐建立对度量单位重要性的认识,并且通过测量活动认识到,由于度量对象的大小不同,需要有不同的度量单位,那么不同度量单位之间的关系(进率)自然就成为学习的内容。在测量活动中,基于对度量单位的感性认识和度量对象的实际大小,选择合适的度量单位灵活地进行测量是学生量感发展的重要组成部分。学生量感的发展从感性逐步发展到理性,度量单位起到了“锚”的作用,通过以度量单位为标准进行测量,最终将测量结果以“数”加“度量单位”的形式进行表达。

(二)从估到量,强化度量体验

“估计”是《义务教育数学课程标准(2022 年版)》中关于量感描述的三个关键词之一,要求学生“能合理得到或估计度量的结果”。对度量对象进行合理的估计,既能帮助学生进一步巩固对度量单位的认识,同时也能发展学生根据实际情境合理选择度量单位的能力,并形成关于估计的方法。估计的方法也是与学生的学习经验密切相关的。在初始阶段,是以度量单位的累加进行的。通过测量活动积累一定经验之后,便可以运用不同度量单位的组合进行测量。例如,用分米与厘米的组合估测 14 cm 的线段。通过对相关内容的学习,比如学过长方形的面积计算方法后,还可以用计算的方法进行估算。

本节课的教学中,在提出问题后,教师先让学生对长方形的面积进行估计。尽管学生都在想“长方形里有多少个 1 cm^2”,估计的结果仍然不尽相同。这时,教师又在长方形中“摆”一个 1 cm^2 的面积单位,启发学生以此为标准进行估计。这是关于估计方法的教学。对面积进行估计并不是学生自然就会的,其中也是有方法的,将面积单位置于其中,就使得估计有了“根”。可见,量感是在脱离测量工具的环境下,仍能对观测对象可度量属性的计量做出合理判断的能力。因此,在教学图形的测量过程中,使用测量工具进行测量就是一个技能性目标,而学生估计能力的发展是值得教师重视的。

估得准不准呢?这就自然地引入利用面积单位进行测量的教学环节。教师充分利用学生的生成资源展开教学,既有些学生在长方形中摆满面积单位,又有些只摆了一行和一列面积单位的摆法。引导学生思考“比一比,它们有什么相同的地方”,发现“既然一行能摆 5 个,那么下面两行就都能摆 5 个”。不过这样的认识在刚开始时并不是所有学生都能达到。教师通过组织练习,让全班学生进行想象,并且以“每行的面积单位个数同样多”为基础,发现长方形中所含的面积单位的个数是可以计算的。

(三)适时抽象,归纳度量方法

有了表象、想象的基础,学生逐步积累了相应的认知经验:每行面积单位的个数是相同的,只要乘以行数就可以得到面积单位的个数。这就为借助数学学习经验将度量方法进行“数学化”提供了基础。量感的经验性主要以“感受 - 强化”的方式展现,以课堂教学的形式规范化。学生的量感发展需要以关于量的计算的需要为前提。教师的教学仍然以学生为主体,有序地组织学习进程,促进学生自我反思和内省,在体验的基础上感悟长方形的面积计算方法。

为此，教师先后呈现了长 9 cm、宽 3 cm，长 15 cm、宽 10 cm，长 10 cm、宽 7 cm 的长方形纸片，引导学生在操作过程中发现并不需要铺满长方形，甚至不需要铺面积单位，只需要知道一行能摆几个面积单位、一共能摆几行就可以了。更进一步，只需要测量出长方形的长和宽就可以知道所需要的面积单位个数。至此，长方形的面积计算公式的揭示也就水到渠成了。

整节课的教学设计，教师以学生为主体，有序地组织学习材料，引导学生通过操作活动，积累操作和思维活动经验。教师注意引导学生借助估计、测量和计算逐步感悟长方形、正方形面积计算方法，强化对度量单位重要性的认识，发展量感和推理意识。

（郑雪凤）

第六章

“做”中思辨，丰富符号意识

符号意识主要是指能够感悟符号的数学功能。知道符号表达的现实意义；能够初步运用符号表示数量、关系和一般规律；知道用符号表达的运算规律和推理结论具有一般性；初步体会符号的使用是数学表达和数学思考的重要形式。符号意识是形成抽象能力和推理能力的经验基础。

案例1
“=”的再认识

一、开发背景

(一) 素养分析

数学符号是含义高度概括、形体高度浓缩的一种科学语言,是应数学思维特点的需要而产生的科学书面语言。《义务教育数学课程标准(2022年版)》把对数学符号的认识、理解和运用作为数学学习的重要目标之一,“符号意识”作为义务教育小学阶段的必备核心素养,要求学生能够感悟符号的数学功能,初步体会符号的使用是数学表达和数学思考的重要形式。

学生“符号意识”的发展,是形成抽象能力和推理能力的经验基础,最重要的目标就是能够感悟符号的功能。“符号意识”的培养大致可以分为三个阶段:第一阶段是学生能够认识和理解符号的现实意义;第二阶段是学生能够运用符号表示数量、关系和一般规律;第三阶段是学生能够体会运用符号表达和推理出来的结果具有一般性。

本案例的思考与实践正是围绕第一阶段的教学在小学低年龄段如何实施而展开的。

(二) 教材分析

在小学阶段,苏教版小学数学教材第一次出现“=”是在一年级上册“认识10以内的数”的例5中,教材要求学生在理解同样多的基础上去认识符号“=”,会用“=”“>”和“<”表示10以内两个数的大小。可以看到,学生在一开始接触的就是“=”最基础、最重要的意义:表示相等。但是由于学生的年龄特点,一开始接触“=”时,知识范围也就限制在了10以内的两个数的比较,未将符号的功能一般化,不能很好地培养学生的“符号意识”。

后来,再次用到“=”是在一年级上册“10以内的加法和减法”的例1,这时候“=”的实际意义更进一步丰富,但是教材要求的是学会基本的运算,运算功能则削弱了“相等关系”的意义。

如何在教学中,加深学生对于教材中“=”的认识,是本案例思考的方向。

（三）学情分析

在一年级学习了 20 以内的数的进位加法的和退位减法的后，教师经常会出示“2 +（　）=（　）+3”这样的练习，看似简单的题目错误率却很高，学生经常会出现如图 6-1 所示的错误。

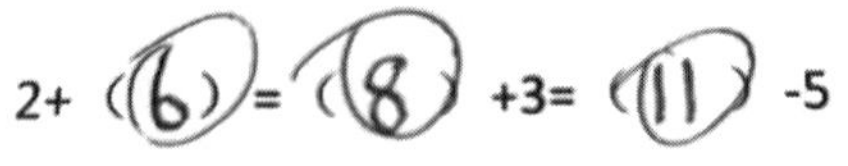

图 6-1

无独有偶，在一次与一位家长的交流中，她提到她的孩子早就学会了 20 以内数的加减法了，对于 2 +6 =（　）这样的练习已经非常熟练，但前两天很偶然地将算式写成（　）=2 +6，孩子居然不会做！她表示很困惑。

学生为何会出现上述现象呢？这是学生普遍存在的共性问题还是特例？于是，我们对一年级的学生共计 76 人进行了学情调查，测试问题及结果如表 6-1 所示。

表 6-1　学情调查表

测试题目	正确率	典型错例
6 =2 +（　）	90.8%	6 =2 +（ 8 ）
10 =（　）+（　）	65.8%	不会填写
1 +4 =（　）+3	34.2%	1 +4 =（ 5 ）+3
2 +3 =（　）-2	23.7%	2 +3 =（ 5 ）-2

不难看出，上面四个题目，除考查学生的计算能力之外，还需结合等号的意义才能顺利解决。在对学生进行了访谈，并对收上来的问卷进行了理性分析之后，我们将原因聚焦为如下两点：

首先，学生未真正理解“ = ”的含义。“ = ”在《辞海》中的解释是相等，是一种表示相等关系的符号。学生对等号的最初理解，就是数量上的“同样多”。比如有两种小动物，小猴子有 4 只，小兔子也有 4 只，从而抽象出 4 =4，以此理解等号用来表示两个数相等。随着学习的进一步深入，学生会接触到如 3 +2 =5 这样的计算练习，大量“运算—等号—答案”的训练模式，使得学生认为等号是连接算式和结果的一个符号，从而忽视等号的本源含义。

其次，学生对于等号的理解需要过程。例如，2 +6 =（　）和（　）=2 +6，这两个式子从数字、符号来看是一样的，但是从问题解决的思维过程来看是不一样的。对于前者，如果把两个数的合并运算得到一个结果这样的解决方式看作顺向思维，那么后者则需要逆向思维和平衡观念的参与。根据皮亚杰的研究，儿童从前运算阶段（大约在 2 ~7 岁）开始直到具体运算阶段（大约在 7 ~11 岁）才逐渐形成逆向思维和平衡观念。因此，面对这种题目，学生不会做是正常的。

基于以上三个方面的分析，学校创意开发了《“ = ”的再认识》这一案例。

二、教学实践

（一）学习地图

学习地图如图 6-2 所示。

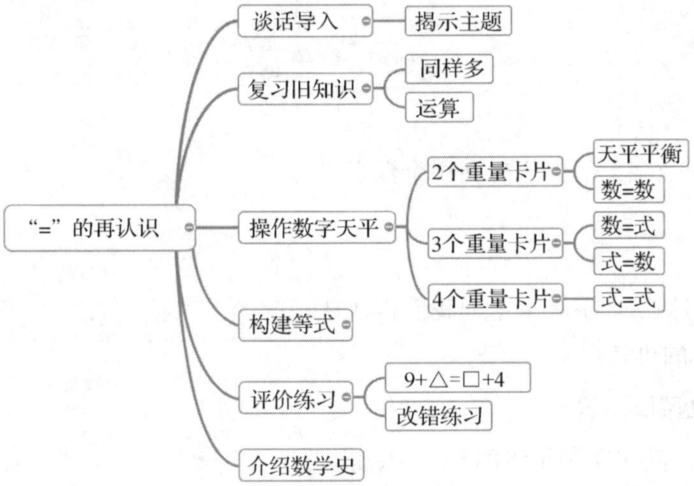

图 6-2

（二）学习目标

（1）借助数字天平，通过观察、操作、尝试、归纳、反思、创作等实验活动，理解“ = ”用来表示左右相等的关系，初步建立平衡观念，渗透等式守恒的思想，培养符号意识。

（2）通过记录平衡活动，经历符号化、数学化的数学思维过程，初步发展代数思维。

符号的使用是代数学习的基础。因此，打破学生原有的认知并进行概念的再次建构是有必要的。但若只是单纯地与学生解释等号的含义，学生没有看到具体图形，不能在脑中形成表象。因此，我们期许借助“数字天平”这一工具，当天平平衡时就用等号连接的心智模型，通过创设有趣、有序和有料的学习活动，帮助一年级学生初步建立平衡观念，经历等号再创造的过程，进而理解等号是用来表示左右相等的关系的。

（三）教学现场

片段一：谈话导入

师：小朋友们，咱们现在上几年级了？知道老师姓什么吗？每个小组都有这样一个学具，这个学具上有一些数字，黄色的叫重量卡片，重量卡片可以挂在这些钩子上。这个学具是用来做什么呢？老师看到，有些同学已经迫不及待地想要尝试了！现在，老师就给你们一点时间，看一看、摸一摸、想一想，给这个学具取个好听的名字（图 6-3）。

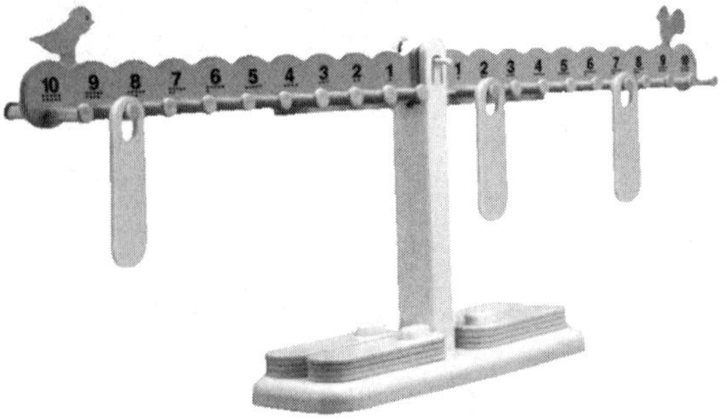

图 6-3

师:看到这个数字天平你能想到哪个数学符号?

生 1:减号。

生 2:等号。

师:今天我们就用数字天平帮助我们再次认识“ = ”。

(板书:“ = ”的再认识)

片段二:复习旧知识

师:说到等号,其实在一年级的教材中就出现过。

(出示一年级上册第 19 页内容 4 =4)

师:怎么理解这里的等号?大家可以结合这里的图说一说。

生:这里的等号表示左边的小兔子和右边的小猴子一样多。

师:是呀。小兔子有 4 只,小猴子也有 4 只,当两种物体数量同样多时,就可以用“ = ”来表示。

(出示一年级上册第 44 页内容 3 +2 =5)

师:后来在学习 10 以内的加减法时,又遇见了等号,你能看图说说这个算式的意思吗?

生:原来有 3 人,又来了 2 人,合起来就是 5 人。

师:这里的等号是什么意思呢?

生:这里的等号表示通过加法运算得到了一个结果。

(板书:运算)

【设计意图】 以学生们已经掌握的知识为基础,深入探讨“等式”概念,丰富他们的认知,为接下来的学习活动积累宝贵的经验。通过对过去学习经历的回顾和总结,他们能够更好地理解和掌握新的知识,提高学习效果。同时,鼓励学生在回顾过程中提出问题,激发他们的思考,培养他们解决问题的能力。在此基础上,学生们将能够更加自信地迎接新的挑战,丰富自己的学习经验。

片段三:操作数字天平

师:下面就请出我们的数字天平,边操作边思考,看看等号还有什么用处。

活动一(数 = 数):拿出两个重量卡片,怎么挂这两个重量卡片天平可以保持平衡呢?赶紧在天平上试一试!(播放音频)

（小贴士：组内的小伙伴轮流操作，并把结果记录在学习单上）

师：每个小组都有这样一份学习单，大家记得把操作的过程简单地记录下来。

（反馈，拍一个学生的作品：说明该学生是怎么做的，如在左边挂在3，右边也挂在3，数字天平就平衡了）

（再请一名学生口头说明他是如何操作的及操作结果）

（板书：3 = 3，8 = 8）

师：谁来用一句话总结下，怎么挂数字天平就平衡了呢？

生：要将两个卡片一边挂一个，左边要是挂在3上面，右边也要挂在3上面。

师：两个重量卡片，一边挂一个，要挂在相同的数字上数字天平才能平衡。等号的左边是一个数，右边也是一个数，我们就写成数 = 数，两边的数得一样。

（板书：数 = 数）

【设计意图】 在具体实施过程中，我们需要深入理解和掌握平衡的概念，这是成功运用“游戏天平”这一工具的关键。要熟悉“数字天平”的操作流程，包括其各个环节和步骤，同时也要了解和注意其操作中的各种细节，这些细节可能会影响最终的结果。因此，我们需要在实际操作中不断练习，不断提高自己的操作技能，以便更好地运用“数字天平”这一工具。

片段四：构建等式

师：刚才我们用2个重量卡片初步感受了如何使得数字天平平衡，下面要增加难度了哟！

活动二（式 = 数、数 = 式）：3个重量卡片怎么挂才能使天平平衡呢？要求有什么变化？你打算左边挂几个重量卡，右边挂几个？

生：可以左边挂1个，右边挂2个；或者还可以左边挂2个，右边挂1个。

（小贴士：请你像刚才那样从左往右记录操作的结果）

（反馈1：左边挂2个，分别挂在3和4上，右边挂1个，挂在7上，可以写成3 + 4 = 7）

（板书：3 + 4 = 7）

师：3 + 4在数学中称为式子，右边7是一个数，我们就可以写成式 = 数。

（板书：式 = 数）

（反馈2：我们再来看一个与刚才不一样的例子，左边挂在5，右边挂在2和3。像这样操作，从左往右如何记录呢？可以写成5 = 2 + 3）

（板书：5 = 2 + 3）

师：仔细观察这两个等式，除了数字不同，它们最大的区别是什么？

生：上面那个左边是式子，右边是一个数字，下面这个正好反过来了。

师：是的。也就是说上面是式 = 数，下面是数 = 式。

（板书：数 = 式）

师：为什么一边挂了1个重量卡片，另一边挂了2个，数字天平还是会平衡呢？

生:因为两边加起来是一样的。

师:无论是操作也好,还是计算也好,我们比较的是两边数量的总和,只要两边的总和一样,天平就能达到平衡了。

师:这节课中我们借助数字天平,发现只要两边平衡了,就可以用“=”来表示。(板书:平衡)下面我们继续研究、继续思考。

活动三(式=式):如果有4个重量卡片,怎么挂能让数字天平平衡呢?期待你们创造出不同的平衡方式哟!别忘记边操作边记录!

(反馈1:每边放两个重量卡,如1+4=2+3)

师:1+4=2+3,为什么将重量卡放在了不同的位置上,数字天平也能平衡?(比较的是两边的数量的总和)

(反馈2:每边放两个重量卡,如6+3=3+6)

师:6+3=3+6,这个有什么特别之处?(只是交换了6和3的位置,两边数量的总和一样)

师:刚才我们写出数=数、数=式这样的形式,你能用新的形式总结新的发现吗?

(板书:式=式)

(出示:1个重量卡片挂在6上,3个重量卡都挂在2上)

思考:1个重量卡片挂在6上,1个重量卡片挂在2上,怎么会平衡呢?

(反馈:6=2+2+2,3个2是6,这与你们下面要学习的乘法有关)

师:用4个重量卡片,还可以创造出很多不同的平衡方式。

师:刚才借助数字天平,通过摆一摆、想一想、记一记,发现大家学得很投入,思考得也很深入。对于等号,原来你是怎么理解的,现在又有什么新的认识呢?同桌合作交流一下你的感受。

(请学生上来汇报)

生:以前觉得等号就是列算式的时候用的,学习了今天的内容之后,我知道了只要两边是相等的,就可以用等号来连接。

师:是的。之前大家认为等号就是通过运算得到了一个结果,现在通过数字天平,发现只要两边平衡,就可以用等号来表示左右的相等关系,等号的两边可以是一个数,也可以是一个式子。

(板书:相等关系)

师:也就是说等号是个表示相等关系的符号,想一想我们学过的表示关系的符号还有哪些?

【设计意图】 我们从最基础的“式=数”出发,然而,数学的研究并没有止步于此。我们逐渐发现,数学表达式之间也存在着深层次的联系。这就是“式=式”的阶段,也就是等式的阶段。在这个阶段,我们研究如何通过数学表达式之间的相等关系,来揭示数学世界中更深层次的规律和性质。

在这个过程中，我们对“=”的理解也在不断地深化。从一开始仅仅表示数值相等，到后来表示数学表达式相等，再到现在表示整个数学系统中的相等关系，我们对“=”的理解越来越深入，也越来越全面。这就是等式构建过程中“=”内涵的深化。

片段五：评价练习

1. 我练习以（从直观到抽象）

要求：如果左边挂9，右边挂4，数字天平不平衡。现在再给你两个重量卡片，要求左边放一个，右边放1个，怎么摆数字天平会平衡呢？

师：这个要求比较长，你明白它的意思了吗？

（请学生具体说一说要求表达的意思）

指出：为了思考方便，我们用9 + △ = □ +4 表示，△和□分别表示什么数呢？想到的可以直接填写表格，如果有困难，可以借助天平摆一摆。

△				
□				

反馈表格（每人汇报一种），选择一组判断正误。

思考：其实△和□有很多种填法，你们有没有发现规律？（□比△多5）

为什么□比△多5呢？（因为9比4多5，要使天平平衡，□必须比△多5）

应用：如果△是20，□是多少？如果□是20，△是多少？

2. 改错练习

师：老师前几天看到这样一个作业：2 +（ 6 ）=（ 8 ）+3 =（ 11 ）-5，你知道应该如何改正吗？学习单上有，你们试一试。还有别的填法吗？（有）看来有很多种填法，如果你是老师，联系今天学习的关于“=”的感受，你会对这位小朋友说些什么？

生：在计算的时候，不能只看后面单独的一个数，还要看后面有没有等号，不能漏掉。因为等号是两边要相等，不是等于一个数。

指出：看等号时不能只想着写得数，更要关注等号左右两边在运算之后是不是保持了相等的关系。

【设计意图】 在学习完新知识之后，还对所学知识进行了练习与强化，也将这节课的本源揭示给了学生，我们正是为了解决学生面对这一类练习时的困惑，才设计了“游戏天平”这一有趣的游戏。

片段六：介绍数学史

等号的由来：小朋友们，现在你们对“=”已经有了更深入的了解，那么等号到底是怎么来的呢？我们一起来了解一下。

数学中，有很多地方都要表示相等，用什么表示相等呢？大家想出了许多办法。我国古代的人们就用汉字“等”或者“等于”来表示，而国外有很多地方都用字母或者拉丁文表示，这样不但不美观，写起来也很不方便。

后来有一位英国的数学家,名叫列克尔德,他先画了一条直直的线,又在下面添了一条直直的线,这两条线之间的距离处处相等。列克尔德认为用这样的符号表示相等关系最合适了。等号就这样流行起来,一直用到现在 。

指出:是呀。这个符号本身就表达着相等的含义,而且很简洁、很对称,难怪这个符号一直被用到现在。

三、作品叙事

在介绍完数字天平之后,学生第一次通过数字天平的操作来认识“ = ”,摆出了如图 6-4 所示的作品 1。从这幅作品可以看出,学生能够按照要求摆出“数 = 数”的结构。但是,在学习单上记录摆出的结果时出现了一些困难,学生在记录时不知道 10 与 10 之间用等号来连接。这就展现了学生思维与操作的不统一,也证明了学生在“符号意识”方面确实是有欠缺的,也给我们后面的教学提供了实践依据:培养“符号意识”是必要的、迫在眉睫的。并且可以知道,学生是有按照要求操作学具的能力的,具备开展后续教学的可行性。

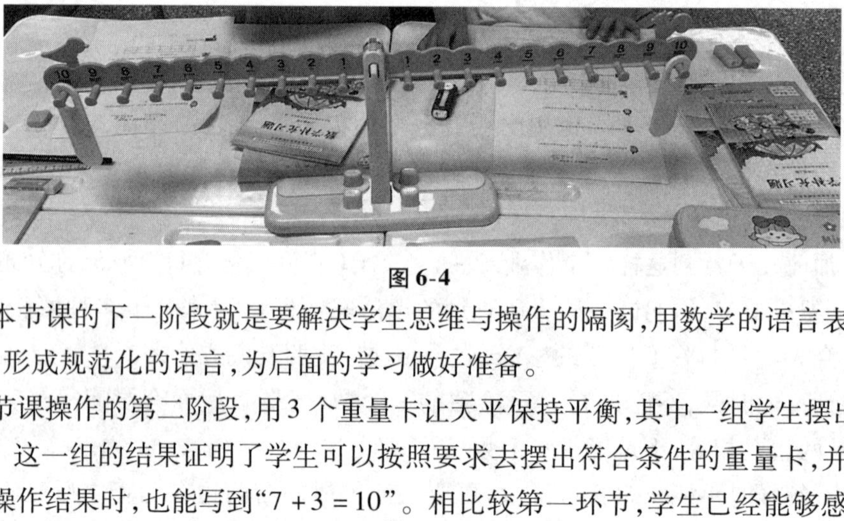

图 6-4

所以本节课的下一阶段就是要解决学生思维与操作的隔阂,用数学的语言表述自己的操作结果,形成规范化的语言,为后面的学习做好准备。

在本节课操作的第二阶段,用 3 个重量卡让天平保持平衡,其中一组学生摆出了作品 2(图 6-5)。这一组的结果证明了学生可以按照要求去摆出符合条件的重量卡,并且后来学生在记录操作结果时,也能写到“7 + 3 = 10”。相比较第一环节,学生已经能够感觉到等号的价值和作用,也能适当运用等号表示操作的结果。

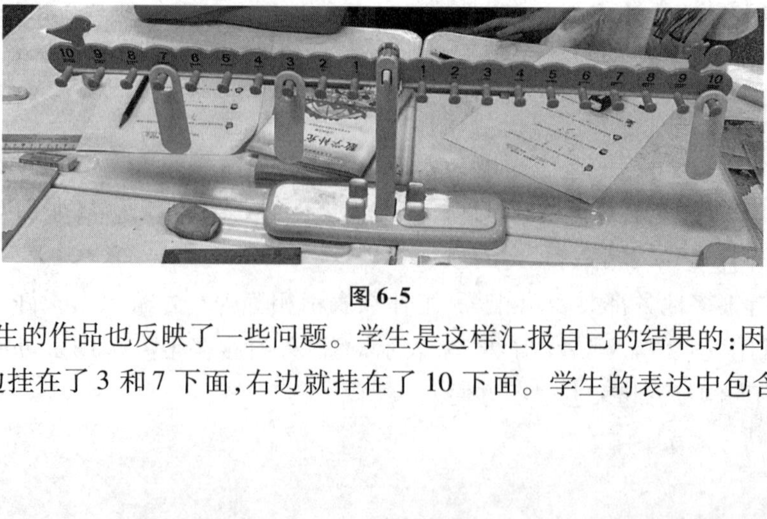

图 6-5

但是,学生的作品也反映了一些问题。学生是这样汇报自己的结果的:因为 3 + 7 = 10,所以我在左边挂在了 3 和 7 下面,右边就挂在了 10 下面。学生的表达中包含着对等号的理解，但是也可以看到，学生的理解可能只停留在运算的阶段，并没有建立“相等”的符号意识。接下来，就要顺着学生的思路进行引导，引导学生逐渐建立“相等”的符号意识，完成本节课的教学目标。

作品3(图6-6)正好与作品2形成了对比。从形式上是“式＝数”和“数＝式”的区别，但是本质上是素养的不同，操作出作品3并且列式为“10＝3＋7”的学生，对于等号的“符号意识”要比作品2的同学更好一些。“符号意识”这一核心素养，在作品3上是有一定体现的，而通过与作品2的对比，则把“符号意识”点破、说破、想破，做出作品2的学生能从两幅图的对比中感受到素养的不同，做出作品3的学生则能进一步强化，“符号意识”在全体学生中开始发芽。

图6-6

在操作数字天平的过程中，学生的第一层思维唤起是“同数即等式”，如4＝4，10＝10；第二层思维的突破是“等量即等式”，如当左边为定值9，右边两个重量卡片的和为9，数字天平就会平衡；第三层次思维的进阶是“总和相等即等式”，“有4个重量卡片，怎么挂能让数字天平平衡呢”这一活动激发了学生的创造潜能。而学生展示的作品4(图6-7)就是第三层次思维的体现。

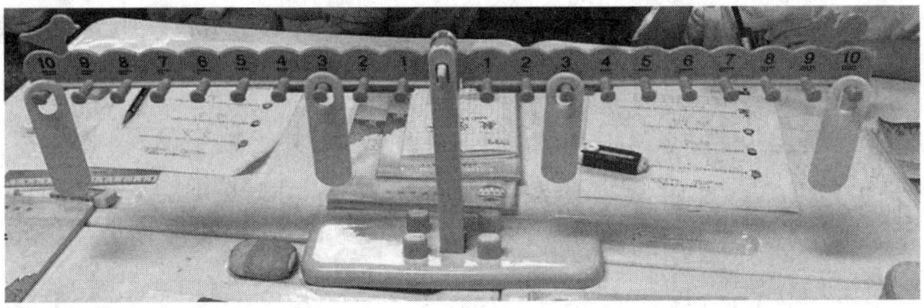

图6-7

经历上述三层思维的迭代，学生会形成如下思维：无论哪种平衡方式，只要左右两边的总和相等，数字天平就会平衡。最重要的是，如此不断循环、螺旋上升，促使学生对等号的理解更加全面、立体，学生的“符号意识”正确建立，对于等号这一符号的功能有了更全面的认识。

正是基于学生“符号意识”的养成，才为练习环节提供了依据和可能。

四、专题分析

对于“符号意识”这一核心素养的培养,策略应当是多样化的,途径应当是多元化的,要在具体的做与思中将其落地生根。

(一) 以“境”为舞台,“符号”初登场

“符号意识”这一核心素养,对于学生来说是抽象的、概念型的。如何才能在具体的课程设计中培养“符号意识”? 如何才能在实际的课堂实践中贯穿“符号意识”? 如何才能在热闹的课堂活动中思考“符号意识”? 这些问题是本节课需要去解决的重点问题。而建立切实的、可实践的、有趣的课堂情境就显得尤为必要。

所以在设计本节课时候,最先要解决的问题就是情境问题。在什么样子的情境下才能既激发学生的学习兴趣,又能把道理讲清楚、讲明白、讲具体,还能培养学生的“符号意识”? 数字天平来到了舞台前。数字天平这一素材将“ = ”这一抽象的符号具象化,将相等关系通过“平衡关系”直观地展现出来。

在选定了“数字天平”这一主角之后,自然而然就是如何在一个个具体的情境中用好“数字天平”,如何写好一幕幕舞台剧。从第一环节的“两个重量卡”到第二环节的“三个重量卡”最后到第三环节的“四个重量卡”,“符号意识”在思维的逐级上升中得到培养。最后通过几组练习、错题的订正,将有形的数字天平以无形的“符号意识”刻在脑海深处。

(二) 以“生”为主体,“符号”在发芽

课堂应当以学生为主体,教师为主导。在具体的课程中又如何能够发挥学生的主体培养探究意识,如何能体现教师为主导的辅助性作用? 本节课尝试如下。

第一环节:在熟悉数字天平构造的过程中唤起学生对等号的认识。等号第一次出现在教材,是比较两种小动物数量的多少,由“同样多”引入符号化表达:4 =4,此处意在帮助学生回顾学习历程、唤醒已有经验。用两个同样的重量卡片在数字天平上制造“平衡”,一是帮助学生熟悉天平的构造,理解数字天平平衡的原理;二是帮助学生在操作中初步构建平衡表象,为下一步深入研究做好铺垫。

第二环节:三个层次的具体操作环节。遵循学生的思维逻辑和认知发展水平来设计。从一开始的两个重量卡,学生开始初步建立“ = ”的表象认识,认识到“同数即等式”。再到“三个重量卡”,学生在熟练操作天平的基础上,进一步突破已有认知,认识到“等量即等式”。最后到第三层次,四个重量卡,操作是复杂的,但这是学生自主一步步探究的结果。在这最后一个层次,学生也最终走向了“总和相等即等式”。

第三环节:实际练习。学习绝不能停留在对实物进行操作的阶段,在操作之后,还要帮助学生经历从直观到抽象的过程,引导学生进行思考和提升。此环节的几个小题也是对前面操作数字天平后的成果检验,也正是有了数字天平的表象支撑,学生才能达到“只思不做”的学习效果。而“符号意识”在学生的脑中、心中、灵魂中烙下深刻的印记。

（三）“思”在“做”中提升，“符号”终成体

学生的思维在本节课是螺旋式地不断上升的，认识也是在不断解构、重构的。一开始对于“=”的复习、基础学具的操作，学生的思维处于低阶水平，处于具象的浅层思维。后来，对于操作的三个层次由易到难地逐渐展开，学生的操作随着思维的提高也逐渐复杂化、多样化、丰富化。最后，将学具拿掉，将“=”的符号功能彻底与自身的思维融为一体，也就实现了思维上的提升。

（韦 斌）

案例 2
怎样围体积最大

一、开发背景

(一) 素养分析

在《义务教育数学课程标准(2022 年版)》中提到:通过义务教育阶段的学习,学生逐步会用数学的眼光观察现实世界,会用数学的思维思考现实世界,会用数学的语言表达现实世界。小学阶段抽象能力(包括数感、量感、符号意识)、几何直观、空间观念与创新意识都是数学眼光的主要表现,推理意识、运算能力则是数学思维的主要表现,而数学语言的主要表现是具备数据意识、模型意识以及应用意识。

(二) 教材分析

“怎样围体积最大”是苏教版小学数学六年级上册第一单元“长方体和正方体”内容的变式拓展。在教学这个内容之前,教材已经安排了长方体和正方体的表面积、体积的认识和计算,同时课堂上也相应拓展了比如如何用一张纸制作一个无盖的长方体或正方体体积最大的情况。并且三年级的时候研究过用一根铁丝围一个长方形或正方形,怎样围面积最大,而后六年级下学期会继续探究用一张纸围圆柱从而研究圆柱的体积。基于教材的连续性和一贯性,也为了有助于线、面、体一体化研究,因此在第一单元内容结束后开发了这节拓展研究课,利用一张铁皮去围一个无底无盖的长方体或正方体,采用怎样的围法其体积最大,让学生经历真实的学习过程,从而发展学生的几何直观。

(三) 学情分析

学生有围铁丝的经验,知道周长一定时,长、宽越接近,面积越大,同时也有围无盖长方体的经验,知道何种情况下体积最大。这时利用一张铁皮去围一个无底无盖的长方体或正方体,学生都是有学习基础和基本活动经验的,利用学具,通过动手操作会很快发现只要铁皮的一条边做底面周长,另一条边做高即可围成长方体或正方体。接着,在围的过程中不断探索发现,得到猜想:当侧面积一定时,底面积越大,体积越大。通过大量的例子印证了结论的正确性,与此同时学生对本质也有了初步的感悟;自然产生利用符号概括抽象本质的需求,层层递进,顺应了学生的认知发展规律。从研究“长、宽都是整米数”开始,到学生主动打破“整米数”的条件，围法上从“折围”到“剪围”，都是学生突破思维定式，发展高阶思维的优秀支点。通过核心问题推动学生有意义地学习，低起点逐步进阶，发展学生的核心素养。

二、教学实践

（一）学习地图

学习地图如图 6-8 所示。

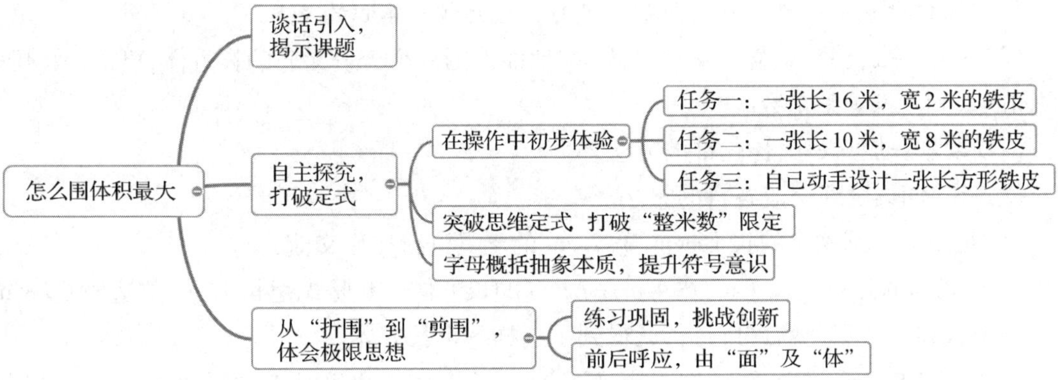

图 6-8

（二）学习目标

（1）在猜想、操作、验证的活动过程中发现：当侧面积一定时，底面积越大，体积就越大。

（2）在经历探究怎样围体积最大的过程中，提升学生解决问题的能力，渗透问题研究的方法。培养学生的空间意识、推理意识、符号意识及创新意识，发展几何直观。

（3）在参与数学活动的过程中，进一步体会思考问题的全面性和严谨性，感受数学知识和方法的学习价值；获得一些成功的体验，激发对数学学习的兴趣，增强学好数学的信心。

（三）教学现场

片段一：谈话引入，揭示课题

师：我们在三年级时，曾经研究过用一根铁丝围一个长方形或正方形，你们还记得怎样围面积最大吗？

生：周长一定时，长、宽越接近，围成的面积就越大。

师：如果我们把一根铁丝换成一块长方形的铁皮，你觉得可以围成什么形状？

生：圆柱体、长方体、正方体。

师：那今天我们就来研究，用一块长方形铁皮围成一个长方体或正方体，怎样围体积最大。

(板书:怎样围体积最大?)

【设计意图】 从三年级学习的"用一根铁丝围一个长方形或正方形,什么情况下面积最大"入手,学生有前期学习的经验基础,明确在周长一定的情况下,长、宽越接近,面积越大。自然引出本节课的内容,用"一块铁皮"围"一个无底无盖的长方体,什么情况下体积最大"。本环节借助旧知识唤起学生原有的学习经验,引出课题,从"面"到"体",前后呼应,并在交流中激发学生的学习兴趣。

片段二:自主探究,打破定式

1. 在操作中初步体验"当侧面积一定时,底面积和体积的关系"

任务一:一张长 16 m,宽 2 m 的铁皮,在地面上围一个无盖无底的长方体,可以怎样围?(底面的长和宽都为整米数)

活动要求:动手操作,比比谁的方法多。

说一说:同桌之间交流各自的想法。

(学生用等比例缩小的长 16 cm,宽 2 cm 的学具进行操作交流)

生 1:我围的是一个长 4 m,宽 4 m,高 2 m 的长方体。我是先把长 16 m 的边对折,8 m 就是一条长加一条宽,然后再对折,就得到了这样一个长方体。

生 2:我围的是一个长 7 m,宽 1 m,高 2 m 的长方体。我也是先对折,8 m 除了可以分成 4 m 和 4 m,还可以分成 7 m 和 1 m。

生 3:我发现有 4 种不同的情况(图 6-9),分别是长 7 m,宽 1 m,高 2 m;长 6 m,宽 2 m,高 2 m;长 5 m,宽 3 m,高 2 m;长 4 m,宽 4 m,高 2 m。

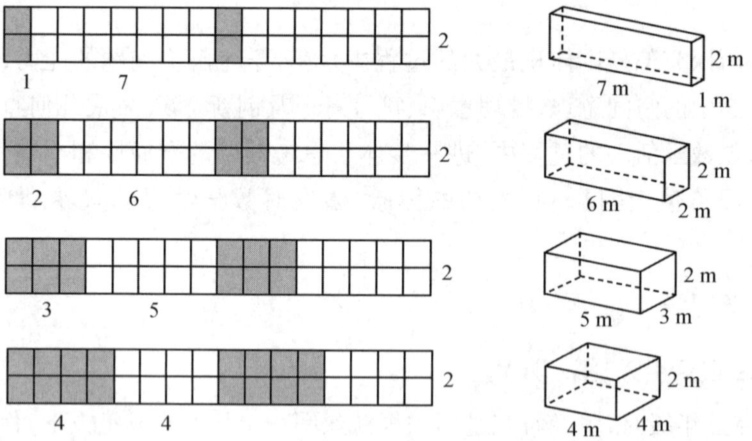

图 6-9

师:(课件出示立体图)这个长 16 m,宽 2 m 的长方形铁皮可以围成这样 4 种不同的长方体,回顾刚才的操作过程,他们之间有哪些相同点和不同点?

生 1:它们的高都相同,都是 2 m。

师:为什么大家都选择用 2 m 做高,不用 16 m 做高呢?

生 1:因为这里有限制条件,底面的长和宽都是整米数,如果用 2 m 做底面周长就会出现小数，所以这里只能用16 m做底面周长，2 m做高。

生2：它们的侧面积都相等。

师：说明它们是同一块铁皮。

生3：底面的周长也相等。

生4：围成的长方体形状不同，体积也不相同。

师：那你们猜猜看，哪个长方体的体积最大？

生：最后一个，长4 m，宽4 m，高2 m的长方体的体积最大。

师：说说你们的想法。

生1：通过计算得到的。

生2：我认为它的底面积最大，所以它的体积最大。

师：当高一定，侧面积相等时，底面积越大，体积越大。这只是大家的猜想，刚刚我们只研究了一种情况，如果把铁皮变得更大一些，那这个结论还会不会成立呢？

【设计意图】 通过操作让学生初步感受四种不同的折法，需把长方形纸片分成四部分，又加上长和宽都是整米数的限制条件，发现铁皮宽2 m的边只能做高，铁皮长16 m的边则为底面周长，通过对折发现16 m的一半围成长方体的一条长加一条宽，据此进行有序思考，有助于培养学生的空间观念。

任务二：用一张长10 m，宽8 m的铁皮，在地面上围一个无盖无底的长方体，它的体积最大是多少立方米？（底面的长和宽都为整米数）

小组合作要求：

（1）想一想：可以怎样围？

（2）试一试：动手围一围。

（3）写一写：将数据记录在表格中。

（4）说一说：在小组内交流你的想法。

（学生汇报四种不同情况）

师：看来，根据数据的特点，既可以以长边为高来围，也可以以宽边为高来围，只要我们有序地思考，就可以轻松将所有情况列举出来（图6-10）。

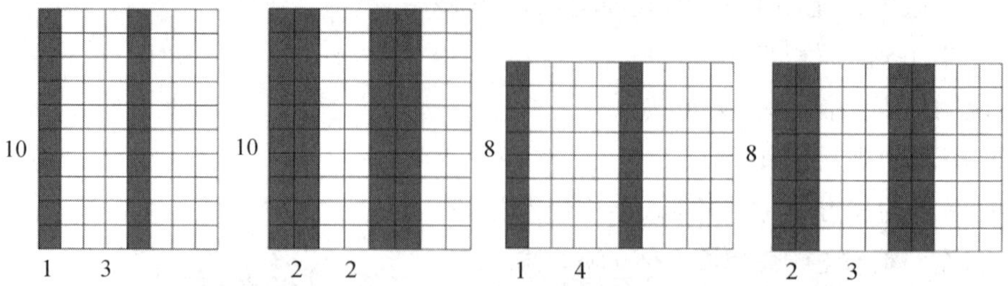

长方体	高/m	长/m	宽/m	体积/m^3
①	10	3	1	30
②	10	2	3	40
③	8	4	1	32
④	8	3	2	48

图 6-10

生 1:我们小组发现第 4 种情况下长方体体积最大。而且我们还发现高是 10 m 时,底面积大的长方体体积大,高是 8 m 时,也是底面积越大时体积越大。

生 2:我们小组发现当周长一定时,底面积越大,体积越大。

师:看来,这个例子同样也证明了大家刚刚的猜想:无论是以长边为高,还是以宽边为高,只要当侧面积一定时,底面积越大,体积就越大。

师:那这两个例子可不可以证明我们的猜想成立了?

生:不够,还需要再给出更多的例子证明。

【设计意图】 从长 16 m、宽 2 m 过渡到长 10 m、宽 8 m,数据上的变化使学生比较容易发现这里铁皮的长边可以做高,宽边也可以做高。通过小组合作学生进一步验证了猜想,并发现当侧面积一定,高相等时,底面积越大,体积越大,高不同时依然是比较底面积的大小,底面积越大,体积越大。要想证明猜想是成立的,学生觉得两个例子不够,自然引发继续研究的需求,接下来让学生自主探究,在潜移默化中发展推理意识。

任务三:自己动手设计一张长方形铁皮(图 6-11),在地面上围一个无盖无底的长方体,它的体积最大是多少立方米?

我设计的铁皮:长(　　　　)m,宽(　　　　)m。

长方体	高/m	长/m	宽/m	体积/m^3
①				
②				
③				
④				

图 6-11

生 1：我设计的铁皮长 20 m，宽 10 m。（表 6-2）

表 6-2　学生/设计的铁皮

长方体	高/m	长/m	宽/m	体积/m^3
①	20	4	1	80
②	20	3	2	120
③	10	9	1	90
④	10	8	2	160
⑤	10	7	3	210
⑥	10	6	4	240
⑦	10	5	5	250

生 2：我设计的铁皮：长 8 m，宽 6 m。（表 6-3）

表 6-3　学生 2 设计的铁皮

长方体	高/m	长/m	宽/m	体积/m^3
①	8	2	1	16
②	6	3	1	18
③	6	2	2	24

生 3：我设计的铁皮长 24 m，宽 16 m。（表 6-4）

表 6-4　学生 3 设计的铁皮

长方体	高/m	长/m	宽/m	体积/m^3
①	24	4	4	384
②	16	6	6	576

生 4：我设计的铁皮长 16 m，宽 12 m。（表 6-5）

表 6-5　学生 4 设计的铁皮

长方体	高/m	长/m	宽/m	体积/m^3
①	16	3	3	144
②	12	4	4	192

观察发现：

生 1、生 2 在列举中逐步优化方法，确定一个边为高后，只需要找到高一定时底面积最大的那个长方体即可，然后再比较找出体积最大的，不需要将所有情况全部列举出来。

通过观察四组表格，发现都是在以长方形铁皮的宽为高，长为底面周长时，长方体的底面积最大，体积最大。

回顾反思，出示结论：当侧面积一定时，底面积越大，体积越大。

【设计意图】 通过对比学生作品，发现学生学会了优化方法，在高相同时，只需找出底面积最大的情况即可，在此过程中用到了课前导入的知识点，周长一定时，长、宽越接近，面积越大；学生对“面”和“体”有了一体化的感知；同时也验证了之前的猜想：当侧面积一定时，底面积越大，体积越大。

2. 突破思维定式，打破“整米数”限定

师：既然你们都看底面积，想一想任务二中底面积还可不可以更大呢？

生：可以，如果可以是小数，则 $2.5\ m \times 2.5\ m \times 8\ m = 50\ m^3$。

师：那你是怎么想到的？

生：只要让铁皮的宽边做高，长边做底面周长，要想底面积越大，围成正方形时底面积是最大的，$10\ m \div 2\ m \div 2\ m = 2.5\ m$。在没有整米数的限定条件下，底面边长是 2.5 m 时，底面积最大，体积也最大。

【设计意图】 前面一直有“整米数”的限制条件，这里就是要让学生打破整米数的限定，将数域扩展到小数，学生会发现要想让体积越大，底面积就要越大，而在周长一定时，围成正方形的面积是最大的，“面”和“体”再一次有机地结合在一起。

3. 字母概括抽象本质，进一步提升符号意识

我设计的铁皮：长 a m，宽 b m（$a > b$）（表 6-6）。

表 6-6 我设计的铁皮

长方体	高/m	长/m	宽/m	体积/m^3
①	a	$\frac{1}{4}b$	$\frac{1}{4}b$	$\frac{1}{16}ab$
②	b	$\frac{1}{4}a$	$\frac{1}{4}a$	$\frac{1}{16}ab$

师：如果用字母来表示铁皮的长和宽，你能解释其中的道理吗？

（学生解释）

生：从表格里可以看出，底面是正方形的情况下底面积最大，用铁皮的宽做高时，体积比用长做高时最大。

师：同学们不仅用大量的实例证明了猜想，更是用字母概括理解并分析了本质，那要想让体积越大，只要保证它的底面积越大。当长、宽越接近时，底面积就是最大的，体积也越大。

【设计意图】 用字母表示长方形铁皮的长、宽时，学生可以自主证明之前发现的结论，抽象出本质。此环节既提升了学生的抽象概括能力，又发展了他们的符号意识。

片段三：从“折围”到“剪围”，体会极限思想

1. 练习巩固，挑战创新

练一练：用一张长 16 m，宽 4 m 的铁皮（图 6-12），在地面上围一个无盖无底的长方体，它的体积最大是多少立方米？

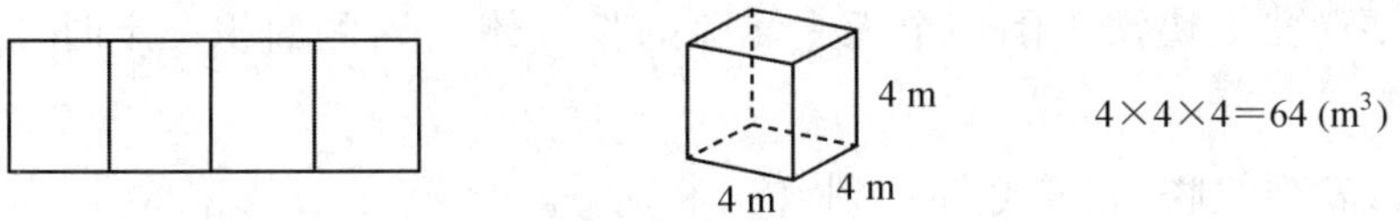

图 6-12

生:根据我们刚刚得出的结论,以宽边做高,长边做底面周长,得到长 4 m,宽 4 m,高 4 m 的正方体体积最大,是 64 m^3。

师:那你还能围出比 64 m^3 更大的长方体吗?

生 1:不能。

生 2:是只能折吗,可不可以剪呢?

师:可以,除了“折围”,还可以“剪围”,大家有什么想法吗(图 6-13、图 6-14)?

生 1:

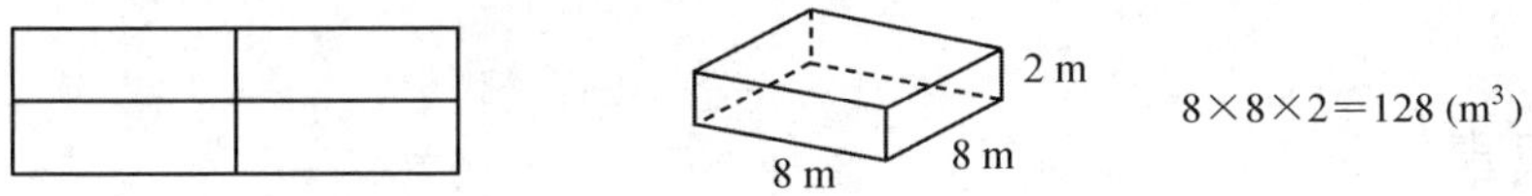

图 6-13

生 2:

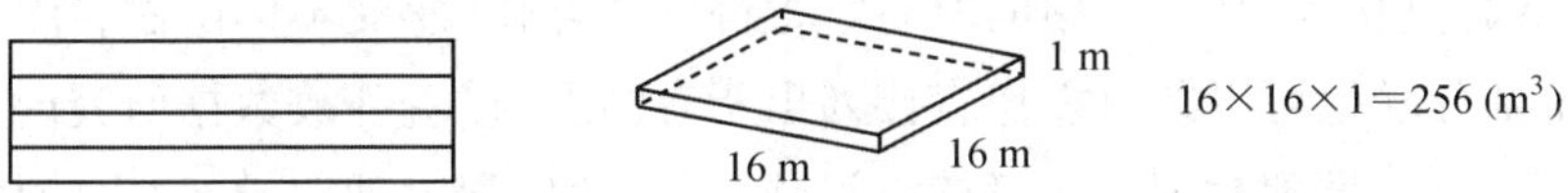

图 6-14

师:都是平均分成 4 份,为什么第 3 种分法围成的长方体体积最大呢?

生:第 3 种底面积最大,所以体积最大。

师:还能不能围出体积更大的长方体呢?

生:可以继续平均分,平均分成 8 份,体积会更大。平均分成 8 份,每两个小长方形拼接在一起作为一个面,围成的长方体的长就是 16 m×2 = 32 m,宽也是 32 m,高是 4 m÷8 = 0.5 m。体积是 512 m^3(图 6-15)。

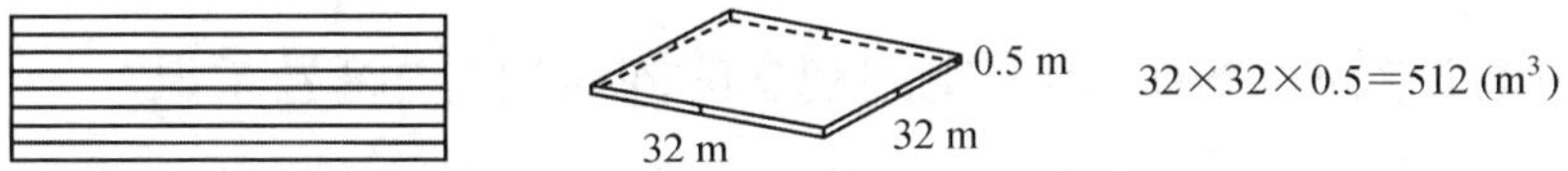

图 6-15

师:也就是说平均分的份数越多,我们围出的长方体的底面积就越大,那体积也就更大。若这样不断地切分拼接下去,会出现什么情况呢?

生:高不断减少,会无限接近于 0,底面积会越来越大,体积也会越来越大。

师:高无限接近于 0,但是会不会为 0?

生:不会,只是无限接近,但是不会为 0。

2. 前后呼应,由“面”及“体”

课前导入的“一根铁丝围一个长方形或正方形”,周长一定时,长、宽越接近,面积越大。本节课学习的“一块铁皮围一个无底无盖的长方体”，当侧面积一定时，底面积越大，体积越大。

对比两者，发现关联，完成由“面”到“体”的统一。

【设计意图】 从“折围”到“剪围”，学生需要突破思维定式，充分发挥创新意识，体会高无限接近于0的时候，体积会越来越大，但高不会为0的极限思想。最后将导入内容与本节课做对比，前后呼应，从“面”到“体”，有着密不可分的联系，也让学生有了更系统的认识。

3. 全课小结，我想说

师：这节课我们研究了用一块铁皮围一个无底无盖的长方体，怎样围体积最大。了解到了当侧面积一定时，底面积越大，体积越大，从“提出猜想”到“大胆验证”最后“得出结论”，相信同学们一定都有所感悟，请你用“我想说……”来谈谈今天这节课的收获吧。

三、作品叙事

（一）低起点，多反转，“面”“体”结合，让学生的思维不断进阶

本案例从低起点切入，从一开始的所有学生都动手操作，感受不同围法，在变化中找不变；到任务二中部分学生可以跳过操作直接列出所有情况，接着开放数据研究时，学生能自发产生优化意识，形成推理意识。通过核心问题，促进学生深度理解，让学生的核心素养在潜移默化当中逐渐培养。

多反转也是本案例的亮点之一，第一次从“长、宽都是整米数”到取消了这项限制条件，学生的思维有了一次提升，长度不仅可以是整数，还可以是小数，打破了他们的固化思维；接着除了一直研究的“折围”，还可以“剪围”，围的方式的改变再一次刷新了学生的认知，让学生的思维得以不断进阶，有深度地进行有意义的学习。

从“面”到“体”，前后呼应，充分体会知识之间的内在联系，“面”和“体”形成统一，帮助学生建立完整系统的空间观念。

（二）利用符号抽象本质，形成空间观念的同时提升“符号意识”

符号意识是形成抽象能力和推理能力的经验基础。学生在前期的研究中已经多次尝试用自己的方式解释原因和本质，这时恰到好处地利用符号来抽象，对所有学生来说既是挑战，也是跃迁。融入符号也有助于提升学生的理性思维，数学学习不仅要打开广度，也要拓展深度，只有让学生深入学习的本源，才能激发他们学习的欲望，形成属于他们自己的数学思维。

利用符号抽象出本质，学生在空间观念形成的同时符号意识也得以培养，在“润物无声”中展开深度学习，实现自我发展，并且获得成功的体验，同时也为后续的学习构筑新的地基与平台，思维既有发展又兼具品质。

(三) 课堂生成富有活力,创造性思维不断激发

学生有自主打破“长、宽都是整米数”的需求,说明学生不仅进行了仔细观察,更进行了有效的思考。如果没有这个约束条件会增加更多的可能性,学生的固化思维被这一句话打破,对提升学生的综合能力有很好的帮助。

“这里的围,只能是折围吗?可不可以剪?就是把它剪成四个部分再围成长方体。”当课堂里学生主动站起来提出他的想法时,其余的同学也跟着他的想法纷纷开始思考,无需教师过多地干预指引,学生已经开始了创造性的学习,生生之间的对话交流让课堂更加高效,富有活力。同时有质疑才会促进反思,有反思就能提炼本质,只有深挖本质,才能让研究内容承载的核心素养得到更好的落实。

在谈到可以“剪围”之后,有学生便提出:“把纸片剪得细碎,再围成一个长方体,这样让高无限小,底面积无限大,这时围成的长方体的体积就最大。”随后,同学们就开始独立思考,有同学主动在黑板上演示,学生明白了在侧面积一定的情况下,不断切分,使得围成的长方体的底面积越大,高无限接近于0,长方体体积就会越来越大。学生在恍然大悟的同时,也对“剪得细碎”有了深刻的印象。

学生的精彩生成无疑给课堂增添了浓墨重彩的一笔,同时也是学生核心素养提升的完美体现,推理意识、创造意识都在师生对话、学生交流中悄然埋下种子,等待生根发芽。

四、专题分析

(一) 动手操作培养空间想象力

由“面”到“体”的变换,需要具备良好的空间想象力。本案例的学习主要是利用一块铁皮围一个无盖无底的长方体或正方体,学生在动手操作前需要先动脑想象,再进行操作,不同的数据特点会有不同的方法,在操作后发现规律继而展开研究,面向全体,层次分明。动手操作可以说是本节课思考与解决问题的前提与基础,同时也是发展学生空间想象力和空间观念的脚手架。学生不但可以从“做”中产生直观感受,也可以从“做”中得到启发,让复杂变简单,让简单有意义。

(二) 质疑反思经历探究过程

学贵在有疑,小疑则小进,大疑则大进。教师就应该让学生有存疑的机会和可能,并留出时间让学生在交流、合作、辨析中自然地释疑,这对学生而言会是一种能力的进阶。

质疑过后及时反思也很重要。反思有利于学生构建新旧知识之间的内在联系,促进知识的内化与迁移,同时增强学生的理解力,使学生的思维渐渐地条理化、序列化,让学生统整出属于自己的认知结构,从而经历完整的探究过程,提升学生的核心素养。

课堂呈现的曲曲折折正是学习该有的样子,学生在经历从模糊到清晰,从不确定到明确的过程中准确构建属于自己的认识结构。

(三) 符号概括提升思维高品质

学生经历发现问题、提出问题、分析问题、解决问题的全过程,积累了运用符号的数学活动经验,感悟符号所蕴含的数学思想本质,发展符号意识。

郑毓信教授曾提出:数学学习不应停留于“动手”,而是应当积极去进行思考;我们不应该满足于一知半解,而应当逐步学会想得更清晰、更深入、更全面、更合理。

学生从任务二开始就已经有了尝试解释的欲望,也用自己的数学语言进行了初步的辨析,到任务三放开数据后,大量的例子让学生验证了猜想,这时上升到符号概括抽象本质对于学生来说不仅是为了单纯地解释道理,更是为了让学生的推理意识和解决问题的能力能够再上一个台阶。

(四) 核心问题推动核心素养发展

设计课堂教学时,教师必须认真思考,学生在本节课的数学学习过程中,需要发展和培养哪些核心素养,还需要研究如何设计核心问题来推动核心素养的建立。

本节课想要达成的核心素养目标,即发展学生的空间观念、推理意识、符号意识,接着围绕此目标设立了核心问题,通过环环相扣的活动设计让学生在合作交流中进行有意义的学习。从课堂的反馈中可以看出不仅既定的核心素养目标已达成,学生的创新意识也在交流中被激发。这既是意料之外,也是情理之中。可谓“课已尽、意未止”,学生带着收获与思考继续前行,也在从“学会”到“会学”的路上继续探索。

(江　娜)

案例3
用字母表示数

一、开发背景

（一）素养分析

本案例对学生核心素养的发展主要表现为：符号意识、推理意识和应用意识。

符号意识是小学阶段核心素养的表象形式之一。符号意识的内涵主要指能够感悟符号的数学功能，包括知道符号表达的现实意义；能初步运用符号表示数量、关系和一般规律；知道用符号表达的运算规律和推理结论具有一般性。在“用字母表示数”这节课中，学生经历探究的过程，基于探究，学生感悟到字母不仅可以表示未知的、不确定的数，还可以表示数量关系；字母符号可以表示一般化的数量规律。

初步感悟用字母表示数的优点，内化符号意识。符号意识是数学抽象的心理基础。让学生形成符号意识，这是小学阶段学习的一个难点，其主要原因就是数学符号的抽象性。因此，在教学中，通过有效的活动设计，让学生产生用字母表示数的需求，并经历从具体到抽象的过程，体会字母表示数的高度概括性及它的简洁美，从而凸显字母表示数的优越性，让符号意识在学生的认知中得以生根。

推理是数学的基本思想之一，其反映了数学学科的本质特征，不仅是数学思维的基本表现形式，也是科学态度与理性精神的基础。在本案例中，学生能够根据给出的问题情境，找出其中的规律，并能够说明规律的一般性，并利用一般规律解决简单的问题，体会一般规律的意义，感悟字母表示数的价值。推理意识有助于学生养成讲道理、有条理的思维习惯，增强交流能力，这是形成推理能力的经验基础。

应用意识不仅是数学学科要培养的核心素养，也是其他学科要培养的素养，是跨学科的。从数学学科的特征来看，数学的抽象性带来了应用的广泛性。例如，在“用字母表示数”案例中，用字母表示不确定的、变化的数，就是数学抽象的应用。另外，创设真实、有意义的数学研究问题，可以让学生感受数学与现实世界的密切联系，感悟数学的价值，培养应用意识。

(二)教材分析

“用字母表示数”是本单元的起始课,也是“种子”课。这节课是培养学生“符号意识”的基础课,从这节课开始,学生要从具体的“算术思维”向抽象的“代数思维”过渡,也为后续学习代数式和代数方程打下了基础。

本单元要学习的主要内容有:用字母表示数;用含有字母的式子表示数量、数量关系和公式;求含有字母的式子的值以及代入计算。通过本单元的学习,学生要经历从数字表示数到用字母表示数、由日常语言表示数量关系到用符号语言表示数量关系,这个过程是抽象的,是学生数学思维发展的一次跨越。

基于以上考虑,教材的编写选用熟悉的、简单的问题情境,便于学生理解和掌握相关概念和知识。例如,用小棒围三角形,让学生理解字母可以表示数,含有字母的式子可以表示简单的数量关系。教材在呈现这些实际问题时,或以图文结合的形式,或以表格的形式,尽可能做到形象直观,以便于学生把注意力集中于用字母表示数及用含有字母的式子表示数量关系的抽象过程,从而对字母表示数的数学价值产生更为深刻的领悟。

教材的编写由易到难,由“扶”到“放”,逐步培养学生用字母表示数的习惯,不断发展他们的符号意识。例如,在数量关系方面,教材的编排十分有层次性。前三个例题涉及的实际问题都是一步计算;例 4、例 5 和例 6 涉及的实际问题是两步计算;例 7 涉及的实际问题是三步计算。由“扶”到“放”,教材先让学生经历由算式表示数量逐步过渡到用含有字母的式子表示数量,再要求学生直接用含有字母的式子表示数量或数量关系。这样的安排,分散了学生学习的难点,有利于学生不断加深对用字母表示数的方法的理解,从而逐步发展符号意识。

(三)学情分析

1. 从确定到不确定

在学习“用字母表示数”之前,学生常常是用具体的数量来刻画事物的,如:有 12 朵花;某学生今年 8 岁了。这些量都是确定的。学了“用字母表示数”后,对于未知的、不确定的数,学生可以借助字母表示。这个过程是从“用数字表示数”到“用字母表示数”的发展过程,是从确定到不确定的过程,是从具体到抽象的过程。

学生在生活中也接触过用字母表示数的情况,最常见的就是扑克牌中的 J、Q、K,分别代表着 11、12 和 13。再有就是运算律和长方形周长、面积公式中的字母表示数,这些都是学生学习“用字母表示数”的认知起点。结合具体的情境,学生理解数量的不确定性,从而产生用字母表示数的需求。

2. 从算术思维到代数思维

由“用数字表示数”到“用字母表示数”、由用日常语言表示数量关系到用符号语言表示数量关系,这个抽象的过程,既是学生数学思维发展的一次跨越,也是学生进一步学习代数知识乃至其他数学知识的重要基础。用字母表示数这部分知识的学习,要理解字母既可以用来表示不变的数量,也可以用来表示变化的数量,既可以用来表示已知的数量,又可以用来表示未知的数量。只有真正建立上述理解,才能准确把握用字母表示数的意义和价值。这节课的难点是要理解含有字母的式子既可以表示结果,又可以表示关系。学生通过长期学习数与计算,已形成思维定式,一开始还不太容易接受作为结果的式子,这涉及数学思维方式的转折,是需要学生花时间去内化的。

二、教学实践

(一)学习地图

学习地图如图 6-16 所示。

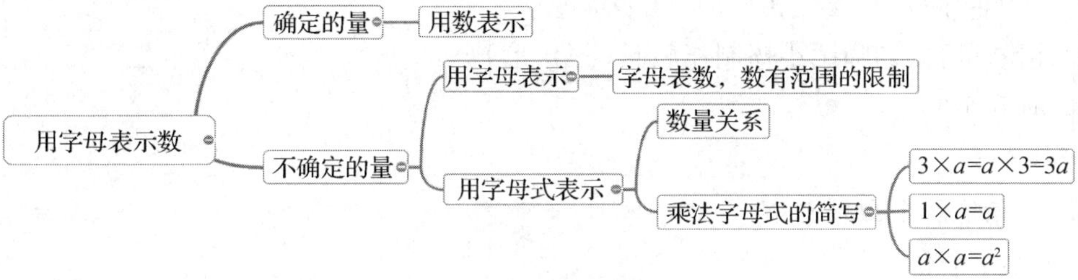

图 6-16

(二)学习目标

(1)理解用字母表示数的意义和作用,并学会用字母表示数,学会省略乘号的书写方法。

(2)经历为什么用字母表示数,字母表示怎样的数,怎样用字母表示数的探究过程,体会用字母表示数的概括性和简洁性,发展符号意识。

(3)初步形成用字母表示数的意识,感受数学的简洁美,激发学习数学的兴趣。

(三)教学现场

片段一:以问促学

(黑板中央贴课题:用字母表示数)

师:看到这个课题,你们有什么想问的吗?

生 1:为什么要用字母表示数?

生 2:怎样用字母表示数?字母可以表示怎样的数?

(随机板书:为什么?怎样表示数?表示怎样的数?)

师:同学们很善于思考,提出的问题很有价值。今天我们就带着这几个问题一同来学习。当我们把这些问题都解决了,就可以给自己竖起大拇指了。

【设计意图】 如何落实课标中的“四能”:能发现问题、能提出问题、能分析问题和能解决问题。这就需要教师在平日的课堂教学中有意识地进行引导。从这节课的一开始，教师就引导学生说出自己心中的疑问，提出各自想解决的问题，带着问题开始研究，起到了“以问促学”的目的，也落实了“四能”的培养。

片段二：用字母表示数

1. 确定的量用数表示

师：咱们班有多少人？

生：37 人

师：班级人数 37 人。（板书：37 人）

师：我来采访一名同学。请问你今年几岁？

生：11 岁。

师：他的年龄是 11 岁。（板书：11 岁）

师：请看屏幕，老师用小棒制作教具(三角形)。

师：有几个？

生：3 个。

师：三角形的个数是 3。

（板书：3 个）

师：再看大屏幕，现在有几个三角形？

生：5 个。

师：三角形的个数是 5。（板书：5 个）

师：在数学中，我们借助数和单位可以达到精确刻画事物的效果。

2. 用字母表示未知量

师：这里有一个袋子，袋子里装有三角形。请问袋子里有多少个三角形？

（板书：袋子里有多少个三角形？）

师：这个情况和前面的有什么不同？

生：前面的数量是已知的，这里的数量是未知的。

师：是呀！在数学中，不知道的、不确定的数就叫未知数。

（板书：未知数）

师：那一袋有多少个三角形我们怎么表示呢？

生：用 x 表示。

生：用 y 表示。

师：刚才你说用 x 表示，他说用 y 表示，还可以用什么字母表示呢？

生：26 个字母都可以表示。

师：你们同意吗？明白你们的意思了，不知道三角形个数的时候，就用一个字母来代替他的个数。那我用 26 个字母中的首字母 a 来表示三角形的个数可以吗？（板书：a）

师：这儿的字母 a 可以表示哪些数呢？换句话说就是表示怎样的数呢？

生:任意的自然数。

师:是的。这儿的 a 表示的数是有范围的,类型只能是自然数。小数、分数都不行。

(板书:范围、类型)

师:a 表示任意的自然数,自然数有很多,很多的数用一个字母 a 就全包含了,用字母表示数具有什么特点?

引导:能涵盖很多种情况,说明具有很强的概括性。(板书:概括性)

【设计意图】 这里借助对比,让学生切身体会到当物体的数量是确定的时候,我们就用具体的数来表示,可是生活中有时候物体的数量是未知的、不确定的,这时候就可以借助字母来表示未知的、不确定的物体的数量。

片段三:用字母式表示数量关系

师:请同学们仔细观察,想好了不要说出来,请你把它写在学习单上。

(教师演示课件,一袋三角形有 a 个,袋子里再放入 3 个三角形,问现在袋子里有多少个三角形)

(板书:再放入 3 个三角形,袋子里有多少个三角形)

(教师巡视,请学生把不同方法写在黑板上,并一一辨析。不同方法有:x、$a+3$、$x+3$。用一个字母 x 表示或者用字母 $a+3$ 表示都是对的)

师:尽管我们可以用不同的字母表示未知数,但一旦我们达成约定就应该遵守约定。例如,袋子里的三角形的个数用字母 a 表示,再放入 3 个三角形,新的个数式子中的字母还应该用 a。

师:像 $a+3$ 这样的,在数学中称为字母式,字母式也可以用来表示袋子里三角形的个数。

师:x 和 $a+3$ 你觉得哪个更好?为什么?

(引导学生认为 $a+3$ 更好,它不仅可以表示盒子中三角形的个数,还可以清楚地看出三角形个数的变化关系:现在比原来多了 3 个)

小结:字母式不仅可以表示袋子里三角形的个数,还可以清楚地表示出原来和现在袋子里三角形数量的变化关系,也就是数量关系。(板书:数量关系)

师:既然大家都一致认为 $a+3$ 更好,那我就把这个式子写进括号里。

【设计意图】 字母式不仅可以表示数量,还可以表示数量关系,这是本节课的一个难点。突破这个难点的关键就是借助具体情境,让学生在比较中体会和感悟。学生通过激烈的讨论,一致认为“$a+3$”更好,这个“$a+3$”的字母式,不仅表示了数量,还表示了原来和现在袋子里三角形数量的变化关系,所以这个字母式还表示数量关系。

片段四:分层揭示字母式的简写及应用

1. 乘积形式的字母式

(拿走刚刚放入的 3 个三角形,出示 1 个三角形)

师:我把刚刚放入的 3 个三角形拿走。现在观察这个三角形,它是由几根小棒组成的?

(3 根)

(板书:每个三角形由 3 根小棒组成,3 个三角形一共用多少根)

生:$3\times a$,$3a$

师:这两种写法哪个对,还是都对,一起看一段视频,揭晓答案。(播放视频)

师:看完这段视频,你知道了什么?

生:可以省去 $3\times a$ 中间的乘号,数字要写在字母的前面。

2. 练习

师:看来同学们的自学能力很强,已学会了数字与字母相乘的简写形式。拿出练习单,请完成下列式子的简写。

$3\times a$　　$a\times b$　　$1\times n$　　$x\times y\times 6$

讨论:$1\times n$ 就是一个 n,所以简写时 1 直接省去。

$x\times y\times 6$ 简写时,数字要在字母前面,中间的乘号省去。

3. 除法形式的字母式

师:我想将这袋子里的三角形平均分给 8 个人,那么每人能分几个?

(板书:平均分给 8 人,每人能分多少个)

(指名学生回答,并让学生说说他的想法)

师:这里的除号可以省去不写吗?

生:不能。

师:是的。表示相加、相减或相除的字母式中间的运算符号都不能省去,只有表示相乘的字母式,才能省去乘号。这一点同学们要特别小心。(边说边指向板书)

4. 字母表示的数是有范围的

师:请同学们拿出学习单,先尝试着完成下列两题。

(1) 南京到上海约 300 千米,已经行驶了 b 千米,还剩下(　　)千米。

(2) 一辆公共汽车上原来有 35 人,到站后下车 x 人,又上车 y 人。现在车上有(　　)人。

(逐题交流)

师:谁来回答第一题?你是怎么想的?

生:南京到上海约 300 千米,已经行驶了 b 千米,还剩下($300-b$)千米。

师:这里的 b 可以是哪些数?先独自思考,有想法后再和你的同桌轻声交流。

生 1:b 可以是小数、分数、自然数。

生 2:b 最大不能超过 300。

师:字母 b 可以表示的数的类型是小数、分数、自然数。还要注意它有大小的限制,最小可以是 0,最大是 300。(板书:大小的限制)

师:如果这里的未知数 b 表示 120,剩下的路程是多少千米?如果 b 表示 200,剩下的路程是多少?如果 b 表示 299.5,剩下的路程是多少?

师：我们只要知道了 b 是多少，就能很快求出剩下的路程。不管 b 是多少，所有的情况我们都可以用 $300-b$ 这个式子来表示，这个含有字母的式子具有什么特点？

生：他具有很强的概括性。

（板书：概括性）

师：一辆公共汽车上原来有35人，到站后下车 x 人，又上车 y 人。现在车上有 $(35-x+y)$ 人。你认为现在车上人是比原来多了，还是少了？你能分不同情况来考虑吗？

生：$y>x$ 时，比原来多；$x>y$ 时，比原来少；$x=y$ 时，和原来相同。

小结：x、y 都是未知的，所以三种情况都有可能。x 和 y 一个表示上车人数，一个表示下车人数，两个字母表示的意义是不同的，但它们表示的数有可能是相同的。

5. 回顾已学用字母表示数的例子

师：同桌合作回忆以前学习过的内容，你能举出用字母表示数的例子吗？想好后与同桌进行交流。

师：这里字母式子表示的是运算律。（课件展示运算律）

师：这里用字母式子表示的是公式。（课件展示面积公式）

师：知识的学习往往是承上启下的，今天学习的用字母表示数是为五年级下学期学习简易方程服务的。

师：我们学习的公式有很多，在这选取正方形一起来探讨相同字母相乘的简写方法。

课件出示：正方形的面积 = 边长 × 边长

出示例题：如果用 a 表示正方形的边长，S 表示面积，那正方形的面积公式是？

生：$S=a\times a$。

师：当面积公式用字母表示时，与用文字表示进行比较，你有什么感受？

生：用字母表示非常简洁。

（板书：简洁）

师：这里是相同字母相乘，可以简写吗？

生：能，省略乘号，写成 a^2。

师：应该改写成 a^2，读作 a 的平方。（课件出示：a^2 读作 a 的平方）

（学生齐读）

师：a^2 表示什么呢？

生：$a\times a$。

6. 口答练习

出示题目：5^2。

师：5^2 表示什么？

师：说说你是怎么想的。

生：5^2 就是 5×5，等于25。

7. 比较 $2a$ 和 a^2

师：$2a$ 和 a^2 一样吗？

生：不一样。

师：那你能用你想到的方式来说明它们的不同吗？

生：可以从画图、乘法意义、举例几个方面去说明。（上台展示、交流）

师：通过刚才的交流和分享，我想同学们对 $2a$ 和 a^2 一定有了更为深刻的认识。

8. 尝试用字母表示

出示题目：张亮有一些笔记本，李军的笔记本比张亮多12本，王娟的笔记本比张亮少7本，张亮有（　　）本；李军有（　　）本；王娟有（　　）本。

（学生独立完成后，全班交流）

师：用字母表示数不是用的字母越多越好。张亮有的本数用字母表示，其他两人我们只要抓住数量之间的关系，用字母式表示也是可以的。

【设计意图】 含有字母的乘法式子简写规则较多，为了让学生扎实掌握，在教学设计中，需要采用分层揭示、分层学习、讲练结合的方式。首先学习的是字母与数字相乘，接着引入除法的字母式，这里的引入主要是让学生在对比中进一步明确，只有含有字母的乘法式子可以简写，加、减和除法形式的是不可以简写的。最后是学习相同字母相乘的式子的简写规则及读法的练习。$2a$ 和 a^2 也是学生的易错点，课堂上请学生自行证明两者的不同，帮助学生深入理解概念。

片段四：回顾总结

师：通过今天这节课的学习，你有哪些收获？

（根据学生的回答，将板书绘制成思维导图）

【设计意图】 课堂伊始是以问题促学习，课堂最后应以反思助提升。此环节不仅请学生谈收获，还请学生回顾整节课，通过学生的回顾和交流，发现课前提的几个问题都一一解决了。

三、作品叙事

（一）学生作品1

学生作品1如图6-17所示。

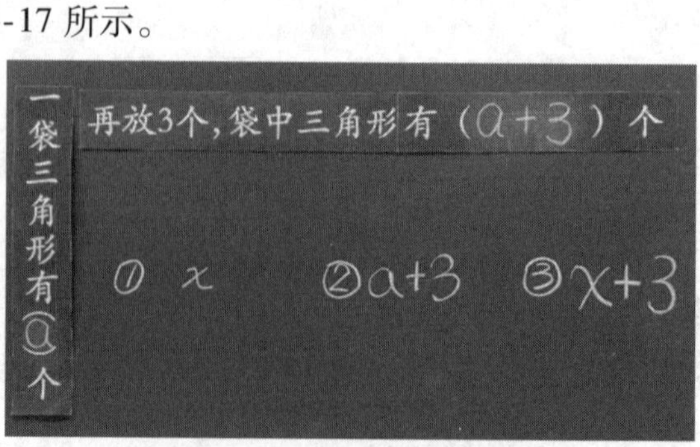

图6-17

（二）作品思考 1

含有字母的式子不仅可以表示数量，还可以表示数量关系，尤其是表示数量关系较为抽象，学生较难想到。这节课借助具体情境，让学生在比较中体会和感悟，突破此难点。一袋三角形有 a 个，现在在这个袋子中再放 3 个三角形，袋中三角形的个数应该如何表示？教师让学生将其想到的表示方式写在黑板上，分别为 x，$a+3$，$x+3$。接着教师追问：你觉得哪种表示方法更好？为什么？学生就此展开热烈讨论，最终大家一致认为 $a+3$ 更好。原因是一开始袋子中三角形的个数已经用字母 a 表示了，这时再放 3 个进去，此时袋子中三角形的个数比之前多了 3 个，就应该加上 3，所以用 $a+3$ 来表示。$a+3$ 不仅表示了现在袋子里三角形的个数，还清楚地表示出现在和原来袋中三角形数量的变化情况，也就是这个字母式不仅表示数量，还表示出其中的数量关系。学生在比较、讨论的过程中，提升了对用字母式表示数量关系这一难点的认识。

（三）学生作品 2

学生作品 2 如图 6-18 所示。

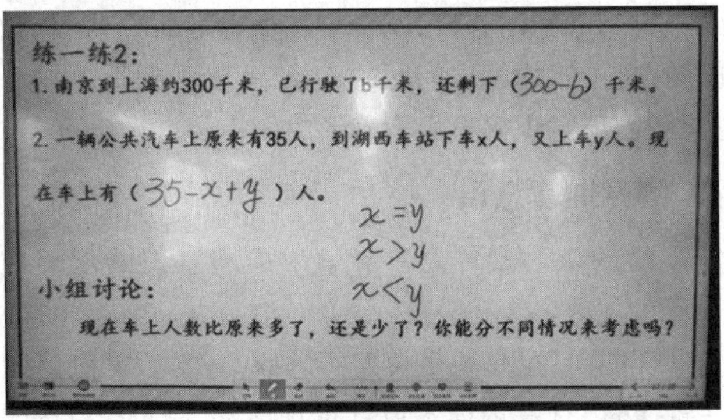

图 6-18

（四）作品思考 2

推理意识是核心素养之一，在小学阶段推理意识主要是指对逻辑推理过程及其意义的初步感悟。学生在完成练习题后，教师再抛出一个问题，请小组讨论：现在车上人数是比原来多了，还是少了？学生对此进行分类讨论，推算出当上车人数与下车人数相等时，现在车上人数与原来车上人数相同；当下车人数大于上车人数时，现在车上人数比原来车上人数少；当下车人数小于上车人数时，现在车上人数比原来车上人数多。结合实际情况，分类讨论，学生的推理有理有据，有助于养成讲道理、有条理的思维习惯。

四、专题分析

（一）以问促学，为“做数学”铺设任务

“学起于思，思源于疑。”学生心中有疑问，才有继续探究的欲望。在数学课堂里要引

导学生探究问题,就要注重培养学生的问题意识,培养学生爱提问、想提问、会提问、善提问的能力,学生提出有价值的问题,也是在提升自己的高阶思维能力。

课堂的一开始,教师就抛出问题:看到这个课题,你们有什么想问的?学生踊跃说出心中的疑问:为什么要用字母表示数?怎样用字母表示数?字母可以表示怎样的数?学生提出的这三个问题恰恰是本节课急需解决的问题,教师给予学生鼓励,表扬他们问题提得很有水平。心中的疑问和教师的鼓励,提高了学生的课堂参与度,提升了“做数学”的有效度。

(二) 以辩促思,为破难点搭建桥梁

含有字母的式子不仅可以表示数量,还可以表示数量关系。如何让学生自己发现,并深刻体会字母式表达数量关系这一抽象概念?课堂上通过相加关系的字母式,引发学生的辩论和思考。袋子中原来有 a 个三角形,再放入 3 个,现在有几个三角形?教师要求学生将想到的表示方法展示在黑板上,并追问:你认为哪种表示方式更好?学生经一番辩论,最终达成共识,填 $a+3$ 最合适。因为 $a+3$ 不仅可以表示现在袋子里三角形的个数,还可以清楚地描述出现在袋子里三角形的个数与原来的关系。基于辩论,学生经历知识的形成过程,体会是深刻的,理解是深入的,难点顺利突破。

课堂若只是让学生得到问题的答案,就少了学生思维的灵动性。如果让学生带着数学思维去审视遇到的问题,自主建构解决问题的路径,就能看到学生拔节生长的模样,还能看到推理意识、应用意识和创新意识等核心素养形成的模样。

(三) 分类思考,培养推理意识

推理意识是小学阶段的核心素养之一。学生推理意识的培养应该浸润在每节数学课里。

推理意识过渡到推理能力,这是一个长期的过程,需要学生积累推理的经验,而推理经验的积累需要教师在备课时,有意识地多设计推理活动,帮助学生积累推理经验。活动设计的素材不仅可以来自新授,也可以来自对练习题的再改编。这节课中的推理活动设计,就是教师对教材练习题的深挖和改编。

(四) 分层学习,助推知识掌握

“用字母表示数”这节课的新授知识点多,在短短的 40 分钟完成是一次挑战。在学习含有字母的乘法式子的简写规则时,做了分层处理。先处理字母与数字(包括字母与 1)和不同字母相乘的简写规则。简写规则不是由教师直接告知的,而是借助微视频,请学生自学。学生自学并练习掌握后,才进一步学习相同字母相乘的简写方式。对于乘法形式的字母式的简写,采用分层的“教—学—评”形式,让学生学得清晰,掌握得扎实。

(刘慧敏)

第七章

“做”中探究，发展几何直观

几何直观主要是指运用图表描述和分析问题的意识和习惯。能够感知各种几何图形及其组成元素，依据图形的特征进行分类；根据语言描述画出相应的图形，分析图形的性质；建立图形与数的联系，构建数学问题的直观模型；利用图表分析实际情境与数学问题，探索解决问题的思路。几何直观有助于把握问题的本质，明确思维的路径。

案例1
框一框月历表中的数

一、开发背景

(一) 素养分析

几何直观是利用图形整体、直观、形象、多维的特点去探究、描述、分析和洞察事物或问题的结构与关联,感悟事物的本质。月历表中数的排列具有一定的特点,仅仅通过记忆与规律的发现很难留下深刻的印象,容易遗忘。通过几何直观去认识数与数之间的联系,去发现规律产生的本质,学生可以更好地接受与运用。本案例中几何直观的核心素养虽然并不直接体现在知识目标中,但在达成知识目标的过程中,尤其是解决“移多补少”的问题时,显得尤为重要。

本案例的教学过程,要求在学生的认知范围内进行解读,除体现《新课标》中关于几何直观的核心素养之外,还可以发展学生的数感、运算能力、推理意识和模型意识。

(二) 教材分析

本案例来源于苏教版小学数学三年级下册“动手做”的内容,在一张月历表中框出若干个数,找一找数与数的关系,以及数与若干个数的和的关系。

教材中对于“动手做”的相关介绍如下:横着框出的3个数中,相邻的两个数都相差1,它们的和等于中间一个数的3倍;竖着框出的3个数中,相邻的两个数都相差7。它们的和也等于中间一个数的3倍。除框出3个数之外,用长方形还可以框出4个、6个、8个、9个数等。(图7-1)可以让学生自由选择框出的数的个数,也可以要求他们在小组里统一约定,以便开展相应的探索活动。

动手做

每人准备一张月历表，四人一组做框数游戏。

日	一	二	三	四	五	六
	1	2	3	4	5	6
7	8	9	10	11	12	13
14	15	16	17	18	19	20
21	22	23	24	25	26	27
28	29	30	31			

（1）每次用长方形框出3个数（如上图），说说这3个数之间的关系，算出它们的和。

（2）长方形竖着框出3个数，可以怎样框？试着框一框，再想想框出的数之间有什么关系，说说可以怎样很快求出它们的和。

（3）还可以框出几个数？怎样框？试一试。

图7-1

分析教材可以看出，数字之间的行列顺序规律是需要引导学生进行发现的，如：横着看，相邻两个数之间的差是1；竖着看，相邻两个数之间的差是7；斜着看，比如11、17、23，相邻两个数之间的差是6，又如9、17、25，相邻两个数之间的差是8。如果在课堂时间足够的情况下，这些数字之间的规律基本上都是要求学生自行发现的，那么在本节课的教学内容中需要思考这样一个问题：如何在有限的时间内，围绕几何直观来进行教学设计。这也是贯穿课堂始终的一个基本问题，几何直观要求用几何模型来解释数与数的关系，实际上需要通过其建立数与形的联系，有了这样的联系，接下来的研究才能具有一定的基础。

基于这样的思考，需要对整节课的内容提出以下几个问题。

1. 为什么在月历表中框数？

月历表中的数如同百数表，百数表每行10个数，月历表中每行7个数，从百数表与月历表的对比来看，除横行规律之外，竖行规律和斜行规律都与每行有7个数有关，因而框数的主要目的在于发展学生数感的同时利用数与形的关系发展学生的其他素养。

2. 如何回答“框出来的若干数的和是否与这些数中的某一个数存在一定的关系”？

框出来的若干数的和是否与其中的某一个数存在一定的关系，这个猜想必定不是凭空捏造出来的，经历猜想、验证的过程尤为重要，那么如何引导学生把注意力集中到本质上呢？从这个层面来说，从3个数、4个数到5个数、6个数，其中学生所经历的过程中的发现显得尤为重要，体现在课堂组织的过程中，就是引导学生建立数形结合的模型去解决问题。

3. 学生是否能将发现横框的规律迁移到其他框法上？

学生对于框出3个数的认知必然会经历横框、竖框、斜框3个不同的过程，这3个过程的发展规律又是递进的，理解了横框的同时应该对中间数产生进一步的认识，同时确定中间数的重要性。这也是最为重要的基本活动经验，这样的经验可以直接迁移至其他框法中，对教师的教育教学也有着重要启示。

4. 如何自然发展学生的认知需求，将知识与技能顺利迁移至框出其他数量的数中去？

依据框出3个数的经验，学生必然会发展到框出更多的数的认知需求，需要解决这个问题：对于奇数个数来说，很容易发现框出来的所有数的和与其中某个数之间的关系，但是框出的个数为偶数时是很难被发现的，需要结合考虑时间成本进行取舍。

5. 给予学生创造的机会，他们会设计出怎样符合要求的图案？

基于框数的需要，学生会产生不满足于条形框的进一步思考：如果用三角形框、正方形框或者十字形框框数，在月历表中又会产生怎样的规律与联系？这是需要带领学生进一步探讨的。为了契合“动手做”的主题，这个内容可以更趣味化、更生活化、更儿童化。同时，这些不同形状的框数方法带来的不仅仅是图形的变化，图形中数与数的关系变化是更值得关注的地方。

（三）学情分析

在本案例的教学安排中，基于学生的层面主要思考以下几个问题。

（1）学生要获得的知识与技能性的目标该如何把握？

（2）框数在月历表中应用的现实意义是什么？

（3）学生是否能够顺利地将数与形结合到一起？

（4）基于本节课在三年级的学习难度，学生的学习过程中知识性目标需要关注哪一方面？也就是知识性目标的确定问题。

（5）如何帮助学生总结获得的基本活动经验？

二、教学实践

（一）学习地图

学习地图如图7-2所示。

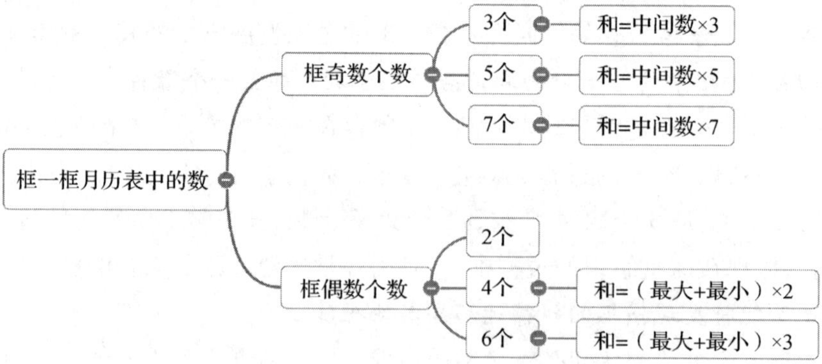

图7-2

(二) 学习目标

(1) 自主研究月历表中用横框或竖框框出的数字的规律,了解框出的数字之和与中间数的关系,知道在月历表中,连续奇数的数字之和是中间数的奇数倍,并利用几何直观知晓其中的道理。

(2) 经历小组合作,分工、协作完成探索任务,充分交流后习得研究结果。

(3) 经历探索规律的一般过程:猜想—验证—归纳—应用。

(三) 教学现场

片段一:框奇数个数

1. 寻找相邻两个数之间差的规律,包括左右相邻、上下相邻、斜线相邻

师:这节课我们就在月历表中探索数的规律,拿出我们很熟悉的月历表,我们能看得到其中的数字排列是很有规律的。首先,观察一下月历表,其中的数字排列具有怎样的规律?

生1:每一行的数字是连续的7个自然数。

生2:上下两个数字之间相差7。

师:也就是说,如果我用一个长方形的框,任意框出两个数,那么这两个数之间的关系,你们知道吗?

师:分别用横框与竖框在月历表上框出两个数,这两个数之间有怎样的关系?

生:横框框出的两个数相差1,竖框框出的两个数相差7。

师:那斜着框出两个数呢?

生:斜框框出两个数的差有两种情况,一种相差6,一种相差8。

师:看来框出两个数的研究比较简单,我们已经知道了框出来的数的规律,大家很会用发现的眼光看待数学问题,现在你能提出新的问题吗?

生:框两个数比较简单,如果多框一些数,是不是还有这样的规律呢?我想继续研究一下。

【设计意图】 本节课对于框数的设计基于的基本规律就是月历表中数与数之间的规律,通过引导学生发现左右两个数、上下两个数、斜向两个数之间的规律,帮助学生顺利厘清长方形框出的两个数之间的关系,同时培养学生的数感。数感要求学生能初步体会并表达事物蕴含的简单数量规律,要求学生能在真实情境中进行简单推理,本环节正是基于这样的思考,让学生经历活动体验充分感知数与数之间的关系。

2. 用横框或竖框框出3个数,探究框出的3个数的和这3个数之间的关系

师:用一个长方形方框任意框出3个数。

生:框出的3个数之间有怎样的关系?

生:横着框的3个数是连续的3个自然数,后一个比前一个多1;如果是竖着框的,下一个比上一个多7。

任务一:

(1)用横框任意框出3个数,框3次。

(2)计算框出的3个数的和,并写出算式:

① ____________________

② ____________________

③ ____________________

(板书:框出3个数和=)

师:计算2+3+4这样的3个数的和,用连加就可以了,但是当数再大一点时,连加就比较麻烦了。还有没有另外一种做法呢?

师:这位同学用的是乘法,说一说你的想法。

生:因为2比3小1,4比3多1,如果将4多出来的1个1给2,那么就都可以转化成3了,这样就可以用中间数乘3。

师:这学期我们学过用线段图表示数量之间的关系。谁能用线段图来表示一下这3个数,并解释一下这个过程?

(生画出线段图7-3)

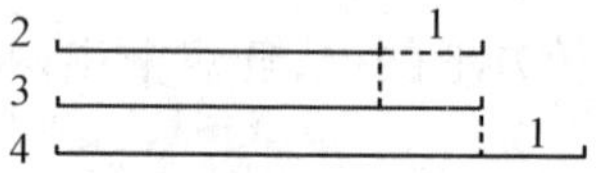

图7-3

师:为什么可以用中间数乘3,这下明白了吗?

师:正是因为框出来的3个数之间具有一定的关系,所以它们的和可以用更简便的办法来计算。

师:好,还有一种情况,需要交给你们自己去研究。

任务二:

(1)用竖框任意框出3个数,求这3个数的和。

(2)想一想,可以怎么计算3个数的和,为什么?

师:横框3个数的和的计算方法,竖框3个数同样适用吗?这是为什么?

师:如果用画线段图的方式表示这3个数的关系,你会画吗?试一试。

(生画出线段图7-4)

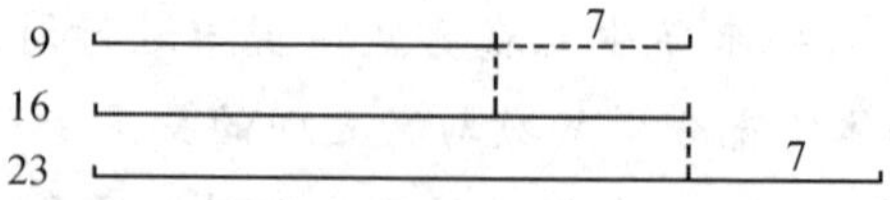

图7-4

生:23比16多7,那么将23多出来的7补给7,这样就可以得到3个16,即16×3=9+16+23。

师:9、16、23中16可以称为中间数,这3个数的和就是中间数乘3。

师:大家在自己的月历表中任意框出3个数,计算它们的和。

(出示练习题)

(1) 小明用“横框”在月历表中框出 3 个数,这 3 个数的和是 39,小明框出的是哪 3 个数?

(2) 小明用“竖框”在月历表中框出 3 个数,这 3 个数的和是 39,小明框出的是哪 3 个数?

【设计意图】 相对于框出两个数来说,框出 3 个数的思维难度进一步提高,虽然长方形框出的 3 个数之间的关系比较容易发现,但即便是数感好的学生也不一定能很快发现规律。在教学设计中,从数与数之间的关系出发,逐步引导学生发现 3 个数之间的等差关系,在等差关系中逐步融入“移多补少”的数学思想,并结合线段图,培养学生的几何直观。本环节指向的 2 个活动——横框 3 个数与竖框 3 个数,虽然框的数不一样,但是因为都可以通过“移多补少”来解决问题,因为和都等于中间数乘 3。最后加入的 2 个练习题则是希望能帮学生建立模型,培养模型思想。

片段二:框偶数个数

1. 横框框出 4 个数,探究框出的 4 个数的和与这 4 个数之间的关系

师:4 个数跟 3 个数好像不一样,如果用长方形的方框来框的话,有几种框法?

生:横着框、竖着框,还有用正方形的框。

小组探究:

(1) 用长方形或正方形的方框框出 4 个数。

(2) 找一找框出的 4 个数之间有什么关系?

(3) 讨论如何求这 4 个数的和。

(小组汇报)

生 1:我框出的 4 个数是 15、16、17、18,这 4 个数中每个数都比前一个数多 1,他们的和可以用 15 + 16 + 17 + 18,也可以用 15 × 4 + 1 + 2 + 3 来求;也可以用 16 + 17 = 33,再用 33 × 2 = 66 来求。因为我发现 15 + 18 = 16 + 17(图 7-5)。

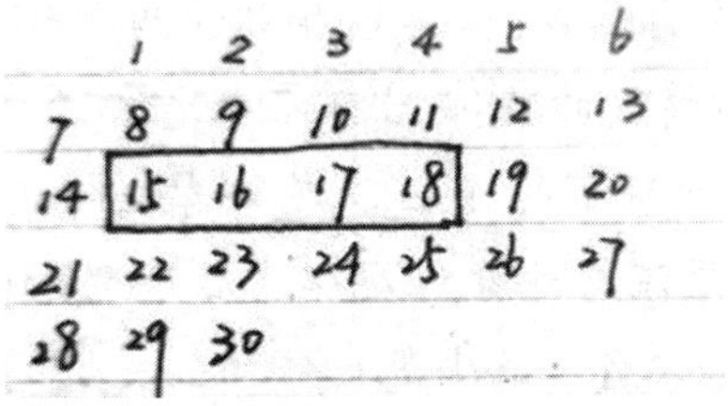

图 7-5

生 2:我框出的 4 个数是 1、8、15、22,每一个数都比前一个数多 7,这样的 4 个数的和可以用 1 + 22 = 23,再用 23 × 2 = 46 来求(图 7-6)。

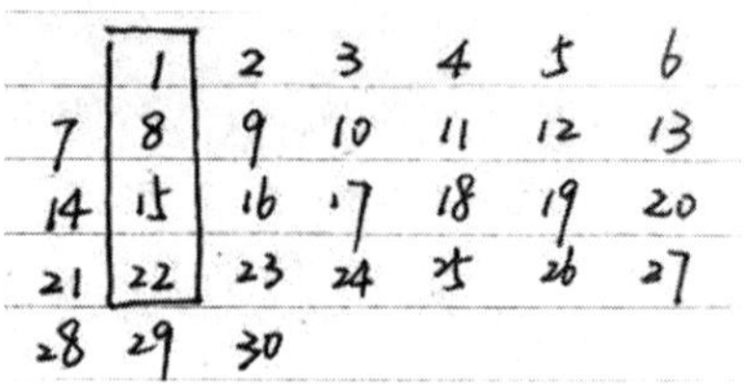

图 7-6

生 3:我框出的 4 个数是 18、19、25、26,既有相差 1 的关系,也有相差 7 的关系,但是也可以用 18 + 26 = 44,再用 44 × 2 = 88 来求(图 7-7)。

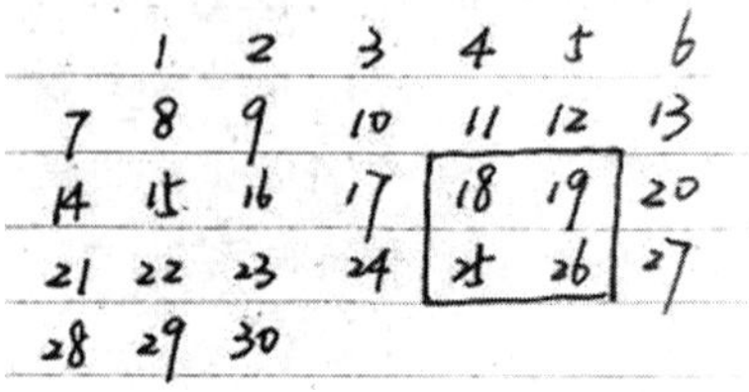

图 7-7

师:谁能来总结一下,用长方形或者正方形框框出 4 个数,怎么求这 4 个数的和?

生:如果框出的是 4 个数,可以用最大的数加最小的数,再乘 2。

师:你能用画图的方法解释一下为什么可以这么做吗?

生:我们发现用长方形框框出 4 个数,这 4 个数之间的关系也是很紧密的,并且它们的和的计算也有一定的技巧:(大数 + 小数) × 2(图 7-8)。

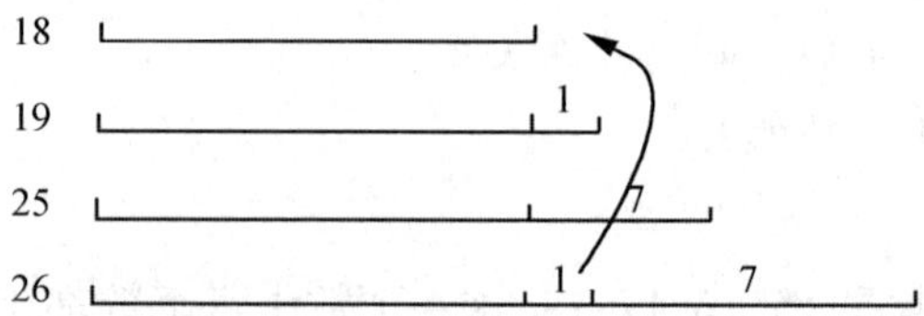

图 7-8

【设计意图】 4 个数相较于 3 个数,出现了 3 种不同的情况:连续 4 个自然数(横框),相邻的两个数相差 1;连续 4 个自然数(竖框),相邻的两个数相差 7;如果用的是正方形框,那么框出的 4 个数兼具前 2 种情况的特征,上下 2 个相邻的自然数相差 7,左右相邻的 2 个自然数相差 1。这也是对第一个环节的呼应,只有在第一个环节中做好了对月历表中数的位置与数值关系的观察,才能很流畅地发现规律。后半部分则是对第二个环节的呼应,几何直观在解决为什么“和 =(最大数 + 最小数) × 2”时至关重要。因此,第三个问题的解决过程实际上是对第一、第二个环节教学效果的检验。

三、作品叙事

（一）学生作品 1

学生作品 1 如图 7-9 所示。

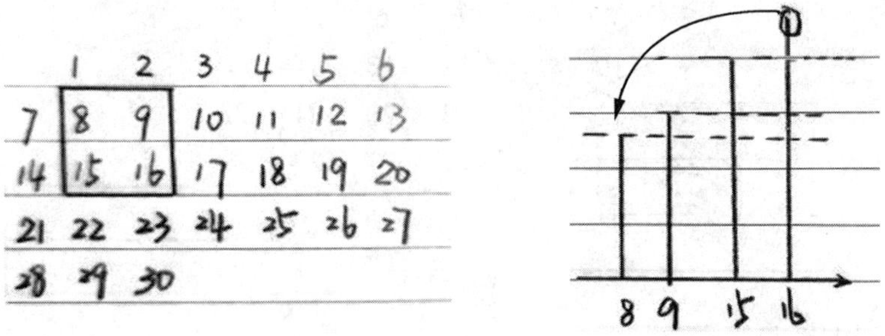

图 7-9

（二）作品思考 1

正方形框框出的 4 个数不存在像 3 个数那样的关系，那么就应该根据数与数之间差的关系来解决问题。8 与 15、9 与 16 相差的都是 7，从线段图的角度来分析，就可以知道每个数之间的关系。结合“移多补少”，学生将用线段表示数与数之间关系的几何直观思想与统计图结合在了一起，该学生用条形统计图的方法将 4 个数表示出来，根据图像知道了 16 移 1 给 8，正好就是 9 + 15，直观反映了“和 =（最大数 + 最小数）×2”这一计算方法。

（三）学生作品 2

学生作品 2 如图 7-10 所示。

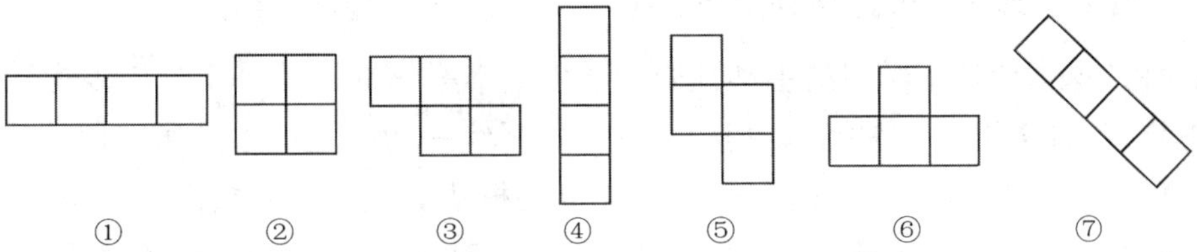

图 7-10

（四）作品思考 2

如果不把框图固定为长方形或者正方形，学生就会在框数的过程中开展丰富多彩的想象，上图为学生绘制出来的 7 种不同的框图。经过讨论与分析，发现可以找到规律快速计算的框图是①、④、⑦，无法快速计算的框图是②、③、⑤、⑥。引导学生观察框出的 4 个数之间的关系：左右两个数之间相差 1，上下两个数之间相差 7。从而引导学生得到结论：如果框出的 4 个数符合“移多补少”的规律，可以通过规律快速计算框出的 4 个数的和。所以，这一基本活动经验是这节课只让学生研究长方形框和正方形框的原因。实际上这节课可以从“框”和“数”两个角度来进行研究，而这节课侧重“数”这个内容。

(五) 学生作品3

学生作品3如图7-11所示。

图7-11

(六) 作品思考3

该学生想在4个数之间也去寻找同3个数一样的中间数。因为在横框和竖框中并没有找到这样的数,于是他在月历表上画了这样的斜框。因为数与数之间也满足"移多补少"的规律,所以这四个数的和也可以用"和=(最大数+最小数)×2"来求。他在11和17之间找到了一个中间数14,这样"5、11、17、23"的和可以用14×4来求。伴随着这个惊喜的发现,该学生又用"2、10、18、26"这4个数进行了检验,也发现了这样的规律。这个过程体现了学生独立自主的思考,发展了核心素养。

四、专题分析

(一) 用学生最关心的核心问题破局

"动手做"课堂应该把学习的主动性交给学生。本案例的设计基于月历表中数的位置与大小规律,只有学生真正掌握了数与数的关系,后续一切的设计才能达到预计的教学效果。而框数的核心有两层——"框"和"数",不同的框法对应不同的数;不同的数也有着外在完全不同的表达方法。因此,无法通过一节课的时间来完全达到解决"框数"的目的,在"框"和"数"这两个同等重要的核心之间必定要有取舍,本案例的设计侧重"数"这个内容。

(二) 好问题是带动学生深度学习的基础

好问题源自学习者自身的内在需求;好问题应该是模糊而开放的;好问题应具有适宜的思维挑战性;好问题还应具有不断挖掘、不断延展的可能性。本案例的设计也借用了"问题串",通过一步步的追问,引发学生的"深度学习",对所提出的问题进行恰当的分析。最后,学生的延伸思考正是对这一设计过程的体现。

回顾以往的案例,基本上每一个案例都至少有一个"好问题"。

好问题直接指向问题本质,但受限于学生的认知,并不一定都是准确的,所以应当通过一个又一个问题——适当的设问、追问、反问,将学生的思维不断引向深入。这就是问题串的应用,也就是说核心问题确实重要,但是也不能仅仅集中于核心问题的提炼,这也就是吴正宪老师所说的,让思维在“问题链”的教学中“深入浅出”,正如本节课“框出来的每个数之间有怎样的关系”直接指向了几何直观的核心素养。

(三)以问题串的形式深入浅出地解决问题

当然,并不是一连串的问题就叫作问题串,需要在问题串的设计中向学生提供观察力、想象力、空间操作、思维匹配等能力,如在本节课中,“用正方形来框数可以怎么框?”“框出来的4个数具有怎样的特征?”“这4个数之间有怎样的关系?”“可以怎么表达每个数?”“如何快速地求4个数的和?”这样的5个问题层层递进,既能锻炼学生的思维能力,也能在思维能力的培养过程中达成核心素养的提升。

问题串的处理应当落实好“通过适当的问题引导学生深入进行思考”这一思想。

第一,应当特别重视“核心问题”的提出,尽可能地让学生发现并提出核心问题,其中情境创设和适度引领是两个比较重要的方法;第二,除去核心问题的明朗化和“再聚焦”以外,在课程的中间环节我们还应特别重视如何能够通过追问、设问、反问与提出新的问题促进学生进行更深入的思考,包括从“元认知”的角度进行思考;第三,通过适当的问题引导学生在课后继续进行思考,从而很好体现教学的开放性。

我们应该知道本节课中什么是最重要的,什么是最核心的。很显然在“框一框月历表中的数”这节课的教学过程中,如果要让学生理解4个数无论是长方形框还是正方形框,都可以用同一种表达式来表达,课前和课中就需要教师进一步深入地思考和设计。教师在教学中不但要发挥直接的引领作用,而且要让学生发挥更大作用,包括努力实现这样一个目标,即发展学生几何直观的核心素养。

(曹传兴)

案例 2
再探图形的放大与缩小

一、开发背景

（一）素养分析

《义务教育数学课程标准(2022 年版)》提出,数学要为人们提供一种认识与探究现实世界的观察方式,即会用数学的眼光观察现实世界。而数学眼光的主要表现之一就是空间观念。空间观念主要是指对空间物体和图形的形状、大小及位置关系的认识。空间观念有助于理解现实生活中空间物体的形态与结构,是形成空间想象力的经验基础。因此,在教学时教师需要帮助学生形成空间观念。

结合本节课教学内容的特点,教学时可以聚焦学生的研究历程,鼓励学生从不同角度画出按一定比例放大或缩小后的图形,在不同方法的呈现中丰富学生对图形的认识,在不同方法的辨析中逐步明晰方法、洞察本质。在整个研究过程中,培养学生的科学研究精神,帮助学生积累研究的经验,从而获得一些普适性的研究方法,形成空间观念。

学生在研究过程中,从一开始需要借助方格纸画图形过渡到完全脱离方格纸画任意多边形按一定比例放大或缩小后的图形,活动层次从易到难,在对不同方法的辨析中,逐步明晰并领悟到画放大和缩小后的图形的本质就是形状不变,大小改变,并且知道画出将任意图形按一定比放大或缩小后的图形的一般方法是要先确定好图形关键点的位置。学生从一开始只关注边的关系到发现角度也不变,再到发现确定边的位置其实就是要先确定点的位置,在这一学习过程中对图形特征和位置有了更深入的认识,也在知识迁移、多角度思考问题和空间想象能力方面得到了锻炼,真正发展了空间观念。

（二）教材分析

“再探图形的放大与缩小”是苏教版小学数学六年级下册“动手做”内容的延续。在教学这个内容之前,学生已经知道比例的意义及把一个图形按照一定的比例进行放大和缩小的含义,并会在方格纸上按照一定的比例正确画出长方形、正方形、直角三角形和圆等放大或缩小后的图形。这节课的目的是让学生从特例的研究转向对一般例子的研究,并在动手操作及多种画法的辨析中对图形的放大和缩小有一个更完整、更全面的认识,能在学习中掌握画出将任意图形按一定的比例放大或缩小后图形的一般方法,并产生思考问题要有全面性和严谨性的意识,同时也为后续学习图形的相似性做好铺垫。

(三) 学情分析

学生重点关注的是画的外显操作技能,而对于放大或缩小前后图形之间的关系并没有产生过多思考,以至于学生并不理解在相似变换的过程中,原图形和现图形除了存在边的关系,所有对应角的大小也要保持不变,即形状不发生改变。所以在教学图形的放大和缩小时,要让学生理解其本质:放大与缩小后的图形与原图形形状相同、大小不同。更要让学生在画图的过程中深入思考:变化的是哪些?怎么变的?不变的是什么?怎么说明?让学生充分体会相似图形对应线段的比相等、对应角相等,这样学生对图形的放大和缩小就会形成更理性、更深刻的认识。

二、教学实践

(一) 学习地图

学习地图如图 7-12 所示。

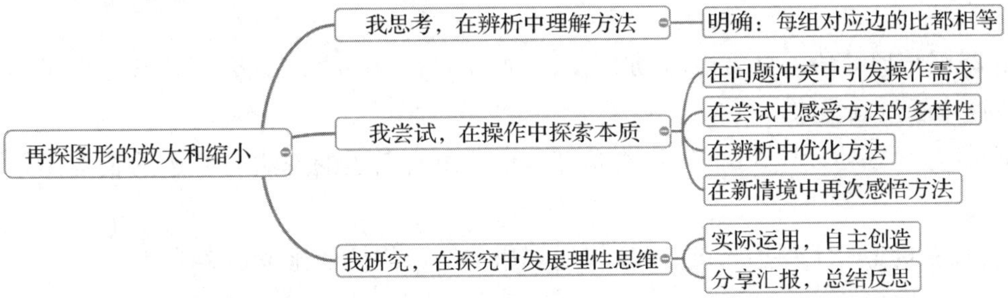

图 7-12

(二) 学习目标

(1) 掌握按一定的比例画出将任意图形放大或缩小后的图形的一般方法。

(2) 经历按一定比例画出图形放大与缩小后的图形的完整探索过程,进一步丰富将任意图形放大或缩小后的图形的认识,体会不同方法之间的联系,获得一些解决问题的一般方法,培养初步的形象思维和逻辑思维能力,发展空间观念。

(3) 在参与数学活动的过程中,进一步体会思考问题的全面性和严谨性,感受数学知识和方法的学习价值;获得一些成功的体验,激发对数学学习的兴趣,增强学好数学的信心。

(三)教学现场

片段一:我思考,在辨析中理解方法

师:(出示课前练习)这是我们的课前练习,老师做了详细的统计,前两个图形的正确率是100%,非常了不起!我特别想知道大家是怎么做到的,谁愿意来分享一下(图7-13)。

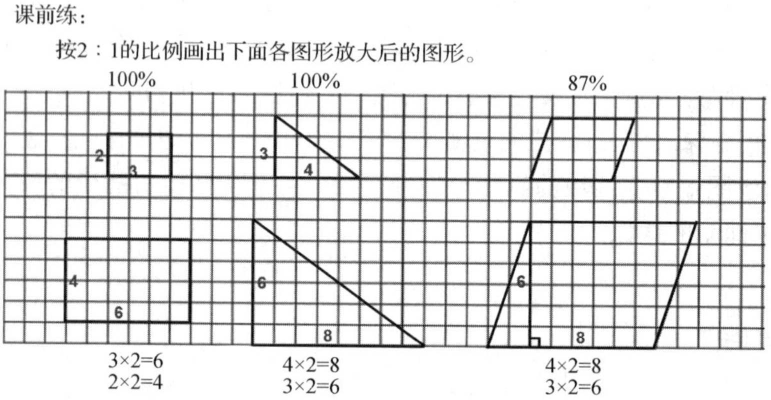

图7-13

生1:把长方形的长、宽分别乘2,得到放大后的长是6,宽是4,再在方格纸上按这个长度画出来。

生2:三角形的两条直角边,分别乘2,得到放大后的一边长是8,一边长是6,再在方格纸上按这个长度画出来。

师:通过大家的计算,我们知道直角三角形两组直角边的现边与原边的长度比是2∶1,那斜边呢?

生:我测量了一下斜边长度,发现斜边现边与原边的长度比也是2∶1。

小结:把图形按一定的比例放大或缩小后,这个图形和变化后图形的每一组对应边的比都是相等的。

【设计意图】 设计这个环节的目的就是想借助旧知识唤起学生原有的学习经验,将学生的关注点聚焦到边上,并在交流中将外显的操作提升到内隐的理性层面。

片段二:我尝试,在操作中探索本质

1. 在问题冲突中引发操作需求

教师出示课前练第三幅图(图7-14),呈现学生完成的作品,并请学生介绍是如何画的。

师:请大家仔细观察,他画的图形对吗?说说你的理由。

生1:我认为不对,他画变形了。虽然他画的时候保证了现在的底和高与原来的底和高的比都是2∶1,但他并没有保证放大后的平行四边形的每条边与原来边的比都是2∶1。

生2:我也认为这个平行四边形画变形了,因为它的角度跟原来图形不一样了。我认为放大前后的图形,若想形状不发生变化,就不能改变原有图形的角度。

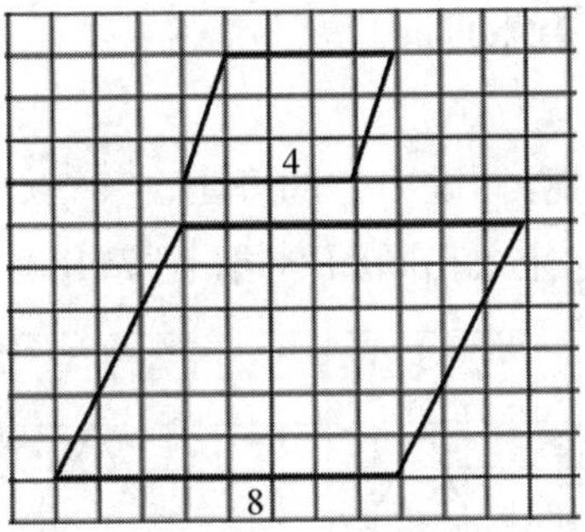

图 7-14

师：看来要判断一个图形是否是原图形放大或缩小后的图形，需要保证每组对应边的比都要相等，只有这样每组对应角的度数才会相等。

（板书：边，每组对应边的比相等；角，每组对应角的度数相等）

师：那怎样才能又对又快地画出按一定比例放大或缩小后的图形呢？今天我们就继续来研究图形的放大和缩小。

（出示课题：再探图形的放大和缩小）

2. 在尝试中感受方法的多样性

师：如果我们继续探究，大家想先从什么图形开始呢？

生：三角形、四边形、五边形、六边形……

师：这些图形我们都会研究到，但我们应该有序地去研究，而数学的研究常常是从简单的开始。（板书：从简单的开始）

创设情境：小致和小远看到这个问题也迫不及待地想挑战一下。瞧！这是他们画出将三角形 ABC 按 1∶2缩小后的图形，你知道他们分别是怎么画的吗？想一想他们画得对不对（图 7-15）？

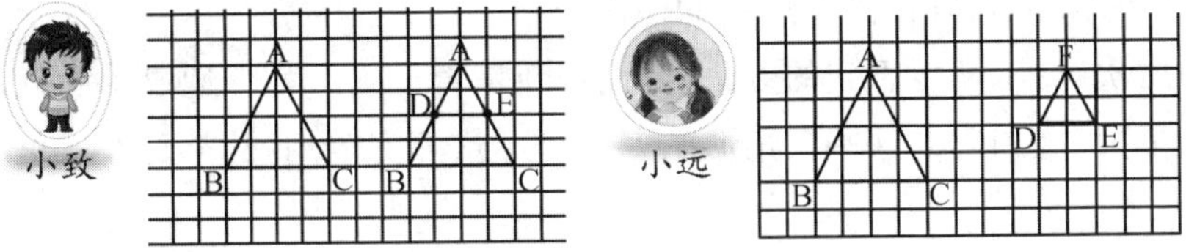

图 7-15

生 1：小致是先找到 AB 边和 AC 边的中点 D、E，然后连接 DE，三角形 ADE 就是三角形 ABC 按 1∶2缩小后的图形。

生 2：小远是先构造出一个正方形，先把正方形按 1∶2缩小后，再在它的里面画出缩小后的三角形，我认为这个三角形就是三角形 ABC 按 1∶2缩小后的图形。

师：我们怎么判断他们画的图形对不对呢？

生：从图中就能看出，它们每组对应边的比都是 1∶2，而且对应角的度数也相等。

师：经过小致和小远的启发，你还有别的画法吗？请同学们自己在学习单上尝试完成，同桌互相验证。

(展示学生不同的画法,并集体验证)

出示学习任务单 1:

(1) 请你判断,这些画法对吗? 说出你的理由。

(2) 比较这些画法,它们有什么相同和不同(图 7-16)?

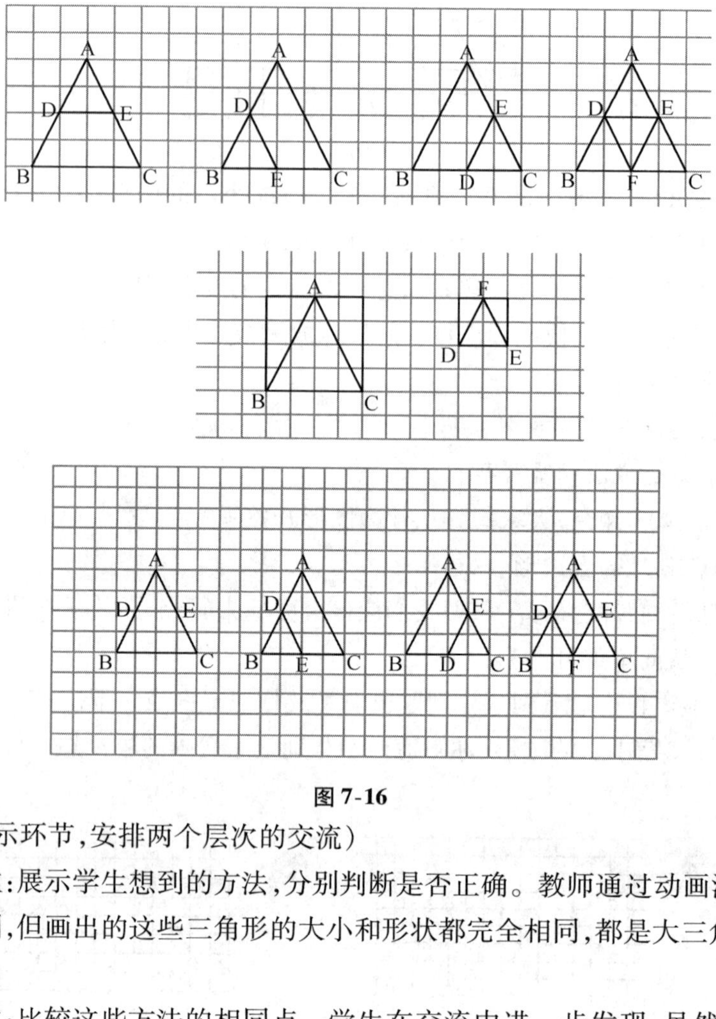

图 7-16

(在交流展示环节,安排两个层次的交流)

第一个层次:展示学生想到的方法,分别判断是否正确。教师通过动画演示,强调虽然他们的画法不同,但画出的这些三角形的大小和形状都完全相同,都是大三角形按 1∶2缩小后的图形。

第二个层次:比较这些方法的相同点。学生在交流中进一步发现:虽然他们的画法不同,但他们都是先确定一个顶点,再从这个顶点出发,找出另外两个顶点,最后依次连接,得到缩小后的图形。

师:接下来,请大家完成“我尝试”(图 7-17),将这个三角形按 2∶1的比例放大,你知道可以怎么画吗? 你能想到几种画法就画出几种,画好后,在小组内交流。

我尝试:

按2∶1的比例画出下面图形放大后的图形。

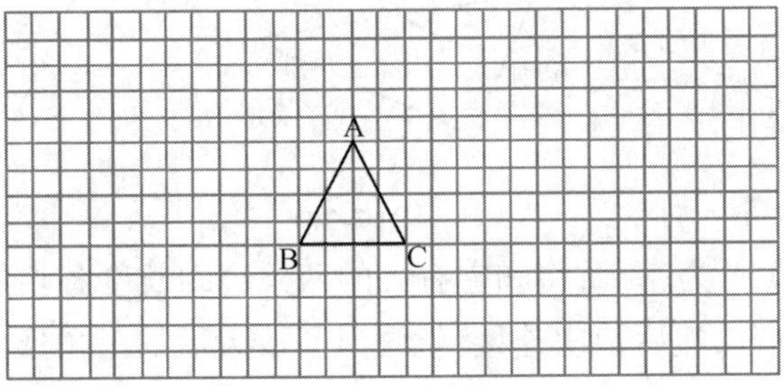

图 7-17

展示学生的不同画法(图 7-18),并引导学生思考:他们画的图形对吗?这些画法又有哪些共同之处呢?

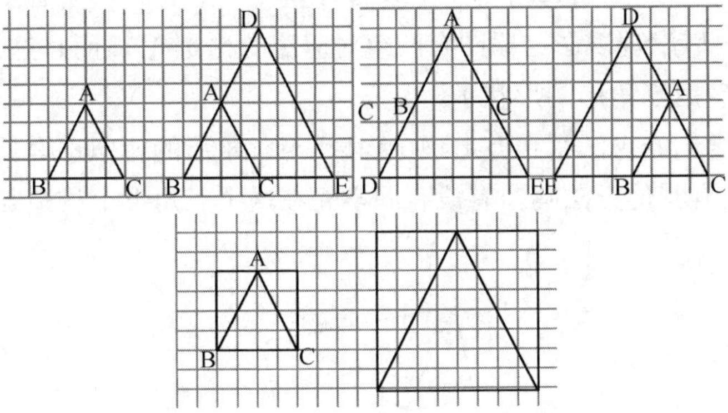

图 7-18

生 1:前三种画法都是先确定一个顶点,再把和这个顶点相关的两条边的长度增加一倍,找到另外 2 个顶点的位置后,依次连接 3 个顶点就画出了三角形 ABC 按 2∶1的比例放大后的图形。

生 2:最后一种方法是先构造一个和三角形 ABC 相关的正方形,先将正方形按 2∶1的比例放大,然后再在正方形中画出放大后的三角形。

小结:这些方法都是合理的。只要保证放大前后每组对应边的比都是2∶1的关系,就能保证角度不变,那所画的图形就是符合要求的。

3. 在辨析中优化方法

出示学习任务单2(图 7-19),教师隐去方格,让学生画出给定图形按2∶1的比例放大后的图形。

学习任务单2:

按2∶1的比例画出下面图形放大后的图形。

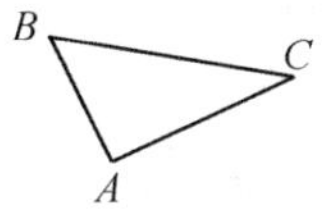

图 7-19

学生独立完成，教师展示学生的不同画法（图 7-20）。

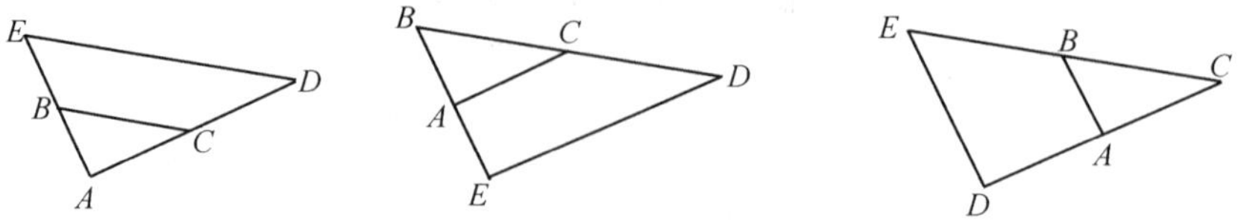

图 7-20

生 1：我是以顶点 A 为基础，将和它有关的两条边的长度各增加了 1 倍，就找到了顶点 B 和顶点 C 现在的位置，然后依次连接，就画出了放大后的三角形。

生 2：我是以顶点 B 为基础去画的。

生 3：我是以顶点 C 为基础去画的。

师：现在已经没有方格了，你还能验证他们画的是否正确吗？

生 1：可以通过测量，只要每组现图与原图对应边的比是 2∶1，所画图形就是正确的。

生 2：从图中可以发现现图与原图有两组对应边的比是 2∶1，而且这两条边的夹角也相同，我觉得就可以确定三角形的形状了。

师：是啊！同学们的想法都很有道理，这其实与三角形的相似性有关，你们今后还会进一步深入学习。还有其他方法吗？有没有同学先在这个三角形上构造长方形，然后再去画三角形（图 7-21）？

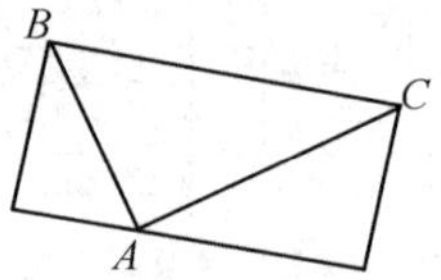

图 7-21

生：现在没有方格纸了，如果用这种方法需要测量很多次，太麻烦了。

师：若要画出将一个三角形按一定的比例放大或缩小后的图形，你现在知道该怎么画了吗？

生：我们可以先确定一个顶点，再按照给出的比延长或缩短和这个顶点相关的两条边，确定好另外两个端点，再依次连接就可以画出来了。

师：看来大家学得不错，研究完三角形，猜猜看接下来我们还可以研究哪些图形？

生：四边形、五边形、六边形等。

4. 在新情境中再次感悟方法

教师出示学习任务单 3（图 7-22）：按 2∶1 的比例画出四边形放大后的图形。

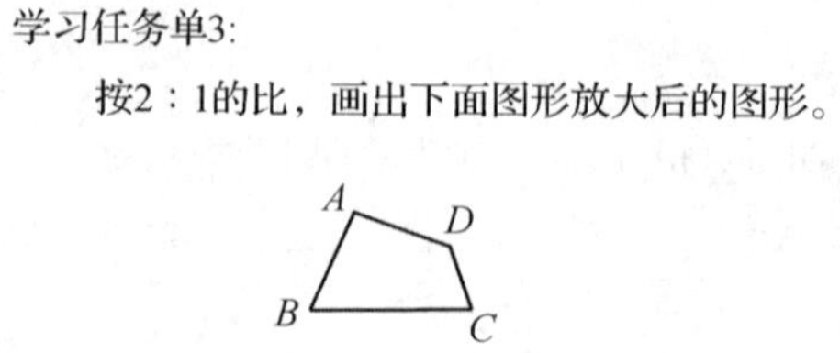

图 7-22

学生独立尝试。在学生汇报环节(图 7-23),教师追问:你是怎么确定顶点 D 对应点的位置在哪儿的?

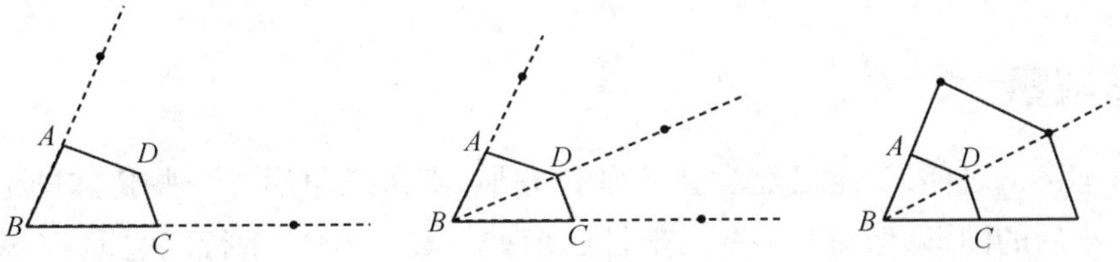

图 7-23

生:连接 BD,然后把线段 BD 的长度增加一倍,就可以找到顶点 D 的对应点的位置了。

【设计意图】 这个环节设计了 4 个活动,先通过呈现错例,在交流中不断明晰判断一个图形是不是原图形放大或缩小后的图形,要保证每组对应边的比相等,因为只有这样每组对应角的度数才会相等,再次领悟到将一个图形放大或缩小时,形状不变,只是大小发生了变化。接着安排了 3 个操作活动,这 3 个操作活动层层递进,逐步深入。第 1 个操作活动是让学生从多角度画出图形按一定比例缩小后的形状,强调方法多样性,并在不同画法的比较中发现共性。第 2 个操作活动是对第 1 个活动的巩固,让学生再次经历探究画法的过程,感受不同画法之间的联系。第 3 个操作活动隐去方格纸,将难度提升,让学生直击画法的本质,在交流中发现:无论哪种画法,都是先确定一个顶点,再按给出的比例将与这个顶点相关的两条边延长或缩短,从而确定其他对应点的位置。学生在经历不同层次的操作活动中,不断体验,逐渐明晰并理解了将图形按一定比放大或缩小的一般画法。

让学生借助丰富的素材,在比较中总结出画出将任意图形按一定比例进行放大或缩小后的图形的一般方法,帮助学生积累活动经验,并将外显的“动手做”经历转化为内隐的“动手做”经验。

片段三:我研究,在创造中发展思维

(出示小研究)

活动要求:

(1) 画一画:先任意画一个多边形,再按一个你喜欢的比例画出该多边形放大后的图形。

(2) 说一说:在小组中交流你的画法。

(3) 比一比:比较你们的想法,有哪些相同的地方?

(小组汇报展示)

在汇报交流中发现:每个人虽然画的图形不同,但画的方法都是相同的。

最后,引导学生进行回顾反思,总结出一般方法。教师带领学生回顾今天的研究过程,指出在研究一个问题时,可以从最简单的想起,在尝试和比较中找到问题的本质所在。

【设计意图】 本环节安排了一个开放性的活动,其目的是让学生在不同情境下,在多种素材中去感受一般方法的普适性。另外,让学生自己设计题目也能激发学生的自主探究欲望,让学生获得成功的喜悦感,从而增加学习数学的兴趣。课后可以鼓励学生去研究如何画出将任意多边形按一定比例缩小后的图形。

三、作品叙事

在学习本案例之前,学生已经学会了画长方形、直角三角形等一些特殊图形按一定比例放大或缩小后的图形,但对于一些一般性图形如一般三角形、平行四边形、不规则四边形等还未接触到的图形,并不知道学生能否画出这些图形按一定比例放大或缩小后的图形。因此,课前先设计了一份课前练,分别画出长方形、直角三角形和平行四边形按2∶1的比例放大后的图形。课上先引导学生进行复习,分别说一说长方形和直角三角形都是怎么画的,在交流中唤起学生原有的经验。在交流平行四边形的画法时,借助错例引起学生思考:现图形与原图形底和高的比都是2∶1,但为什么这样画是错误的?学生开始质疑为什么用在长方形和直角三角形中的方法,用在平行四边形上不管用了。当学生找到了矛盾点,他们就会开始探究。最终学生会在探究讨论中发现:当把一个图形放大或缩小时,大小改变,形状不变。若要保证形状不变,原图形与现图形每组对应角的度数也要相等。若要角度不发生改变,原图形与现图形每组对应边的比都要相等(图7-24)。

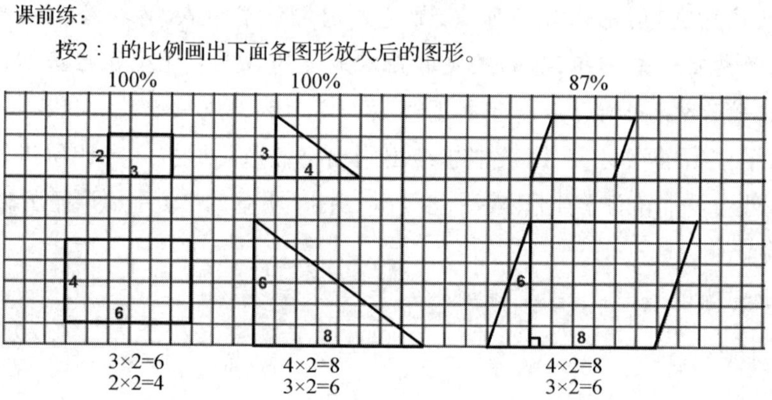

图7-24

当学生理解了图形放大或缩小后原图形与现图形之间的关系后,设计以下几个层次的活动,让学生在活动中不断明晰画法,形成空间观念。

(一)学习任务单1

鼓励学生在探究中找到不同的画法,并比较这些画法之间存在的联系(图7-25)。

按1：2的比例画出下面图形缩小后的图形。

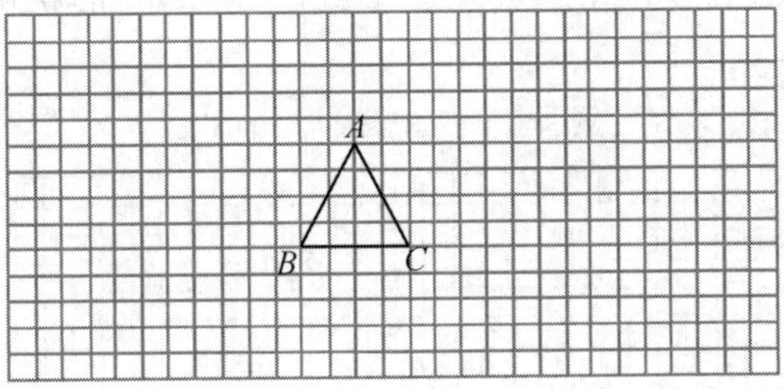

图 7-25

首先让学生在小组中分享自己的画法，并让小组同学帮忙验证所画图形是否正确。接着全班同学交流展示不同的画法，在交流展示中丰富学生对图形的认识。再引导学生比较这些不同的画法，在不同中找出共性，并进行归纳总结（图 7-26）。

学习任务单1:

(1) 请你判断，这些画法对吗？说出你的理由。

(2) 比较这些画法，它们有什么相同和不同？

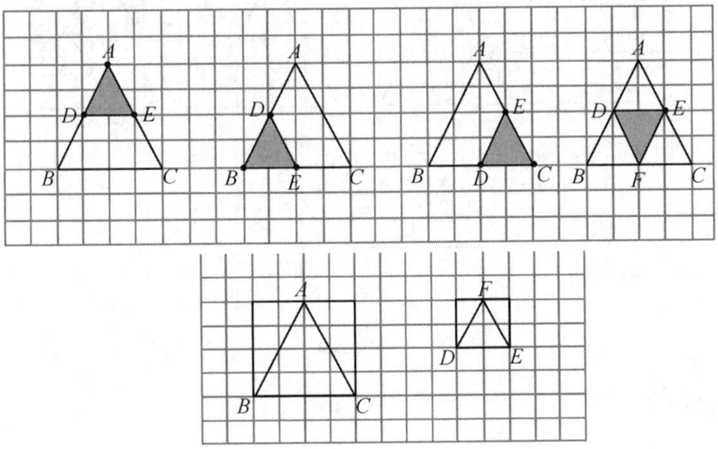

图 7-26

学生在比较中初次体会到在画这些图形按一定比例放大或缩小的图形时，可以先确定一个顶点，再依次找到其他顶点所对应的位置，然后依次连接就可以保证原图形形状不变、大小改变。按照这样的思路，因为三角形有三个顶点，无论从哪一个顶点开始都可以，所以有三种不同的画法。因为顶点选择的不同，所画出图形的位置也不相同。而第四种画法是直接找到三边的中点，这个方法也是可以的，但比较特殊。最后一种方法是构造一个与三角形相关的正方形，先画出正方形缩小后的图形，找到正方形与三角形各边之间的关系，再画出缩小后的三角形，这个方法有局限性，如果没有方格纸，画起来就会麻烦一些。

（二）我尝试

“我尝试”与“学习任务单 1”属于同质问题（图 7-27），其目的就是巩固在上一个活动中发现的不同方法。让学生在操作探究中发现画缩小后的图形和画放大后的图形，它们的画法在本质上是相同的，都可以先确定一个顶点，再依次确定其他顶点所对应的位置，学生在探究中不断领悟到只要图形的关键点确定了，这个图形的形状也就确定了。

我尝试：

按2：1的比例画出下面图形放大后的图形。

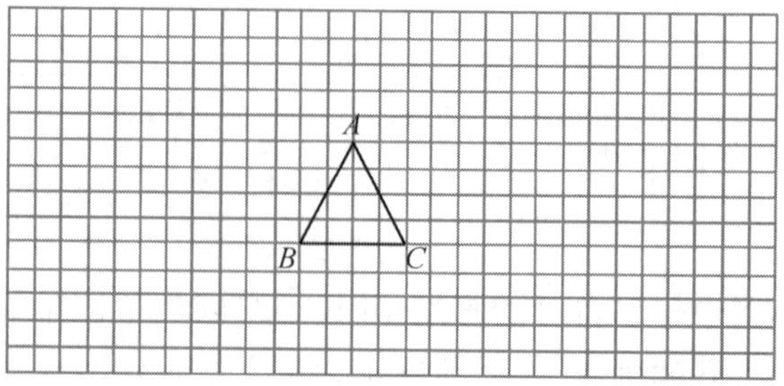

图 7-27

在学生的汇报展示过程中（图 7-28），教师仍然关注学生之间的交流，引导学生观察比较，发现这些不同方法中的相同之处，不断提炼出一般性的方法。

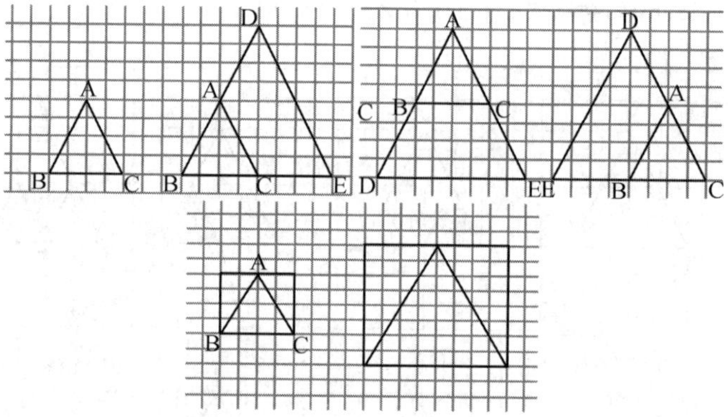

图 7-28

（三）学习任务单 2

学习任务单 2（图 7-29），与前面的活动相比略有难度，它隐去了方格纸，需要学生借助直尺测量并确定各个边的长度。在活动中，有的学生是先测量出原三角形三条边的具体长度后，再根据给出的比计算出放大后的三角形各边的长度，然后再进行操作。而有的同学关注到了放大后的边与原边是 2 倍的关系，只要把原边的长度再延长一倍就可以直接画出放大后的边。因此，这个活动除了关注画法，还要在交流中关注方法的优化。

学习任务单2:

按2：1的比例画出下面图形放大后的图形。

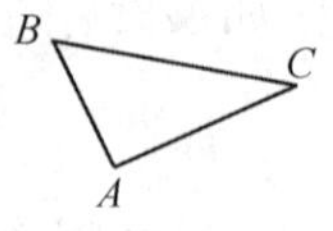

图 7-29

（四）学习任务单 3

这个任务（图 7-30）对学生提出了更高的要求。学生有了之前的基础，大多数都会先选择一个顶点为起点，然后依次按要求延长和这个顶点相关的两条边，找到这两条边上顶点所对应的位置。但有一个顶点的位置到底在哪成为学生所面临的新的困难。这时，教师提问：“你是怎么确定顶点 D 对应点的位置在哪儿的？”引导学生找到新的解决方案：借助辅助线，将两个顶点连接起来，这样就把新问题又转化成和之前一样的问题了，所以仍然可以按照之前的方法解决（图 7-31）。

学习任务单3:

按2：1的比，画出下面图形放大后的图形。

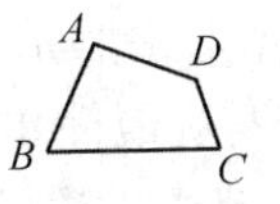

图 7-30

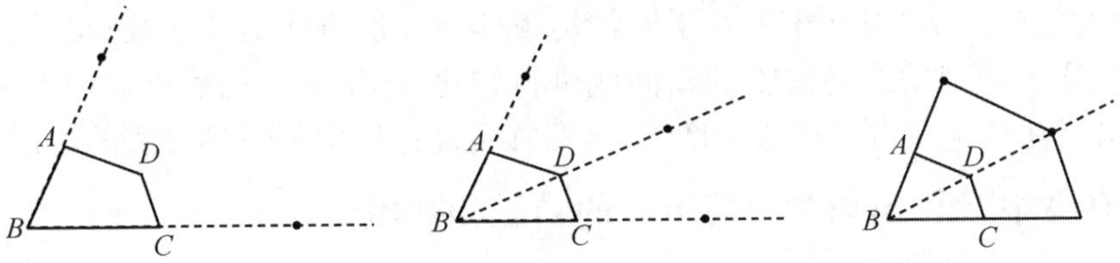

图 7-31

（五）我研究

学生在前面的探究中，已经积累了丰富的活动经验，也领悟到了画出将一个图形按一定比例放大或缩小后的图形的一般方法。活动五（图 7-32）的目的是激发学生探究的欲望，让他们成为学习的主人。学生在探究中大胆尝试，想到了探究五边形、六边形、八边形，还有梯形等图形，在探究中，他们发现无论这个图形有多少条边，只要能先找出变化后的对应顶点的位置，将它们依次连接，就可以画出变化后的图形。课后，让学生自主研究如何将任意一个图形按指定比例缩小，并画出缩小后的图形，再将发现记录在研究单上，在下节课上进行分享。

活动要求：

1. 画一画：

   先任意画一个多边形，再选择一个比，画出它放大后的图形。

2. 说一说：

   在小组中交流你的画法。

3. 比一比：

   比较你们的想法，有什么相同的地方？

图 7-32

四、专题分析

(一)在做中“悟”出数学知识的本质和联系

领会数学知识的本质的过程是一个由表及里的过程,而把握数学知识的联系的过程是一个由此及彼的过程。在由表及里、由此及彼的过程中,教师要引导学生往深处想,往远处想,这既是“悟”的过程,也是学生思维进阶的过程。

一位外国哲人说过:我听过了,我就忘了;我看见了,我就记得了;我做过了,我就理解了。陆游有一句诗:“纸上得来终觉浅,绝知此事要躬行。”他们其实都在强调亲身体验。因此,在教学中,教师应非常重视学生的活动历程,为了让学生理解知识背后的本质,要精心设计出不同层次的活动,提供丰盈的素材让学生亲力亲为,在做中思,思中悟。

因此,本节课为了让学生领悟到画出任意图形按照指定比例放大或缩小后的图形的一般方法时,安排了4个不同层次的活动。教师先从最简单的三角形开始研究,借助方格纸让学生独立尝试,待学生画好后再与同桌交流,感受方法的多样性;教师再引导学生进行不同方法之间的比较,找到不同方法之间的共性;然后通过隐去方格纸,直接画一般三角形按一定比例放大后的图形,引导学生在不同情境下体验一般方法的普适性;接着在研究四边形的过程中,通过画辅助线将面临的新问题进行转化,学生发现仍然可以按照之前的方法进行解决;最后让学生在自我创造中增强认识,在主动运用中领悟到方法的本质及联系。

(二)在做中“悟”出数学思想方法的精髓和妙用

在“有形”的数学知识中,往往隐藏着“无形”的数学思想方法。一个学生在解决问题时若要获得举一反三、触类旁通的能力,一定需要数学思想方法来引导。教师在教学中要让学生触摸并感受到数学思想方法的精髓和妙用。

例如,本节课一开始从简单的开始想,是教会学生数学研究的一般方法。通过重新建立研究体系,从简单的开始研究,这样对于一个数学问题的研究,学生经历了一个完整的过程,体会到问题产生的过程,学会了问题研究的方法,提升了数学研究的能力。再如,这节课中学生遇到的问题:顶点之间没有线段连接时,怎么办?教师可以引导学生运用转化的思想,将未知转化为已知,将新知识转化为旧知识进行解决。

(三)在做中“悟”出数学核心素养的发展

核心素养是个体适应社会需要、获得全面发展、提高生存能力的必备素养,是满足终身学习的基本条件,也是提升国民素质的重要保障。我们在教学中,要根据教学内容的特点,有意识地培养学生的核心素养。例如,本节课的教学主要是培养学生形成空间观念。教学中教师先以方格纸作为思维支架,当学生对图形有了一定感觉后,教师便隐去方格纸,让学生边想象边操作,引导学生从多角度去研究图形放大和缩小的不同画法。另外,本节课也让学生在经历不同层次的操作活动中,逐渐明晰了画放大和缩小后的图形时,找对应边其实就是找对应点。学生在学习中经历了从立到破,又从破到立的过程,最终学会利用辅助线画出较为抽象的图形,在知识迁移、多角度思考问题和空间想象能力方面都得到了锻炼,真正发展了思维。

(郑雪凤)

案例3
周长的秘密

一、开发背景

(一)素养分析

几何直观主要是指“运用图表描述和分析问题的意识和习惯”。《义务教育数学课程标准(2022年版)》中也明确指出:借助几何直观可以把复杂的数学问题变得简明、形象,有助于探索解决问题的思路,预测结果。

“周长的秘密”中“动手做”案例选用学生身边熟悉的素材,鼓励学生动手操作、自主探索、动脑想象。因此,在教学“动手做”的内容时,到底让学生怎么“做”,尤其是明白“做”中的道理就显得尤其重要。本案例对周长的研究正是建立在几何直观的基础上,从小正方形的拼法出发,以图形的排列为基础,一步一步地带着学生发现周长发生变化的原因。基于图形变化,聚焦对原理的描述,一方面加深了学生对于周长概念的理解,另一方面帮助学生更好地把握了问题的本质。同时,在“周长的秘密”的学习过程中,学生对问题的探索过程,也体现出了几何直观“有助于把握问题的本质”“明晰思维的路径”“在分析问题、解决问题的过程中发挥着重要作用”“有助于发展空间想象力”“有助于发挥学生的主观能动性”等方面的重要作用。

(二)教材分析

“动手做”是苏教版小学数学教材中的特色板块,而“动手做”本身既是学生认识数学事实、发现数学规律的方法和手段,也是渗透数学思想方法、积累数学活动经验的载体和平台,所以教材中“动手做”板块的设置有着其独特的课程价值和意义。

我校数学团队一直致力于“动手做”课程的开发研究,一方面把教材中的“动手做”内容在日常教学落到实处,另一方面对部分“动手做”素材进行开发和创编。“周长的秘密”就是以苏教版小学数学三年级上册综合与实践课程“周长是多少”为基础,衍生开发的一节“动手做”课例,教材中的各个实践活动都与图形的周长有关,引导学生应用学到的图形知识展开多种活动。本课重点研究相同个数的小正方形拼成的长方形周长的特点,从而在自主探索中发现规律。开发的初衷是鼓励学生在动手操作、直观感知的过程中建立起清晰的表象,对发现的规律进行有序概括,促进对抽象模型的建构,从对一个问题的探知逐步扩展到对一类问题的思考,为学生的思维生长搭建阶梯。

(三)学情分析

学生在学习本单元内容前已经认识了长方形、正方形、三角形、圆等平面图形,也了解了长方形、正方形的特征,通过这个单元的学习又继续理解了周长的意义,并掌握了长方形、正方形周长的计算方法。学生解决问题的能力需要进行策略性的指导,解决问题的策略也是在解决问题的过程中逐步形成和积累的。通过上述活动,一方面借助"小正方形的拼"帮助学生进一步体会周长的含义,感受不同长方形或正方形之间周长的关联,提高测量、计算和估计平面图形周长的能力;另一方面引导他们在此过程中进一步积累数学活动经验,通过几何直观感知图形周长的新思考。

教师用书中也提到:"可以结合'图形的转化'继续展开思考。怎样以'动手做'为脚手架,让这个内容显得更加丰富、更有层次,能让学生将'做'的经历内化成自己的经验,促进思维进阶,提升核心素养呢?这就是继续实验和研究的意义所在。"

二、教学实践

(一)学习地图

学习地图如图 7-33 所示。

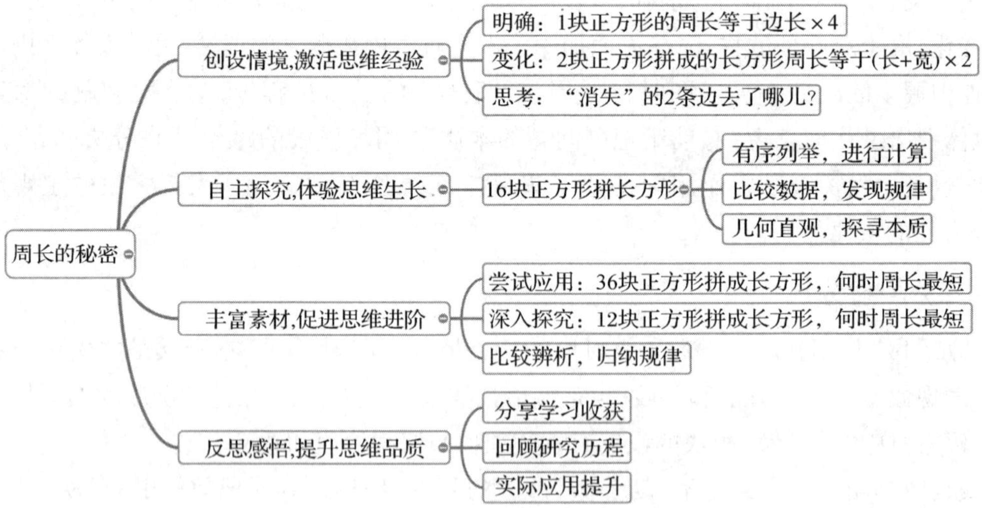

图 7-33

(二)学习目标

(1)通过不断变换拼搭数量,提高拼搭要求,发现若干个相同的小正方形拼成的长方形周长有长有短,初步感知周长的变化与边数量变化之间的关系。

(2) 在动手操作、动眼观察、动脑思考的探索活动中积累经验,发现规律,建立模型,解决实际问题。

(3) 经历算一算、拼一拼、比一比、试一试的过程,尝试建立体现事物本质的一般规律,发展几何直观核心素养。

(4) 经历“提出问题—分析问题—解决问题”的过程,体会探究数学规律的完整过程,提升学习数学的主观能动性。

(三) 教学现场

片段一:创设情境,激活思维经验

师:瞧,室外下雨了,今天的体育课在体育馆进行,老师带来了一些正方形垫子,想用这些正方形垫子拼成长方形,方便同学们绕着拼好的垫子跑步热身。

师:一块垫子的边长是1 m,它的周长是多少?两块垫子拼成了一个长方形,它的周长是多少?

生:一块垫子是正方形,周长是“边长×4”,也就是1 m×4 =4 m;两块垫子拼成了长方形,周长是“(长+宽)×2”,也就是(2+1)m×2 =6 m。

师:小致犯迷糊了,一个正方形的周长是4 m,两个正方形的周长应该是8 m呀,怎么变成6 m了呢?与同桌交流减少的2 m去哪里了?先自己拿两块正方形拼一拼、想一想,再把想法和同桌说一说。

师:减少了2 m是因为两个正方形重合后,有两条原来的边从周长中“消失”了。(课件演示)

师:谁能来指出“消失”的两条边在哪儿?

【设计意图】 学生在本单元的学习中积累了长方形、正方形周长的计算经验,于是本节课从一个正方形的周长到两个正方形的周长之和,再到两个正方形拼成的长方形的周长,鼓励学生在对比中思考:周长发生了什么变化?减少的两条边去了哪里?学生通过拼一拼的方式,借助几何直观动眼观察,用语言表达自己的发现,积累表象经验,让思维能够循序渐进地发展。

片段二:自主探究,体验思维生长

师:现在老师一共准备了16张边长是1 m的正方形垫子,想用这些正方形垫子拼成长方形,你能帮助老师吗?你有几种不同的拼法?请同桌之间合作动手拼一拼,再把对应的数据记录在表格中。

(学生活动,借助方格图片进行拼搭;完成后,在班级分享)

学生反馈:

(1) 拼1排,每排放16块,也就是长16 m,宽1 m,周长为(16+1) m×2 =34 m。

(2) 拼2排,每排放8块,也就是长8 m,宽2 m,周长为(8+2) m×2 =20 m。

(3) 拼4排,每排放4块,也就是边长为4 m的正方形,周长为4 m×4 =16 m。因为正方形是特殊的长方形,所以这种情况也是可以的。

师:通过大家的操作、思考、验证,我们按"每排放几块,放了几排"的想法来分析,完整又有序地找到了16个小正方形拼成长方形一共有3种方法,真厉害!(图7-34)

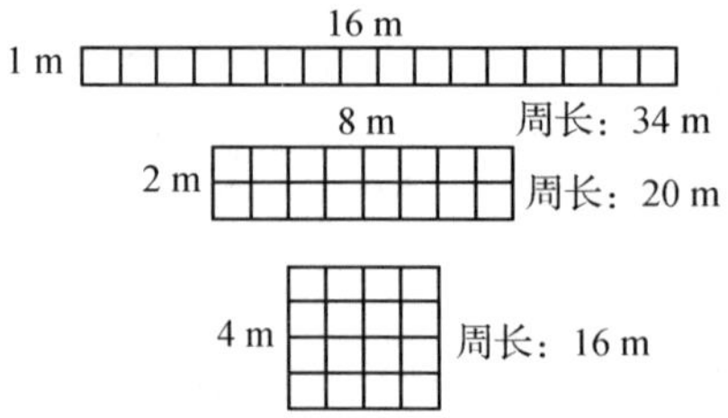

长/m	16	8	4
宽/m	1	2	4
周长/m	34	20	14

图7-34

师:如果你是体育老师,你会安排大家拼成哪种长方形呢?

多数学生会选择长16 m、宽1 m,周长为34 m的拼法,原因是操场的一周大约为200 m(学生在学习"认识千米"时有所了解),跑步热身要准备充足,应该选周长最长的拼法。也有学生表示会选边长为4 m,周长为16 m的拼法,原因是这种拼法周长最短。

生:拼成正方形时,周长最短。

师:同样都是用16个小正方形,只是拼成的形状不同,周长为什么发生变化呢?

生:拼组后隐藏在图形内部的小正方形的边长越多,其露在外面的正方形的边长越少,拼组后的长方形的周长就越短。

课件演示辅助理解(图7-35)。

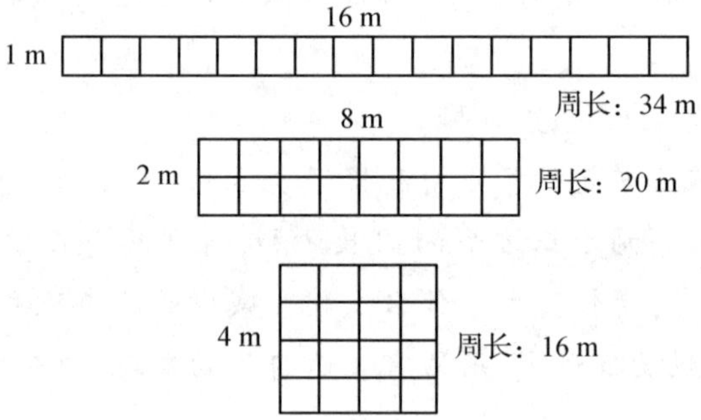

图7-35

师:虽然小正方形的数量相同,但随着拼组形状的改变,它们的"内部"也发生了翻天覆地的变化,隐藏的不参与周长计算的边变多了,露在外面参与周长计算的边就少了,周长就变短了;如果隐藏的边少了,那露在外面的边就会变多,周长就变长了。是内在的"变"引发了外在的周长的变化!透过现象看本质,你们可真了不起!

师:如果用36张边长1 m的正方形垫子拼长方形,怎样拼周长最短?

生:拼成边长是6 m的正方形周长最短。

【设计意图】 从体育课上铺垫子的真实情境出发,"用16个边长1 m正方形垫子铺成长方形可以有哪些情况",激发学生解决实际问题的兴趣。学生通过动手拼图和在学习任务单上记录探究过程的方式,找到三种拼法,完整地经历"动手做"的过程。活动不仅加深了学生对周长的理解,提高了计算周长的能力,也有效地帮助他们进行观察、操作、想象、推理和表达,从周长的角度出发不断训练关于特征的概括及对实际图形的抽象能力。接着鼓励学生深度思考,探求本源,“同样都是用16个小正方形,周长为什么发生变化”,学生通过观察、对比、讨论,不仅借助课件建立起清晰的图形表象,也利用几何直观发现了“周长变化”的本质。最后的“36张边长1 m的正方形垫子拼长方形,怎样拼周长最短”,再次鼓励学生应用探寻到的规律,提升几何直观应用价值。

片段三:丰富素材,促进思维进阶

师:如果现在老师只有12张边长1 m的正方形垫子铺长方形,怎样铺周长最短?

师:和前面研究略有不同——12个小正方形不能拼成正方形。这时怎样拼周长最短呢?

师:先在学习任务单上画一画,再将相应的数据填写到表格中,并和同桌分享。

学生运用前面的探究方法,结合操作经验有序说出所有拼法:

(1) 拼1排,每排放12块,长12 m,宽1 m,周长为(12+1) m×2=26 m。

(2) 拼2排,每排放6块,长6 m,宽2 m,周长为(6+2) m×2=16 m。

(3) 拼3排,每排放4块,长4 m,宽3 m,周长为(4+3) m×2=14 m。

学生通过计算找出周长最短的拼法,直接运用前面的经验,联系表格中的数据发现:长和宽最接近时,周长最短。

师:(屏幕出示研究16块、36块、12块正方形时的示意图和数据表格)观察刚才的三组研究结果,你有什么想和大家分享吗?

生1:我发现拼成正方形时,长和宽相等,周长最短。

生2:12个小正方形拼不成正方形了,但是当拼成的长方形的长和宽最接近时,周长也是最短的。

师:16块和36块正方形拼搭,长和宽相差最大时,周长最长;拼成正方形时,长和宽相等,周长最短。12个小正方形拼不成正方形了,但依然符合之前发现的规律——长和宽越接近,周长越短。

师:自己尝试用任意个边长为1 cm的小正方形拼成一个长方形或正方形,周长最长是多少?周长最短是多少?在小组内交流分享。

【设计意图】 以“如何判断周长最短”的问题为引领,设置本环节的活动,学生用12块边长1 m的正方形垫子拼长方形,寻求周长最短的情况,通过猜想、验证,学生得出结论:小正方形的个数不变时,得到的长方形的长与宽差距越小,这个长方形的周长就越短。从上一环节到这一环节,学生经历了“拼一拼”“算一算”“比一比”等学习活动,初步意识到长方形的周长与所用小正方形的拼法有关,教师设计了让学生对比分析16块、36块、12块正方形分别拼搭时的数据图表,促使学生理解规律,并能熟练应用,同时不断促进思维的生长。最后设计一组练习,引导学生经历从特殊到一般、从具体到抽象的概括过程,凸显了数学知识发生、发展的逻辑线索。同时,这样的教学也有助于培养学生的归纳推理能力,便于他们真正理解规律。

片段四：反思感悟，提升思维品质

师：今天我们研究的是“周长的奥秘”，谁来分享一下你的收获？

生：用一些小正方形拼图，当能拼成正方形时，正方形的周长最短；当拼不成正方形时，长方形的长和宽越接近，周长越短。

师：一起来回想今天的学习过程，我们是怎么做的？

（动手操作→观察发现→多次验证→完善规律；特殊→一般）

师：在生活中，也有我们今天研究的影子——学校的艺术长廊要布置同学们的剪纸作品，老师已经评比出 24 幅优秀作品，并用边长 1 dm 的正方形相框裱好。要将 24 幅剪纸作品贴在一起，并在它们的四周贴上装饰花边，本着节约材料、节省成本的原则，你会怎么设计呢？

【设计意图】 动手做的目的是发展学生的思维，让学生达到最终不用操作也能解决问题的境界。在教学时，我们要让学生“做”的经历走向经验，所以也要重视操作后的交流，保证在课堂上能看见学生思维交流的过程，让学生回顾学习过程，在归纳和总结中尝试从特殊情况到一般情况，逐步渗透数学思想。同时，我们要为学生提供丰盈的素材，“运用提升”环节的设置，让不同的学生在操作中都有参与的机会，在动手参与、动脑思考的过程中进一步获得思维的发展和进阶。

三、作品叙事

（一）学生作品

学生作品如图 7-36 所示。

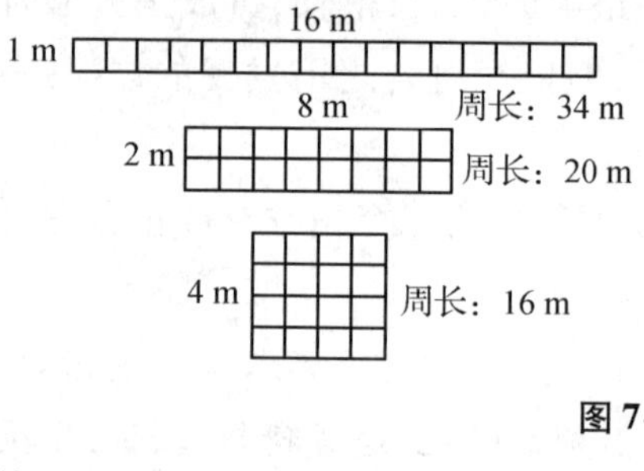

长/m	16	8	4
宽/m	1	2	4
周长/m	34	20	14

图 7-36

（二）作品思考

本节课通过自主探究解决问题的活动，旨在进一步发展数学思维，提高学生问题解决的能力。对刚进入三年级的学生来说，他们的空间观念刚从直观认知过渡到特征认知，解决问题的能力相对不足。学生能力的培养不能一蹴而就，需要借助几何直观循序渐进地引导。

学生在解决问题时，常出现自己思考时没思路，经老师或家长一点拨就立刻恍然大悟的情形，可见理解题意常常会成为学生有效思考的拦路虎。所以课堂伊始，由“‘消失’的两条边去哪里了”展开，学生很快被带入了对周长变化的探究。再通过几何直观，明确地意识到周长变化的原因所在，也为接下来的研究埋下了伏笔。

接着，用16个小正方形去拼长方形和正方形时，学生一开始并不能有序、完整地进行整理，但在同桌交流、班级分享的基础上，逐渐感受到按“每排摆几个，摆几排”这样有序思考的妙处，结合几何直观地体验，慢慢积累起解决问题的策略和经验。之后，在解决“如果用12个小正方形拼，怎样拼周长最短?”这一问题时，再次激发了学生的探究欲望，他们借助16个正方形拼的探究经验，有序地找出了不同的拼法，并结合规律去大胆猜测验证。在这个过程中，学生了解了解决问题的策略，并内化了策略经验，提升了策略意识。

最后，在“自己用任意个边长为1 cm的小正方形拼一个长方形或正方形”的运用提升环节中，他们甚至兴致勃勃地直接跳过了循序渐进的步骤，直接研究更大数目如50个、100个小正方形的拼搭。在此基础上，思维的进阶正在悄然发生。在研究的过程中，有的学生已经逐渐脱离了图形的比较，直接跨向了表格的列举与推算，从而潜移默化地完成了数与形的结合。

整节课的设计，让学生在操作探究的基础上，借助几何直观，感悟数量一定的小正方形拼成长方形和正方形后周长发生变化的原因，用语言表达自己的感悟，进一步探索变化规律。在分析问题、解决问题的过程中，拓展数学思维的深度和广度。

四、专题分析

（一）动手操作，内化抽象特征

皮亚杰将儿童认知发展过程分为感知运动阶段、前运算阶段、具体运算阶段、形式运算阶段。三四年级学生的思维处于具体运算阶段，很多时候仍需要借助对实物或半抽象图形的具体操作促进对抽象模型的建构。课堂上学生借助老师提供的小正方形，经历了三轮“拼一拼”“算一算”的过程，先由2个边长1 cm的小正方形引入，接着过渡到16个边长1 cm的小正方形，再上升到12个边长1 cm的小正方形，分别探究拼成的长方形和正方形周长的情况，最后通过过程中的“比一比”和“试一试”活动，总结出数量一定的小正方形可以拼成不同的长方形，当长方形的长和宽越接近时，周长越长；反之，周长越短。学生借助小正方形的拼搭进行演示、说理，动手操作、自主探究、发现规律的过程变得自然、轻松、高效而且直观。

（二）自主探索，提升策略意识

苏霍姆林斯基说：“让学生体验到一种自己在亲身参与中掌握知识的情感是唤起青少年特有的对知识的兴趣的重要条件。”在数学学习中，创设真实有趣的情境，引导学生动手操作，参与知识的形成过程，能够激发学生的兴趣，使他们在愉悦的操作活动中探究数学知识，发展数学思维。本案例从16个小正方形的探究开始，问题的解决需要考虑到所有可能的结果，还需要计算、比较，学生在这样的情境下经历策略的形成过程，催生策略意识。再到12个小正方形的探究,学生此时会发现前面的规律不能解决问题了,又再次激发策略的心理需求,有的学生调动已经积累的解决问题的经验,有序找出所有的拼法,进而猜测并验证:长和宽相差最大时,周长最长;长和宽相差最小(最接近)时,周长最短。在有挑战性的情境下,学生的思维被盘活了,运用策略解决问题的潜意识逐渐清晰。

(三)经验积累,引领深度学习

美国著名心理学家麦克利兰于1973年提出了一个著名的“素质冰山模型”,如果把数学知识看作一个“冰山模型”的话,那么显性知识是“冰山水面以上的部分”,只是冰山一角,在整个数学学习过程中起决定性作用的是“冰山水面以下的部分”——隐性知识。思想的感悟和经验的积累是一种隐性的东西,但恰恰就是这些隐性的东西在很大程度上影响着人的思想方法。因此,教师在课堂教学中,不仅要让学生理解和把握显性知识,还要深入挖掘其背后的隐性知识,帮助学生积累基础活动经验,渗透数学基本思想。本案例学生通过动手操作发现:用16个小正方形拼长方形和正方形,拼成的正方形周长最短。得出结论后,教师并没有停下探究的脚步,通过问题引领让学生继续思考周长发生变化的根本原因,并借助课件中的动画展示,逐步启发学生发现“长和宽越接近,图形就慢慢变成了一个正方形,隐藏的边就变多了,露出的边即长方形的周长就变短了”。这样,不仅让学生掌握了周长变短的道理,还能够给学生提供一种“可视化”的数学思考方法,为学生下一阶段的数学学习积累数学活动经验。当继续探究“12个正方形怎样拼周长最短?”时,有的学生直接说出拼成3行,每行4个时周长最短,他大胆“猜测”的依据是什么?是一种感觉,这种感觉就建立在对知识本质感悟的基础上,是活动经验的积累内化。恰恰是这种了不起的感觉,助力学生展开深度学习,提升数学思维。

(四)回顾反思,促成思维进阶

课堂上的总结交流与反思环节能让学生更好地互动,碰撞出思维的火花。教师首先提出“谁来分享你的收获”这一问题,让学生在交流、碰撞、融合中回顾一节课的收获,改被动接受为主动分享,强化学生的主人翁意识。接着提出“一起来回想今天的学习过程,我们是怎么做的?”给予学生充足的交流时间进行回顾和梳理,将一个问题逐步汇总为一类问题,注重学生对问题的整体认知,渗透数学思想方法。最后,再通过一道拓展题进行巩固和升华,引发学生积极思考,为学生的思维进阶助力。

苏霍姆林斯基曾说:“在人的心灵深处,都有一种根深蒂固的需要,就是希望自己是一个发现者、研究者和探索者。在儿童的精神世界里,这种需要特别强烈。”“动手做”课例的开发和研究为学生的数学实践、数学思考、数学发展提供了平台和契机,帮助学生建立学好数学的信心,学会未来适应与改变现实世界所需要的终身发展的学习能力。而课例的开发也是一项长期的工程,因此,一线教师也要在平时的教学中多多留心,不断积累、不断提升、不断完善。

(刘　媛)

第八章

“做”中想象，强化空间观念

空间观念主要是指对空间物体或图形的形状、大小及位置关系的认识。能够根据物体特征抽象出几何图形，根据几何图形想象出所描述的实际物体；想象并表达物体的空间方位和相互之间的位置关系；感知并描述图形的运动和变化规律。空间观念有助于理解现实生活中空间物体的形态与结构，是形成空间想象力的经验基础。

案例1
美丽校园还原记

一、开发背景

(一) 素养分析

在小学阶段,空间观念是核心素养的主要表现之一,一般指对空间物体或图形的形状、大小及位置关系的认识。具体包括:首先,能够直接地看出空间物体或图形在空间结构、位置关系、形状大小与运动变化等方面的特征,并抽象出相关的几何概念、模型或问题;其次,能够把自己的想法直观化,或者用几何模型表示抽象的数学对象、形式与结构;最后,能够自觉地把所学的几何知识运用于各种数学的或非数学的具体问题中。

在小学阶段的四个学习领域中,“图形与几何”的许多知识,都对应到核心素养中的空间观念。学生在实际学习中,需要结合现实生活情境,认识并描述常见的图形特征,根据语言信息感受图形的运动,画出相应的图形,并能描述出图形的位置和运动过程,在这一过程中形成初步的空间观念。

(二) 教材分析

在四年级下学期第一单元中,学生学习了“平移、旋转、轴对称”,掌握了平移和旋转的基本方法。这个单元的内容要求学生能用数学的眼光观察生活中的平移、旋转、轴对称现象,并能用数学的语言描述出运动过程,能用数学的方法记录和画图,体会运动前后图形的变与不变,感受数学的美,初步形成空间观念和几何直观。

教材上所有关于平移与旋转的问题,主要要求学生理解基本的图形运动,知道运动的基本特征,对于学生的实际操作,课本通常都会给出明确的方法,学生只需要按照课本进行操作即可。为了降低学生的空间想象难度,让学生更容易感受图形的运动,书本上设计的关于旋转的问题,都是将规则图形绕其中一个顶点进行旋转的。这样的设计降低了初步建立空间观念的难度。

(三) 学情分析

整体来看,四年级学生的空间观念还比较薄弱,尤其对于图形的运动与位置关系,体会很少,部分学生在学习旋转时,需要借助实物直观地进行观察,抽象的空间想象观念还未形成。同时,由于生活经验和环境的不同,学生在空间观念上的差异也较明显。

书本上给出的旋转都是以规则图形的顶点作为旋转中心进行旋转,比如停车场的抬杆、门把手的旋转等。但是学生们在生活中经常见到绕图形中心旋转的现象,比如经常有同学提到摩天轮的旋转、风车的旋转等。大多数同学对这两种旋转的认识比较模糊,无法准确辨析两者的特点。

二、教学实践

(一)学习地图

学习地图如图 8-1 所示。

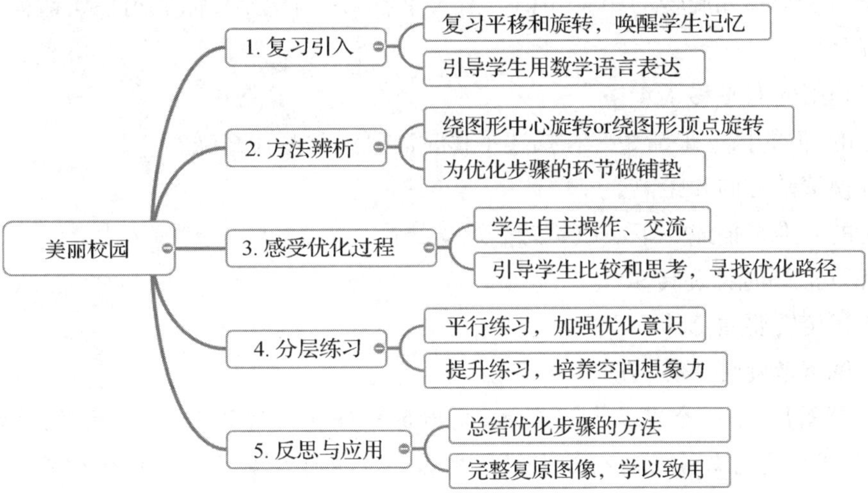

图 8-1

(二)学习目标

(1)经历观察、思考和操作,尝试用平移和旋转还原被打乱的小方块;在动手和比较中发现,绕不同的旋转中心旋转会带来的不同结果。能用数学语言表达并记录平移和旋转的过程。

(2)在观察、比较、操作和交流等活动中,加深对平移和旋转的理解,培养动手能力,提升操作技能,积累数学活动的基本经验;在交流和记录中,培养用数学语言表达事物的能力。

(3)积极参与学习活动并获得成功的体验,培养研究图形运动变化特点的意识和兴趣。

(三)教学现场

片段一:复习引入

师:同学们,今天我们就一起走进校园,来一场特殊的“闯关”游戏。(图 8-2)

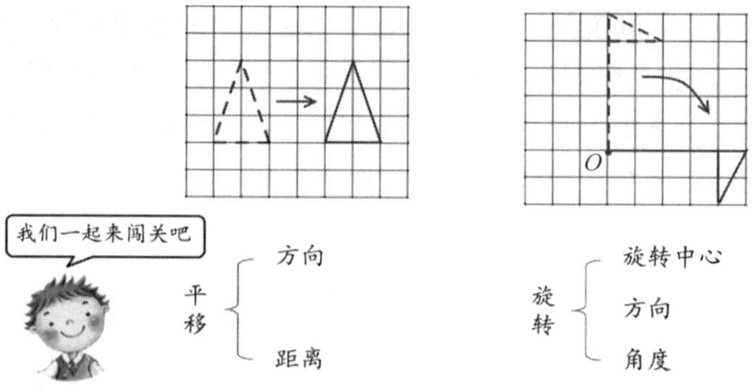

图 8-2

师:要想顺利通关,我们需要先用知识武装我们的头脑。我们来回顾一下,在第一单元中,我们学习了平移和旋转的相关知识。请大家看第一个动画,你能用一句话描述它是怎么运动的吗?

生:三角形向右平移了 4 格。

师:是的,你的描述很清楚。在描述平移时需要注意些什么呢?

生:要说清楚方向和距离。

师:是的。谁来描述一下小旗是怎么运动的?

生:绕 O 点顺时针旋转 90°。

师:描述旋转要注意什么?

生:要说清楚旋转中心、方向和角度。

【设计意图】 第一个环节复习引入,先出示平移和旋转的图,提出问题:你能用一句话描述这个图形是怎么运动的吗?在描述平移和旋转时需要注意些什么?通过学生的回答,复习平移和旋转的知识,唤醒学生的记忆,同时注重引导学生用数学的眼光观察图形的运动,并能用数学语言表达图形的变化,为后续的课程做铺垫。

片段二:方法辨析

师:首先来到第一关。你们认出这是哪里了吗?是的,这是学校的诺贝尔长廊。你能将左边的图片还原成右边的样子吗?请拿出绿色的卡片,动手试一试(图 8-3)。(学生动手操作)

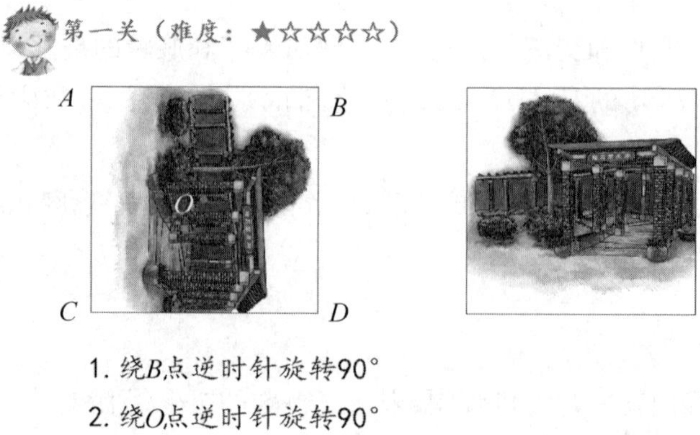

图 8-3

师：谁能说说你是怎么操作的？

生：绕 O 点逆时针旋转 90°。

师：有没有同学和刚才的同学转法不同？

生：绕 A、B、C、D 点为旋转中心，逆时针旋转 90°。

师：（两种转法同屏比较）两种转法能成功还原，这两种转法有什么相同点和不同点？同桌之间轻声讨论。

生：都是逆时针旋转 90°，但是旋转中心不同。

师：也就是说，方向和角度相同，旋转中心不同。第一种是以哪一点为旋转中心？

生：O 点。

师：也就是绕图形的中心旋转。

师：那第二种呢？

生：图片的一个角。

师：也就是绕图形的顶点旋转。

师：大家还发现有什么不同吗？

生：绕图片中心旋转，图形还在原来的方格内，绕顶点旋转，图形会旋转到旁边的方格内。

【设计意图】 在这一环节中，要让学生充分交流。结合课件动态展示，学生不难发现，两种转法的旋转方向和角度相同，但是旋转中心不同，旋转时可以以图形顶点为旋转中心，也可以以图形中心为旋转中心。通过游戏和学具，激发学生兴趣，让学生自主探索、用数学的眼光观察和比较，发现两种旋转的区别，加深对旋转的理解，引发学生的思考。为后续的优化环节打下基础。同时，不断强调用数学语言规范表达并记录过程。

片段三：感受优化过程

师：大家看，这又是校园的哪一处景色呢？老师把这幅图分成了两块并打乱了，你还能将它还原吗？（图 8-4）

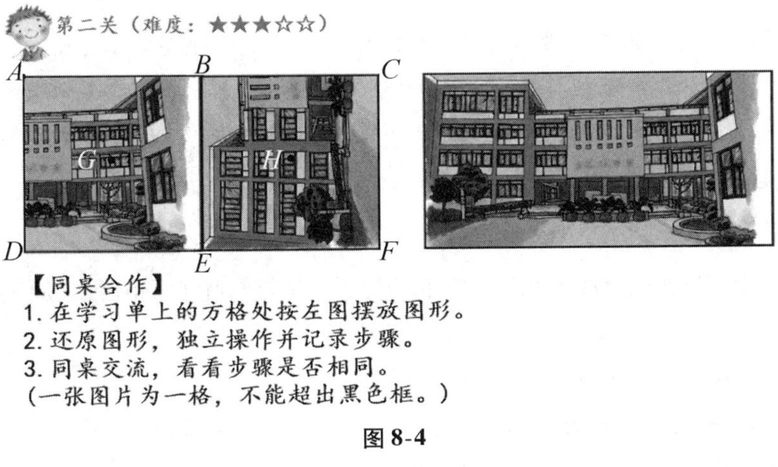

图 8-4

生：能！

师：现在先进行独立操作。操作完成后，再和同桌交流。

师：现在老师手中有两位同学的作品，请这两位同学分别与大家分享一下自己的操作。这幅作品是谁的？先请你展示。

生1：

步骤1：①号图形向右平移一格。

步骤2：②号图形绕 H 点顺时针旋转 $90°$。

步骤3：②号图形向左平移一格。

师：说得很好，请把热烈的掌声送给他。老师把他的步骤展示在课件上。有和他一样的同学吗？

师：谁能说说，为什么①号选择用平移的方法？

生：①号应该在右边，并且不用旋转。

师：②号的操作，你又是怎么想到的？

生：②号应该在左边，所以要平移，但是方向不对，还要旋转一下。

师：也就是说，大家在选择方法前，已经观察过图形和它的位置了。

师：还有一位同学有不同的操作过程，也请他上台展示一下。

生2：

步骤1：①号图形向右平移一格。

步骤2：②号图形绕 B 点顺时针旋转 $90°$。

师：老师把他的步骤也展示在课件上。对于②号的操作，我想问问这位同学，你是怎么想的？

生：②要旋转，位置也要变到左边，所以用顶点做旋转中心。

师：是的。他想到了绕顶点旋转的特点，真会学以致用。

师：大家的方法都很好，相比之下，哪种更简单一些？为什么？

生：第二种。因为右图绕顶点旋转，位置发生了变化，右图就不需要再平移了，节省了平移的步骤。

【设计意图】 这一环节需要充分发挥学生在课堂中的主体功能，让学生自主进行操作、方法选择、交流等。教师在引导学生时需要注意两点：第一，要引导学生说明思考过程和操作的原因，让没能操作成功的同学也能在交流中学习到解决问题的思路和方法。第二，要引导学生进行比较和思考，寻找优化路径，初步形成优化的意识。

片段四：分层练习

师：这次老师把这幅图分成了几块？它们的位置已经被打乱了，你还能还原吗？（图8-5）

合作要求：

（1）在学习单上按右图摆放①、②号图形。

（2）操作还原①、②号图形，记录步骤。

（3）准备汇报：怎么做？为什么这么做？

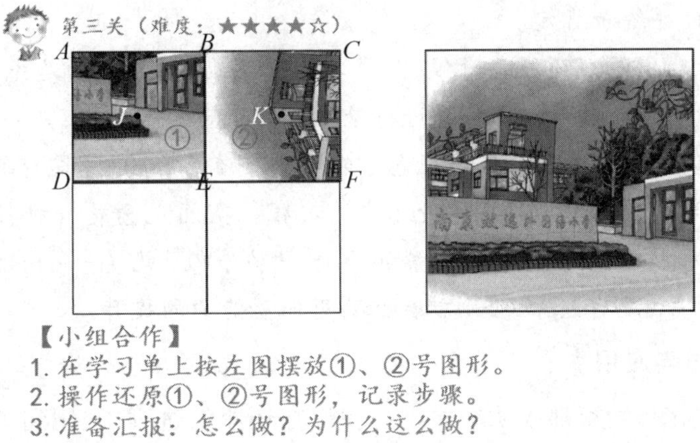

图 8-5

生：① 号图形向右平移一格，再向下平移一格。我观察后发现这个图形应该在右下角的位置，方向是对的，只需要平移就可以。② 号图形绕 B 点逆时针旋转 90°，观察发现②号图形应该在左上角，方向也不对，绕 B 点旋转步骤最少。

师：同意吗？和他们方法相同的小组举手。

师：看来大多数同学都使用了这个方法。老师想请问大家，②号图形能否先绕 K 点旋转，再平移？

生：可以。但是会多一个步骤。

师：是的。看来大家不仅会还原，而且有意识地在思考如何让步骤更少。

师：还有两幅图我们没有还原，这次老师提出了新的要求(图 8-6)，谁来说一说？

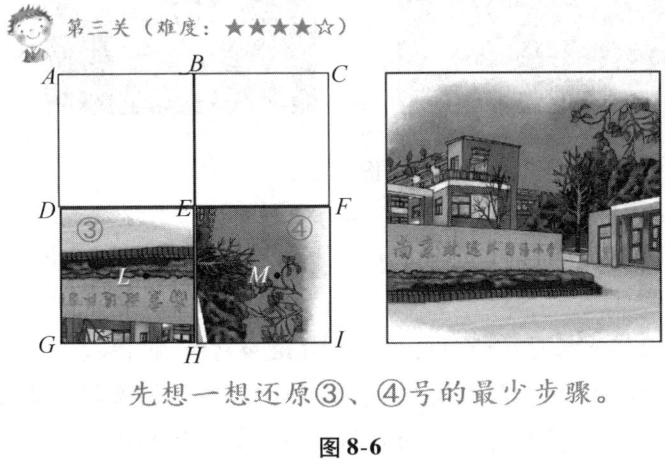

图 8-6

师：注意，这里大家先不动手操作，老师给大家一点时间，独立思考一下怎样还原步骤最少，谁愿意来分享一下？

【设计意图】 这一环节出示一张一分为四并且打乱了的图形。由于难度较高，所以在这一环节将要求分成了两部分。首先是与第二环节相似的平行练习，先请学生小组合作完成前两块的还原。在小组汇报过程中，会发现对于②号图形，大多数小组会选择绕顶点进行旋转。有了上一环节的经验，在这个环节中，大多数学生已经形成了优化步骤的意识。

教师需要及时指出,并给予肯定。

接着在进行后两块图形还原的时候,要求学生先不动手操作,而是先在脑中思考还原的最少步骤,并进行交流,最后动手操作进行验证。对于后两个小块,需要进行进阶能力的设计,让学生在想象和交流中增强空间观念。在学生交流后指出,像这样的动手操作问题,需要经历"观察图形—选择方法—操作验证"的过程。空间观念是一种抽象的思维能力,这一能力的培养,源于对具象图形的观察和操作,"动手做"就是一个非常好的载体。但"动手做"不能只动手,没有想象,否则就会阻碍思维和能力的提升。

片段五:反思与应用

师:刚才的两幅图,大家都成功还原了。我们在还原的过程中,用到了平移、绕中心旋转、绕顶点旋转三种方法。那我们应该在什么时候选择平移,在什么时候选择绕中心旋转或绕顶点旋转呢?

生:在小方块的方向与原图相同时,只要平移改变位置就行;在小方块需要旋转,但是不需要离开所处的格子时,就可以绕图形中心旋转;在小方块既要旋转,又要移动到不同的格子中时,可以尝试绕顶点旋转。

师:你总结得真全面。现在老师将刚才的图重新打乱(图 8-7)。

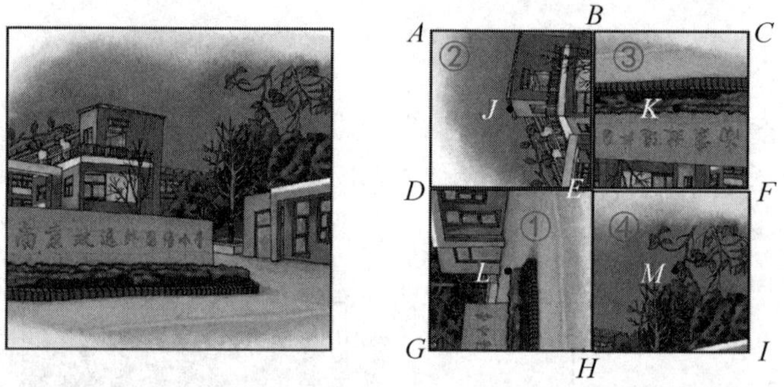

图 8-7

师:这次我们的要求更高,我们要一下子还原所有的图形,并且要求使用最少的还原步骤。有信心吗?先在小组中说一说怎样操作。下面请大家开始操作,最先通关并完成记录的小组就举手示意老师。

【设计意图】 带领学生对前面的内容进行讨论和总结,提问:我们应该在什么时候选择平移,在什么时候选择绕顶点旋转或绕中心旋转?让同学们互相交流刚才操作的经验。在交流过程中,进一步强化对步骤优化的意识,同时对于步骤优化进行总结,形成一般性方法。

在进行操作前给予学生一定时间进行空间想象。汇报的环节保持一定的开放度,让学生自由汇报,对于操作顺序、汇报的方式等,不做明确的要求。上台的小组展示,其余的小组补充。课堂最后让学生回顾闯关过程,谈谈自己的收获。

三、作品叙事

在实际授课中,感受优化过程环节中的方法辨析是整节课程的核心。学生在前一环节知道了旋转时可以选择以图形中心作为旋转中心,也可以选择以图形顶点作为旋转中心。在这个环节,学生需要在尝试、交流、对比中发现这两种方法的异同点,感受不同方法特点对于解决实际的图形变化和移动问题产生的影响。在这一环节,学生要尝试还原一分为二的校园图片,下面是常见的两幅作品。

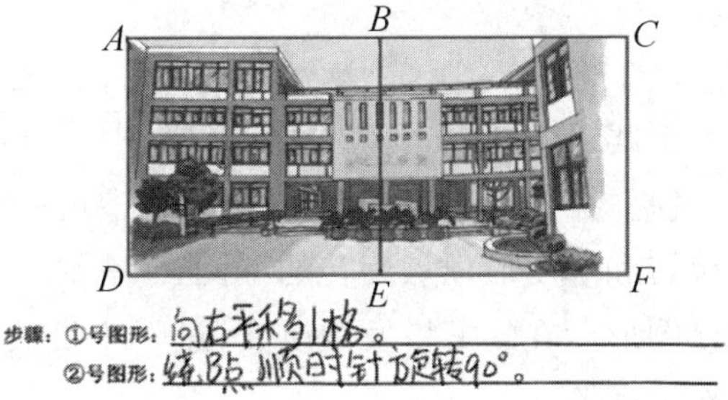

方法 1:

① 号图形向右平移一格。

② 号图形绕 H 点逆时针旋转 90°,向左平移一格。

方法 2:

① 号图形向右平移一格。

② 号图形绕 B 点逆时针旋转 90°。

上课前,教师预设的情况是更多的同学会使用方法 2,绕图形的顶点进行旋转,原因是书本上给出的习题,都是以顶点为旋转中心。但是在实际授课过程中,大多数同学使用了方法 1,绕图形中心旋转之后再进行平移,鲜少有学生能直接使用方法 2 来进行旋转。与学生交谈并分析之后,发现原因有两点:第一,学生在看到问题时发现②号图形的方向是不对的,需要对其进行旋转操作,同时发现②号图形的位置,应该是在左边方格中的。这两个问题在学生眼中是独立的、无关联的,学生下意识地认为需要两个步骤来解决,学生并未意识到绕顶点旋转的操作能改变图形的方向,同时也能改变图形所在的位置。第二,在学生日常的练习中,需要重点观察图形方向上的变化,来确定旋转的方向和角度,很少在日常练习中将旋转与位置的改变联系起来。

在学生出现这样的课堂作品之后,本环节中的比较和优化部分就显得十分重要了。在将两种方法进行对比时,学生能清楚地发现,两种方法都能准确地还原图形,但是方法①更为简洁,同时学生意识到,绕图形中心旋转之后,图形的位置仍然在原方格内,但是绕图形顶点旋转,图形的方向和所在的方格可以同步进行调整。

在后续的平行练习环节,要求先将如图 8-8 所示的图形的前两块进行还原。不出所料,此时所有的小组在讨论之后给出的方案都是绕 B 点顺时针旋转 90°。

图 8-8

至此，学生们在小组合作的过程中，取得了 3 点重大突破。

（1）在知识层面，学生们在操作中进一步加深了对旋转的理解，充分认识到绕图形中心旋转和绕图形顶点旋转的不同，感受到绕图形中心旋转不仅可以改变图形的方向，也可以使图形所在的方格发生改变，进一步发展了空间观念，对图形的运动和位置的变化产生了新的理解。

（2）在思维能力层面，学生们在对比中感受到了优化的过程，并能在新的问题中优化自己的操作步骤，对自己的数学操作和行为进行完善，发展了学生的推理意识与应用意识。

（3）在价值观层面，学生们在动手之中，通过自己的努力及小组合作完成了图形的还原，也完成了对步骤的优化。在这个过程中，学生们积累了自信，收获了信心，感受到了合作对于处理问题带来的帮助。

四、专题分析

“空间观念”是《义务教育数学课程标准（2022 版）》中明确指出的核心素养之一，要求学生想象并表达物体的空间方位和相互之间的位置关系；感知并描述图形的运动和变化规律。培养学生的空间观念正是数学教学的难点之一。而“动手做”对于学生空间观念的养成，是有着非凡的意义的。瑞士著名教育心理学家皮亚杰深刻地指出：“学生的思维是从动作开始的，切断动作与思维的联系，思维就不能得到发展。”“动手做”则可以作为空间观念培养的优秀载体，在操作的过程中，对图形的变化和特点进行深入的认知，让学生在充分感知的基础上，深化概念表象，在知识的内化过程中逐步形成空间观念。

在课程环节设计上，就如何放大“动手做”对于学生空间思维的提升，可从以下几点入手。

（一）既“有趣”又“烧脑”

对于小学生来说，许多数学问题比较枯燥，而空间问题对于初次接触几何问题的学生来说难度也较高，学生会有一定的畏难情绪。而游戏则是调动其积极性的最佳方式。因此，在实际教学中，教师可以根据教学内容，将“动手做”的实践活动，设置为合理的小游戏,真正去“做”,才能真正实现用儿童的方式去抵达数学的内核,遵循学生的身心发展规律,让学生用自己喜爱的形式去学习数学和探究数学知识。学生在一种轻松愉快的课堂氛围下,身心和思维都得到了发展,数学学习效果也得到了增强。

形式上要有趣味,但是在思维上要有梯度和深度。要给学生设置不同层次的问题,逐级深入,层层递进,让学生感受到动手操作的重要性和有效性,通过操作将外部活动转化为思维活动和心理活动,建立心理表征,学生的数学认知能力才能得到真正的发展,学生的学习能力才能得到提高,学生的数学核心素养才能得以生成。

(二) 既“合力”又“合智”

数学空间观念的培养对于四年级的小学生来说,是一个全新的、从无到有的建立过程。这种新建的过程会使他们感受到一定的难度,在理解和学习过程中许多学生会遇到困难。同时,部分基础较差的学生与基础较好的同学之间所拥有的空间能力相差很大,可能会导致部分学生对于空间和几何的学习信心不足,甚至出现抵触情绪。在“动手做”课堂,如果都是单人活动,容易成为一些空间能力较强学生的“个人表演”舞台,有的同学真的在“做”,而有的同学只能“看”别的同学做。如何让空间能力和思维能力不同的同学都能“做”起来?在课堂教学环节设计时,可以在小组中采用“个人操作—小组交流—合作呈现”的方式,让每个学生都有操作的空间、思考的时间,最后将大家的智慧形成合力,让不同程度、不同基础的学生都能有所收获。像这样具有协助性的数学课程学习过程,更能使学生获得主观上较好的数学课程学习体验,增强学生对学习数学知识的信心。

(三) 既“成功”又“成长”

学生在课堂上往往关注能否“做出来”、操作能否成功、图形的变化是否正确。而教师则要让学生们关注到,为什么要这么做?什么样的图形可以有什么样的做法?学生不仅要收获成功的喜悦,在操作上做对,更要加入想象和总结,通过对直观图形透彻的观察,形成空间想象力和推理力。将操作与想象结合,在直观的操作和观察中切实发展空间能力,加强对理论概念和图形变化的抽象认识,在思维上获得成长。

“动手做”是数学教学的重要环节之一,是助推学生掌握知识、发展潜能的桥梁,是学生求知过程中的重要一环。空间观念的形成,是学生视觉、触觉、感觉的共同发展过程,“动手做”则是让学生眼、手、脑协同的认知活动。我们要让观察、操作、思考的过程,助推学生的思维变为“动作的思维”,助推学生的操作变为“思维的操作”,切实发展学生的空间观念。

(陈 彧)

案例2
有趣的方格游戏

一、开发背景

(一) 素养分析

在苏教版小学数学三年级上册“长方形和正方形”的学习中,图形的变化与周长的变化之间的关系产生了难点与困点。如:多个正方形进行拼接时,新图形的周长与原本图形的周长之间有什么变化和联系?正方形在与某一具体的复杂图形拼接时,周长又会有什么变化?在去掉一个或若干个小正方形时,周长是怎样变化的,是否有规律可循?

学生在解决以上问题时,感到非常困难,甚至无从下手,究其本质是“空间观念”这一核心素养的缺失,是“感知并描述图形的运动和变化规律”能力的缺失。同时,平面图形的认识又是三维图形认识与感知的基础。所以,培养学生“空间观念”这一核心素养的任务极其重要,如何在平面图形的教学中落实这一具体任务也亟待解决。

(二) 教材分析

本节课基于苏教版小学数学三年级上册的第三单元“长方形和正方形”进行展开。在前面的学习中学生已经经历了图形学习的第一阶段:认识基本图形形状,包括长方形和正方形的认识,掌握米、分米、厘米、毫米这些“长度单位”。从本单元开始,学生进入认识平面图形的第二阶段:学习平面图形的特征,以及周长或面积的计算。

全单元编排了三道例题,具体安排如下:例1,长方形的特征、正方形的特征;例2,平面图形周长的含义;例3,计算长方形周长、正方形周长的方法。《义务教育数学课程标准(2022年版)》对这些内容的教学要求是结合实例认识周长;探索并掌握长方形、正方形的周长的计算公式,在图形的认识与测量过程中,增强空间观念和量感。从这些教学要求的表述,我们可以看到教学内容虽然传统,但教学方式绝不能守旧。

(三) 学情分析

1. 分析目的

进行学情分析是贯彻“因材施教”原则的必然要求,教师要按照学生的思维和进度施教,为学生的主动学习提供服务。这些思想都说明,学生的群体和个体差异决定着教育的内容、方法和进度的不同。任何教学活动都要以激发学生的学习动机、引发学生的学习兴趣、满足学生的学习需要、符合学生的学习水平为出发点和落脚点。进行学情分析是优化教学设计的必要前提,学情分析既是教学目标设定的基础,也是教学内容解析的依据,还是教学策略选择与教学活动设计的落脚点。总之,学情是对以学生为中心的教学理念的具体落实。

2. 分析方法

(1) 整体性的学情分析方法——问卷调查。

(2) 形成性的学情分析方法——观察和提问、批改作业。

(3) 深层次的学情分析方法——个别访谈。

3. 学生在哪里

学生对于基本的规则图形的周长能直接计算,对于不规则图形的周长大部分学生能直接数出来,少部分学生会用平移转化的思路来进行计算。

4. 学生去哪里

借助合理的、有趣的素材,激发学生兴趣,进一步锻炼学生计算周长的能力,丰富学生对于图形周长的认识。在游戏的过程中,能理解周长变化的原因,分析周长变化的本质。引导学生从图形的直观感知到探索特征,并进行图形的度量。

二、教学实践

(一) 学习地图

学习地图如图 8-9 所示。

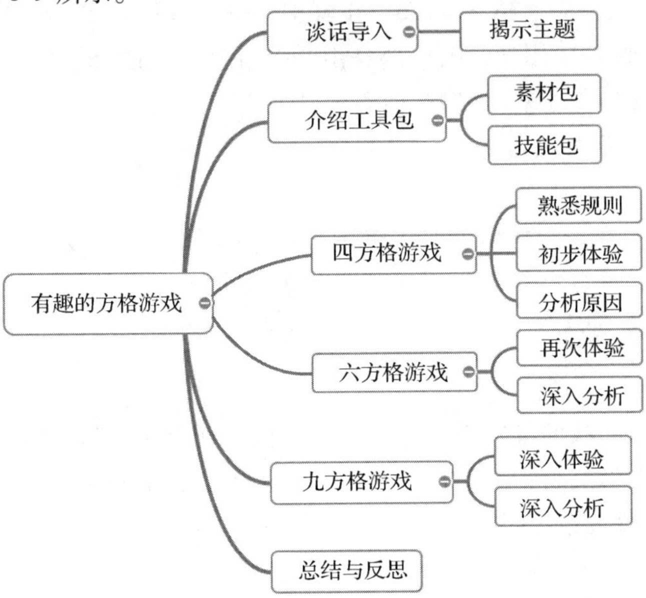

图 8-9

(二) 学习目标

(1) 通过观察、操作、比较及计算等活动,强化对周长的认识,会巧算不规则图形的周长,掌握图形的周长不变的秘密:图形增加和减少的边数不变,并能将这一发现应用于后面的游戏环节。

(2) 经历观察、实验、猜想、证明等数学活动过程,发展合情的推理能力和初步的演绎推理能力,能有条理地、清晰地阐述自己的观点。

(3) 进一步发展所必需的重要数学知识(包括数学事实、数学活动经验)及基本的数学思想方法和必要的应用技能;初步学会运用数学的思维方式去观察、分析现实社会,去解决日常生活中和其他学科中的数学问题,增强应用数学的意识;体会数学与自然及人类社会的密切联系;了解数学的价值,增进对数学的理解和学好数学的信心;具有初步的创新精神和实践能力。

(三) 教学现场

片段一:谈话导入

师:同学们,你们听说过俄罗斯方块这个游戏吗?

生:听说过。

师:老师在网上找了一段2018年俄罗斯方块世锦赛决赛的视频,让我们一起走进比赛的现场。(播放视频)

师:这是一位16岁少年和一位先后7年夺冠的传奇选手的比赛,最后发生了什么?

生:最后这个16岁的少年赢了。

师:那你知道这个游戏的规则是什么吗?

生:就是一些方块会从上往下掉,要是正好把那一层填满了,那一层就会消掉。

师:是的。这个游戏中用到的图形都是由4个方格组成的,但是今天老师要和大家玩的是升级版的俄罗斯方块游戏,你们有信心接受挑战吗?

(揭题:有趣的方格游戏)

生:有信心。

【设计意图】 从激烈的比赛现场视频导入本节课的内容,激发学生的学习热情,并且比赛内容与本节课的学习内容紧密贴合,也就顺其自然地揭示了课题。

片段二:介绍工具包

1. 素材包

师:在玩游戏之前,我们首先来重新认识一下俄罗斯方块,将这些俄罗斯方块画下来,就会发现其实这些图形是由一个个方格组成的。这是一方格,这是二方格,这是三方格,除了排成一排,还有其他的情况吗?

生:还可以一行2个,一行1个。

师:是这样子的吗?接下来是?

生：四方格。

师：四方格比刚才的情况要多一些，你能把想到的情况描述一下吗？想到几个就说几个。

生：有正方形，有长方形，有闪电形，有L形，还有T字形。

师：（依次出示5个不同的四方格）刚才我们说今天的游戏是升级版的，所以游戏中我们还会用到像这样的六方格和九方格。

2. 技能包

师：要想在游戏中顺利通关，除了认识游戏中的这些图形，还要运用到之前学习的一些数学知识。下面谁来大声地把要求读给大家听？

生：每一个小正方形的边长是1 cm，下面每个图形的周长分别是多少呢？（图8-10）

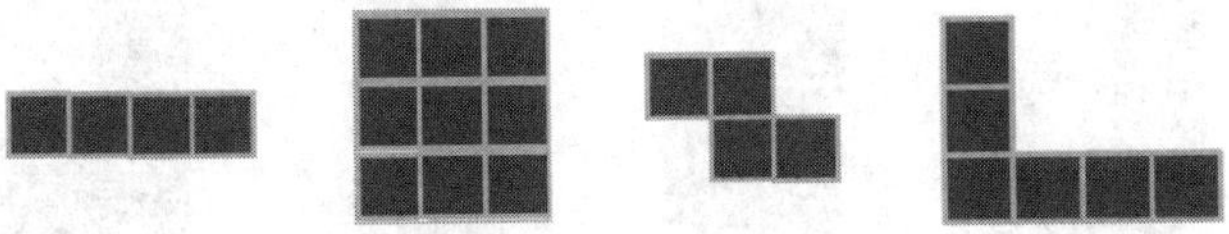

图8-10

（小组内每人选择一个图形计算周长，直接汇报周长分别是多少）

师：前两个是长方形和正方形这样的规则图形，它们的周长计算方法大家都很熟悉了，后两个都是不规则图形，像这样的不规则图形的周长该怎么算呢？（板书：不规则图形）比如第3个图形，你能上来把你的计算方法展示给我们看吗？

生：把这条边平移到这条边，这条边平移到这条边，就正好变成一个规则的长方形了。

师：是的。像这样通过平移把不规则的图形转化成规则图形，能够帮助我们快速计算出图形的周长（图8-11）。（板书：平移、转化）

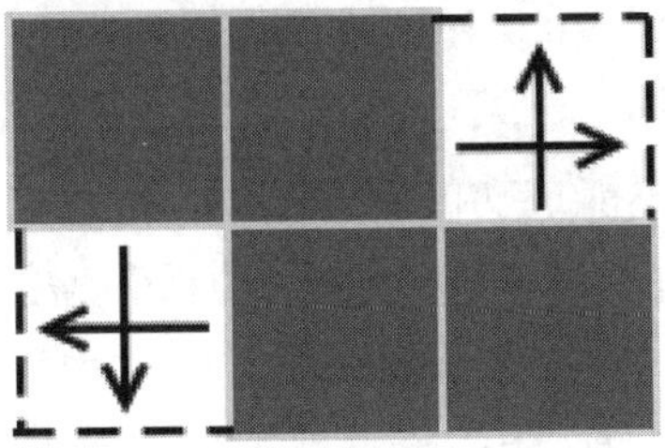

图8-11

【设计意图】 工具包的介绍本质是对于前面所学知识的回顾与总结，通过工具包这样子的“包装”就将知识回顾这一过程趣味化了，也就能在趣味中完成“游戏”的前置准备。

片段三：四方格游戏——增加1个或2个方格，周长不变

1. 熟悉规则

师：游戏的工具包已经准备就绪，下面我们就正式进入期待已久的游戏环节。先来听一听小致和小远打算怎么玩这个游戏。

（播放语音：给一个图形添上1个或2小方格，使周长不变）

师：这个俄罗斯方块游戏的规则是什么，你能用一句话总结一下吗？

生：给一个图形添上1个或2个方格，但图形的周长不变。

2. 初步体验

师：那我们就从四方格开始，自己先想一想，如果你会玩了，就举起你的手。

师：哪位同学想先来玩一玩？

（请学生上来操作课件，学生用1个或2个方格在课件上操作，请3名学生，呈现2对1错的情况，教师通过遥控器判断，若操作正确，有声音提示）

3. 分析原因

师：小致和小远也玩了这个游戏，他们分别进行了以下四种尝试（图8-12）。

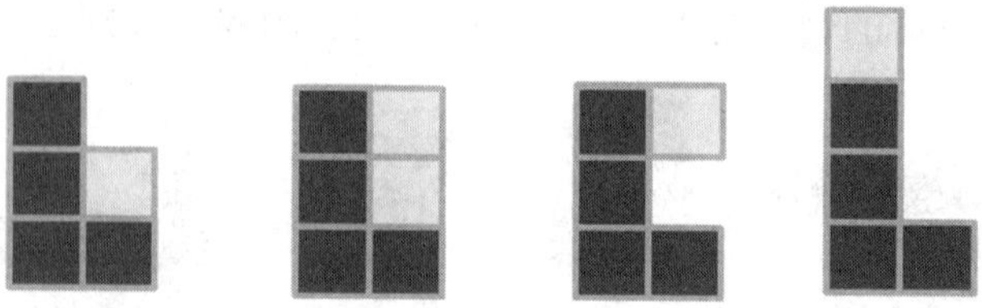

图 8-12

师：前两种周长不变，而后两种却没有成功。你能帮他们分析其中的原因吗？请先自己想一想，再小组讨论。

（交流时，学生任意指着图说理由，然后再聚焦到第1个图进行具体分析）

方法1：添加前和添加后的图形，通过平移，都可以转化成这个长方形，因此，周长不变。

方法2：直接观察添加后的图形，添加1个正方形后，减少了两条边，同时增加了另外两条边，减少的边数与增加的边数相同，因此，周长不变。

师：现在你知道这个图形消失的理由了吗？

生：减少3条边的同时增加了3条边，因此，周长不变。

师：你能快速判断这两幅不能成功的原因吗？

生：减少了1条边，却增加了3条边，减少的边数和增加的边数不同，因此，周长发生了改变。

小结：在研究周长是否改变时，我们可以把不规则图形转化成规则图形，还可以深入图形的内部，直接分析减少与增加的边数，一步一步深入学习。

【设计意图】 游戏的整体难度是偏大的，这也决定了学生的学习路径必须是循序渐进，不是一蹴而就的。所以就要对游戏进行分段切片，先玩四方格，在玩的过程中熟悉规则，并初步感受游戏中“周长不变”的奥秘所在。

片段四：六方格游戏——添加1个或几个方格，周长不变

1. 再次体验

师：通过刚才的游戏，我们已经发现游戏中隐藏的数学奥秘，敢不敢挑战更有难度的？这是六方格。游戏规则不变，添加1个或几个方格使周长不变。来吧，想来的举手！（请3人）

师:还有别的摆法吗?看来方法还挺多的,请拿出 1 号素材包,里面有一个六方格和几个一方格。

游戏要求:

(1) 摆一摆:一个人摆,其他人当裁判,轮流操作。

(2) 画一画:把摆出的所有情况记录在学习单上。

师:可以摆,也可以画下来。

(小组活动,教师巡视)

2. 深入分析

汇报(展示学习单):让学生说出自己想出了几种摆法及将小方格摆在了哪里。

师:男生判断前两幅图能否成功,女生判断后两幅图能否成功。

师:在添加的过程中,你觉得哪个位置是必须要摆的?

生:拐角处的小方格是一定要摆的。

师:看来这是一个关键的位置。为什么把方格放在这里周长就不变了呢?

生:因为增加的边数和减少的边数相等。

师:像这样行吗?(教师在学习单上画出一个摆法让学生判断)为什么?

生:增减的边数不同。

师:现在你知道这个游戏的秘诀了吗,如何能保证周长不变?

生 1:增加和减少的边数相等。

生 2:要放在拐角的位置。

师:周长不变的原因是什么?

生:增加方格的时候,要保持图形增加和减少的边数相等。

(板书:形状改变、周长不变、增加和减少的边数相等)

【设计意图】 这一环节是知识揭秘环节。在上一环节完成游戏的初步尝试后,在本环节就要进一步去玩难度更高一点的游戏,并且要在这一环节揭示“周长不变”的奥秘。因为学生已经具备了游戏经验,所以这一环节让学生自由探索,充分调动学生学习的主动性。

片段五:九方格游戏——减少 1 个或几个方格,周长不变

1. 深入体验

师:刚才我们都是增加方格使周长不变,下面看看小致和小远又有什么新玩法!

(播放录音:在九方格中去掉 1 个或几个方格,使周长保持不变)

师:你们想不想玩这个游戏?为了游戏的公平性,老师先给你们一些时间,在小组内交流,你们可以把想到的方法画出来,你想减少哪个方格,就在那个方格上画 ×! 开始计时(倒计时 1 分 30 秒)

(小组活动,教师巡视)

(每个小组上来两人进行小组对抗,玩两次。每次玩完之后请学生观察减掉的方格的

位置，不说话，只体会，最后采访两组的冠军）

师：你们能跟我们分享一下你们获胜的小秘诀吗？（让两人说一说）

生：找角上的小方格。

师：看来他们在减少方格的时候，都关注到要从角上去掉方格，这是为什么呢？我们一起来分析分析。

2. 深入分析

出示12个图形（周长不变和周长改变两种情况）（图8-13）。

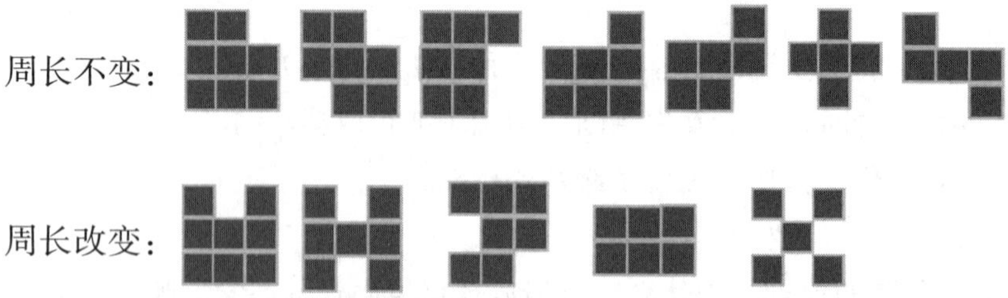

图8-13

师：刚才游戏中出现了很多种减少方格的方法，老师把这些方法都列出来了，有的周长不变，有的周长改变。在减少方格的时候，有一个位置也很重要，你们发现了吗？

生：都去掉了角上的方格。

师：是的，我们就先来研究去掉一个角上的方格的情况。

展示去掉一个方格的图（图8-14）。

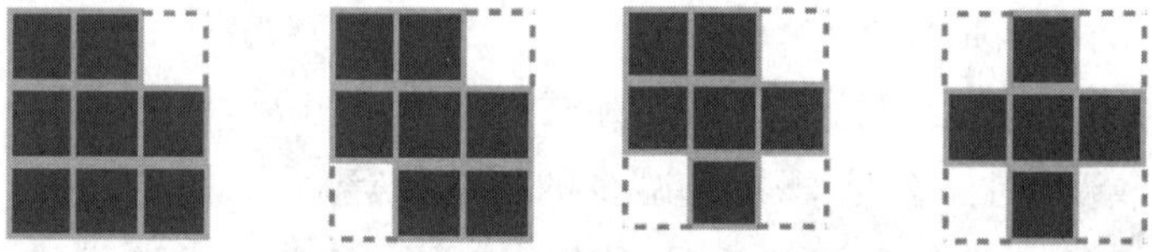

图8-14

师：原来是一个九方格，去掉一个方格后，为什么周长不变？

生：因为减少了2条边，同时增加了两条边，也就是增加的和减少的边数相等，所以周长不变。

师：去掉2个角上的方格，周长会变吗？

生：不变，道理和前面是一样的。

师：是的，道理和去掉1个方格是一样的。那么去掉3个和4个方格，周长会变吗？

生：都不变。

展示去掉2个小方格的图（图8-15）。

图8-15

师：是不是去掉角上的方格都可以呢？我们再来研究一下这两个图形，它们都去掉了2个方格，①号都是角上的位置，为什么一个周长不变，另一个周长却改变了呢？

生：因为左边这个图再去掉的是与①号相邻的方格，减少了3条边又增加了3条边，所以周长不变，而右边这幅图中，再去掉的是和①号角上的方格不相邻的一个方格，减少了3条边，但是增加了5条边，所以周长发生了变化。

师：看来，再去掉的那个方格的位置也很重要。角上的这个方格称为①号，左图中再去掉的②号方格与①号是相邻的；而右图中去掉的②号方格与①号不相邻。只有增加和减少的边数相等，周长才保持不变。

师：思考一下已经去掉一个角上的方格后，如果需要再去掉一个方格，你觉得可以去掉哪个位置的方格呢？

生：要么再去掉一个角上的方格，要么再去掉一个与已经去掉的方格相邻的方格。

【设计意图】 当学生掌握好“增加方格周长不变”的奥秘后，就需要新的游戏环节来检验学生是否真的掌握其中的奥秘，并且这一环节还要具备进阶性，要做到既有检验又有拔高。因此在最后一个游戏中，设置了九方格，从增加方格变成了减少方格。难度升级的同时趣味性也进一步升级。

片段六：总结与反思

师：同学们，今天我们玩了一个有趣的方格游戏，你们不仅玩得很投入、很开心，小脑袋转得也非常快。玩了这么多轮游戏，你觉得无论是添加方格，还是减少方格，保持周长不变的秘诀是什么？

生：只有增加和减少的边数相等，周长才保持不变。

师：看来你们已经顺利通关，在以后的学习中你们也可以尝试运用所学的数学知识设计不同的游戏。今天的游戏就到这里，下课！

【设计意图】 学而不思则罔，思而不学则殆。在游戏的背后，是数学思维的训练，是对于知识更深刻的认识和理解。因此，最后一个环节就必须是学生的总结与反思，总结收获和提出新的质疑。

三、作品叙事

（一）学生作品1

学习过程中的学习单如图8-16所示。

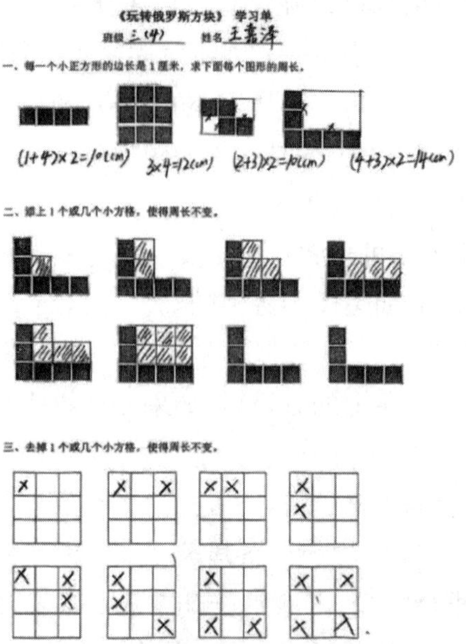

图 8-16

(二) 作品思考 1

这是学生在上课过程中完成的学习单,它能清楚地反映出学生上课时的思路。

首先是第一题也就是“工具包”的学习。可以看到,学生不仅能够快速计算出规则图形比如长方形和正方形的周长,还能用“平移法”计算出不规则图形的周长。这样也就让我们更加明确了学生具备计算周长的能力,也证明了我们后续教学设计的科学性。后面的教学不应该局限于计算周长,不应该拘泥于周长的代数计算,而应该进一步深入图形的内部去分析,进一步加深学生对于图形周长的认识。

接下来是第二题也就是“六方格”游戏的记录。教师在设计时,特意没有在“四方格”游戏处设置学习单的记录。因为“四方格”较为基础、简单,重点在于观察、体会周长的变与不变,“六方格”则对于思维的要求进一步变高,利用学习单记录下来再去思考、比较就有了其必要性。我们可以看到,教师特意多给了几幅图,留出思考的空间,也方便教师接下来直接在学生的作品上进行记录和分析。我们从学生的学习单上可以看到,学生基本能画出“周长不变”的几种情况,也基本证明了前面“四方格”的教学是有效的。但是,也能看出学生在思考的过程中无序中透露出有序,我们要帮助学生厘清其中的思考重点和逻辑。所以在这一环节,请学生上台分析强调的 3 个层次也就自然而有必要了。

(1) 哪个位置必须要摆?

(2) 像这样子行吗?(教师给出一个错误例子)

(3) 周长不变的秘诀是什么?

这三个问题直接指向“空间观念”这一核心素养,让学生在动态的变化中感受图形的形状和大小的变化,探寻图形变化的规律,培养空间观念。

最后是九方格的游戏记录。学生在这里记录的目的与前面不同，他需要在限定时间内（1分30秒）内找到游戏的秘诀，然后再为后面的上台游戏提供指导。从学生的学习单上可以看到，学生能大致知道有一些情况会让周长不变，但因为问题本身的复杂性，学生很难有逻辑地列出所有情况，也很难找出其中的规律。这些实际情况也为我们后面的教学提供了指导。因为学生较难发现所有情况，所以在游戏之后将所有情况列出让学生比较观察，加深体会，为后续的理性思考打好基础。理性思考的部分又分为以下4层：

（1）哪个位置很重要？

（2）去掉一个角上的方格周长不变，类比到四个角的位置。

（3）去掉角上的方格就一定可以吗？

（4）去掉一个角上的方格，另一个方格应该去掉哪个位置的？

理性思考层次同样渗透了“空间观念”的培养过程，学生在此过程中，已经逐渐能够意识到图形的变化引起的周长变化，深入图形内部分析和认识图形。

在最后环节，教学并没有将问题全部打开，而这个学习单也正好给我们提供了学情支持:学生很难处理清楚所有情况。将思维难度控制在了一个合理区间也就是最近发展区，更有利学生思维的发展与进阶。

（三）学生作品2

小作文。

数学课，玩游戏

今天，韦老师来我们班上了一节数学课，可是他一开始就说这不是一节课，而是一个游戏。我想，老师肯定是开玩笑的。他把一个应用题加一个小致、小远，就变成游戏了，这可一点儿都不好玩。

可是，上着上着，我就发现今天老师好像没有开玩笑，好像真的是在玩游戏，太好玩了。特别是最后那个请两个组的同学上去玩的游戏非常有意思，我还代表我们组上去玩了。老师还请我和大家分享了我获胜的小窍门，其实就是一定要去掉角上的那个方块。后来老师还带我们一起总结游戏的小窍门，我也学习到了不仅要去掉角上的那个方块，还不能单独去掉中间那个方块。

今天的数学课不仅玩得很开心，而且还让我学到了这么多知识，以后我还想上！

（四）作品思考2

我们一直在强调要让数学学习应用于实际生活，于是我们会在教学中创设很多教学场景，可是从学生的表述来看，平时教学中的教学场景难免会需要情境才有情境，而不是因为真的需要如此。教学情境要再用心一些，再有趣一些，尽量避免出现“不好玩”的情况。从学生表述来看，这节课例中呈现的“大情境”是学生所喜欢的，也为以后的“动手做”课程指引了方向。

这位学生特意提及了九方格游戏，看来上台对抗的形式也能极大激发学生的学习兴趣。从这位同学的思考过程中我们也可以看到，学生一开始是能够发现那个特殊位置的，也就是我们设置的第一层次，而后面的内容学生很难联想到，所以后面设置的几个层次逐渐升级，让学生的思维得到了发展和进阶。

从这位同学的小作文中我们可以看出，“动手做”是适合学生思维发展的，确实能让学生认识事实并且发现规律，也让学生积累了学习经验、活动经验，学生在快乐学习的过程中，思维得到进阶，也就是“做出思维”。

四、专题分析

在本节动手做的课例中，聚焦对学生“空间观念”这一核心素养的培养。从一开始的四方格游戏，加深学生对周长的认识，将“空间观念”作为种子埋下，然后在后面的六方格游戏中又将图形进一步变化，在拼接中，“空间观念”自然生成。最后的九方格建构学生的思维，使“空间观念”在学生的思维中不断发展。

（一）在“境”中“做”出“空间”

学生在通过教材学习求解周长大小的时候是对于计算的反复练习，教学内容较为死板，而且并没有去研究图形周长变化的根本原因。在本节课中，首先将问题置于“俄罗斯方块”的情境中激发学生学习的热情，其次将“周长变与不变”的过程通过动手做的方式逐渐去揭秘，将这一复杂的抽象的问题逐渐具象化、简单化。学生的“空间观念”在这一过程中逐渐得到培养。

通过俄罗斯方块世锦赛的比赛视频将学生引入这节课程的“大情境”——“玩转俄罗斯方块”，随后将游戏改编，增加课堂的趣味性。在“玩转俄罗斯方块”这一大情境之下，将课堂逐渐展开。介绍游戏的“工具包”后，开始玩游戏，游戏又分为三个活动：①四方格游戏；②六方格游戏；③九方格游戏。三个游戏中前两个为“添一添”，后一个为“去一去”，游戏的层次鲜明，难度逐渐升级具有阶梯性。学生的思维在这样的游戏中也在逐渐进阶，不会因为游戏过于简单觉得乏味，也不会因为游戏太难而无法激发游戏热情，真正地帮助学生：做中有思，做出思维。

（二）在“生”中“思”出“空间”

“动手做”首先要思考的是为什么要“动手做”，一定是有需求才会去做，而这个过程最重要，想清楚为什么要这么去做才会在后续的操作过程中去反思、改善操作方法。有需求之后，就会动手去做，在动手操作的过程中就需要去思考怎么去做。做完之后，要注意回顾、反思、总结。

本案例在学生层面给予了一定程度的思考空间，从一开始的“工具包”的引入来复习旧知、激发兴趣，到后面的三个不同层次的活动，这一连串的思维逻辑是清晰且层层递进的。更重要的是，每一个“动手操作”的环节都有其必要性，都是以学生为主体而自然生成的。从一开始的学生采用平移法进行图形周长的计算，为本节课后面的生成提供了知识基础。到四方格游戏时，学生先上来尝试，初步感受游戏、理解游戏规则，在遇到“周长变与不变”的问题时，又自然需要讨论、回顾游戏过程。再到六方格时，学生再次体验，但游戏难度也进一步升级，学生需要应用前一环节的知识来帮助自己，并且只有画下来或者摆出来实际操作的过程，才能去分析周长变化的原因。最后到九方格游戏时，学生先实际操作，感受游戏的奥秘，最后在接下来的游戏环节拿下小组比赛的冠军。

在这样层次分明、以学生为主体的操作活动中，学生也逐渐明确“增加和减少的边数相等，周长不变”这一结论。在回顾与反思时，学生有话可说，是因为真的有收获，真的在本节课的学习过程中有了成长。

（三）“做”“思”结合中养成“空间”

“动手做”是认识事实和发现规律的方法和手段，更是渗透思想和积累经验的载体和平台。在本节“动手做”的课例中，我们看到了学生思维的不断进阶。从一开始只是简单地熟悉规则，到最后能快速地判断图形周长的变化情况，学生获得了很大的成长。最重要的是，学生从一开始懵懂的图形感知，到后来能深入图形的内部进行探索、分析，这体现的正是“空间观念”这一核心素养的发展。

当然了，学生的思维进阶一定是基于一个个具体的需要教师精心设计的活动。就像在本节课例中，教师要精心设计大情境中的每一个细节，提供基本的素材：若干个一方格、四方格、六方格。游戏环节要真实、有趣，要在课件上让学生体会到互动感、竞技感。每一个游戏环节要设置合适的核心问题，通过核心问题让学生自主回顾活动过程，注意“做”与“思”的结合。例如，在六方格游戏中，学生兴致高昂，玩得很开心，但是用核心问题“周长不变的原因是什么?”就让课堂不仅变得有趣也更加丰富了。只有在这样精心设计的教学过程中，学生才能“做”出思维，“做”出进阶。

（韦　斌）

案例3
怎样包装表面积最小

一、开发背景

(一) 素养分析

这节课在“猜想—验证—结论”的这一过程中,培养学生的数学思维、空间观念、数据分析和解决数学实际问题的能力,教学环节指向了学生空间观念的数学核心素养,使学生从初步感知到提出猜想,再到自主验证,进而得出结论。本节课意在通过有序的探究教学让学生充分经历验证的过程,通过动手操作摆放多米诺骨牌的空间位置,感受多米诺骨牌相互之间的位置关系,进而开展有效的分析。有规律的探索既是一个循序渐进的过程,也是一个基于比较与分析,找出“联系” 并发现“共性”的过程。在具体的教学环节中,学生通过实物操作、数据分析与空间想象,初步感知包装的表面积不仅与重叠面的大小有关,也与拼成长方体的长、宽、高有关。最终实现学生在回顾完整教学过程中,提升自主探究数学问题的能力与空间想象能力,也为今后的研究性学习提供了有效的数学活动经验。

(二) 教材分析

本案例是基于苏教版六年级上册“长方体和正方体”这一单元的内容进行创新开发的,在六年级上学期学生已经系统学习了“长方体和正方体”这个单元,教材中包含了长方体和正方体的认识、长方体和正方体的表面积、体积和容积单位、长方体与正方体的体积及单位换算这几个方面的内容,学生相应地掌握了长方体和正方体表面积和体积的基本计算方法,但教材中缺乏三个以上长方体摆拼时表面积最小的素材。基于六年级学生已有的知识与经验,情境素材选用了学生熟悉的多米诺骨牌拼的包装情况进行引入,引导学生先通过同桌合作摆一摆、画一画找出三块多米诺骨牌拼的所有包装情况,学生在合作与交流中找出三种包装的方法,从而展开一系列教学活动。这节课意在从知识的本质出发,从学生已有的知识与经验出发,让学生通过动手操作从具象向抽象过渡。

(三) 学情分析

在校本练习中,六年级学生已经能解决两个长方体摆拼成表面积最小的大长方体的问题,同时也知道重叠面越大,表面积越小,但是学生在解决三个以上长方体摆拼表面积最小的问题时往往不知所措，学生的空间观念不强，缺乏空间想象能力，当小长方体的数量较多时，再通过摆一摆、画一画就比较麻烦，因为学生在学习的过程中并没有形成解决表面积最小的情况的一般性方法，只能停留在直观操作层面。基于学生的学情分析，本案例采用“动手做”来培养学生的空间观念，“动手做”的目的是从“做”过渡到“不做”，基于学生空间观念的数学核心素养的培养，教师要在课堂操作的过程中引导学生思考能不能不通过动手摆一摆和画一画就能快速找到长、宽、高最接近的情况，从而实现学生空间观念的培养。

二、教学实践

（一）学习地图

学习地图如图8-17所示。

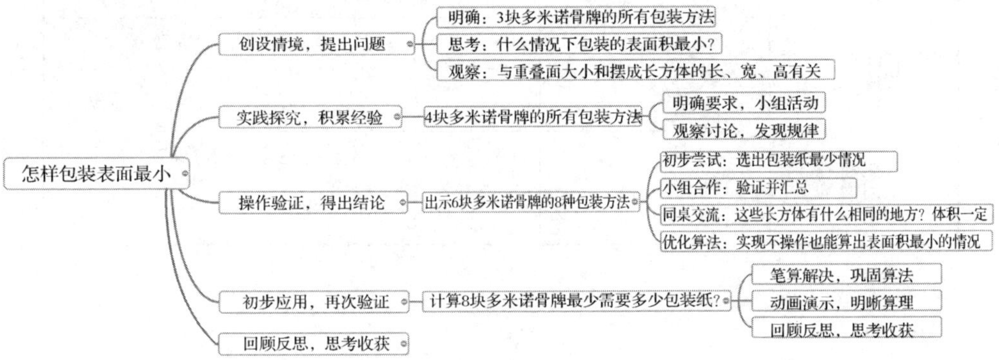

图8-17

（二）学习目标

（1）了解不同的包装方法和“做”数学的步骤，提高学生解决问题的能力。

（2）通过小组合作探究与操作，在“做”数学的过程中发展数学实践能力，培养学生空间观念的数学核心素养。

（3）初步在探究中培养对数学的兴趣，在“做”数学后进一步增强数学学习的信心。

（三）教学现场

片段一：创设情境，提出问题

师：同学们看，这是一些多米诺骨牌。多米诺骨牌一般是什么形状的？

生：长方体。

师：是的，老师课前已经进行了测量，一块多米诺骨牌长3 cm、宽1 cm、高5 cm。现在，小致想送3块多米诺骨牌给小远，可以怎样包装呢？

生：有3种，可以覆盖大面，可以覆盖小面，可以覆盖中面。

师：看来包装方法有很多种，今天我们就一起来研究怎样包装表面积最小。（板书：怎样包装表面积最小）

活动一：

① 同桌合作，找出所有包装的方法。

② 完成学习单上相关的内容。

师：大家可以边尝试边在学习单上记录，请同学们拿出学习单开始吧！

（老师投屏学习单，学生画好后汇报）

师：为了让大家看得更清楚，老师将这三种包装方法呈现在了屏幕上。同学们，哪一种包装方法需要的包装纸最少呢？（见表 8-1）

表 8-1　学习单 1

示意图	长/cm	宽/cm	高/cm	表面积/cm^2
	3	1	15	$(3\times1+3\times15+1\times15)\times2$ $=63\times2$ $=126$
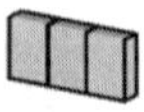	9	1	5	$(9\times1+9\times5+1\times5)\times2$ $=59\times2$ $=118$
	3	3	5	$(3\times3+3\times5+3\times5)\times2$ $=39\times2$ $=78$

生：第三种。

师：为什么？

生：因为第三种重叠面最大，重叠面越大，表面积越小。

师：这位同学是根据重叠面来解释的，那根据边来研究呢？我们来观察一下长、宽、高的数据，分别是 3，1，15；9，1，5；3，3，5。你们有什么发现？

生：长、宽、高相差得越小，表面积越小。

师：你们听明白他的意思了吗？看来，包装的面积与摆成的长方体的长、宽、高有关，那具体有什么关系呢？我们继续来研究。

【设计意图】 基于学生的认知经验，通过多米诺骨牌的情境引入激发学生的兴趣，通过与同桌合作找到 3 块多米诺骨牌的所有包装方法，进而思考哪种包装方法需要的包装纸最少，学生通过观察，初步感知包装的表面积不仅与重叠面有关，还与摆成的长方体的长、宽、高有关，为后续的课堂学习做铺垫。

片段二：实践探究，积累经验

1. 明确要求，小组活动

师：现在，小致想送 4 块多米诺骨牌给小远，可以怎样包装呢？

活动二：

① 小组合作，找出所有的包装方法。

② 每组完成一份学习单上相关的内容。

师：大家可以边尝试边在学习单上记录，请同学们拿出学习单开始吧！

（老师投屏学习单，学生画好后汇报）

师：为了便于观察，老师将这六种包装方法呈现在了屏幕上。（见表 8-2）

表 8-2 学习单 2

方法	示意图	长/cm	宽/cm	高/cm	表面积/cm^2
1		3	1	20	$(3\times1+3\times20+1\times20)\times2$ $=83\times2$ $=166$
2	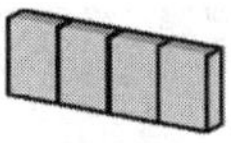	12	1	5	$(12\times1+12\times5+1\times5)\times2$ $=77\times2$ $=154$
3	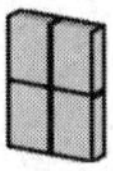	6	1	10	$(6\times1+6\times10+1\times10)\times2$ $=76\times2$ $=152$
4	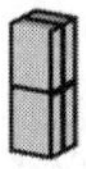	3	2	10	$(3\times2+3\times10+2\times10)\times2$ $=56\times2$ $=112$
5		6	2	5	$(6\times2+6\times5+2\times5)\times2$ $=52\times2$ $=104$
6		3	4	5	$(3\times4+3\times5+4\times5)\times2$ $=47\times2$ $=94$

2. 观察讨论，发现规律

同桌交流：

（1）观察这些长方体重叠部分的面积和它们的表面积，你有什么发现？

（2）说一说摆的过程中什么变了，什么没变。

生 1：重叠部分的面积越大，表面积越小；重叠部分面积越小，表面积越大。

师：刚刚我们摆三个的时候和现在摆四个的时候，同学们都发现了，重叠面越大，表面积越小。（板书：重叠面越大，表面积越小）

生 2：摆的过程中表面积变了，体积没变。

师：是的，我们是在体积一定的前提下研究的。（板书：体积一定）

师：我们刚刚不仅找到了表面积最大的情况，也找到了表面积最小的情况。现在老师将包装方法按表面积从大到小排列，你又有什么发现？

生 1：长方体的形状越接近正方体，表面积越小。

生 2：长、宽、高相差得越小，表面积越小；相差得越大，表面积越大。

师：那长、宽、高是不是越来越接近呢？你能结合数据说说看吗？

生：比如第一个拼成的长方体，长 3 cm，宽 1 cm，高 20 cm，长与宽相差 2 cm，长与高相差 17 cm,高与宽相差了 19 cm,而最后一个长方体长 3 cm,宽 4 cm,高 5 cm,长与宽只相差 1 cm,宽与高相差 1 cm,长与高相差 2 cm,差距比较小。

师:其实相差越小,也就是拼成的长方体长、宽、高越接近。(板书:长、宽、高越接近)

师:同学们真了不起,你们发现了在体积一定的前提下,长、宽、高越接近,表面积就越小。但这只是我们的猜想(板书:猜想),我们还需要进一步验证。(板书:验证)

【设计意图】 引导学生通过小组合作拼四块多米诺骨牌找出所有包装的方法,并找到表面积最小的情况。通过将所有包装的方法按表面积从大到小排列,引导学生观察发现包装的面积与拼成的长方体的长、宽、高有关,进而引导学生提出猜想:在体积一定的前提下,长、宽、高越接近,表面积就越小,让学生在合作与交流中培养自己的数学思维。

片段三:操作验证,得出结论

师:现在小致想送 6 块多米诺骨牌给小远,他想出了 8 种包装方法,要想使用的包装纸最少,你推荐他选哪一种方法?

生 1:方法 7,因为这种长、宽、高比较接近。

生 2:方法 8,因为重叠部分的面积最大。

生 3:我觉得方法 7 和方法 8 都是最小的。

师:为什么?

生:我觉得这两种长、宽、高都比较接近。

师:看来同学们有争议了,那我们还需要进行验证。

活动三:

① 找出使用包装纸最少的情况,说出你的理由。

② 小组分工合作,每人验证两种再汇总。

师:听清楚要求了吗? 请同学们拿出学习单试一试。

(学生汇报数据,老师相应用希沃课件橡皮功能擦除蒙层)(见表 8-3)

表 8-3 学习单 3

方法	示意图	长/cm	宽/cm	高/cm	表面积/cm^2
1		3	1	30	$(3\times1+3\times30+1\times30)\times2$ $=123\times2$ $=246$
2	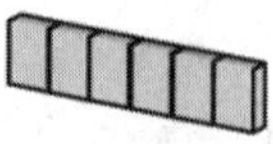	18	1	5	$(18\times1+18\times5+1\times5)\times2$ $=113\times2$ $=226$
3		9	1	10	$(9\times1+9\times10+1\times10)\times2$ $=109\times2$ $=218$

续表

方法	示意图	长/cm	宽/cm	高/cm	表面积/cm^2
4	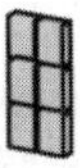	6	1	15	$(6\times1+6\times15+1\times15)\times2$ $=111\times2$ $=222$
5	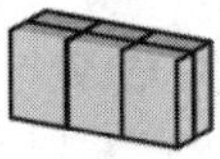	9	2	5	$(9\times2+9\times5+2\times5)\times2$ $=73\times2$ $=146$
6	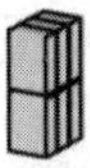	3	3	10	$(3\times3+3\times10+3\times10)\times2$ $=69\times2$ $=138$
7		6	3	5	$(6\times3+6\times5+3\times5)\times2$ $=63\times2$ $=126$
8		3	6	5	$(3\times6+3\times5+6\times5)\times2$ $=63\times2$ $=126$

师：同学们先检查一下，看看自己学习单上填的内容对不对。哪种摆法表面积最小？

生：方法 7 和方法 8。

师：对比方法 7 和方法 8，为什么摆法不同，表面积却相同？我们请一个同学上来摆一摆，说一说你的理由。

生：因为这两种方法，3 条相邻的边的数据都是一样的。

师：他是根据边来解释的，还有谁想说一说？

生：因为每次重叠部分的面积都是最大的。

（动手拖动希沃课件的克隆操作讲解）

师：我们来用动画演示一下，虽然摆法不同，但每次都是覆盖最大的面，所以都能摆出表面积最小的情况，这时，长、宽、高也是比较接近的。

师：为了便于观察，老师将这些图片放大。同桌之间交流这些长方体有什么相同的地方？

生：相同的地方是这些长方体的体积相等。

师：那你是怎么知道体积相等的？

生：都是 6 个小长方体，每个小长方体体积都是 15 cm^3，6 个小长方体体积就是 90 cm^3。

师：是的，6 块小长方体的总体积是 90 cm^3。同学们，刚刚我们通过猜想、验证得出了结论。当体积一定时，重叠部分的面积越大，拼成长方体的长、宽、高越接近，表面积就越小。（板书：结论）

师：那老师想问问你们，如果增加小长方体的个数，我们不可能每次都摆一摆、画一画，太麻烦了，那在体积一定的前提下，想找出长、宽、高最接近的情况，有没有什么更好的方法呢？

生 1:分解质因数。

师:分解质因数的目的是什么?

生 1:为了在积一定的情况下,拆成 3 个接近的数连乘。

生 2:用拆数的方法,可以把体积先算出来,按体积公式写成长 × 宽 × 高三个数相乘的形式。

师:这位同学先算出拼成的长方体的体积,然后按体积公式写成 90 = 长 × 宽 × 高的形式。

师:接下来请同学们拿出学习单,先自己试一试把 90 写成 3 个数连乘的形式。再和同桌说一说拆数的方法。

生 1:凑出来,多试几次看看有没有 3 个接近的数乘积等于 90。

生 2:用分解质因数的方法,先拆再组合,$90=3\times5\times6$。

师:先算出拼成的长方体的体积,再用分解质因数的方法,找出 3 个接近的数乘积等于 90。当体积一定时,长、宽、高越接近,表面积就越小。

【设计意图】 本环节让学生根据 6 块多米诺骨牌拼的 8 种包装方案选出包装表面积最小的情况,学生可以联系五年级学过的分解质因数想到拆数的方法,进而把算出的体积的数据改写成 3 个数连乘的形式,且这 3 个数要比较接近,从动手操作到不操作也能算出表面积最小的情况,实现学生数学思维的进阶。

片段四:初步应用,再次验证

师:感觉自己学得怎么样了?敢不敢接受挑战?如果小致想送 8 块多米诺骨牌给小远,最少需要多少包装纸?你能用拆数的方法解决这个问题吗?请同学们拿出学习单,自己试一试。

生:8 块的总体积为 $1\times3\times5\times8=120(\text{cm}^3)$

$$120=6\times4\times5$$

包装纸面积为$(6\times4+6\times5+4\times5)\times2$

$=74\times2$

$=148(\text{cm}^2)$

师:那这种情况是不是表面积最小呢?我们通过动画一起来验证。

(演示两种动画引导学生说出重叠面的大小,尤其注意第五个拼在哪里。重叠最大的面,才能让表面积最小)

师:我们通过动画操作又再一次验证了,当体积一定时,长、宽、高越接近,表面积越小。

【设计意图】 通过让学生拆数解决 8 块多米诺骨牌拼时最少需要多少包装纸,进一步巩固学生在不动手操作的情况下如何快速找到表面积最小的情况,再通过动画演示验证其背后的原理,让学生进一步理解优化后的算法,让学生在应用中进一步巩固解决问题的能力。

片段五:回顾反思,思考收获

师:同屏对比,回顾研究过程,我们是怎么研究的?得出了什么结论?

生 1:我们先研究了 3 块多米诺骨牌拼的情况,再研究 4 块的提出猜想,然后研究 6 块的,研究出拆数的方法后,我们很快就解决了 8 块的包装表面积最小的问题。

生 2:我们先提出猜想,再进行验证,最后得出结论。当体积一定时,长、宽、高越接近,表面积越小。

师:同学们,我们研究数学问题时,经常会提出猜想,猜想有可能是正确的,也有可能是错误的。猜想到底正确与否,我们需要进行验证,用科学的态度来研究数学问题。老师相信在今后的学习中,只要你们勇于探究,一定会发现更多数学中的学问。

【设计意图】 本节课的最后通过回顾研究过程,让学生阐述自主探究的结论,在让学生回顾完整“猜想—验证—结论”的过程中,提升学生自主探究数学问题的能力,为今后学生的研究性学习提供了有效的数学活动经验。

三、作品叙事

(一) 课堂导入

本节课基于学生的生活经验进行教学,第一环节的课堂导入,教师通过创设多米诺骨牌的情境,从包装的需求激发学生自主思考,调动学生探究的积极性。本节课主要设计了 3 个教学活动,鉴于此教师设计了如图 8-18 所示的学习单。

“怎样包装表面积最小”学习单

1. 一块多米诺骨牌长 3 厘米、宽 1 厘米、高 5 厘米。现在,小致想送 3 块多米诺骨牌给小远,可以怎样包装呢?

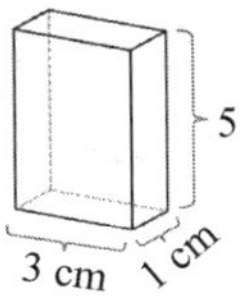

活动一:
1. 同桌合作,找出所有包装的方法。
2. 完成学习单上相关的内容。

方法	示意图	长/cm	宽/cm	高/cm	表面积/cm^2(列式计算)
1					
2					
3					

2. 一块多米诺骨牌长 3 cm、宽 1 cm、高 5 cm。现在,小致想送 4 块多米诺骨牌给小远,可以怎样包装呢?

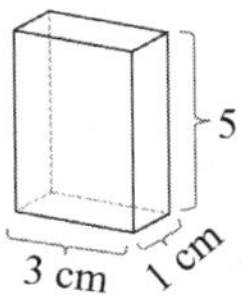

活动二:
1. 小组合作,找出所有包装的方法。
2. 每组完成一份学习单上相关的内容。

方法	示意图	长/cm	宽/cm	高/cm	表面积/cm^2（列式计算）
1					
2					
3					
4					
5					
6					

3．现在小致想送 6 块多米诺骨牌给小远，他想出了 8 种包装方法，要想用的包装纸最少，你推荐他选哪一种？

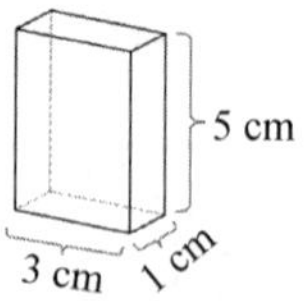

活动三：

1. 找出包装纸最少的情况，说出你的理由。
2. 小组分工合作，每人验证两种再汇总。

方法	示意图	长/cm	宽/cm	高/cm	表面积/cm^2（列式计算）
1	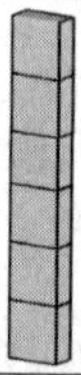				
2	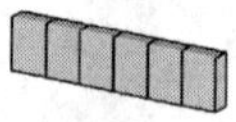				
3					
4	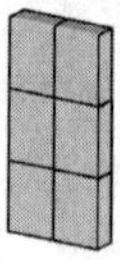				
5	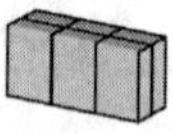				
6	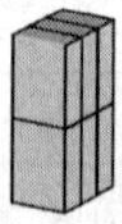				
7					
8					

90 = (　　) × (　　) × (　　)

【同桌交流】

1. 自己试一试把 90 拆成 3 个数连乘的形式(三个数要接近)。

2. 再和同桌说一说拆数的方法。

4. 如果小致想送 8 块多米诺骨牌给小远,最少需要多少包装纸?(你能用拆数的方法解决这个问题吗?)

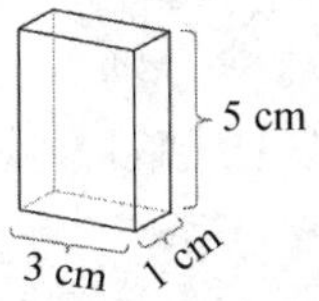

图 8-18

教师在学习单上将三次活动以表格的方式进行呈现,让学生在合作与交流中进行探究。

(二) 活动一

活动一教师出示了这样的问题:一块多米诺骨牌长 3 cm、宽 1 cm、高 5 cm。现在,小致想送 3 块多米诺骨牌给小远,可以怎样包装呢? 在学生汇报后,老师再出示课件呈现学生刚刚汇报的 3 种包装方法。接着引导学生观察数据,学生的发现主要有两个层次:第一个层次学生不难发现重叠面越大,表面积越小,所以第三种包装方法需要的包装纸最少。但是第二个层次学生不太容易发现,如何让学生从感性到理性,从物体的形到数的分析,则需要教师来引导学生发现。老师可以这样引导:“刚刚这位同学是根据面来解释的,重叠面越大,表面积越小,那根据边来研究呢? 我们来观察一下长、宽、高的数据,第一组为 3,1,15;第二组为 9,1,5;第三组为 3,3,5。你们有什么发现?”所以第二个层次的发现需要学生继续观察拼成的长方体的长、宽、高,会发现长、宽、高的数据越接近,表面积越小。像这里的数据,前两种长、宽、高的数据两两之间的差都相对较大,而第三种长和宽、宽和高及长和高的差都较小。

(三) 活动二

接下来活动二出示了 4 块多米诺骨牌,让学生通过小组合作研究找出所有包装的方法。在学生充分交流后,再将学生找到的 6 种包装方法呈现在屏幕上。(图 8-19)

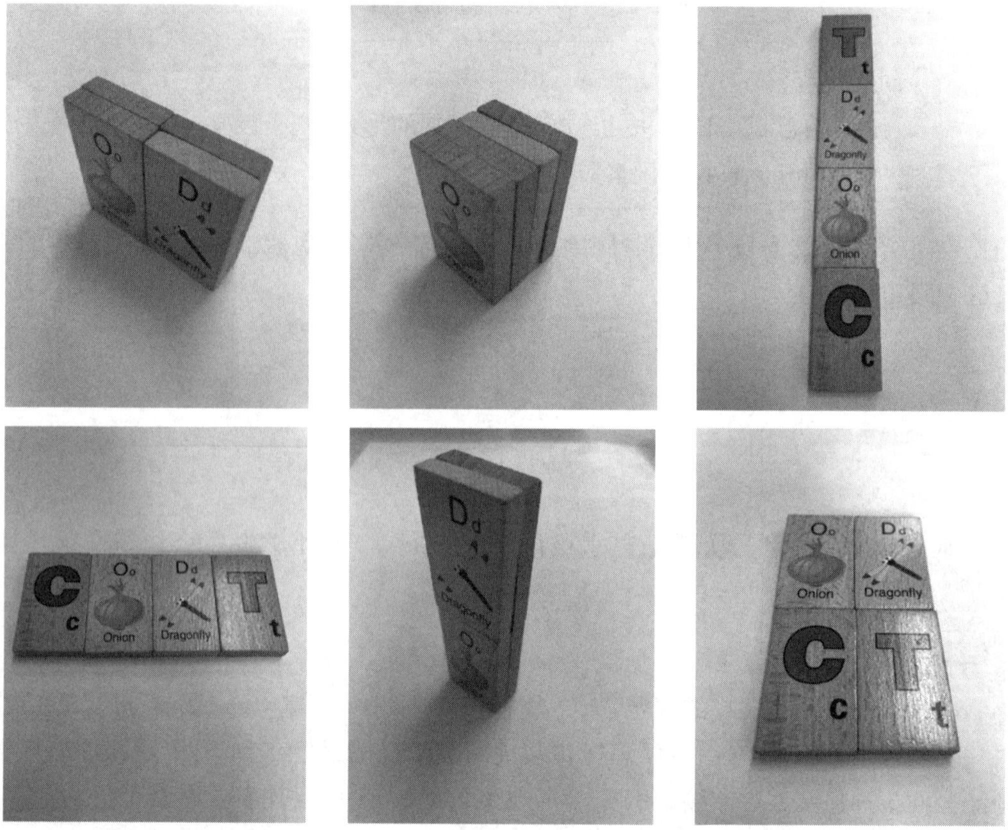

图 8-19

老师再出示两个问题:观察这些长方体重叠部分的面积和它们的表面积,你有什么发现？说一说摆的过程中什么变了,什么没变,从而引导学生进一步观察。学生与同桌交流后发现重叠部分的面积越大,表面积越小,以及摆的过程中表面积变了,体积没变。接着引导学生有序地将包装方法按表面积从大到小排列,学生在观察后发现拼成的长方体的长、宽、高相差得越小,表面积越小。这时,老师可以引导学生结合具体数据说说,进而使学生提出猜想:在体积一定的前提下,长、宽、高越接近,表面积越小。本环节的设计意在基于学生已有经验展开有序的探究教学,发挥学生的主观能动性。

(四) 活动三

学生提出猜想后自然而然要进一步验证。在之后的教学中列出 6 块多米诺骨牌拼的 8 种方案让学生选一选,鼓励学生大胆地猜想哪种包装方法使用的包装纸面积最小。基于之前的探究经验,有的学生觉得方法 7 看起来长、宽、高比较接近所以表面积最小,有的则认为根据以往学习经验方法 8 重叠面积最大所以表面积最小。(图 8-20)

现在小致想送六块多米诺骨牌给小远,他想出了 8 种包装方法,要想用的包装纸最少,你推荐他选哪一种?

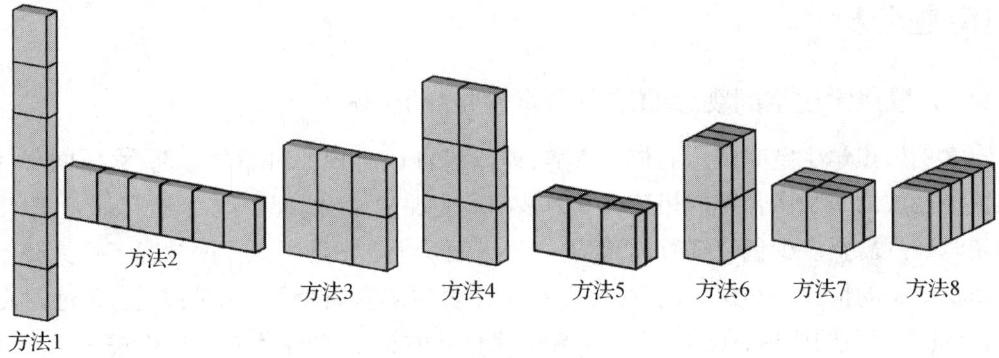

图 8-20

学生有了争议后就可以通过活动三引导学生进一步验证找出包装纸最少的情况，学生在小组内分工合作并交流计算结果，发现方法 7 与方法 8 都是包装纸最少的情况，那这时就需要让学生进一步对比方法 7 和方法 8。为什么方法 7 和方法 8 摆法不同，表面积却相同？学生会有如下两个发现：方法 7 和方法 8 摆成的长方体三条相邻的边数据都是一样的；不管是方法 7 还是方法 8 重叠部分的面积都是最大的。为了让学生看得更清楚，教师可以通过动画演示刚刚学生摆的过程，再强调虽然方法 7 和方法 8 摆法不同，但都是重叠最大的面，都覆盖了 10 个 3×5 的面，所以都能摆出表面积最小的情况，而且这时长、宽、高也是比较接近的。方法 7 与方法 8 的对比又再一次让学生明晰为什么这两种摆法不同，但是表面积相同。因为在之前的活动二中，学生已经提出了猜想，在体积一定的前提下，长、宽、高越接近，表面积越小，所以学生会将目光直接聚焦于方法 7 和方法 8，通过方法 7 和方法 8 的对比，结合拼的过程再进行验证。三次活动结束后，为了便于学生观察，教师再将这些图片放大汇总。让学生与同桌交流：这些长方体有哪些相同的地方？学生会提出这些长方体的体积都相等，都是 90 cm^3。也就是以上研究的前提是体积一定。在这一系列活动中，学生经历了“猜想—验证”过程，最后得出了结论：当体积一定时，重叠部分的面积越大，拼成长方体的长、宽、高越接近，表面积就越小。在学生建立了图像表征后，教学不能只停留在动手操作层面，而是要关注问题解决的符号化。

所以老师可以进一步提问，如果增加小长方体的个数，我们无法每次都摆一摆、画一画，那在体积一定的前提下，想找出长、宽、高最接近的情况，有没有什么更好的方法呢？学生会提出拆数，也就是把体积先算出来，按体积公式写成长 × 宽 × 高相乘的形式。这时学生通过交流会出现两种情况：第一种是凑数，尝试多次看看有没有 3 个接近的数乘积等于 90；第二种是用分解质因数的方法，先拆再组合，最后 90 可以写成 $3\times5\times6$ 的形式。学生联系五年级学习过的分解质因数想到拆数的方法，也就是先算出拼成的长方体的总体积，再用分解质因数的方法，找出 3 个接近的数乘积等于 90，那么这 3 个数分别就是拼成的长方体的长、宽、高。当体积一定时，长、宽、高越接近，表面积越小。动手做的目的是从“做”过渡到“不做”，本环节引导学生思考不通过动手摆一摆和画一画如何快速找到长、宽、高最接近的情况，实现学生数学思维的进阶。

四、专题分析

(一)聚焦学生空间观念的核心素养开展“动手做”

本案例聚焦学生空间观念的核心素养,课堂设计以有规律可循的数据、立体图形的空间位置与摆放的多米诺骨牌的相互位置为基础。当课堂上出示8块多米诺骨牌,让学生解决包装时最少需要多少包装纸时,能够进一步巩固学生在不动手操作的情况下快速找到包装表面积最小的情况的知识。此时,可以想象并表达多米诺骨牌的空间方位,再通过动画演示,验证其背后的原理,让学生进一步理解优化后的算法,使学生在应用中进一步巩固解决问题的能力。在第一个教学环节,学生通过操作与观察,初步感知包装的表面积不仅与拼接处的重叠面有关,还与拼成的长方体的长、宽、高有关,为后续的课堂学习做铺垫。在第二个教学环节,学生通过小组合作拼4块多米诺骨牌找出所有包装的方法,找到了表面积最小的情况。通过把包装方法按表面积从大到小排列,引导学生观察发现包装的面积与拼成的长方体的长、宽、高有关,进而让学生提出猜想。在第三个教学环节,让学生根据6块多米诺骨牌拼的8种包装方案选出包装表面积最小的情况,让学生对比方法7与方法8,自主验证,最终得出结论:在体积一定的前提下,长、宽、高越接近,表面积越小。在第四个教学环节,学生运用结论解决8块多米诺骨牌拼时最少需要多少包装纸问题,并通过动画演示再次验证其背后的原理,让学生进一步理解优化后的算法,使学生在应用中进一步巩固解决问题的能力与空间想象能力。

(二)基于学生已有经验开展“动手做”

一方面,本节课基于学生的生活经验进行教学,课堂一开始,通过多米诺骨牌的情境激发学生的探究兴趣,从包装的需求激发学生自主思考的欲望,进而引导学生探究包装纸表面积最小的情况;另一方面,基于学生已有的解决两个小长方体拼成一个大长方体的包装方案的经验,在此基础上展开“动手做”,就能让学生更有效地进行探究学习。课堂中引导学生先通过同桌合作研究拼3块多米诺骨牌的所有包装情况,再观察交流,让学生在合作与交流中比较出哪种包装方案需要的表面积最小,继而让学生观察拼成长方体的长、宽、高的数据,在分析数据中构建新的认知体系。学生初步感知包装的面积不仅与重叠面大小有关,也与拼成的长方体的长、宽、高有关,为后续课堂研究4块、6块和8块积累活动经验,发展了学生的空间观念,培养了学生的实践能力与合作能力。

(三)通过有序的探究教学开展“动手做”

通过有序的探究教学开展动手做,要求教师充分发挥主导作用,既要尊重个体独立的自主性,又要注重集体协作的一致性。集体教学活动不是单边活动,而是双边活动。在具体的实践中,教师应当以“抓住宏观,放开微观”的工作原则开展教学活动。这样的教学可以激发学生的思维活力,才能让学生充分参与课堂活动,进而用自己的思维方式大胆地提出猜想。活动二让学生小组合作研究拼4块多米诺骨牌的所有包装的方法,找到表面积最小的情况，并有序地将包装方案按表面积从大到小排列，便于学生分析数据并观察规律，培养学生计算能力的同时也能提升学生的数据分析能力，助力学生的数学思考，进而让学生提出自己的猜想，提出猜想后进一步验证。后续的教学中，再列出 6 块多米诺骨牌拼的 8 种方案让学生选一选，鼓励学生猜想哪种包装方案使用的纸面积最小，学生提出自己的猜想并验证，方案 7 与方案 8 的对比又再一次让学生明晰为什么这两种摆法不同，但是表面积相同。基于学生已有经验展开的有序的探究教学可以促进学生思维进阶，有效地帮助学生积累数学活动的经验。

（吴星颖）

第九章

“做”中优化，赋能推理意识

推理意识主要是指对逻辑推理过程及其意义的初步感悟。知道可以从一些事实和命题出发，依据规则推出其他命题或结论；能够通过简单的归纳或类比，猜想或发现一些初步的结论；通过法则运用，体验数学从一般到特殊的论证过程，对自己及他人的问题的解决过程给出合理解释。推理意识有助于养成讲道理、有条理的思维习惯，增强交流能力，是形成推理能力的经验基础。

案例1
神奇的骰子

一、开发背景

(一) 素养分析

本案例涉及的主要核心素养是推理意识。本案例中至少有3个环节运用到推理意识。首先,教师告诉学生其中一个面是3,学生可以观察到与它相邻的4个面分别是1、2、5、6,推断出它相对面上的数是4。其次,在"一个骰子的秘密"环节,根据大量操作验证得出结论:相对面上的数和为7。最后,将两个骰子叠放在一起,根据上面的数能推断出下面3个数的和。

(二) 教材分析

本节课是一节一年级益智学具课,主要是通过掷骰子的游戏活动完成教学。本节课安排在苏教版小学数学一年级下册的第一单元"20以内的退位减法"之后。在一年级上学期学生已经认识了正方体,知道正方体有6个面,同时已经掌握了20以内的加减法计算。

本节课初步理解骰子相对面上的数的特点,能够提高学生的动手实践能力和观察推理能力。从知识内容上看,整个活动有以下几个主要环节:

(1)魔术激趣。教师将骰子叠放在一起,看一眼上面的数,猜出隐藏的3个数的和。

(2)一个骰子的秘密。学生抛骰子,看着上面的数,猜底面的数,用表格的形式进行记录。学生可以发现3个秘密:相对面上的数之和为7;利用排除法,发现少的面是底面;找出点数之间的对应关系。接着应用秘密,巩固相对面上的数之和为7的规律。

(3)2个骰子叠放在一起,揭秘魔术。同桌合作,将2个骰子叠放在一起,只看上面的数,猜出藏起来的3个面的数之和为多少。这是本课的难点,大部分学生只能推断出上面的骰子底面是几,不知道下面的骰子上下两个面分别是几。教师让没猜出答案的同学说说自己遇到的困难,游戏成功的学生释疑。

(三) 学情分析

1. 分析目的

学情分析旨在了解学生的现有知识和技能水平、学习态度,以及可能出现的学习错误等。教师可根据学情分析，思考学生的学习情况，以便在教学过程中有的放矢，做到真正意义上的因材施教，提高教学的有效性。

2. 分析方法

（1）整体性的学情分析方法——课前学习单。（图 9-1）

课前学习单
1. 你见过骰子吗？它的每个面上分别有哪些数？
2. 一个骰子上面的数是 2，你知道它底面的数是几吗？

图 9-1

（2）形成性的学情分析方法——观察和提问、批改作业。

（3）深层次的学情分析方法——个别访谈。

3. 分析结果

计算层面：学生能熟练计算 20 以内的加减法，个别学生知道骰子上相对的 2 个面上的数之和为 7。已知其中 1 个面是 3，能用 $7-3=4$ 推算出它相对的面上的数字是 4。如果将两个骰子叠放在一起，已知最上面是 6，不能推算下面 3 个面的数字之和。

图形层面：学生知道骰子是正方体，有 6 个面。已知其中 1 个面上的数字是 3，学生只会用计算的方法推算其相对的面上的数字是几，不能通过空间想象，排除与其相邻的 4 个面上的数字进行推算。

二、教学实践

（一）学习地图

学习地图如图 9-2 所示。

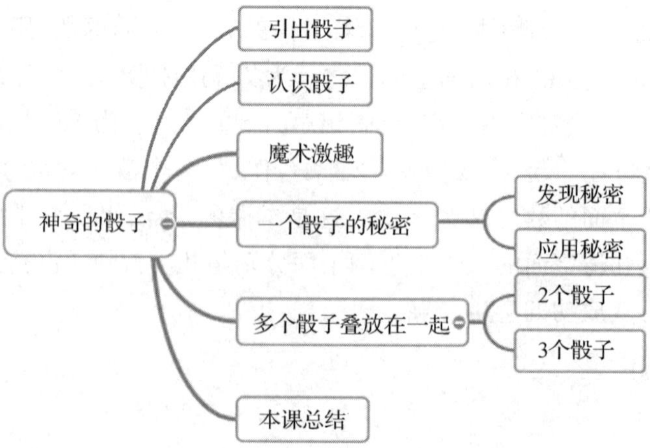

图 9-2

（二）学习目标

（1）在玩骰子的过程中，能够发现骰子上数的特点，根据最上面的数能推出藏起来的几个数之和，同时提高相应的运算能力。

（2）在探寻骰子上数的特点的过程中，经历猜想、验证、观察、发现结论等一系列步骤，培养合作意识及观察推理能力、动手实践能力。

（3）通过本节课的学习体会到生活中处处有数学，增强学好数学的信心和应用数学的意识。

（三）教学现场

片段一：引出骰子

师：小朋友们，今天老师给大家带来了一个新朋友，认识它吗？

生：色子、骰子。

师：是的，我们俗称它为色子，但在书面语中我们把它叫作骰子。（板书，并注音）

师：那你知道它的来历吗？我们一起来看一看。

（播放视频，介绍骰子）

【设计意图】 谈话导入，引出骰子，激发学生兴趣。

片段二：认识骰子

1. 介绍骰子的面

师：老师给每个小朋友准备了一个骰子，观察你手中的骰子，它是什么形状的呢？

生：正方体。

师：是的。一年级的时候我们就认识过正方体，正方体有几个面呀？

生：6 个。

师：它有 3 组这样的面。像这样上面和下面是一对，左面和右面是一对，前面和后面是一对，我们就称他们是 3 组相对的面。下面我们也可以叫作底面。

2. 介绍骰子的点

师：骰子的各个面上有一些点，这些点对应不同的数。你能在你的骰子上找到哪些数呢？谁来拿老师的骰子给大家有序地介绍一下？（老师托着骰子）

【设计意图】 从面和点两个角度来认识骰子，发现骰子的特点，为后续发现相对面上的数的特点做铺垫。

片段三：魔术激趣

师：现在我们已经认识了骰子，接下来老师就要化身为一个魔术师，给大家表演一个魔术，想不想看？我想先请一位小朋友担任我的小助手。

教师演示：（桌子前放着 2 个骰子）这里有两个骰子，你可以把它们任意上下叠放起来，老师只要看一眼，就能知道它藏起来的 3 个面上的数之和为多少。哪 3 个面呢？（上面这个面、中间这个面和下面这个面)你们相信吗?

师:那我开始啦!(你重新再摆一次,上下叠放在一起,我不看)

小助手们摆好后,教师看一眼,猜出藏起来的3个数之和是9。(板书:9)

师:大家一起来帮我验证一下,现在我将骰子拿起来给大家看一下,这个面是2,这个面是3,这个面是4。2+3+4=9。(板书:2+3+4=9)我猜对了吗?

生:猜对了。

师:再来一次,重新摆一下。

再猜一次,演示过程和结果。

师:我猜对了吗?(板书:6+2+5=13)

师:你看,老师两次都能猜对,是不是我真的会魔法呀?实际上,是因为老师发现了神奇的骰子中的秘密。今天就让我们走进“骰子王国”,探寻这个秘密吧!(板书:神奇的骰子)

师:我们的研究一般是从简单的开始。既然有秘密,那就让我们从一个骰子开始,去研究骰子的秘密吧!

【设计意图】 在动手操作前,通过骰子魔术激发学生的学习兴趣。在魔术表演时,用夸张的言语、体态和神态点燃学生的好奇心和探究热情;同时细致演示并指导学生进行验证,为后续动手操作的顺利进行铺垫。

片段四:一个骰子的秘密

1. 发现秘密

师:第一个游戏是猜一猜隐藏在骰子底面的数是几,并将相关数据填在表9-1中。

表9-1 记录表

上面看到的数						
我猜底面的数						
实际底面的数						

师:像我这样轻轻抛起骰子等它落下后,看看上面的数是几(教师记录)。然后猜一猜底面的数是几(教师记录),再看看实际上底面的数是几(教师记录)。你能像我这样一边做游戏,一边做记录,把表格填完吗?好,开始!

师:我们来看这位同学的游戏情况。第一次猜对了吗?第二次呢?第三次呢?第四次呢?第五次呢?对……他全部猜对了,老师想采访一下你,你是不是发现了什么秘密?

预设1:相对面上的数之和为7。

生1:我发现7-2=5。

师:7从哪里来的?

生2:上下两个面上的数之和为7。

师:是这样吗?我们一起来验证一下。我们来看他猜对的这几种情况。上面看到的数是……底面实际的数是……和是……是不是都是7呀?拿出你们手中的表格,观察上面和底面的数的和是不是也为7呢?

师:那除了上面和底面的数之和为7,那左面和右面的数之和呢?左面是2,右面是5,和是多少?前面和后面的数之和呢?(1+6=7)是的,那我们就可以说:相对面上的数之和为7。哪位同学能再给大家具体介绍一下,哪两个面的数之和为7。

生:上面和下面的数之和为7,左面和右面的数之和为7,前面和右面的数之和为7。

师:真好!猜对的同学,你们还有别的好方法吗?

预设2:排除法,数面,发现少的面就是底面。

师:你能上来说吗?

(学生说方法,教师拿起骰子说出数字)

师:他用的是排除法,找到了底面的数,真棒。还有别的方法吗?

预设3:对应关系。

生:我发现1的下面是6,2的下面是5,3的下面是4。

(展示全对的练习纸)

师:小朋友们,仔细观察一下这张表格,上面看到的数是2,实际底面的数是5;上面看到的数是5,实际底面的数是2。2对着5,5对着2。看来呀,在这个骰子上,是不是有这样一组一组固定的朋友呀?拿起你们的骰子,指一指,我们一起找一找。

师:1对6,2对5,3对4。原来有3组固定的朋友啊!谁能不看着骰子再说一遍?

(板书:1对6,2对5,3对4)

师:小朋友们真厉害,我们又发现了一个新秘密。

师:仔细观察一下,这两个秘密之间也是有联系的。你看出来了吗?

生:1+6=7,2+5=7,3+4=7。

师:是的,骰子上有这样3组固定的朋友,每一组的和都是7,所以我们才发现相对面上的数之和为7。

师:你们发现了这么多秘密,那我想考考你。

2. 应用秘密

师:这个骰子(图9-3)的下面是几?

生:3。

师:你是怎么想的?

生:7-4=3。

师:他是用相对面上的数之和为7计算出答案的。

图9-3

师:这个骰子(图9-4)的后面是几?你是怎么想的?

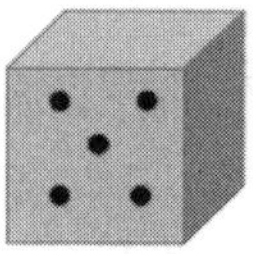

图 9-4

师:你知道这个骰子(图 9-5)的上下面的数之和是多少吗?与同桌轻声交流一下。谁来说说自己是怎么想的?

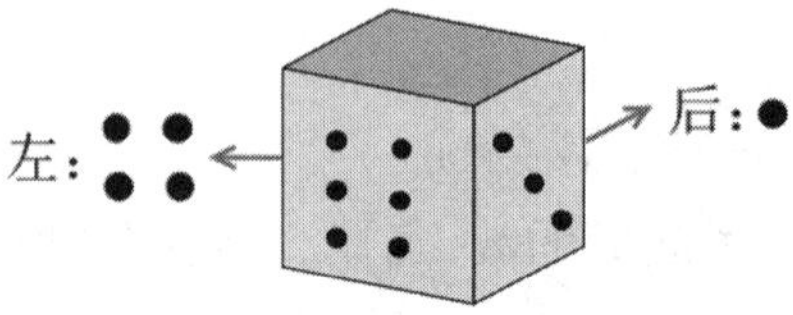

图 9-5

生 1:除了一圈 4 个数,还剩 2 和 5,2 +5 =7。(板书:2 +5 =7,排除法)

生 2:上面和下面之和是 7。(板书:相对面上的数之和为 7)

师:你们听懂了吗?谁再来说一说?

师:你更喜欢哪种方法?思考一下?为什么?

师:是的,第 2 种方法方便快捷,不知道这一圈数也能知道上、下面上的数和为多少。

师:现在你知道这个骰子(图 9-6)上下面的数和为多少吗?你是怎么想的?

图 9-6

师:那这一圈的点数对于我们来说有用吗?它其实是个多余条件。只要是相对的两个面,上面的数之和就为 7。

师:现在骰子(图 9-7)上什么点数也没有,你能知道涂色的两个面上的数之和是多少吗?为什么?

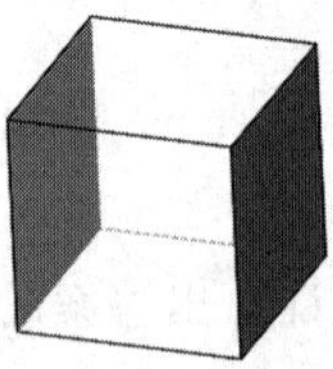

图 9-7

生:相对面上的数之和为 7。

师:请问你现在还能用排除法吗?

生:不能。

师:看来排除法有局限性呢!

师：现在我将两个骰子上下叠放在一起，你知道下面骰子的上下两个面之和为多少吗？

生：和为7，因为相对面上的数之和为7。

【设计意图】 本环节是本节课的重点，需要观察、发现骰子中蕴含的3个秘密。对于一年级的孩子来说，直接探索骰子中的秘密比较困难，刚开始学生可能只是凭感觉随意地猜，但是经过几次尝试之后，学生可以通过观察、推理等方法，正确“猜”出骰子下面的数是多少。本环节的练习层次性强，学生最终能在多种变式中找到问题的本质，只要是相对的两个面，和就为7。

片段五：多个骰子叠放在一起，隐藏的数字和为多少

1. 2个骰子叠放在一起

师：请同桌合作，任意把2个骰子上下叠放在一起，只看上面的数，你能猜出藏起来的3个面的数的和为多少吗？是哪3个面呢？注意哦，这里的猜可不是随意地猜，是利用我们刚才学到的本领合理地推算出藏着的3个面的数之和为多少。

（学生操作，教师巡视）

师：刚才在做游戏的时候，×××遇到了困难，我想请他上来和大家说一说他遇到的困难，并希望有同学能来帮帮他。

师：你在猜的过程中遇到了什么问题吗？

生：我想知道下面骰子的上下2个面分别是多少？

师：谁能解决刚才这位同学遇到的问题呢？我们到底要不要知道第二个骰子上下2个面上的数分别是几呢？

师：那谁猜出来了，能解决刚才小朋友遇到的问题吗？（图9-8）

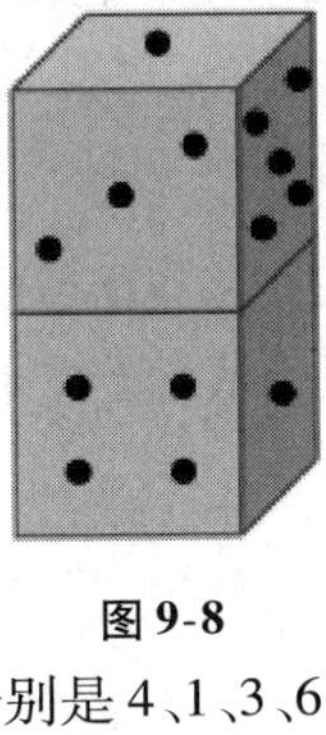

图9-8

方法一：第二个骰子周围四个面分别是4、1、3、6，剩下的上下两个面分别是2和5。

方法二：第二个骰子不需要知道上下两个面分别是多少，它们的和一定是7。

师：那你们更喜欢哪一种方法呢？

生：我更喜欢第二种，因为更简洁。

师：现在同学们都知道了这个魔术中的小秘密了，老师再让你们玩一次，再次合作，请左边同学摆，右边同学推算，左边同学来判断正误。

师：请左边的小朋友用手势告诉老师，你的同桌推算得对不对。大多数人都对了，只有

一组出现了困难,我们一起来看看他们摆出的骰子吧。我们全班一起帮助他们来猜一猜。

师:上面的数是3,藏起来的三个面数和是多少?(4+7=11)说说你的理由。

师:上面的数是6,藏起来的三个面数和是多少?(1+7=8)你是怎么猜到的?

师:刚才我们一起揭秘了魔术,现在老师要考考全班同学,请你们用手势告诉我藏起三个面的数之和是多少。请你列出相应的算式。

师:真棒!祝贺你们都已经学会了这个魔术!

2. 3个骰子叠放在一起。

师:1个骰子、2个骰子我们都研究过了。试想一下,老师有这样的3个骰子,魔法还可以延续下去吗?

生:可以。

师:观察一下这里藏起来了几个面?(教师在PPT上指)用你们的小手表示一下。是吗?老师给你们展示一下。(PPT出示分解图,共5个面)这里藏起来了5个面。

师:现在请以4人为小组讨论,将3个骰子叠放在一起,你们能猜出藏起来的5个面上的数和为多少吗?摆一摆、猜一猜。

师:这时上面的数是2,那你能猜出藏起来的这5个面的数之和是多少吗?你是怎么想的?(2对5,5+7+7=19)你们听懂了吗?有谁听懂了,来给大家解释一下。

师:感兴趣的小朋友回去可以继续研究,甚至于可以把4个、5个骰子叠放在一起来研究,到时候你就会成为一个超级魔法师了。

【设计意图】 本环节是本课的难点,首先揭秘魔术,根据上面的数,猜出下面藏起来的三个数之和。针对难点,需要分层设计活动。层次一:请同桌2个同学任意把2个骰子叠放在一起,只看上面的数字,猜出藏起来的3个面的和。层次二:让没猜到的同学说说自己的困惑,并做出答疑。层次三:限时2分钟,同桌之间互相考对方。

片段六:本课总结

师:今天我们走进了神奇的“骰子王国”,探寻了骰子的秘密,我们都有一双会透视的眼睛,找到了其中的奇妙之处,回家以后请你当一回魔法师,来给爸爸妈妈表演这个魔术吧!

三、作品叙事

(一) 学生作品 1

学习过程中的学习单(图 9-9)

神奇的骰子

一、我有“透视眼”

上面看到的数	2	3	1	4	5	6
我猜底面的数	4	5	6	3	2	1
实际底面的数	5	4	6	3	2	1

二、练一练

下面是（ 3 ）
7-4=3

后面是（ 2 ）
7-5=2

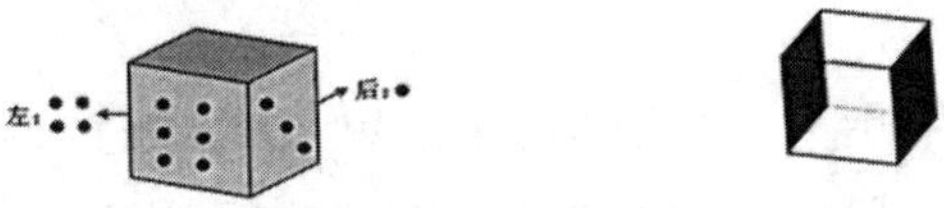

上下两个面数之和是（ 7 ）

涂色两个面数之和是（ 7 ）

三、揭秘魔术

上面看到的数	5	3	4	
我猜三个面数之和	6	11	10	
实际结果	9	11	10	

图 9-9

(二) 作品思考 1

这是学生在上课过程中完成的学习单,它能清楚地反映出学生上课时的思考过程。

第一题是我有“透视眼”。可以看到,学生刚开始没有发现相对的 2 个面上的数之和之间的关系,写了 2 题后逐渐发现了规律。通过与该生的交谈发现,他在操作的过程中发现了相对的面的对应关系,即 1 和 6 相对,2 和 5 相对,3 和 4 相对。

第二题是练一练,习题设计从直观到抽象,目的是巩固相对面上的数之和为 7 的知识。教师已经介绍完相对的面上的数之和为 7,该生能很好地运用规律解决问题。

第三题是揭秘魔术,把两个骰子叠放在一起,已知上面的数,推算藏起来的 3 个数之和。刚开始该生没有发现其中的规律,后经同学和教师的点拨,他发现了 2 种方法:一是根据上面看到的数推出底面的数,比如第一个骰子上面是 3,则底面是 4,第二个骰子上下面之和是 7,4 +7 =11。二是这样 4 个面之和是 7 +7 =14,如果上面是 3,下面 3 个面之和用 14 -3 =11。

整体上,这位学生本节课在知识层面上是有所收获的,同时他的推理能力得到了进一步提升。

(三) 学生作品 2

数学日记。

我当了回魔术师

今天我们学习了《神奇的骰子》,这真是一节有趣的课,原来骰子中还藏着这么多秘密呀! 课后,我在家也当了回魔术师,考考我的爸爸、妈妈,他们怎么都猜不出来。看到他们疑惑的表情,我心里乐开了花。

魔术是这样的:两个骰子叠放在一起,我只要看一眼上面的数,就知道下面藏起来的 3 个面的数之和。

实际上一个骰子相对面上的数之和是 7。第一个骰子上面是 5,底面就是 2,第二个骰子上下两个面之和是 7,只要用 2 +7 =9 即可。也可以换种角度:两个骰子中两组相对面之和是 14,用 14 -5 =9 也行。数学知识真的太有趣了。

(四) 作品思考 2

老子说:“知人者智,自知者明。”一个人学会了反思,就学会了审视和前行。数学反思的目的是能最大限度地提高前一阶段的学习效果。实践表明,小学生的自我意识发展水平较低,大多数学生对自己的学习结果不会正确地进行自我质疑、自我检查、自我评价、自我反思。数学日记能督促学生学会反思,学会学习。学生可以通过数学日记反思自己的学习,对数学学习思维过程进行回顾和思考,进而获取学习的经验和教训。该生把课堂学习到的知识运用到生活中,并以数学日记的方式记录下来。从日记可以看出,他很好地掌握了本课的知识内容,而且学习数学的兴趣高涨。他既有收获知识的满足感,又有运用知识的成就感。

四、专题分析

骰子作为新颖的事物,给学生带来了新鲜感和好奇心。两个动手操作过程,让学生在玩游戏的过程中主动思考、探索、发现、运用规律,鼓励学生在螺旋上升、循环往复的学习过程中不断积累经验,形成推理意识。

(一) 好设计,“做”前涉及推理意识

本课多个教学环节涉及推理意识的发展。具体地说,在片段二中,学生从面、点的角度去观察骰子,发现骰子的特点,为后续推理做铺垫。猜想和验证对推理意识的培养至关重要。学生通过观察、实验获得猜想,并进一步寻求证据,加以验证。在片段四中,学生一边

猜测,一边操作验证,经过多次操作,在变化中找不变,发现相对面上数存在对应关系,而且它们的和都是7。在片段五中,学生需要根据给出的1个面上的数,推导出另外3个面上数的和。

(二) 多思考,“做”中生成推理意识

推理分为两种形式:合情推理和演绎推理。合情推理是从已有的事实出发,凭借经验和直觉,通过归纳和类比等推测某些结果。合情推理的常用形式是归纳推理和类比推理。在片段四中,当学生发现一个骰子的秘密时,他们看到上面的数,需要猜出下面的数,并用表格整理过程。表格记录让学生思维可视化,从中我们发现学生经历了由猜错到猜对的过程。例如,有学生第一次扔骰子上面是3,他猜测是5,打开发现是4。第二次扔骰子上面是4,他停顿了一下,猜测底面是3。在大量操作的过程中,部分学生归纳推理出骰子上的点数存在对应关系,以及相对面上的数和是7。

演绎推理是根据一般性的真命题(或逻辑规则)推出特殊性命题的推理。在片段四练习环节中,学生运用到了演绎推理。已知相对面上的和是7,上面是4,求下面是几。在片段五探究2个骰子的秘密时,也涉及了演绎推理。已知相对面上的和是7,两个骰子叠放一起,上面是3,求下面3个面的和。在本课教学中发展了学生合情推理和演绎推理。

(三) 新作业,“做”后提升推理意识

这节课结束后,我们布置了一项新作业:回家后当一回魔术师,运用今天学到的知识考考爸爸妈妈。正如“听一遍不如看一遍,看一遍不如做一遍,做一遍不如讲一遍”,学生作为“小老师”,在讲给父母听的过程中进一步提升了推理意识,为以后发展推理能力奠定经验基础。

(季 佳)

案例 2
怎样“做”结果才为 0

一、开发背景

(一) 素养分析

本课例对学生核心素养的发展主要表现为推理意识、运算能力和应用意识。

推理意识:猜想和验证对推理意识的培养至关重要。本课鼓励学生不断经历“提出猜想—验证猜想”的完整过程,发展学生的推理意识。学生提出的猜想,经过验证,有的成立,有的不成立,这就帮助学生建立了“猜想并不一定成立”这一重要观念,也让学生意识到猜想一定要进行验证的重要性。

运算能力:运算能力主要是指“根据法则和运算律进行正确运算的能力”。课例中,学生判断一组从 1 开始的连续自然数结果是否为 0 时,学生的尝试,离不开运算。比如,利用加法的交换律和结合律,减法的性质等,将一组数分成两类,一类是要加的,一类是要减的,当加和减的数值相等时,结果就能为 0。运算能力的发展能够促进学生“数学推理能力的发展”,这节课学生借助运算,经历推理的过程,养成一丝不苟、严谨求实的科学态度。

应用意识:应用意识主要指“有意识地利用数学的概念、原理和方法解释现实世界中的现象与规律,解决现实世界中的问题”。课例创设游戏情境,引导学生用数学的眼光观察,用数学的思维思考,最终学生发现游戏中蕴藏的数学本质——和的奇偶性。在这节课的“学以致用”环节,一些学生在判断“1—2020”这 2020 个数的结果是否为 0 时,将和与积的奇偶性结合起来用,让推理过程简化,判断方法优化。

(二) 教材分析

苏教版小学数学教材五年级下册,安排了一节探索规律的课“和与积的奇偶性”。在学习“和与积的奇偶性”之前,学生已经认识奇数、偶数、质数、合数等概念。“和与积的奇偶性”这节课引导学生从新的角度进一步丰富对奇数、偶数的认识。“结果为 0 的秘密”这节课例,是源于一道数学题,但其知识基础是“和与积的奇偶性”。所以,“结果为 0 的秘密”这节课例既是对教材知识的灵活运用,也是对教材内容的拓展延伸。课堂中,学生通过“自主感悟—萌生猜想—分析验证—修正猜想—体验成功”等研究活动,发现结果为 0 的秘密,其本质就是判断和的奇偶性。这个课例也充盈了教材中《和与积的奇偶性》的知识内容。

(三) 学情分析

对于学情的分析从知识和技能两方面看。

知识方面:

(1) 学生在苏教版小学数学五年级下册“因数与倍数”的单元学习中,认识了奇数、偶数。

(2) 学生在苏教版小学数学五年级下册探索规律课“和与积的奇偶性”中,从新的角度丰富了对奇数、偶数的认识:奇数 + 奇数 = 偶数;奇数 + 偶数 = 奇数;偶数 + 偶数 = 偶数;奇数 × 奇数 = 奇数;奇数 × 偶数 = 偶数;偶数 × 偶数 = 偶数。

技能方面:

(1) 学生已经熟练掌握整数的四则混合运算。

(2) 学生已经熟练掌握加法运算律和减法运算律的性质。

二、教学实践

(一) 学习地图

学习地图如图 9-10 所示。

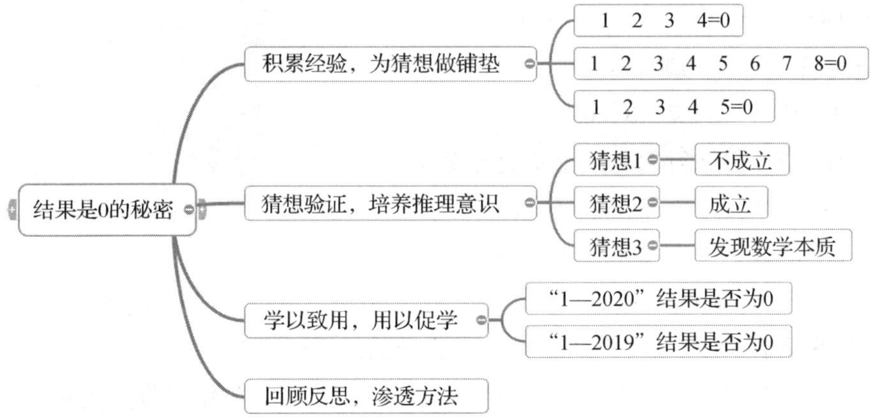

图 9-10

(二) 学习目标

(1) 学生借助和的奇偶性知识,准确判断一组从 1 开始的连续自然数相加减的结果是否等于 0。

(2) 学生经历“自主感悟—萌生猜想—分析验证—修正猜想—体验成功”的完整研究过程,体会验证的重要性,发展学生的推理意识。

(3) 在探究中激发学生的研究热情，感受数学知识之间的内在联系，发展学生的应用意识与实践能力。

(三) 教学现场

片段一：积累经验，为猜想做铺垫

1. 明确游戏规则

提供没有运算符号的自然数串，请学生在每两个数的中间添上“+”或“-”，使得式子的运算结果等于0。

2. 学习素材（一）

教师出示第一个学习素材：

1　2　3　4 = 0

生：1 - 2 - 3 + 4 = 0

师：这里的“1 - 2”不好算呀？

生：先算 1 + 4 = 5，再算 2 + 3 = 5。

（教师同步板书）

师：这样，数就自然分成了两类：加的一类，减的一类。这里，1 + 4 = 5，2 + 3 = 5，5 和 5 相等，抵消为0。这用的其实就是“搭小桥”的方法。

生：我用的是求和的方法，我先算 1 + 2 + 3 + 4 = 10，10 ÷ 2 = 5，那就表示要加上 5，也要减去 5。

3. 学习素材（二）

教师出示第二个学习素材：

1　2　3　4　5　6　7　8 = 0

学生迫不及待开始尝试，之后全班交流分享。

生1：(1 + 3 + 6 + 8) - (2 + 4 + 5 + 7)

生2：(1 + 4 + 5 + 8) - (2 + 3 + 6 + 7)

生3：(1 + 2 + 3 + 4 + 8) - (5 + 6 + 7)

师：我们来看看对不对，要算两个括号内式子的结果吗？

生：算出一个括号内式子的结果是10，另一个括号内式子的结果肯定也是10。

师：看来填符号的方法很多，不管是用什么方法，都把这 8 个数自然地分成了 2 类：填加号的一类，填减号的一类。

4. 学习素材（三）

师：有了前面的经验，我们来填一填：1　2　3　4　5 = 0

生：我不用填就知道不行，因为 1 + 2 + 3 + 4 + 5 = 15，15 ÷ 2 = 7.5，不能分成相等的两个整数，所以不行。

师：看来要使结果等于0，必须能够分成相等的两个整数。判断行不行，我们得用“求和”的方法。

【设计意图】 先后提供了三个学习素材。丰富的学习素材是学生获得感性经验的基础和前提，也是引导学生萌生猜想的重要载体。学习素材的选择和呈现顺序，是教师基于学生思维现状的准确把握。先从比较简单的1—4这4个连续自然数开始，难度适中，有利于激发学生的探究欲望。接着出示的是1—8，这8个连续自然数，学生在素材一中积累了活动经验，这次不再盲目尝试，而是将这8个数分类，填加号的一类，填减号的一类。当出示素材三时，有学生不用填就能进行判断了，因为5个连续自然数的和不能分成相等的两个整数。素材一简明易懂，给素材二的问题解决提供了支持，素材三看着比素材二简单，但经过探究，发现这个问题没有答案。教师巧妙的设计，引发学生的思考：为什么有的可以，有的不可以？这为接下来的猜想做足了铺垫。

片段二：猜想验证，培养推理意识

1. 猜想验证，培养学生推理意识

师：（同屏展示三个例子）同学们，观察这三个例子，你们有什么发现？

生：我发现它们都是从1开始的连续自然数。

生：我发现只要是双数结尾的就行，比如“1—4”和“1—8”，结果就可以为0；单数结尾的就不行，比如“1—5”。

师：这是一个有趣的猜想！要看猜想是否成立，我们还需要想办法加以验证，你打算怎样验证呢？

生：可以举例验证。

生：我不同意他的发现。“1—2”也是双数结尾，结果无法为0；“1—3”是单数结尾，1 + 2 - 3 = 0；“1—6”也是双数结尾，它们的和是21，也不行。

生：我发现不管是哪道题，我们都应该先求和来判断结果能不能为0，不然做的就没有意义了。

师：大家都好厉害啊，敢于去猜想，更懂得用举例子的方法去验证猜想！猜想可能成立，也可能不成立。但是数学的发展与进步很多时候都离不开猜想，所以数学学习也要大胆猜想，但是要小心求证。既然刚才的猜想不成立，你们能不能提出一个新的猜想？

师：结果能不能为0，与结尾是单数和双数无关，那到底看什么？

生：应该判断和的奇偶性。如果和是偶数，就可以分成相等的两部分，抵消为0；如果和为奇数，就不能分成相等的两部分。

（教师引导学生检验黑板上的例子）

师：那“1—7”行不行呢？

（学生尝试后呈现如图9-11所示的3种填法）

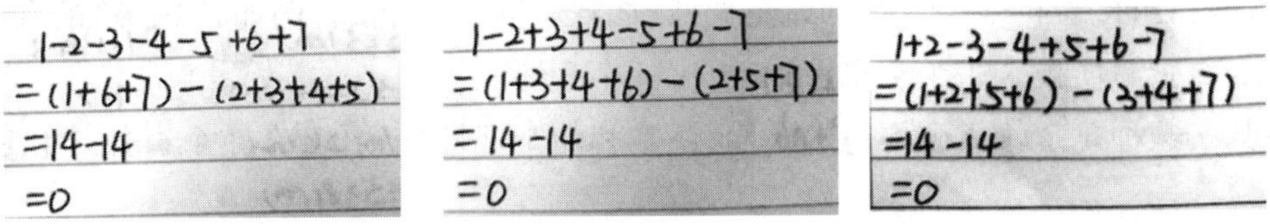

图 9-11

师:谁来说一说填符号的方法是什么?

生:先求和;然后找和的一半,是 14;接着,把要加的数凑出 14,其他的数前面填减号就行了。

师:“1—7”和“1—8”都做过了,那“1—9”行不行呢?

生:肯定不行,“1—8”行,说明和是偶数,再加 1 个 9,和就是奇数了。

师:那“1—10”行不行?

生:不行,“1—9”和是奇数,再加 1 个 10,和还是奇数。

师:“1—11”行不行?

生:行,“1—10”和是奇数,再加 1 个 11,奇数加奇数,和是偶数。

【设计意图】 在以往的课堂中,学生提出的猜想几乎都是教师希望出现的,而且都是成立的。这节课,学生一开始提出的猜想经过验证,发现猜想不成立。这样的设计不仅帮助学生建立“猜想并不一定成立”的重要观念,还让学生意识到猜想一定要验证的必要性。

2. 观察验证,透过现象发现本质

(教师将这些例子有序地进行排列)

1 =0　和是 1　×

1　2 =0　和是 3　×

1　2　3 =0　和是 6　√

1　2　3　4 =0　和是 10　√

1　2　3　4　5 =0　和是 15　×

1　2　3　4　5　6 =0　和是 21　×

1　2　3　4　5　6　7 =0　和是 28　√

1　2　3　4　5　6　7　8 =0　和是 36　√

1　2　3　4　5　6　7　8　9 =0　和是 45　×

1　2　3　4　5　6　7　8　9　10 =0　和是 55　×

1　2　3　4　5　6　7　8　9　10　11 =0　和是 66　√

1　2　3　4　5　6　7　8　9　10　11　12 =0　和是 78　√

师:仔细观察这些例子,你有什么发现?

生:我发现,算式结果为 0 总是 2 个行 2 个不行这样交替出现的。

生:我发现,这个填运算符号的游戏与曾经学过的周期问题有关。把 4 个连续的自然数看成一组,根据余数就能判断。如果余数是 3 或者没有余数,运算结果能够得到 0。例如,从 1 到 11,这 11 个数,因为 11 除以 4 余 3,所以运算结果能够得到 0。

生:我来补充,不行的情况肯定是和为奇数,如果后面再来的一个数是奇数,奇数 + 奇数 = 偶数,就行;接着再来一个数那就是偶数,偶数 + 偶数 = 偶数,例如,“1—6”的和是 21,为奇数,那么它后面再来一个 7 也可以,再来一个 8 还是可以。

生:其实这种 2 个行 2 个不行的规律,还是和的奇偶性导致的,奇数个奇数之和还是奇数，偶数个奇数之和才是偶数。

师：真厉害！原来和的奇偶性的知识在解密这个数学游戏时有这么大的作用，我们只要综合运用和的奇偶性的知识，就能很快判断出结果是否为0了。

【设计意图】 尽管这是一个游戏，也不应该像买彩票一样去碰运气，而要用数学的眼睛去观察、用数学的思维去思考。教师应引导学生在猜想、验证、推理的过程中，发现游戏背后隐藏的数学本质。

片段三：学以致用，用以促学

师：比如2020年，“1—2 020”行不行？

生：我是用求和公式算的，$(1+2\,020)\times 2\,020\div 2=2\,021\times 2\,020\div 2=2\,041\,210$，结果是偶数，可以为0。

生：我觉得不需要完全算出来。2 021是奇数，2 020是偶数，在乘法算式中，偶数乘奇数，结果还是偶数，所以“1—2 020”之和一定是偶数。

师：又用到了积的奇偶性判断。那么2019年呢，“1—2 019”行不行？

生：行，“1—2 020”行，说明和是偶数，“1—2021”比“1—2 020”只少了一个2 020，偶数减偶数还是偶数，所以“1—2 019”的和一定也是偶数。

生：我们可以看“1—2 019”里面奇数的个数，1 010个奇数和1 009个偶数，奇数的个数是偶数，和一定是偶数。

生：也可以用求和公式，$(1+2\,019)\times 2\,019\div 2=2\,020\times 2\,019\div 2=1\,010\times 2\,019$，结果一定是偶数。

【设计意图】 学以致用，发展学生的应用意识。在判断“1—2 020”结果是否为0时，学生一开始是求和，看结果是否为偶数，这是对课上发现规律的准确应用。接着就有学生提出不需要计算就能判断，学生进一步优化了判断方法，这不仅做到了“学以致用”，还做到了“用以促学”。

片段四：回顾反思，渗透方法

师：现在你们知道“结果为0的秘密”了吗？

生：用的就是书上的和与积的奇偶性，这些数相加之和是偶数就行，和是奇数就不行。

师：这节课，你们有什么收获吗？

生：书本上学习的方法我们要灵活应用。

生：我们研究问题时，要先从简单的开始想。

生：复杂的问题，我们可以运用分类的方法。

生：当我们有了猜想要去验证时，如果不能严谨地推理证明，可以尝试举例子。

师：其实猜想也是在回顾过程中逐步形成的，对解决问题的过程进行回顾和反思，在回顾和反思的基础上形成猜想，然后进行验证，确认或否定相应的猜想，是一种常见的学习方法。

三、作品叙事

（一）学生作品 1

学生作品 1 如图 9-12 所示。

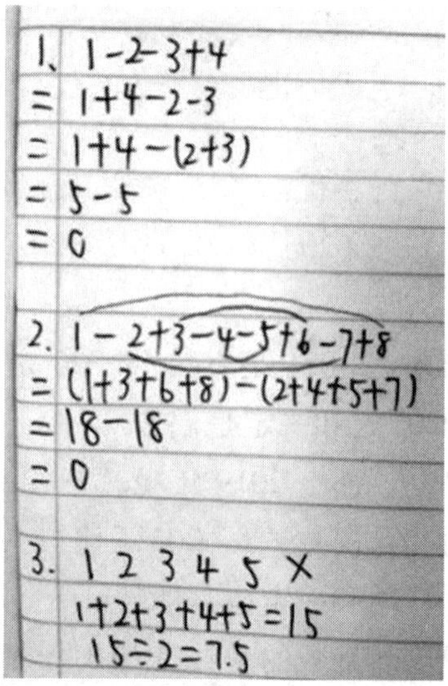

图 9-12

（二）作品思考 1

教师基于学情的精准把握，将丰富的学习素材分层、有序出示，引导学生的数学思维不断进阶。教师出示第一个学习素材，学生一开始是盲目地尝试，好在这个素材难度不大，学生凑一凑也能顺利得到答案。第二个学习素材，难度比第一个大，这时学生开始思考如何能较快找到答案。看学生的思考记录，学生是借助“搭小桥”的方法，将这些数分成两类，相加的为一类，相减的为一类，这两类的和要相等，结果就能为 0。当出示第三个学习素材时，学生觉得“搭小桥”的方法也不是最好的，先求和，再看和是否可以分成相等的两个整数来判断，这个方法更好用。通过分析学生作品，我们可以看到学生解决问题的水平如同芝麻开花，节节升高。解决问题水平的提升，也验证着学生思维水平的进阶。

（三）学生作品 2

学生作品 2 如图 9-13 所示。

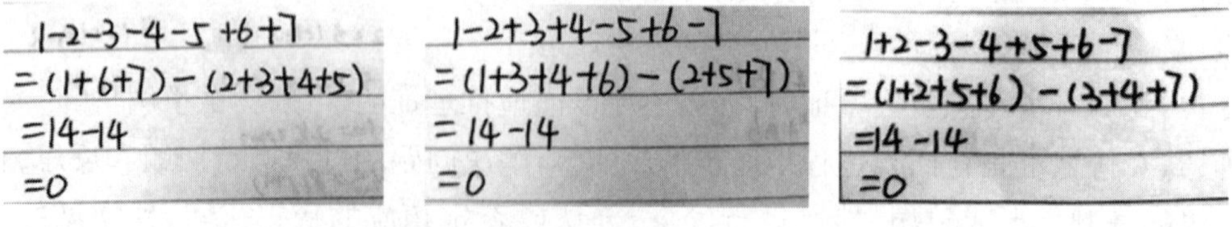

图 9-13

（四）作品思考 2

在验证推理的过程中，很重要的一点，就是要让学生的思维留痕。从 1 开始的任意个连续自然数，添上加号或减号，如果相加的部分和相减的部分同样多，这组数的结果就等于 0。换句话说，当这组数可以分成相等的两部分，结果就能等于 0。所以，结果为 0 的本质就是这组从 1 开始的连续自然数可以分成相等的两部分。这个抽象的数学本质如何让学生直观发现？教师引导学生将想法直观地展示出来，用小括号括将加的部分和减的部分分别括起来，学生就很容易发现：结果等于 0 的式子可以分成相等的两个部分。思维留痕将隐性的抽象思维变为显性的具象思维，让思维可视，让人眼见为“实”。

教师提问：从 1 到 2 020，每两个数的中间添上“ + ”或“ - ”结果是否为 0？

生 1：我用的是求和公式：$(1+2\ 020)\times 2\ 020\div 2=2\ 021\times 2\ 020\div 2=2\ 041\ 210$，结果是偶数，可以为 0。

生 2：我觉得不需要完全算出来。2 021 是奇数，2 020 是偶数，在乘法算式中，偶数乘奇数，结果还是偶数，所以“1—2 020”的和一定是偶数。

四、专题分析

（一）在“做数学”中激发猜想意识

会用数学的眼光观察现实世界，这里的“数学眼光”包括在各种现实和数学的问题情境中，能发现数学的规律，能提出有意义的数学问题。数学规律的发现、问题的提出，猜想总会伴随左右。如何让学生学会猜想，如何让学生爱上猜想，这些教师是可以由教师“教”的。

如何教猜想？第一，丰富的学习素材更利于学生萌发猜想。因为学习素材不丰富，层次不合理，学生体验就不充足，也就无法形成独特的感悟，猜想的质量也就不高。从这节课一开始，教师分层，有序地出示了三个学习素材，分别是 1—4、1—8 和 1—5。学生体验了三个学习素材后，教师才引导学生进行猜想。再有，教师将学生验证的从 1 到 12，共计 12 个素材，有序排列，同屏展示，引导学生进行猜想。基于丰富的学习素材开展的猜想，学生参与的积极性颇高，提出的猜想也很有研究价值。第二，验证猜想是非常必要的。通常课堂中提出的猜想几乎都是成立的，这无形中带给学生错误的认知，即猜想都是成立的。这节课学生提出的猜想：只要是双数结尾的就行，比如“1—4”和“1—8”，结果就可以为 0；单数结尾的就不行，比如“1—5”。通过验证，发现这个猜想不成立。这个学习体验告诉学生，猜想有可能成立，也有可能不成立，当提出猜想后一定要进行验证，否则不知道提出的猜想是否成立。这也让学生领悟到提出猜想要验证的必要性和重要性。

（二）在“验数学”中发展推理意识

会用数学的思维思考现实世界，这里的数学思维，在小学阶段就包括推理意识。意识侧重经验的感悟。推理意识就是要让学生在做中、思中去体验，去感受，进而达到感悟。这节课，教师通过精心的设计，让学生一次又一次地经历着猜想、验证的全过程。在这个过程中，学生不仅认识到，猜想可能成立，也可能不成立的重要观念；还认识到，有了猜想，一定要对猜想进行验证。这节课学生验证的方式有计算，比如一开始判断1—4，这四个数字相加减，结果是否为0，学生就是通过计算来验证的。还可以举例子，比如学生提出猜想：只要是双数结尾的就行，比如“1—4”和“1—8”，结果就可以为0；单数结尾的就不行，比如“1—5”。学生通过举例子：“1—2”也是双数结尾，结果无法为0；“1—3”是单数结尾，1+2-3=0；“1—6”也是双数结尾，它们的和是21，也不行。借助举的反例验证了这个猜想不成立。学生经历的猜想和验证是推理意识培养的重要基石。学生在猜想、验证的过程中，感受着数学的严谨，发展着自己的理性思维，也助力推理意识的发展。

荷兰数学家和教育家曾说，“数学根植于现实，在现实中成长，最终应用于现实”。要发展学生的应用意识，就要让数学有用武之地。教师可以结合学生的学习内容创造性地开发一些课例，让学生在做中学，学中做，积累数学活动经验，感受数学的价值，发展学生的应用意识。“结果是0的秘密”这节课例，就是教师开发的一节数学知识的应用课。教师创设游戏情境，看似引导学生破解游戏的奥秘，实则在带领学生探究现象背后隐藏的数学本质——和与积的奇偶性。在探究的过程中，学生应用的数学知识有：加法交换律、结合律；减法的性质；四则混合运算；周期问题；和的奇偶性；积的奇偶性；等等。教师一开始出示：1 2 3 4 =0，让学生尝试结果是否可以为0。学生分享填法：1-2-3+4=0。教师追问：“1-2”不好算呀？学生想到运用运算律将算式作调整：1+4-2-3=0。在研究算式：1 2 3 4 5 6 7 8 =0时，学生基于第一个算式的研究为基础，将第二个式子改写成：1 2 3 4 5 6 7 8 =(1+4+5+8)-(2+3+6+7)或1 2 3 4 5 6 7 8 =(1+2+3+4+8)-(5+6+7)。明确了只要把这组数成分成相等的两个整数，它们的结果就能为0。当学生研究了12个例子后，教师将这12个例子有序排列并同屏展示，请学生观察，提出猜想。学生运用周期问题及和的奇偶性知识对猜想进行验证。探究出游戏背后隐藏的数学本质后，教师出示两道练习题：“1-2 022”和“1-2 019”这两组数，看它们的结果是否为0。在解决这两个问题的过程中，学生借助积的奇偶性优化解决问题的方法。学生在教师精心设计的探究活动中，应用数学，发展应用意识。

（刘慧敏）

案例3 探秘和的奇偶性

一、开发背景

（一）素养分析

推理是一种思维活动。史宁中教授曾指出：“数学核心素养主要由抽象、推理和建模构成。”由此可见，推理能力不仅是核心素养的重要组成部分，也是学生学习数学应当具备的一项关键能力。《义务教育数学课程标准（2022 年版）》中提到，新知识的学习要展现“知识背景—知识形成—揭示联系”的过程，强调以学生为主体，通过观察、实验、猜测、推理、交流、反思等活动来激活学生的数学思维，使学生树立自主学习意识，全面提升推理能力。可见，有效的实践操作可以加强学生对数学知识的理解，它是培养推理能力不可或缺的基础，推理能力的培养也能促进学生对数学知识的理解。

（二）教材分析

“和的奇偶性”是教材基于“因数和倍数”单元的学习。这一探索规律的内容设置旨在让学生通过举例、观察、比较和归纳，发现和的奇偶性规律，积累探索规律的经验，发展推理能力。数学学习一般都是由易到难，从特殊过渡到一般的渐进过程。苏教版小学数学教材从三年级上册开始，便根据内容每册各独立编排一个“探索规律”的专题活动，从丰富的探索规律内容中引导学生探索一类又一类典型现象的规律。“探秘和的奇偶性”是一次探索计算规律的活动，是在学生已经认识奇数、偶数、质数、合数等概念，并在已经积累较多探索数的特征的活动经验的基础上安排的。学生通过活动，一方面能感受数学规律的多样性和趣味性，感受数学知识之间的广泛联系，窥探到数学概念的内涵；另一方面则有利于从新的角度进一步丰富对奇数和偶数的认识，提升数学思考的水平，在探究规律的过程中获得逻辑思维和推理思维的提升。

（三）学情分析

从英国科学哲学家迈克尔·波兰尼的“默会认识论”的角度来看，在“探秘和的奇偶性”一课中，学生不难发现并归纳出“什么是和的奇偶性规律”，也可以准确地描述和表达，这就属于明确知识。但对于“为什么会有这样的规律”则很难直接而充分地说清楚，这些就属于默会知识了。相对于明确知识而言,默会知识的习得对学生思维和行为的影响更大。因此,让学生通过多种方式领悟和与积的奇偶性的内涵,在主动探索规律的过程中感悟探索规律的方法,积累探索规律的经验,是本节课的教学重点和难点。

二、教学实践

(一)学习地图

学习地图如图 9-14 所示。

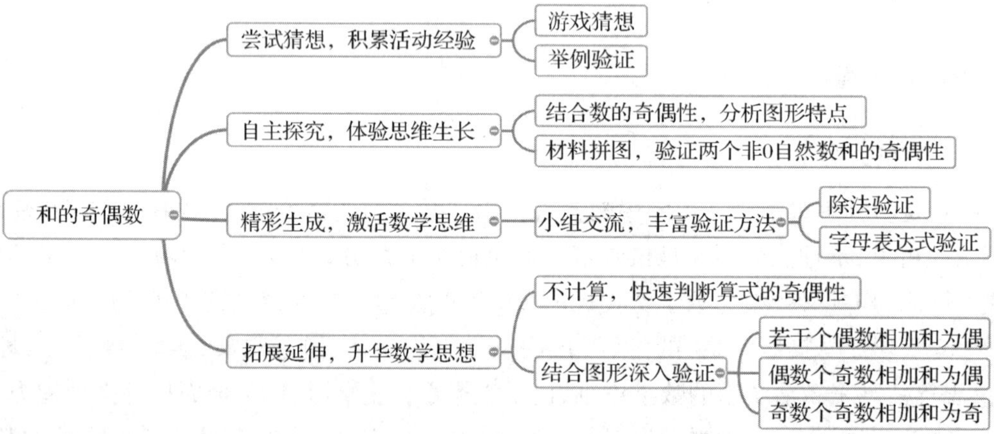

图 9-14

(二)学习目标

(1)使学生经历探索和的奇偶性规律的过程,发现并理解和的奇偶性的规律,能判断加法的得数是奇数还是偶数,并能说明理由。

(2)使学生通过举例、观察、比较与猜想、验证,发现和的奇偶性的规律,积累探索规律的经验,发展观察、比较、分析、归纳等思维能力。

(3)使学生主动参与探索规律的活动,体会数学内容是具有规律的,获得探索规律成功的体验,树立学好数学的自信心,并产生对数学规律的好奇心,激发对数学学习的兴趣。

(三)教学现场

片段一:尝试猜想,积累活动经验

出示抽奖转盘和游戏规则:转动转盘,若指针指着的两数相加之和是奇数则中奖。明确规则后,指名学生试玩,都没能中奖(图 9-15 至图 9-17),激起学生的兴趣,并根据已有经验提出“偶数 + 偶数 = 偶数”和“奇数 + 奇数 = 偶数”的猜想,继而引发“奇数 + 偶数 = 奇数”的猜想。

师:这些发现都仅仅是大家的猜想,究竟对不对呢?

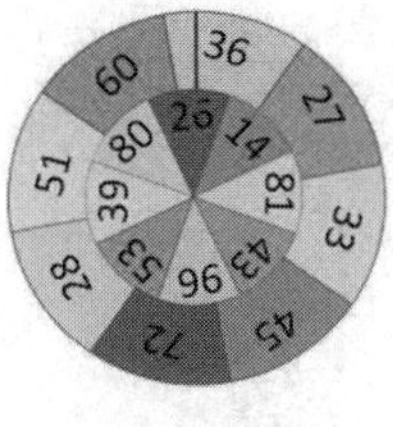

图 9-15

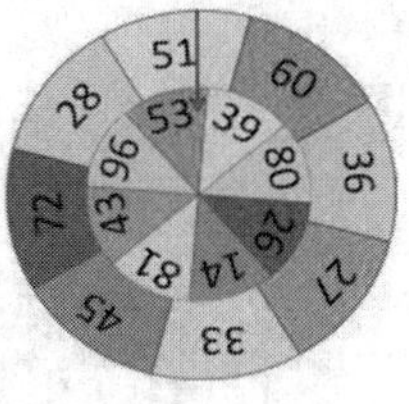

图 9-16

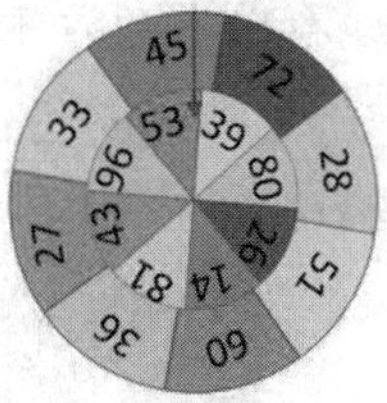

图 9-17

生 1:举例验证。如:8 + 10 = 18 可以说明偶数 + 偶数 = 偶数;5 + 7 = 12 可以说明奇数 + 奇数 = 偶数;9 + 12 = 21 可以说明奇数 + 偶数 = 奇数。

生 2:我觉得我们还可以用一些多位数来验证。

师:大家找了很多例子,像这样验证的例子举得完吗?

生:举不完。

师:大家在举例子的过程中有没有找到反例?

生 1:没有。

生 2:其实要判断和的奇偶性只要算个位上的数之和就行了,因为判断数的奇偶性,只要看个位。我们只要把 0 – 9 这 10 个数字相加的情况都列举出来就能证明所有情况了。

【设计意图】 “智慧是表现在过程之中的”,探索规律教学的着力点不在规律,而在探索。课堂伊始,通过调动学生生活中参加游戏中奖的经验激起探究的欲望,引导学生思考:“为什么没有中奖? 怎样才能中奖?”学生自然调动原有经验举例验证,继而发现判断两个数和的奇偶性可以直接计算个位上的数相加之和。在这里,学生不仅对不完全归纳法有所感悟,同时也感受到了数学的严谨性和科学性。

片段二:自主探究,体验思维生长

师:其实,数形结合也是帮我们验证规律的好方法(图 9-18)。如果用 1 个方格表示 1,2 个方格就表示 2,3 个方格就表示 3,以此类推,这里第一行表示的都是奇数,第二行表示的都是偶数,结合数的奇偶性,这些图形有什么特点?

生 1:偶数都是完整的正方形或长方形,奇数不是完整的图形。

生 2:表示奇数的都多 1 格,表示偶数的都正好摆成 2 排。

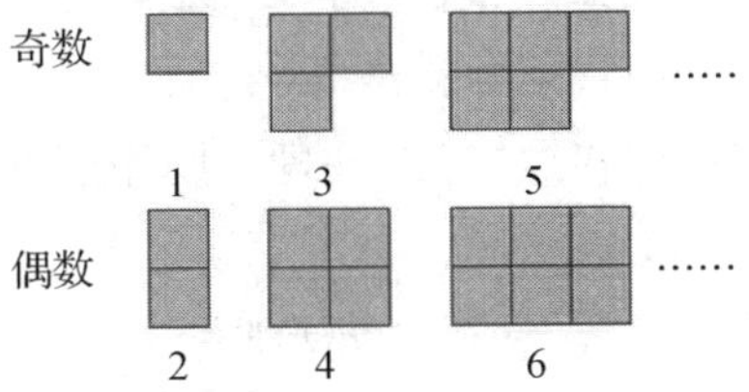

图 9-18

师:我们也可以说表示奇数的图形总会多出一个“小尾巴”,而表示偶数的图形总能摆成一个两行的完整图形,没有“尾巴”。

师:你们觉得为什么会这样摆呢?

生:更直观地看出是奇数还是偶数。

师:说得真好,老师这里还有两个图形(图 9-19 至图 9-20),请你们判断一下它们表示的是奇数还是偶数?

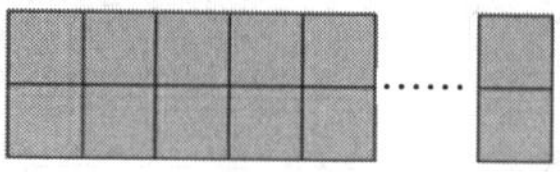

图 9-19

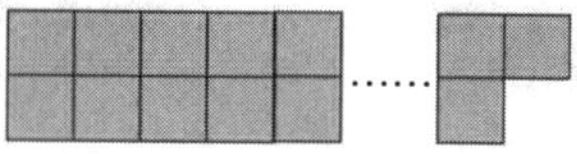

图 9-20

生:第一个是偶数。因为它是一个正好摆成 2 行的完整图形。

师:如果这里有 n 列,你会表示这个偶数吗?

生:2n。

生:第二个是奇数。因为它多了一个“小尾巴”。

师:如果这里也表示 n 列,你会表示这个奇数吗?

生:2n + 1。

出示任务二:

(1)利用所给的材料,独立拼图验证两个不是 0 的自然数之和的奇偶性。

(2) 在四人小组中,合作探究其他的验证方法,并记录下来。

师:谁来说说看你是怎样用拼图的方法验证的。

学生边摆边解释(图 9-21 至图 9-23)。

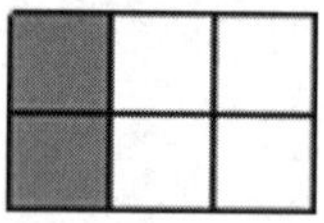

图 9-21

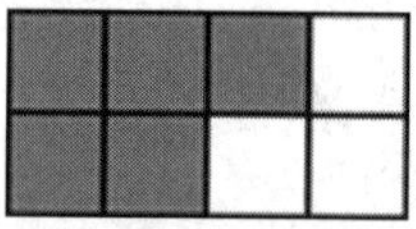

图 9-22

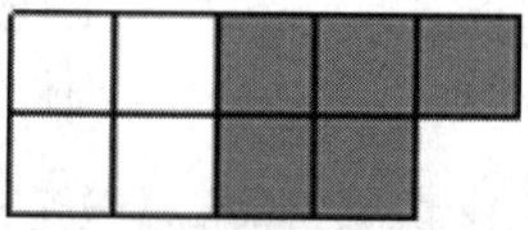

图 9-23

生:我先摆了一个 2,再摆一个 4,正好排成 2 行,所以它们之和是偶数。

师:如果换一个偶数,和还是偶数吗?

生:还是偶数。

师:像这样表示偶数加偶数的图形拼得完吗?

生:拼不完,但不管怎么换,都正好摆成 2 行,所以和都是偶数。

生:我先摆了一个 5,再摆一个 3,正好排成 2 行,所以和是一个偶数。

师:你们有没有注意到他在拼图时是怎么处理“小尾巴”的?

生:把两个“小尾巴”搭在一起。

师:想象一下,如果换成其他奇数,和还是偶数吗?

生:还是偶数,不管怎么换,都可以摆成 2 行,所以和都是偶数。

生:我先摆了一个 5,再摆一个 4,排成 2 行多 1 块,所以和是一个奇数。而且换其他奇数或偶数,始终会有一个“小尾巴”,所以奇数 + 偶数 = 奇数。

【设计意图】 基于举例验证得出猜想正确后,提出“以形助数”的验证方法,为学生打开了验证规律的另一扇窗。学生从抽象退回到直观,学会用示意图表征奇数和偶数,借助图形对猜想进行演绎推理,从另一个角度验证了规律的正确性。

片段三:精彩生成,激活数学思维

师:还有其他的验证方法吗?

生:我是用除法来证明的。奇数除以2总是余1,偶数除以2没有余数。所以偶数加偶数的和除以2,不会有余数,和是偶数;奇数加奇数的和,两个余数正好合成2,和是偶数;奇数加偶数,余数合不成2,和是奇数。

生:我是用字母表达式来验证的。我用2n表示一个偶数,为了区分,用2m表示另一个偶数,根据乘法分配律,两个偶数的和就可以表示成2(m+n),是2的倍数,所以和是偶数;同样,用(2n+1)来表示一个奇数,用(2m+1)来表示另一个奇数,两个奇数之和就可以表示成2(m+n+1),是2的倍数,所以和是偶数;最后,我用2n表示一个偶数,用(2m+1)来表示另一个奇数,一个奇数和一个偶数之和就可以表示成2(m+n)+1,不是2的倍数,所以它们的和是奇数。

【设计意图】 数学是思维的体操,学会思维是数学教学的核心追求之一。如何捕捉课堂上的精彩生成激活学生的数学思维,是值得我们追寻的目标。在这个环节中,学生又呈现出了一些不同思路,不仅体现了思考方法的多样性,更有利于学生锻炼和发展演绎推理能力。基于课堂上的生成,着眼于帮助学生积累活动经验,层层递进地感悟数学思想方法,引领思维不断攀升。

片段四:有效探索,发展数学思考

快速抢答:不计算,判断下列算式的结果是奇数还是偶数?

26+72	和是(偶)数
26+72+158	和是(偶)数
26+72+158+6	和是(偶)数

师:仔细观察,你有什么发现?

生:不管多少个偶数相加,它们之和都是偶数。

师:也可以说成“若干个偶数相加的和是偶数”,但这也仅仅是我们的猜想,你能想办法来验证吗?

生:我们可以举例子来验证。

生:我们可以结合图形来验证(图9-24)。因为我们刚才已经验证了“偶数+偶数=偶数”,所以无论多少个偶数相加,它们之和都是偶数。

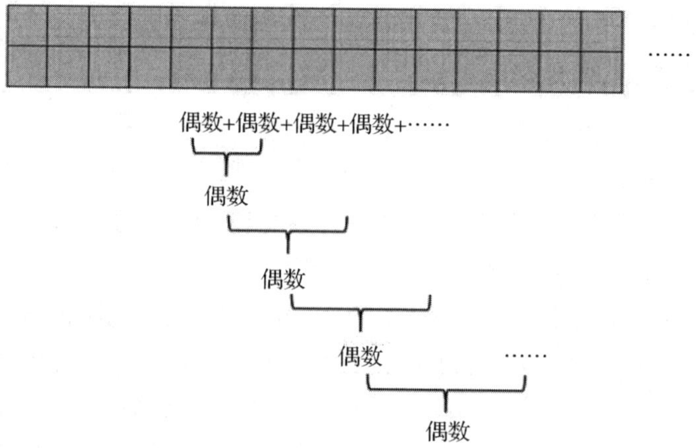

图 9-24

师:学到这里,你觉得接下来我们会研究什么问题呢?

生:若干个奇数连加之和是奇数还是偶数?

师:有想法吗?

生:奇数个奇数连加之和是奇数,偶数个奇数连加之和是偶数。

师:来看任务三:选择自己喜欢的方法验证几个奇数连加之和的奇偶性,并在四人小组内进行交流。结合学生汇报,展示结构(图 9-25 至图 9-26)。

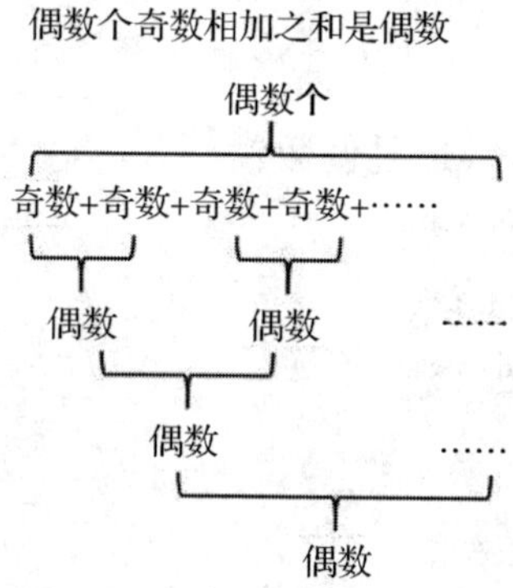

图 9-25

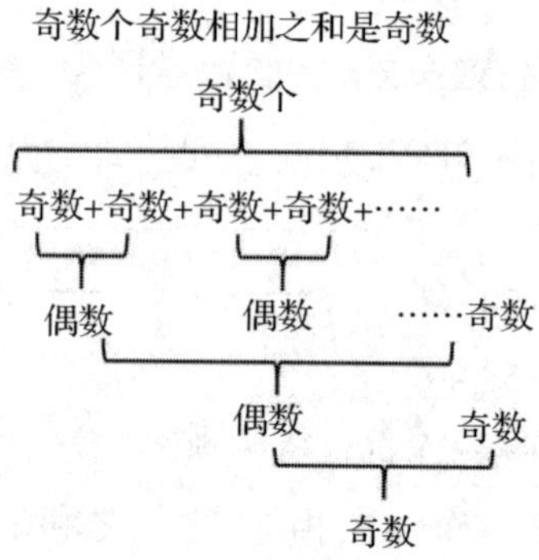

图 9-26

师:相信大家对如何验证和的奇偶性一定有了更深的体会。那你们觉得决定和是奇数还是偶数的是什么呢?

生:奇数的个数。

跟进练习:不计算,判断下列算式的结果是奇数还是偶数?

18 + 36 + 38 + 48 + 70 和是(偶)数

17 + 35 + 39 + 49 和是(偶)数

311 + 225 + 473 + 709 + 971 和是(奇)数

师:如果几个加数中既有奇数,又有偶数,和是奇数还是偶数?

生:根据奇数的个数进行判断。

【设计意图】 史宁中教授认为,如果说类是思维的基础,那么是否能够得到一个合理的类,将直接影响思维的有效性。因而,教师在教学中应注意引导学生正确地分类,强化学生对于类的认识。学生在用中学,在学中用,教学过程在学生的思维过程推动下进行,规律也在运用的过程中逐渐清晰。在这一学习过程中,学生还通过分类讨论三种情况,在探索规律时达成透过现象把握本质的目标。

片段五:拓展延伸,升华数学思想

师:现在再来看我们最开始的三个结论与我们现在研究出来的结论之间有什么联系?

生:偶数+偶数也属于若干个偶数,奇数+奇数属于偶数个奇数,奇数+偶数属于奇数个奇数。

师呈现板书:

偶数+偶数=偶数	奇数+奇数=偶数	奇数+偶数=奇数
↓	↓	↓
若干个偶数的和是偶数	偶数个奇数的和是偶数	奇数个奇数的和是奇数

【设计意图】 过程性目标的把握重在经历、重在体验、重在探索。我们要借探索让学生形成数学思维、方法和思想,这是更为重要的目标。这里的活动过程,强化了学生的反思梳理,发展了学生的元认知能力。同时结构化的思维体系,推进着浅层学习向深度理解的进程,催生着学习的真正发生。在课堂的最后,教师给学生分享了《几何原本》中关于奇偶性研究的相关画面,借机追问“除了和的奇偶性,你还想研究什么?”爱因斯坦说过,提出一个问题比解决一个问题更重要。问题意识的建构就是希望学生头脑中有问题,想研究问题,从而激发他们进一步探究的欲望。

三、作品叙事

(一)学生作品

学生作品如图 9-27 所示。

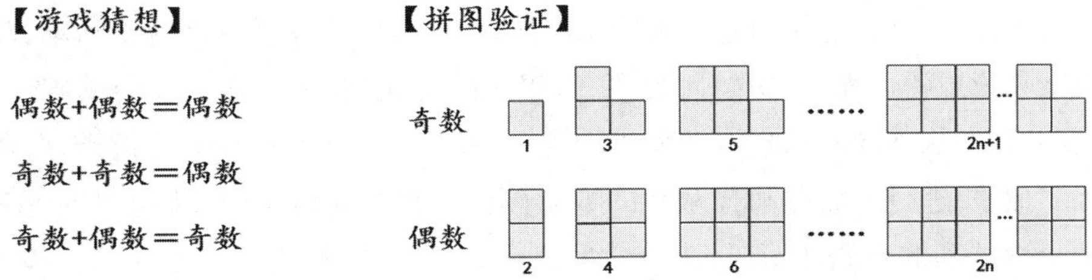

图 9-27

(二)作品思考

规律是事物之间内在的必然联系,它决定着事物发展的趋向。规律往往“躲藏”在现象背后,需要深入挖掘才会浮现出来。因此,如何让学生由表及里,自然而然地生发探索规律的欲望,往往是探索规律教学的关键。在本节课之前,学生对于加法算式更多关注的是结果,很少关注和的奇偶性,更不会发现和的奇偶性存在的规律。课始,通过创设游戏,既激发了学生的学习热情,又引入了本节课的探究,让学生的注意力很自然地从关注具体结果转移到关注结果的奇偶性上来。

猜想和验证是很重要的数学研究方法,也是培养学生合情推理能力和初步的演绎推理能力的重要途径。对于两个加数和的奇偶性,学生可以借助之前学习所积累的经验,很轻松地提出自己的猜测,并以一些加法算式为例,初步验证自己的猜测。在学生充分交流并初步肯定自己的猜测之后,教师带领学生深入思考和的奇偶性规律背后的道理,迈开了探索规律的第一步。但为什么会存在这样的规律?它的内涵是什么?这需要学生通过多种方式进行领悟,只有真正悟出了规律的内在道理,学生发现的客观存在的规律才能真正内化为他们思维内在的规律。本环节,先让学生讨论交流,充分体验用举例说明、抽象、演绎等方法描述规律的过程,再通过数形结合,直观感受规律内在的道理,通过多种方式,让学生真正领悟规律的内涵。

探索规律的教学绝不会止步于总结出规律,必须让学生运用规律解决问题,而在运用规律的过程中,往往会有新的发现,从而丰富原有的规律,发现新的规律。学生在用中学,在学中用,教学过程由学生的思维过程推动,规律也在运用的过程中不断完善和丰富。可见,数学学习的过程离不开对数量关系和空间形式规律的探寻,而探索规律的过程不仅是让学生不断明晰数学思想方法、逼近数学本质的过程,也是培养学生合情推理和演绎推理能力、发展创新意识和品质的过程。

四、专题分析

(一) 理念引领,由表象到本质的进阶

归纳,往往从观察开始。数学观察是学生学习数学的重要方法,不仅用眼看,还需要进行积极的数学思考,往往还伴随着数学猜想。所以,教学中应注意设计观察活动,让学生充分经历观察和猜想的过程,体验如何观察、猜想和的奇偶性特征;在观察的基础上,开展相应的比较和归纳,从不同的算式中发现本质规律;启发学生开展相应的合情推理,形成一定程度的数学抽象,进行一般性和普遍性的数学建模。在游戏情境中,鼓励学生用一一列举所有的两个数的和的奇偶性情况,培养学生思维的缜密性,为相对理性的思考和讨论提供支持。但对于和的奇偶性探究不能只有举例,也不该只有不完全归纳,也要讲道理,使学生明白为什么是这样的。同时,除了对规律本身的猜想和验证,能否对已发现的规律做出新的推广或发展,也是规律教学的重点。面对动态生成的课堂资源,巧妙捕捉关键信息,学生便能更好地在生成中建构属于自己的认知系统,实现由表象到本质的进阶。

（二）思想渗透，由经验到逻辑的进阶

课堂上最美的“风景”，在于学生的思维被充分激活，在于学生的经验被充分激活。在探索规律的过程中，数学思想方法是蕴含于数学知识和内容之中，又高于具体知识和内容的一种理性认识，是数学知识和方法在更高层次上的抽象与概括。探索规律的教学必须以完整真实的探究过程为主线，让学生有足够的时间和空间理解和提出问题，寻求解决问题的思路，在艰难曲折的探究活动中对规律本质内涵有深度理解，对探究过程形成理性的认识。“怎样探究”“怎样举例”最大限度地唤醒学生以往研究规律性质的数学活动经验，促使学生主动思考探究方案，并在交流、思辨中不断优化完善，使数学活动经验悄悄走进学生心中。课堂不应该是学生独善其身的场所，应成为协同合作的阵地，学生经历实践探究，必然会产生体验、感悟，个体认知需要伙伴的分享、倾听与交流，需要团体的补充、修正和完善。尽管表达可能不是很流畅，举例可能不是很全面，但这些都是学生真实的、自主的学习状态，教师有目的地进行点拨，学生质疑补充，整个过程实际就是将学生碎片化的认知变成系统化、结构化的过程，是学生将新知纳入旧知，提升知识和经验的过程，使自主建构在互动交流中得以实现。由不完全归纳发现若干个奇数和的奇偶性规律，经过演绎推理来证明猜测，帮助学生形成“根据已有的数学命题 —寻找命题间的逻辑关系—得出特殊结论”的演绎推理思维模式。本课的教学使数学思想方法通过数学知识得以“显化”，透过数学规律的归纳和总结过程强调对数学思想方法的体验和领悟，让模糊的认知清晰起来，让肤浅的认知变得深刻起来，让零碎的认知变得结构化起来。

（三）能力提升，由方法到素养的进阶

数学思想是数学知识和方法的内核，重视数学思想方法也有助于真正提高学生的数学素养并使他们终身受益。和的奇偶性问题本身是十分抽象的，在本课的教学中通过层层递进的方式，一步一步地把两个或几个数相加之和的奇偶性规律展示出来，既渗透了数形结合、转化、化归等数学思想，也更有效地提升了学生的数学素养。在 3 个奇数的和是奇数的基础之上，每次加一个偶数，看和的奇偶性有没有变化，一直加了 4 个偶数，一次一次对比，“现在和还是奇数”；一次一次推理判断，加了偶数对和的奇偶性没有影响；而加奇数，和的奇偶性便会发生变化。通过运用控制变量法，结合前面结论“偶数 + 奇数 = 奇数”“奇数 + 奇数 = 偶数”进行推理，引导学生主动对前后结果的异同进行比较，得出最终结论“和的奇偶性和加数中奇数的个数有关，与偶数没有关系”，积累了数学规律探究的经验，发展了学生的数学思考。《义务教育数学课程标准（2022 年版）》倡导，在设定目标的情况下，能针对具体问题提出设计思路，制订简单的方案解决问题。可见，鼓励学生设计和制订实验方案也是增强实证意识、积累数学活动经验的一个重要举措。教师不急于牵着学生往下走，不直接给出探究“若干个奇数和的奇偶性规律”的具体方案，而是通过问题“你想怎样来研究？”，最大限度地唤醒学生以往研究规律性质的数学活动经验，促使学生主动思考探究方案，这既能增强探究活动的计划性，又可以帮助学生体会探究活动的关键，并在交流、思辨中不断优化和完善，促进深度体验，使数学活动经验悄悄走进学生心中。

（刘　媛）

第十章

“做”中建构，增强模型意识

模型意识主要是指对数学模型普适性的初步感悟。知道数学模型可以用来解决一类问题，是数学应用的基本途径。能够认识到现实生活中大量的问题都与数学有关，有意识地用数学的概念与方法予以解释。模型意识有助于开展跨学科的综合实践活动，增强对数学的应用意识，是形成模型观念的经验基础。

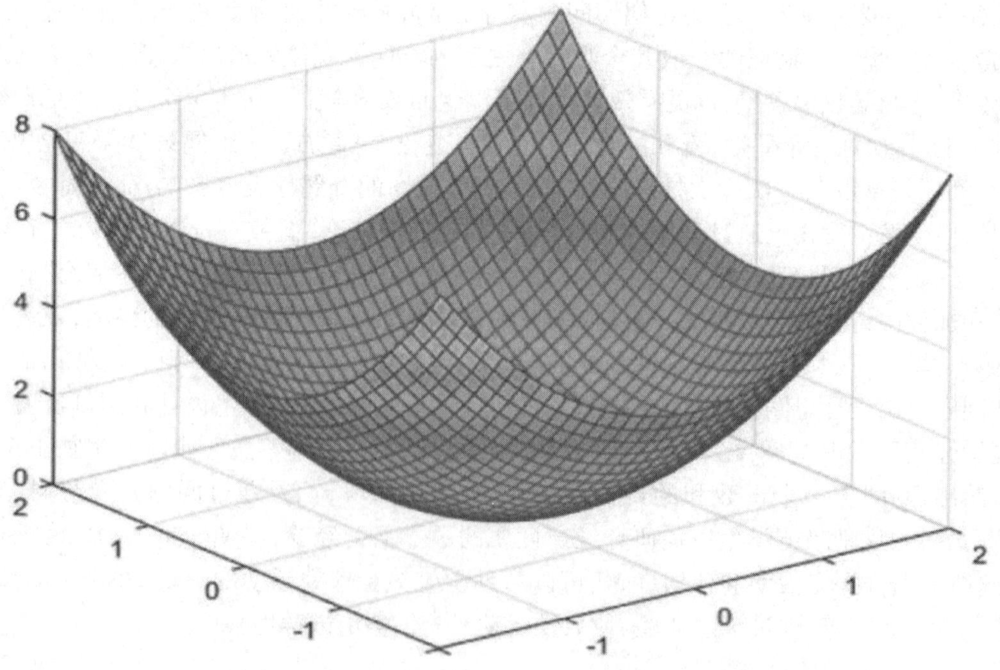

案例1
乘法算式中的秘密

一、开发背景

(一) 素养分析

本案例对学生核心素养的发展主要表现为数感、运算能力、模型意识。

《新课标》中对数感内涵的表述中就说到,能在简单的真实情境中进行合理估算,做出合理判断。案例中,给四个不同的数字和乘号,可以组成多组两位数乘两位数的算式,学生通过估算,就能排除一些明显不符合要求的算式。

案例中,学生不仅要借助具体的计算来验证猜想,还要运用算理对猜想做解释。运算能力是这节课探究的基石。

案例中,学生模型的建立,是分三步完成的。以组成乘积最大的算式为例:第一步,初步感知模型。让学生经历猜测、验证的过程,对乘积最大的算式组合方式有初步的感受。第二步,借助丰富的学习素材,初步建立模型。请学生小组合作举例验证猜想,将验证的例子进行分享和交流,这时学生发现同学们尽管用的数字不同,但组成的乘积最大的算式规律是一样的。大量的素材让学生初步建立了算式组合的模型。第三步,算理解释,形成模型。第四步,教师引导学生进行说理,借助算理的解释,帮助学生构建清晰的算式组合。

(二) 教材分析

在苏教版小学数学三年级下册中,两位数乘两位数单元学习的主要内容有:整十数乘两位数、整十数乘整十数的口算;两位数乘两位数的估算;两位数乘两位数的笔算。本课题研究的问题,就是基于两位数乘两位数的计算,并在此基础上的拓展和延伸。另外,这个单元的学习内容是整数乘法学习过程中的关键一环,掌握两位数乘两位数的计算方法,能够为今后学习乘数是更多位数的乘法计算打下坚实基础。

(三) 学情分析

以生为本,以学定教,教师备课时一定要对学情做精准把握。

1. 熟练掌握两位数乘两位数的算法与算理

本课例的研发,就是基于学生学习了两位数乘两位数的口算和笔算后进行的。此时,学生不仅熟练掌握两位数乘两位数的笔算，还能看着两位数乘两位数的笔算过程，清楚解释每一步计算的算理。也就是两位数乘两位数的算法与算理学生都已熟练掌握。两位数乘两位数的算法与算理是本节课例的知识和技能基础。

2. 能适时合理运用估算

四张数字卡片，可以组成的两位数乘两位数的算式有多个，学生可以通过估算，将明显的不合适的算式提前排除掉，以缩小研究范围，让研究更有针对性，更有效率。

3. 学生具有丰富的乘法计算的数感

从一位数乘一位数，到两三位数乘一位数，再到两位数乘两位数，这些不同层次的，丰富的乘法计算经验，让学生对乘法计算结果的大小有了一定的数感。例如，给四个不同的数字和乘号，要想组成乘积最大的算式，学生就会想到首先要让组成的两个乘数尽可能地大，就要把较大的数字放在十位上，把较小的数字放在个位上。要想组成的算式乘积小，就要把较小的数字放在十位，较大的数字放在个位。学生在乘法计算方面已经积累了一定的数感。

二、教学实践

（一）学习地图

学习地图如图 10-1 所示。

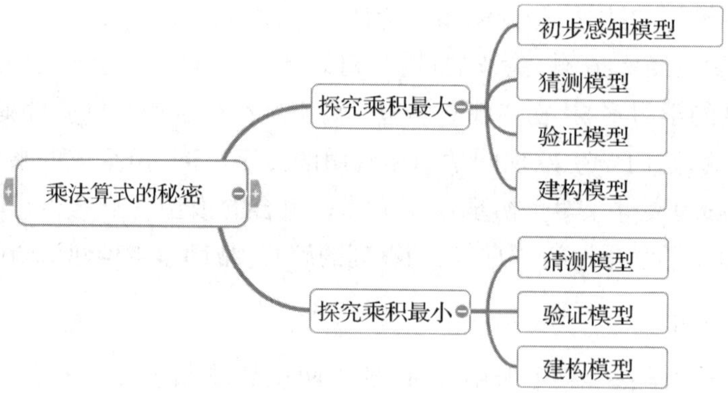

图 10-1

（二）学习目标

（1）学生经历两位数乘两位数最值原理的探究过程，能按照要求正确写出乘积最大和乘积最小的算式。

（2）学生经历猜测模型、验证模型、说理模型的全过程，最终建立两位数乘两位数最值原理的算式模型，帮助学生形成推理意识和模型意识。

（3）在探究两位数乘两位数乘积最大的算式模型中积累的研究经验，迁移并应用于乘积最小的算式模型中，提升学生研究问题的能力，发展学生的应用意识。

(三) 教学现场

片段一:探究乘积最大

1. 创设情境,激发热情

师:小致和小远正在用数字卡片做游戏,谁来读一读这里的游戏规则?

师:用下面的4张数字卡片(卡片分别是3、4、5、6)和乘号,摆出一个两位数乘两位数的算式,看看怎样摆积最大?

学生读完规则后追问:谁看明白了?(再次明确规则)

师:你们会摆吗?请你先从自己的数字卡片中先找出这几张卡片,再动手摆一摆。

(学生操作,教师巡视)

2. 分层感知,建构模型

(1) 借助估算,筛选算式。

学生汇报的算式:63×54,64×53,54×35。

师:这些算式都是同学们的猜测,结合这里的规则要求,要摆出积最大的算式。我们能随便摆吗?

学生说理:不能。因为要积最大就要让最大两个数放在十位上。

追问:你能用黑板上的例子具体地说一说吗?

学生选出不合适的算式说明道理。因为这几道算式估算后的结果比较小。

师:根据估算的方法我们就可以把确定的积不是最大的算式先擦去。

师:那就是说同学们首先通过估算的方法确定了十位上应该放两个最大的数(屏幕),这样乘出来的结果也会尽可能大。

(2) 借助计算,验证猜测。

师:经过同学们的初步筛选,留下的算式都是60多乘50多,那这两道算式的积谁会更大一些呢?你会怎么做?

生:我们可以列竖式算一算。

师:其他人同意吗?这些都只是同学们的猜测,猜测是我们研究数学问题的必经阶段(板书:猜测),那到底猜得对不对呢?那我们就需要计算验证一下。请同桌两人,一人算一道,进行验证。开始!

师:谁来汇报第一道算式?(出示竖式及结果),谁来分享第二道题(出示竖式结果)。

(3) 回顾反思,猜测模型。

师:是不是每次遇到这样的问题时,我们都需要去算一算才能知道结果谁最大呢?

生:我知道了。确定了两个较大的数放在十位后,然后较大的数配较小的数。

师:仅凭一个例子,就下此定论,似乎不太合适,这个想法只能算作猜想。大家觉得算式中数字的搭配似乎存有玄机,其中的奥秘是什么?今天这节课我们就一起来学习乘法算式中的秘密。(板书:课题)

(4) 尝试举例,验证模型。

师:刚才是老师举例带大家研究的,接下来请同学们根据这样的研究过程来进行同伴合作。谁来读一读这里的合作要求?

(学生读要求,补充合作要求,课件出示同伴合作要求)

展示 4 组作品。

师:仔细观察这些乘积最大的算式组合方式,你有没有什么发现?

生:他们都是把最大的两个数放在十位上,都是最小的数和最大的数搭配。

师:你能用屏幕中的例子具体地说一说吗?

生:我想说 82×75 这道算式。在 2、5、7、8 这四个数字中,8 和 7 这两个大的数字被放在了十位,然后是最大的数字后面搭配最小的数字 2,这样的组合乘积是最大的。

师:看来我们通过这么多的例子找到了这些积最大的算式组合的相同点,知道了它的好方法。这就是我们研究问题的第三步,可以通过举例子去归纳方法。(板书:归纳)

【设计意图】 教师提前给学生准备了扑克牌卡片,数字是 1—9。想选哪 4 个数字进行验证,完全由学生自己做主。学生从选卡片时就流露出兴奋,这就给接下来的探究热情做好了铺垫。另外,请学生自己选择卡片,学生选择的 4 个数字很少有完全相同的,学生学习的素材就丰富多样了,验证也更具说服力。

(5) 算理分析,建构模型。

师:其实这个方法的背后还隐藏着它的道理。归纳完之后我们还要学会说理,(板书:说理)就拿我们第一次研究的两道算式来看。我们都是把最大的两个数放在十位的。然后想到两道算式,再通过计算验证知道了积最大的算式是 63×54。现在请你仔细观察竖式计算的过程,为什么这里第 3 大的数 4 要放在 5 的后面,而不是 6 的后面呢?请把你的想法和同伴交流一下。

生:因为我们可以看到 4 乘 63,比 4 乘 53 大,所以 4 放在 5 的后面。这样乘出来就最大。

师:你说得很有道理,但可能有的同学没有听懂。其实他就是这样想的。

出示竖式拆分。

师:4 个数字写成竖式的形式,其实每 2 个数都要相乘。这里个位上的 3 乘 4 会得到 12 个 1。个位上的 3 乘 6 个 10 就是 18 个 10。十位上的 5 个 10 乘 4 就是 20 个 10。十位上的 5 个 10 乘 6 个 10 就是 30 个百。右边也是一样,3 乘 4 是 12 个 1,3 乘 5 是……

师:仔细观察两边竖式所表示的数的组成。想一想:为什么它的结果会比这一道大呢?

生:因为两边都有 12 可以抵消,都有 30 个百也可以抵消。那左边剩下 39 个十,右边剩下 38 个十,39 比 38 大,所以左边的算式乘积更大。

师:是呀。因为左边的几个十更大,所以结果更大,所以要把第 3 大的数 4 放在 5 的后面,这样它能和 6 个十相乘,乘出的几个十更大。

师:我们不仅找到了方法,还理解了方法背后的道理。接下来,我们就要用我们学到的方法来解决这两道算式。

【设计意图】 通过前一个环节的举例验证,学生发现了组数的规律,若就此停止研究,不利于培养学生数学思维的严谨性。所以,在学生发现规律后,教师又引导学生结合乘法竖式去发现乘积最大的本质。算理分析的环节让现象背后的本质浮出水面,也让学生头脑中的模型更加明晰。

3. 巩固练习,应用模型

(1) 出示2、7、8、4,积最大算式:□□ × □□。

学生直接报,引导说说摆放方法和道理。

(2)出示3、1、7、5,积最大算式:□□ × □□。

学生直接报,引导说说摆放方法和道理。

片段二:探究乘积最小

1. 在大胆的“猜想”中引发新的探究

师:经过刚才的研究,我们已经知道了什么时候积最大。想一想,我们还能研究什么呢?

生:我们还可以研究两位数乘两位数乘积最小的算式。

(板书:积最小)

2. 在研究方法的“迁移”中开展自主探究

(1) 基于经验,猜测模型。

师:同样是这四个数,要摆成积最小的算式,想一想,我们可以选定哪些方框?

生:要把最小的两个数放在十位上,这样估算的结果就最小。

师:确定了十位上的数,我们要摆出积最小的算式,你有没有什么好方法?

生:我觉得它的规律会和积最大的规律是相反的。

(2) 尝试举例,验证模型。

师:这些也都是同学们的猜测,到底对不对呢? 我们还要继续进一步验证。

师:接下来就请同学们自己从手中的9张卡片中选出4张,组成一道两位数乘两位数积最小的算式。我们进行同伴合作学习,谁来读读要求?

出示活动要求:

① 同桌两人从数字卡片1 ~9中任选4张数字卡片和乘号,摆出一个积最小的两位数乘两位数的算式。

② 摆好后计算验证自己的猜测。

③ 说说摆出的积最小的算式的道理。

(3) 算理分析,建构模型。

师:刚刚同学们都交流了积最小的算式,谁来汇报你研究的过程。

(学生在汇报的时候是清楚选的4个数,猜测的算式及验证的过程,再说说为什么这样摆的道理)

学生汇报环节选择3组。

师:(指着三人的作品)他们在研究积最小的过程中都有什么相同的地方?

生:都是把最小的两个数放在十位上,然后小的数和小的数搭配。

【设计意图】 探究两位数乘两位数乘积最小的组合模型,教师的教学设计是"放"。放心让学生"猜","猜"出研究内容——乘积最小。放手让学生"试","试"出乘积最小的组数模型。数学课上,学生在探究知识的同时,还应该习得研究问题的方法,这才是提升学生核心素养的关键所在。研究乘积最大时,教师是带领着学生进行探究的,探究完乘积最大,学生积累的活动经验,若能及时应用,才能起到巩固、提升的效果。所以在探究乘积最小时,教师的作用就是帮助学生将研究方法进行迁移。从学生课堂反馈来看,学生不仅顺利完成研究方法的迁移,还能尝试简化步骤,优化方法。具体例子见文中的作品叙事。

3. 在问题的解决中巩固模型

师:归纳了方法后,下面我们就要会应用恰当的方法去解决。

师:如果是这4张数字卡片,你会填吗?谁来汇报?

出示2、7、8、4,积最小算式:□□×□□。

师:为什么剩下的大的数8要放在4的后面,不能放在2的后面呢?

生:因为8乘几个十比7乘几个十更小。

师:是呀。这就是为什么小的数不能和大的数搭配的道理。

师:老师还带来了4个数,乘积最大,你会填吗?

出示数字:4、2、7、9。

积最小算式:□□×□□。

积最大算式:□□×□□。

师:谁来汇报?

4. 在回顾反思中内化模型

师:今天这节课我们研究了乘法算式的秘密。你有哪些收获?

三、作品叙事

教师给每个学习小组准备了1-9这9张数字卡片(图10-2),请学生从中任意挑选出4张数字卡片,并按照要求组成两位数乘两位数的乘法算式,探究怎样组合算式的乘积最大或最小。

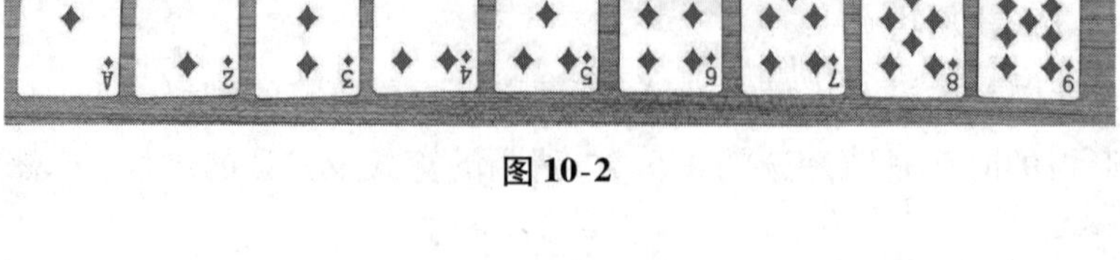

图10-2

下面图 10-3 展示的仅是三个组选择的数字的情况,课堂上每个组选择的数字都有所不同。

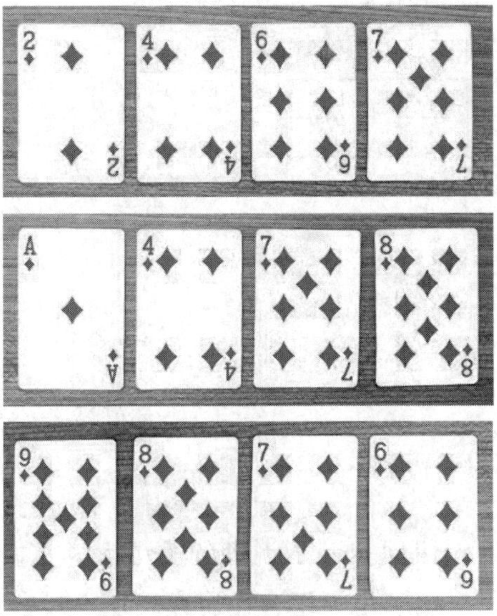

图 10-3

这样的设计有以下几点好处:第一,由学生自己选择数字进行研究,学生研究的积极性更高;第二,每个组选择数字的情况都不相同,这就让验证的素材丰富而更具说服力;第三,丰富的学习素材让学生对最值原理的组数模型感受充分、体验深刻,有利于模型的建构。

图 10-4 展示的两幅学生作品是学生课上验证两位数乘两位数乘积最大和乘积最小的说理作品。课堂上,最先是学生在教师的引导下,初步感知了乘积最大的算式组合形式。接着教师引导学生尝试提出猜想,并让学生大胆开展验证。左图是学生一开始验证乘积最大情况的思考过程。学生先计算出两种组合形式的算式结果,接着借助乘法算理,就其原因进行了说理。竖式中表示有多少个一,多少个十,以及多少个百,都写得清清楚楚。计算过程,说理依据都完完整整地呈现出来。右图是学生在探究完两位数乘两位数乘积最小的情况后,教师出的一道巩固练习题。要求学生在写出乘积最小的算式后,还要说理。观察学生写的说理过程,有算式,竖式只呈现了一半,计算过程和结果都没有呈现。再看旁边的说理部分,只写了每道算式中是由多少个十组成。观察两幅作品,学生为何会省略一部分内容不写?我们能从中读出什么?

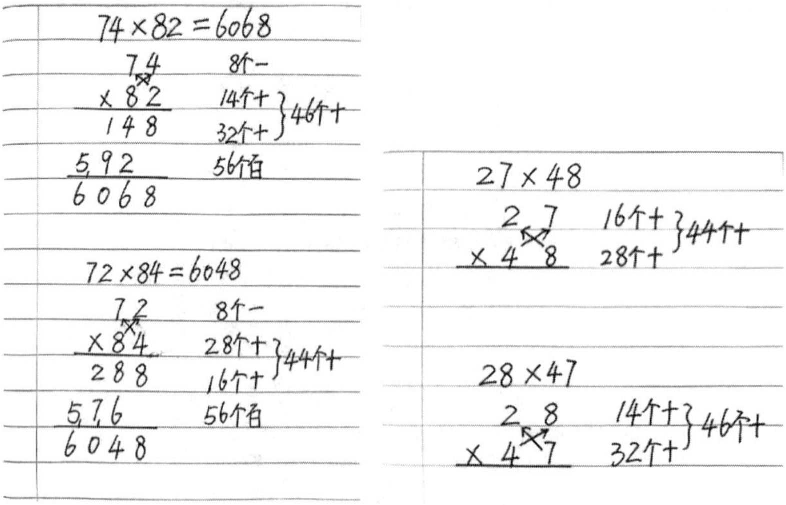

图 10-4

丰富的学习素材让学生较快地找到了说理的关键点。在研究乘积最大的算式组合方式时，一开始是教师带领研究，接着是小组合作研究。在小组合作研究中，学生提供了丰富的研究素材，通过集体交流和分享，学生发现验证猜想环节中的关键点就是看竖式计算中有多少个十。有了这样的经验认知，学生在最后的说理部分才会做精减。由此可见，课堂中给学生丰富的学习素材和充足的探究时间，学生会自主探其本质、积累经验、优化方法，学习力自然会芝麻开花——节节高。

四、专题分析

模型意识是小学阶段数学核心素养的主要表现之一。意识更侧重经验的感悟。这节课例，就是要带领学生，逐渐感悟到，可以用这个模型去解决一类问题，引导学生去感悟、去建模，最终内化于心。

（一）初步感知模型

教师一开始给学生 4 个数字 3、4、5、6 和乘法符号，请学生尝试，组合出乘积要最大的两位数乘两位数的算式。学生组出多个算式，先借助估算，排除一些不合适的算式，接着通过计算找出乘积最大的算式。虽然过程麻烦，但学生心中多少能感受到，算式的组合肯定有方法和规律可循，只是此时他们并不知道。这个环节仅仅是让学生初步地感知模型。

（二）猜测验证模型

在解决完第一个问题后，教师问道：“是不是每次遇到这样的问题时，我们都需要去算一算才能知道结果谁最大呢？”学生提出了猜想，觉得确定了十位上的数字后，个位上的数字应该大数搭配小数，小数搭配大数。仅凭一个例子，不好下定论，这个想法只能算作猜想。学生基于乘法计算的经验和第一个例子的验证，有了这样的猜想。这一切都顺其自然。

仅凭一个例子不能说明问题，那就让例子多一些，说服力才强。于是，小组合作学习，学生任意选择 4 个数字，进行验证。采用“我选择，我做主”的方式，学生课堂学习的主人意识瞬间上升，学习探究的热情随之高涨。学生任意选择，小组间出现所选 4 个数字完全相同的可能性小，学习的素材就变得丰富起来。学生展示时，都做了乘法计算，通过比较结果，最终确定谁的乘积最大。教师将验证的作品同屏展示，引导学生观察和比较，发现较大数的后面搭配小数，较小数的后面搭配大数，这样的两位数乘两位数乘积才会最大。经过学生的小心求证，这个算式组合的模型似乎已经成立。

（三）说理建构模型

学生通过计算进行验证，总结出组数的规律，若在此就结束探究，总觉得这个研究还缺点内容。这个规律背后隐藏的数学本质是什么？学生并不知道。若少了对数学本质的探究，研究就缺少科学性、缜密性和严谨性。学生将失去一次体会数学学科严谨性的机会。隐藏的数学本质是什么？结合乘法竖式中的算理，学生才发现隐藏的数学本质。（图 10-5）

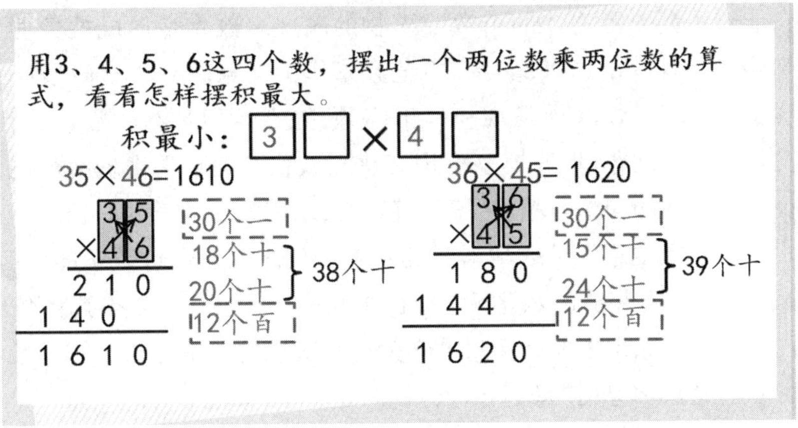

图 10-5

学生组数模型的建立，经历了完整的探索过程：感模—猜模—验模—理模—建模。这个过程丰富了学生的认知体验，也让学生经历了求证的科学性和严谨性，模型的建立有了根基，模型才会根植于学生的认知中。

如果说探究组数的模型是知识型的，这节课例还帮助学生积累了技能型的模型——如何研究问题？学生研究乘积最大时，是教师带领学生研究的，这是在教学生如何去研究问题。而到了研究乘积最小时，教师是放手让学生自己去尝试，让研究的方法进行迁移，学以致用，用以促学，让学生真正掌握研究问题的一般模型。

（刘敏慧）

案例 2
二进制的奥秘

一、开发背景

(一) 素养分析

数感主要是指对于数与数量、数量关系及运算结果的直观感悟,能够在真实的情境中理解数的意义,能够用数表示物体的个数或事物的顺序。数感是形成抽象能力的经验基础。《义务教育数学课程标准(2022 年版)》把数感作为义务教育小学阶段必备的核心素养,要求学生尝试在真实的情境中发现和提出问题,探索运用基本的数量关系,以几何直观、逻辑推理分析和解决问题,形成模型意识。建立数感有助于学生理解数的意义和数量关系,初步感受数学表达的简洁与精确,增强好奇心,培养学习数学的兴趣。

在义务教育阶段,模型意识是数学语言的主要表现之一。通过数学的语言,能够在现实生活和其他学科中构建普适的数学模型,表达和解决问题。《义务教育数学课程标准(2022 年版)》指出:模型意识主要是指对数学模型普适性的初步感悟。知道数学模型可以用来解决一类问题,是数学应用的基本途径。

本案例从三个层次依次揭示模型意识。第一层次:思维碰撞,初步感知模型。在每个数位只有一颗珠子的计数器上怎样拨出 2,3,4? 制造认知冲突,激发学生的探究欲望,让学生经历猜测、验证的过程,对二进制的计数方法有初步的感受。第二层次:打通路径,逐步建立模型。在自主探索十进制数“5—8”如何用二进制表示的过程中,交流发现右起第一位到第五位的计数单位。第三层次:感悟原理,合理运用模型。当所表示的数值逐渐变大时,引导学生运用计数单位组合来快速拨数,感悟用二进制的计数单位组合自然数的便捷,从本源上揭示了二进制计数法只需用 0 和 1 计数的原理。

(二) 教材分析

“二进制的奥秘”来源于苏教版小学数学四年级下册第二单元“认识多位数”的阅读材料“你知道吗”。本单元是在学生理解万以内数的意义,能正确读、写万以内数的大小,并能进行万以内数的四则运算基础上教学的。在本节课的教学之前,学生已经充分了解了十进制计数法,认识万级和亿级的计数单位,掌握千亿以内的数位顺序表。本案例的研究就是在“十进制计数法”的基础上的拓展延伸。

在教学中，如何基于学生“十进制计数法”的认识，探索出二进制计数法的奥秘，是本节案例思考的方向。

（三）学情分析

二进制计数法的奥秘在于激发学生“动手做”的兴趣，培养数感与模型观念，在帮助学生灵活建立关联，深度理解本质的过程中，学生获得属于自己的理解，实现思维的进阶。

学生经历或参与了数学活动，未必就一定获得了数学活动经验。所以，作为一线教育工作者，我们更要关注“动手做”数学，引导学生在数学活动的“动手做”中，将经历变成经验。学生在探究过程中的猜想、观察、验证、推理、交流等，都能让学生获得丰富的直观体验，转化为自己的数学活动经验，有利于培养学生创造性思维。

具体形象思维是学生常用的思维方式。在数学教学中，动手操作、直观体验为抽象逻辑思维、培养模型意识提供了支撑。基于直观、感性的经验基础，透过现象研究数学本质，感性经验就上升为理性的认识。因此，直观动作思维、具体形象思维和抽象逻辑思维往往相互交织、相互补充，协同作用，构成了学生思维从感性到理性的通道，完成了思维的进阶。

四年级学生正处于形象思维到抽象思维过渡的关键时期，有一定的自主学习的能力，对一些事情都有了自己独特的想法，喜欢尝试与探究。二进制计数法的奥秘的教学内容，给学生充分发挥的空间，让学生在不断地尝试与探究中培育模型意识，助力思维进阶。

二、教学实践

（一）学习地图

学习地图如图 10-6 所示。

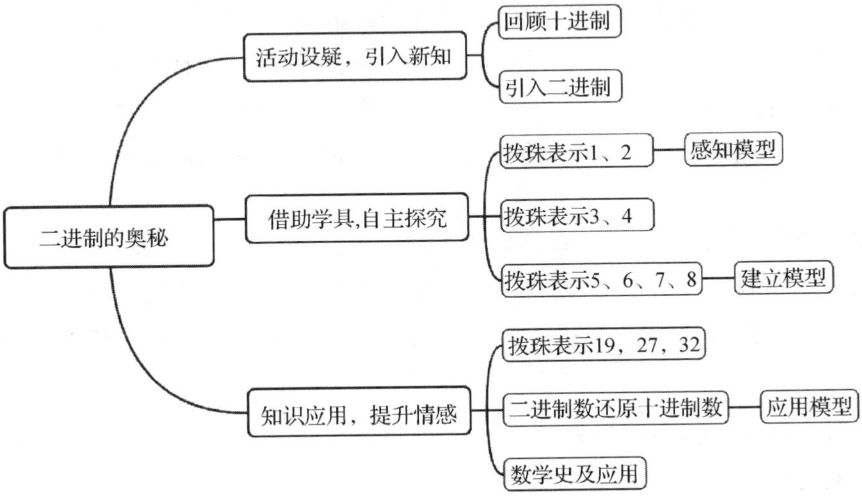

图 10-6

(二) 学习目标

(1) 在动手操作中认识二进制数,了解二进制数与十进制数之间的关系。初步掌握“满二进一”的计数方法,了解二进制数的特点。

(2) 在探索二进制计数法的过程中,理解二进制的位值原理,掌握简单二进制与十进制数互化的方法。

(3) 了解二进制在生活中的应用,感受数学的价值,提高学习数学的兴趣,建立学好数学的信心。

(三) 教学现场

片段一:活动设疑,引入新知

1. 回顾十进制

师:同学们,这学期我们认识了多位数。屏幕上这个计数器上显示的数是多少呢?

生:43 999。

师:如果在个位上再添一颗珠是多少?(44 000)谁愿意来拨给大家看?

生在计数器拨珠并介绍:个位上再添一颗珠满十向十位进一,十位上也满十向百位进一,百位满十再向千位进一。

师:说得真清楚!我们一起跟着屏幕上的动画,边拨边说……

(课件演示拨珠过程)

师:这里的两个4表示的含义一样吗?

生:不一样。虽然都是4,但计数单位不同,不同数位上的4表示的数值也不一样。

师:我们以前使用过的小棒、计数器、算盘等都是根据满十进一的规则进行计数的,像这样的计数方法叫作——“十进制计数法”。(板书:满十进一、十进制)

2. 引入二进制

师:除了十进制计数法,人类还发明了其他的计数法,你们听过二进制吗?

结合图片介绍:二进制是现代计算机技术中运用广泛的一种计数方法。二进制数是用0和1两个数字表示的数,它的进位规则是“满二进一”。(板书:满二进一、二进制)

师:二进制是怎样计数的呢?接下来我们就一起探索二进制的奥秘。(板书课题:二进制的奥秘)

【设计意图】 十进制是认识二进制的基础。因此,课始借助计数器拨珠、多媒体课件演示满十进一,回顾十进制计数法,为学生运用迁移规律认识二进制做好准备。同时为后面让学生在特制的计数器上拨制造认知冲突,激发学生的探究欲望和学习兴趣,积累“动手做”的活动经验。

片段二:借助学具,自主探究

1. 拨珠认识“1,2”,感知模型

生:老师这儿还有一个计数器,(观察前后两面)这个计数器有什么特别之处啊?

师：是的，这个计数器每个数位只有一颗珠子。

师：我们就用这样的计数器来研究二进制。遇到一个新问题时我们往往从简单的开始研究。你会拨吗？

生：会。（学生拨计数器）

师：为了和十进制区分，我们称这一位为“右起第一位”，大家一起说“右起第二位……”

师：右起第一位拨一颗珠表示“1”，就在这里（计数器第一位）写上“1”。十进制记作“1”，二进制也记作“1”。（边说边板书）

师：你能拨珠表示“2”吗？先想一想。谁来拨给大家看？

生1：第一位拨一颗，第二位拨一颗。

生2：第二位拨一颗表示“2”。如果是“满二进一”的话，就可以表示了……

生3：（电脑演示：“满二进一”）瞧！屏幕上的计数器和老师的计数器一样，每一位都只有一颗珠子。右起第一位拨一颗，表示几啊？

师：表示“1”。如果再拨一颗呢？右起第一位满“2”，就要向前一位进一。这时，右起第二位上的这颗珠子就可以表示“2”了。这一颗珠子表示“2”。我们就在这里（计数器第二位）写上“2”。

生：用十进制记作“2”，但是二进制该怎么写呢？

师：和十进制一样，看珠写数，这个数位有1颗珠子，就记作“1”，这个数位没有珠就记作“0”。看一看，这么记你有什么想说的呢？（易混淆）

师：为了把它们区别开，数学家们想到了加（　　）并在右下角标小“2”来表示，这个数$(10)_2$读作“二进制一零”。为了规范，也加上（　　）和“2”表示二进制数1：$(1)_2$。

师：老师给每组同桌也准备了一个这样的计数器，一起试一试吧。

同桌合作：

（1）从“1”拨到“2”，左边先拨再交换。

（2）想一想“2”在二进制中是怎么表示的，再在练习纸上写一写。

2.师生一起拨“3，4”

师：你能在计数器上拨出“3”吗？拨一拨，你是怎么想的？（屏幕出示动画）

提问：和“2”相比，哪一位增加了一颗珠子？可不可以增加在其他位上呢？为什么？

生：比上一个数多1，我们从右起第一位再拨一颗珠子。

师：这个二进制数该怎么写？生说师写：$(11)_2$。读一读。

师：4又该怎么表示呢？先想一想，再同桌合作拨一拨。

生1：在第三个数位拨一颗珠子。

生2：在第一位再拨一颗珠子，第一位“满二进一”，然后第二位又“满二进一”，这就是“4”了。（屏幕出示动画）

师：右起第三位上的一颗珠子表示“4”。我们就在这一位（计数器第三位）写上“4”。

比较一下,拨"4"的过程和拨"3"时有什么不一样?

生:拨"4"连续进位两次。拨"3"不进位。

师:"4"用二进制该怎么写?

师:$(100)_2$。写一写,读一读。

师:我们已经认识了"4"个二进制数了。回忆二进制数"1 ~ 4"的拨珠过程。与同桌合作,从"1"拨到"4"。

师:看来,大家对于用"二进制"表示数已经有了一定的感觉。想一想,二进制的计数规则是什么?用二进制表示的数有什么特点?

生:二进制的计数规则是满二进一。

生:只用"1"和"0"表示数,每个数位最多只有一颗珠子。写二进制数时,每个数位要么写"1",要么写"0"占位。

3. 学生尝试拨"5、6、7、8",建立模型

师:刚才我们一起拨到了"4",接下来应该是几啊?是"5,6,7,8",咱们先来研究这4个数。谁来说说"5"你是怎么拨的?

大家一起拨"5"。二进制怎么写呢?[板书:$(101)_2$]

师:"6"呢?谁想上来拨一拨?大家一起拨[请生写数$(110)_2$],一起读数。

师:谁来说说"7"怎么拨?大家一起拨"7"。怎么写呢?[板书$(111)_2$]一起读数。

师:"8"呢?先同桌之间互相拨一拨,并说说拨"8"是怎么想的?

师:一起来看动画回顾"5 ~ 8"的拨珠过程:这是"7",第一位再拨一颗珠,第一位满二向前一位进一,第二位满二向前一位进一,第三位满二向前一位进一……

右起第四位的一颗珠表示"8",就在这一位上(计数器第四位)写上"8"。

大家一起再拨"7 ~ 8"。请学生写数$(1000)_2$。一起读数。

4. 探究二进制的位值原理

指出:刚才我们边拨边制作了一个二进制计数器,和十进制的"个十百千"一样,这里的"1,2,4,8",其实就是二进制的计数单位。(板书:计数单位)

师:想一想,右起第一位上这一颗珠表示几?

师:虽然都是一颗珠子,但在不同数位上表示的数值是不同的。你知道下一位的计数单位是什么吗?16,怎么想的呢?思考一会儿。

生1:前一位"8"是"满二进一",两个8是16。

生2:前一位都是后一位的2倍,$8\times2=16$。

生3:(边拨边数)先把前四位都拨一颗珠子,表示$8+4+2+1=15$,再添1是16。

师:知道每个数位的计数单位,用它来表示一个数简单多了。

【设计意图】 动手操作,建立丰富的表象是学生认识二进制的重要途径。教学中设置了层层递进的操作活动,由浅入深、由扶到放,引导学生不断尝试操作、反思调整,从而获得二进制如何计数的新发现,产生对"满二进一"规则更深刻的感悟。此环节共设计了三次拨数的活动。首先,师生一起拨“1”和“2”,明确特殊计数器的每个数位最多只能摆一颗珠子,初步体会“满二进一”的计数规则;然后,学生尝试拨“3”和“4”,多媒体演示拨珠,学生再次拨“3”和“4”,几次重复操作,从“3”拨“4”的连续进位过程,深化学生对“满二进一”规则的进一步理解;最后,教师放手让学生独立拨“5、6、7、8”,积累更多活动经验,在动手做中深化对二进制的感性认识。学生尝试独立拨“5~8”的过程中不断思考:增加的“1”应拨在哪里?进位怎样拨珠?在动手做中逐渐熟练二进制的计数法则,触发更深一步思考:怎样才能拨得又快又准?几次动手做中融入了观察、操作、分析、反思等一系列活动,以独立思考、合作交流、反思质疑等学习方式来促进思维的碰撞,建构出完整的二进制计数法知识含义。同时,这也使得学习由浅入深,获得数学思维从感性到理性的进阶。

片段三:知识应用,提升情感

1. 巩固技能:拨珠表示“19,27,32”

师:“19”会拨吗?先自己想一想,再同桌合作,边拨边在练习纸上画一画、写一写。

学生汇报“19”拨法,并写二进制数:$(10011)_2$

生1:从16数到19。可不可以?

生2:我发现16+2+1=19,只要在这三个数位上各拨一颗珠子就行了。

师:二进制其实和十进制一样,都能将各个数位上的数值累加起来表示一个数。用你喜欢的方法拨出“27”。

学生拨“27”,说说想法,并写二进制数。

师:在这个计数器上能拨出来“32”吗?

生:32拨不起来,五个数位最多只能表示“31”。

师:是啊,看来数位不够了,怎么办呢?

师:再添一个数位就能表示“31”了。如果增加更多的数位——我们就可以表示出更大的数。

“1,2,4,8,16,32,64…”这一组数有个特别的名称——二进制数列。在二进制数列里,每个数都是前一个数的2倍,无限延续下去,后面的数就会非常大了。

我们可以用二进制数列里的数,表示出你要的任何数。

2. 归纳二进制数的特点

师:仔细观察一下,和以前学的十进制数相比,(指着板书说)这些二进制数有什么特点?

生1:它只有两个数字,就是1和0。它的计数方法是“满二进一”。

生2:用的数字少只有1和0,但它的数位比较多。

师:看来这个二进制还真的很特别。

3. 二进制数还原成十进制数,应用模型

师:刚才我们学习了用二进制表示十进制数,如果给你一个二进制数,你会将其还原成十进制表示的数吗?二进制$(1010)_2$,谁想试试?

生:可以依次列出计数单位:168421,找到两个“1”分别对应 8 和 2,$8+2=10$,所以 $(1010)_2$ 就是 10。

师:可以列出计数单位,或在计数器上找出每个“1”对应的数值,将这些数值累加起来。试着写出 2 个二进制数 $(1101)_2$,$(10010)_2$,对应的十进制数。

生 1:$8+4+1=13$。

生 2:$16+2=18$。

4. 介绍数学史

师:其实二进制也有它的发展历史,我们一起来看一看吧!

师:(播放数学史小视频)从小视频中我们知道莱布尼茨发明了二进制,但他也受到我国古老文化的启发。感觉怎么样?咱们国家的文化真是博大精深。中国还被称为二进制的故乡呢!

5. 应用:二进制手表

师:在生活中也能看到二进制的很多应用。例如,计算机用二进制处理信息条形码用二进制传递信息。这是一块二进制手表(图 10-7)。你能看出现在手表上的时间吗?

图 10-7

(学生汇报)

6. 砝码中的秘密

师:以前,一些国家的杂货商店通常使用砝码天平来称东西。如果有人要买 11 千克的薄荷糖,该怎么办?你认为杂货店老板会用 11 个一千克的砝码,或者一个 11 千克的砝码吗?事实上,他只要有 4 个砝码,就可以称出了 11 千克。你知道这是为什么吗?

(学生讨论、汇报)

7. 回顾总结,拓展延伸

师:回顾探索二进制奥秘的过程,你有哪些收获呢?

师:除了二进制,生活中还常常用到其他的计数法。如 60 进制(时分秒的换算)、360 进制(一周 =360 度)、12 进制(一打)、8 进制……

【设计意图】 练习的设计,让学生进行简单的二进制和十进制数的互相转化练习,巩固了知识技能;通过了解二进制的历史及二进制在现代生活中的广泛运用,让学生看到数学世界跨越时空的奥妙,感受到数学知识的力量,体会到数学的无穷魅力。“练一练”中设置了拨 19,27,32 等较大的数,引导学生思考:如何快速拨数?发现用计数单位的组合来快速拨数。一方面,深化了学生对二进制的位值原理的理解,积累了活动经验;另一方面,五个数位的计数器拨不出 32,学生认识到需要添加数位表示更大的数,只要数位足够多,二进制也能表示所有的自然数。通过观察对比二进制与十进制表示数的异同点,学生认识二进制用的数字少(只用 0 和 1)、数位多等特点,建构起两者之间的关联,达成对二进制的理性认识,促进了数学思维的进阶。最后,师生共同回顾探索知识的过程,分享学习的收获。介绍其他的计数方法,既拓展了课外知识,又促进了学生新的学习动机的萌芽。

三、作品叙事

(一) 学生作品1

数学日记。

数制的奥秘

从小,我一直以为世界上的数制只有一种,就是我们一直使用的十进制。但是四年级的一节公开课让我认识到了另外一种数制——二进制。

二进制的发现者是莱布尼茨。二进制是用0和1两个数码来表示的数。生活中的计算机就是利用二进制工作的。在计算机的世界中,所有内容都会转化成0和1组成的二进制数。与十进制不同,二进制的计算法则是“满二进一”。通过这节课,我还通过拨计数器学会了二进制与十进制之间的转换方法。同时我还从老师那里了解到了六进制、八进制、十六进制……

我希望以后能跟随老师去探索数学世界的更多奥秘。

(二) 作品思考1

数学日记根据自己的数学练习及课堂中的表现,对解决某个问题所采用方法的优劣进行自我反思,从而为充满信心地继续学习数学打好基础。这有利于学生取长补短,提高数学交流能力,增强其自信心。长此以往,学生养成自我反思的习惯,提高数学学习中的认知水平,增强自我反思的能力。

(三) 学生作品2

自制计数器如图10-8所示。

图10-8

(四)作品思考2

思维产生智慧,智慧衍生创意。“动手做”课程希望学生在遇到问题时,能从多角度、多侧面、多层次、多结构去思考,去寻找答案。在学习二进制计数法之后,鼓励学生动手制作出其他进制的计数器,让学生在动手做中举一反三,深化对不同数制的理解。在学具的制作过程中,学生又经历了一次“满几进一”知识的形成过程,直观地学习数学激发了学习兴趣,积累了数学活动经验,从学习中获得了成就感。

四、专题分析

“二进制的奥秘”一课的教学,蕴含着教育的一般规律和法则,我们怎样通过“动手做”的课堂,让学生在过程中提升自身的数学素养,在教学时应建立哪些一般性的认识呢?

(一)积累基本活动经验

在小学数学教学中,有意识地向学生渗透基本的数学思想方法,可以加深学生对数学概念、公式、定律等知识本质的理解,提高学生发现和提出问题、分析和解决问题的能力。教学时既不能完全放手,让学生自主探索,也不能依靠教师示范讲解,而要积极引导学生在动手操作、实践探索等活动中积累基本活动经验,并感悟、体验数学思想方法。

课堂一开始,教师通过复习十进制,启发学生思考其他计数法,引起学生强烈的好奇心。而后,对于二进制的认识,是在操作体验、互动交流中获得新发现的,这样的活动情境既顺其自然,又充满探索意味。用特殊计数器拨珠表示数具有一定的挑战性,由此引发了认知冲突,它推动着学生去尝试、验证自己的发现,在“动手做”的过程中积累了基本活动经验。

(二)培育模型意识

数学是抽象的、逻辑的,但学生学习数学并不意味着就是抽象,并非仅仅是逻辑。众所周知,小学阶段学生的思维是以具体形象思维为主要形式的,所以学生依托直观动作、生动形象的内容学习数学,透过可见的现象研究数学本质,从感性经验上升为理性的认识,在对经验的感悟中初步形成模型意识。

本节课中每一个概念的建构都是基于学生直接观察和动手操作的基础。例如,学生较为熟悉十进制计数法,已有的认知经验为认识二进制起到了一定作用,但打破常规的思维模式抽象出二进制符号系统对学生来说是巨大的挑战。教师把学生难以理解的内容融入“拨珠计数”的活动情境中,以直观思维和形象思维为基础,自然过渡到抽象思维,培育模型意识。通过这样循序渐进的活动设计,引领学生摸索出从简单到复杂、已知到未知的求知路径。对小学生来说,直观的形式、多样的视角,容易达成数学抽象,顺利形成理性认识,从而培养模型意识。

（三）助力数学思维进阶

数学源于对现实世界的抽象，通过对研究对象的符号运算、形式推理、模型构建等，形成数学的结论和方法。数学研究先把数量和数量关系、图形和图形关系的内容抽象成概念，再进一步抽象出概念间的关系。想达成思维的进阶，首要是抓住基本概念和基本关系，灵活建立概念的关联，深度理解概念的本质。

学生从字面上是很好理解“满二进一”的含义的，但具体到怎么用“满二进一”来计数就比较有挑战性了。例如，在教学怎样拨珠表示“3”时，有学生认为在“2”的基础上，在右起第一位再拨一颗珠子，有学生认为直接在右起第三位拨一颗珠子。不同想法的碰撞暴露了学生的认知状态。在互动交流中，学生逐步达成共识：在“2”的基础上增加1颗珠子在右起第一位上，右起第一位这一颗珠子表示“1”，和十进制一样，数的累计从最低位开始。趁热打铁，让学生独立尝试拨“4”，并说说是怎么想的。从独立尝试拨“4”、合作交流拨“4”到多媒体的演示拨“4”，经历多次动手操作从“3”拨“4”的连续进位过程，深化学生对“满二进一”的理解。

随后，在交流“5～8”的拨法时，引导学生先想象“增加的1应拨在哪里？怎样进位”，再结合实际拨计数器表示5～6，6～7，7～8时数珠前后的变化，让学生在动手做中逐渐熟练二进制的计数法则，逐步建立模型观念。这时，学生对于二进制概念的认识还不够深刻，还得进一步探索二进制的位值原理。在此，教学从以下四个层次依次揭示：

第一层次，在自主探索十进制数“5～8”如何用二进制表示的过程中，交流揭示右起第一位到第五位的计数单位：“1”“2”“4”“8”“16”。第二层次，当所表示的十进制数值逐渐变大“19，27”，引导学生用喜欢的方法拨珠：学生发现将二进制数各个数位上的数值累加就是对应十进制数，教师引导学生运用计数单位的组合来快速拨数，感悟用计数单位组合表示自然数的便捷。第三层次，在思考更大的数“32”时，通过五个数位的计数器拨不出“32”这样的矛盾，学生认识到需要添加数位表示更大的数，学生感悟到只要数位足够多，用二进制的计数单位也能像十进制那样表示从“1”开始的任意一个自然数。在练习二进制数还原成十进制数后，学生对于二进制的位值原理有了更深的理解。第四层次，学生从计数方法、计数单位、数字组成等不同角度对二进制和十进制进行了比较，不仅厘清了二者之间的区别，也建构起它们之间的联系，形成了思维的进阶。

总之，“动手做”的课程最终指向的还是学生核心素养的发展。很多看上去很生僻的东西其实它的原理并不复杂，教师不妨带领学生去走近它、破解它，让学生在课堂上为求知而乐，试着用所学的知识去探究和发现更多有趣的、未知的领域，感悟数学思想与方法，提高学生的数学素养。

（陈 敏）

案例3
表面涂色的立方体

一、开发背景

(一)素养分析

《义务教育数学课程标准(2022年版)》结合数学学科特点和义务教育的定位,提出数学课程要培养的学生核心素养,这是数学教育的终极目标,并凝练出“三会”表达的核心素养——会用数学的眼光观察现实世界,会用数学的思维思考现实世界,会用数学的语言表达现实世界。其中,数学的语言就包含了用数学模型来阐释现实世界,并能借助数学模型来解决一些现实世界中出现的问题。因此,在小学阶段的教学中,如何帮助学生理解已有的数学模型及如何引导学生形成模型观念,发展模型意识就显得尤为重要。

“正方体或长方体的表面涂色问题”是来自生活中的一个真实存在的问题,在研究问题的过程中正好可以让学生经历完整的建模过程,并能利用发现的数学模型去解释或解决更多的相关问题。其中,正方体的表面涂色问题是苏教版小学数学六年级教材中提供的素材,本节课是在此基础上又开发的一节专门研究长方体表面涂色问题的素材。本节课在教学中,先让学生猜想:“如果是一个长方体,把它的表面涂上色,再切分成若干个相同的小正方体。猜一猜,这些切开后的小正方体涂色情况会是怎样的呢?”学生原有认知的情况不同,得到的结果也不同。接着再让学生带着疑惑自己动手摆一摆,看看是否会出现不同的情况并引导学生去思考,为什么会出现这些情况,从而理解长方体存在的特殊情况,即长方体是单层时,就会出现最多涂5个面的立方体,也有可能出现涂4个面的立方体。在这个学习过程中,学生自主经历了解决现实问题的过程,他们通过提出猜想、动手尝试,将具体直观的素材抽象成数学问题,在进一步的分析中发现规律,形成模型。在练习中通过对模型的具体运用,进一步感受模型的功能和价值。

(二)教材分析

“表面涂色的立方体”是苏教版小学数学六年级上册教材中探索规律课“表面涂色的正方体”内容的延续。学生研究完教材中正方体的涂色问题后,已经知道小正方体的不同涂色情况及其所在的位置与顶点、棱和面有关;也会计算不同涂色面小正方体的个数。学生还掌握了研究问题的方法,会在分析与综合、比较与分类、抽象与概括等思维活动中,构建数学模型。那正方体表面涂色规律的模型是否能直接运用到长方体的表面涂色问题中呢?基于这个问题,我们设计了这节课。其目的是丰富和完善学生对表面涂色情况的认识,并能让学生在研究的过程中,学会讨论一般和特殊状态下的规律,从而促进思维的严谨性和完整性。同时,再次运用之前掌握的研究方法,会在分析与综合、比较与分类、抽象与概括等思维活动中,构建完整的数学模型。

(三)学情分析

学生在学习完教材中正方体的涂色问题后,已经掌握了表面涂色正方体的涂色规律;还学会了研究问题的方法,能在分析与综合、比较与分类、抽象与概括等思维活动中,构建数学模型。

在教学本节课前,笔者进行了课前测试:

一个表面涂色的长方体木块,长、宽、高都是整厘米数,把它切割成若干个棱长为 1 cm 的小正方体木块。

(1) 如果其中 3 面涂色的小正方体恰好有 6 块,那么长方体的长、宽、高各是多少?

(2) 如果其中只有 2 面涂色的小正方体恰好有 4 个,那么长方体的长、宽、高各是多少?

测试结果:对于第(1)题,全班共 35 人,有 30 人表示 3 面涂色的应该在顶点处,至少有 8 个小正方体,不可能只有 6 个。仅有 2 人通过摆学具,摆出了一个 4 ×2 ×1 的长方体,没有学生能想出 4 ×3 ×1 的长方体(图 10-9)。

图 10-9

第(2)题提醒学生可以借助学具摆一摆,但学生思维已经定性,认为 2 面涂色的在棱上,一条棱摆一个,至少 12 个。全班只有 5 人摆出了以下长方体(图 10-10)。

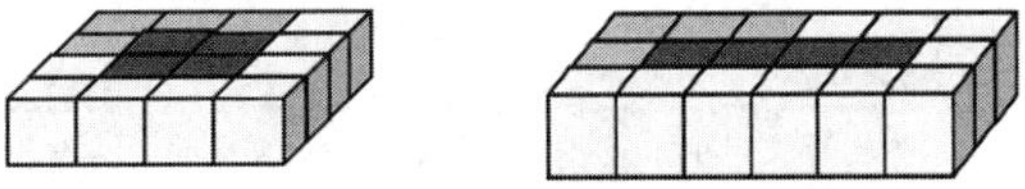

图 10-10

这 2 题都是涂色问题,根据学生测试的结果,我们会发现:学生学习完表面涂色的正方体的涂色问题后,会将表面涂色的正方体的涂色规律模型自动迁移到解决表面涂色的长方体涂色问题中,所以他们在解决时会显得比较困难,就算提供学具让他们可以动手摆一摆,他们也没有办法摆脱之前的思维定式。因此,教学表面涂色的长方体的涂色问题就显得很有必要。在教学中,教师不仅要帮助学生建立涂色问题的完整数学模型,也要引导学生打破思维定式,突破先前的活动经验,让思维变得更严谨,进一步提升学生的核心素养。

二、教学实践

(一)学习地图

学习地图如图 10-11 所示。

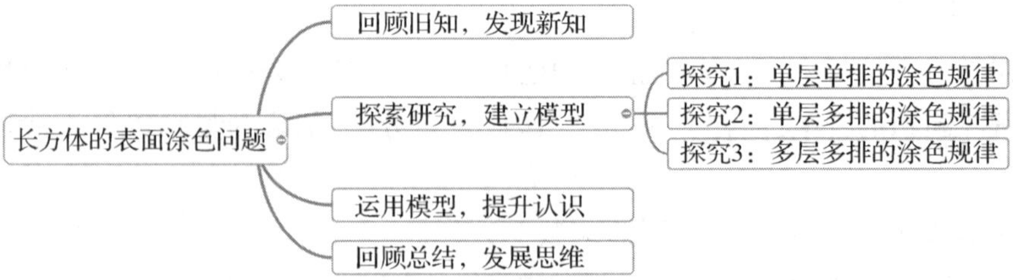

图 10-11

(二)学习目标

(1)利用学具在摆一摆、画一画的动手做中,直观感受不同形状长方体的表面涂色规律。在不同素材的观察比较中,丰富并完善学生对长方体表面涂色情况的认识。

(2)让学生经历探索长方体表面涂色规律的过程,能从特殊情况和一般情况中分别进行研究,在分析与综合、比较与分类、抽象与概括等思维活动中,构建出长方体涂色问题的数学模型。

(3)在活动中培养学生的空间想象能力,发展空间观念。

(三)教学现场

片段一:回顾旧知,发现新知

师:同学们,之前我们已经研究过像这样的正方体表面涂色的问题。(出示表面涂色的 3×3×3 的正方体)这是一个表面涂色的 3×3×3 的正方体,像这样(图 10-12)把正方体切开,这些切开后的小正方体涂色情况是怎样的呢?

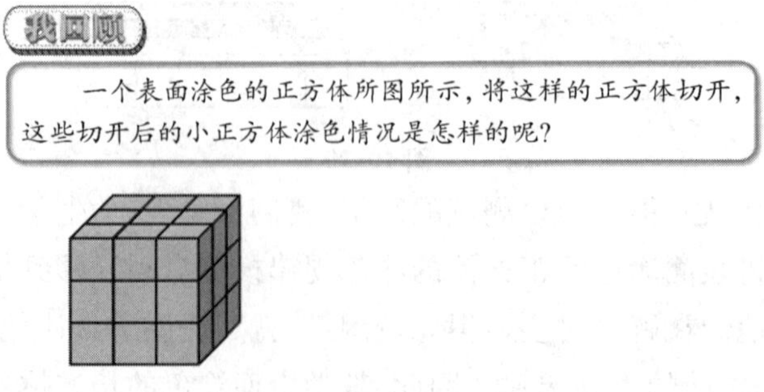

图 10-12

生 1:(边指屏幕边说)有 3 面涂色的,在顶点处;2 面涂色的,在棱上;一面涂色的,在每个面上；还有一个藏在最里面的，没有涂色。

师：那你知道每种涂色情况各有多少个小正方体吗？

生：因为3面涂色的都在顶点处，有8个，而2面涂色的在棱上，每条棱上有1个，12条棱就有12×1=12个，一面涂色的都在面上，每个面上有1个，一共有1×6=6个，没有涂色的有1个。

师：通过刚才的复习，谁能总结出正方体表面涂色的规律？

生：一共有4种不同的情况。最多有3个面涂色，在顶点处；2个面涂色的在棱上；1个面涂色的在面上；没有涂色的在最中间。

小结：研究完正方体的表面涂色规律，猜猜看，接下来我们还会研究什么？

生：长方体的表面涂色规律。

【设计意图】 这个环节教师先出示了一个表面涂色的3×3×3的正方体，其目的一方面是为了唤起学生对研究正方体表面涂色问题的知识经验和活动经验；另一方面也是为了给下面的学习埋下伏笔，便于学生进行比较，从而发现正方体的表面涂色规律与长方体表面涂色规律之间的联系。

片段二：探索研究，建立模型

1. 探究单层单排长方体表面涂色的规律

出示探究1：

如果是一个长方体，把它的表面涂上色，再切分成若干个相同的小正方体。猜一猜，这些切开后的小正方体涂色情况会是怎样的呢？

生1：我认为和长方体是一样的，会出现4种不同的情况，分别有3面、2面、1面和没有涂色的情况。

生2：我认为会有5面涂色的情况。

生3：我认为有4面涂色的情况。

师：根据大家提出的猜测，（贴板贴：提出猜测）看来长方体的表面涂色情况并不像正方体那样简单，它可能存在很多种情况，到底会不会出现4个面、5个面，甚至更多面的情况呢？我们还需要动手尝试。（贴板贴：大胆尝试）

师：下面我们就来完成这项活动，谁来读活动要求？

活动要求：

（1）摆一摆：用若干个小正方体拼出不同的长方体。

（2）数一数：把拼成的长方体表面涂色后分开，切成的小正方体最多会有几个面涂色。

师：请同学们在小组长那拿出一些小正方体木块，完成这项活动，开始！

（学生展示汇报）

生1：我用2个小正方体摆出的这个长方体（图10-13），每个小正方体都会有5个面涂色。

图10-13

师：你们同意他的想法吗？你是怎么判断的？

生:2 个小正方体一共有 12 个面,拼在一起时各隐藏了 1 个面,所以每个小正方体都只涂了 5 个面。

师:还有谁拼出的也是最多涂 5 个面的?

生 2:我用 6 个小正方体摆出的这个长方体(图 10-14),两端顶点处的每个小正方体都会有 5 个面涂色。

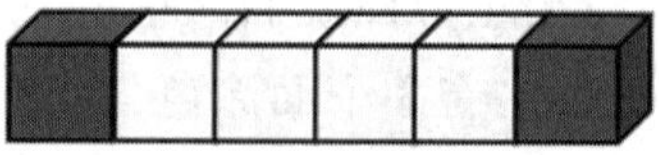

图 10-14

师:还有没有用更多小正方体拼的,情况还跟他们是一样的?

生 3:我用 10 个小正方体拼的(图 10-15),我发现最多涂 5 个面的也在两端的顶点处。

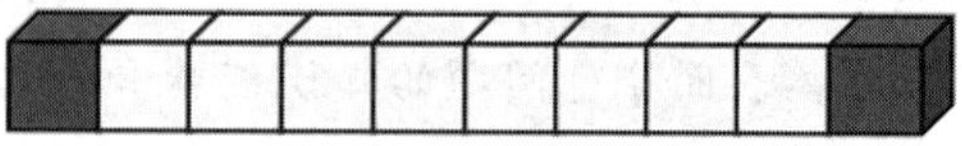

图 10-15

师:比较这些同学拼的长方体,你有什么发现?

生:无论用多少个小正方体,只要排成一个长条,就会出现最多涂 5 个面的情况。

师:还有其他的涂色情况吗?

生:我发现剩下的小正方体都是涂 4 个面的。

师:如果老师这里有 50 个小正方体,要拼出最多有 5 个面涂色的长方体。想象一下,应该怎样拼呢?

生:单层单排。

(出示板贴:单层单排)

师追问:5 面涂色的有几个? 还有其他涂色情况? 有多少个?

师:(出示屏幕)看来,只要像这样拼成单层单排,无论用多少个小正方体拼,出现 5 个面涂色的都在长方体两端的顶点处,其他的都是 4 面涂色的(图 10-16)。

(出示板贴:单层单排最多 5 个面涂色,在顶点处)

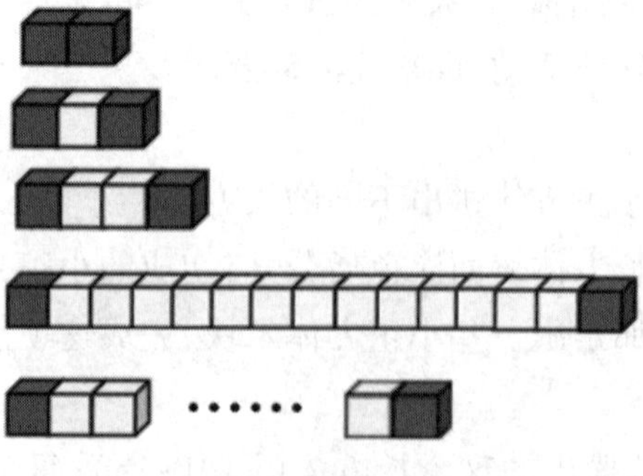

图 10-16

2. 探究单层多排长方体表面涂色的规律

师:像这样摆成单层单排时,会出现 4 个面涂色的,要想出现涂 4 个面的小正方体,还可以怎样摆呢?请同学们先想一想,再在小组中动手摆一摆,进行验证。

出示探究 2:

除了单层单排,要想出现涂 4 个面的小正方体,还可以怎样摆?

(生操作并汇报展示)

(1) 展示 $n\times2\times1$ 的情况。

生 1:我摆的是一个 $2\times2\times1$ 的长方体,我发现这 4 个正方体都只涂了 4 个面。

生 2:我摆的是一个 $2\times3\times1$ 的长方体,我发现在长方体顶点处的 4 个正方体都只涂了 4 个面,其余的正方体都只涂了 3 个面。

生 3:我在第二个同学的基础上又增加了几列,摆的是一个 $2\times7\times1$ 的长方体,我发现涂 4 个面的正方体仍然在长方体的顶点处,有 4 个,其余的都是涂 3 个面的(图 10-17)。

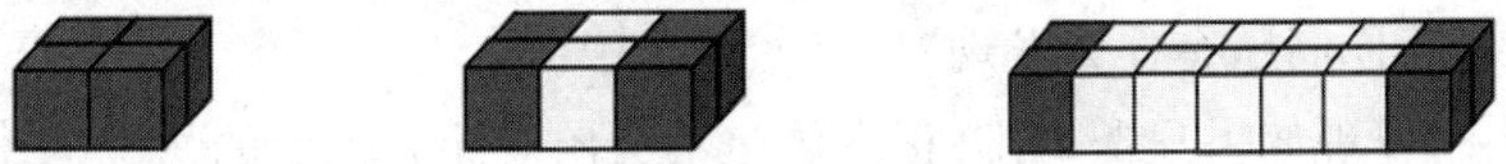

图 10-17

师:仔细观察这些同学摆出的长方体,它们有什么相同的地方?

生:他们摆的长方体都是单层两排的,并且在 4 个顶点处的正方体都涂了 4 个面。

师:那他们摆的这些长方体又有什么不同呢?

生:我发现如果摆 3 列或超过 3 列,正方体的涂色面只有 2 种不同的情况,最多涂 4 个面,在顶点处;剩下的都是涂 3 个面的。

(2) 展示 $n\times n\times1$ 的情况。

师:老师刚才还发现有同学是这样摆的,我们请他们分别来介绍一下。

生 1:我摆的是 $3\times3\times1$ 的长方体,我除了发现在 4 个顶点处的正方体是涂了 4 个面,棱上的正方体是涂了 3 个面的,我还发现最中间的那 1 个正方体只涂了上下 2 个面(图 10-18)。

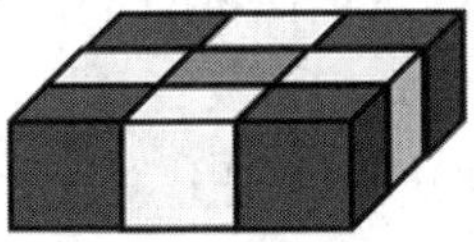

图 10-18

生 2:我摆的是 $4\times5\times1$ 的长方体,小正方体的涂色面出现了 3 种情况,除了有 4 面和 3 面涂色的,在中间面上的小正方体都只涂了 2 个面(图 10-19)。

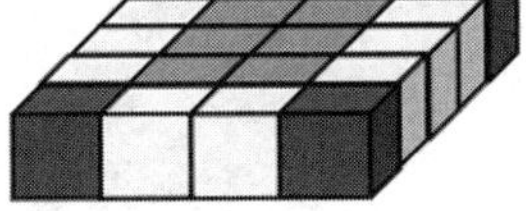

图 10-19

(3)回顾反思。

小组讨论:比较同学们摆出的这些长方体,它们有什么相同的地方呢?你还有什么发现?(图 10-20)

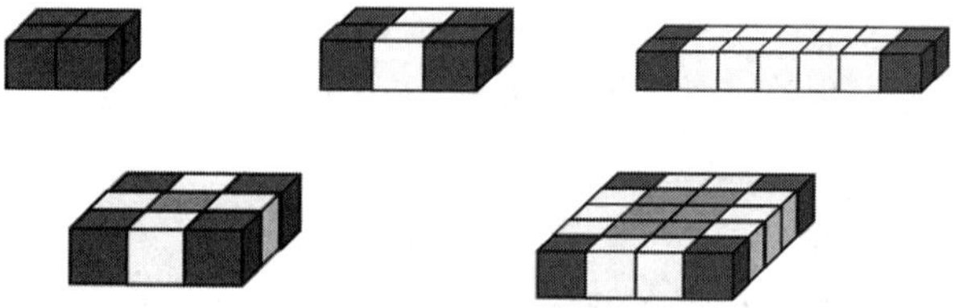

图 10-20

生:他们摆的都是单层多排。4 面涂色的都在顶点处。还有 3 面涂色的,在棱上;2 面涂色的在面上。

师:这些长方体都是单层多排的情况。(出示板贴:单层多排)像这样摆的长方体中,小正方体最多涂 4 个面,在顶点处。

师:在比较中,你们还有什么发现?

生:我们小组发现如果只摆 2 排,正方体是不会出现涂 2 个面的情况的;如果要出现涂 2 个面的情况,至少要摆 3 排,只有这样,去掉棱的部分,中间才会有面出现,而 2 面涂色的小正方体正好就在面上。

师:你们听明白了吗?我们再结合图具体来感受一下他们的想法。如果像这样摆成 $2\times2\times1$ 的长方体时,我们会发现涂色的小正方体只有 1 种情况,都涂了 4 个面;如果不断增加它的列数,想象一下,会出现什么情况?(图 10-21)

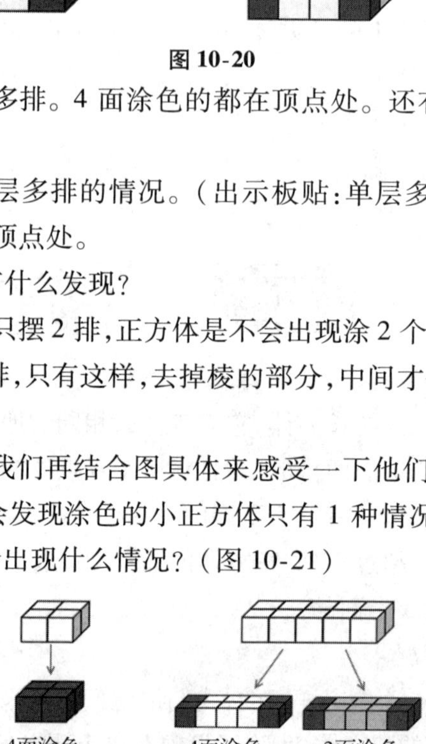

图 10-21

生:无论增加多少列,小正方体的涂色面都只会出现 2 种情况,4 面涂色的在顶点处,3 面涂色的都在棱上。

师:若要出现 2 面涂色的可以在这个基础上怎么摆呢?

生:增加排数。(图 10-22)

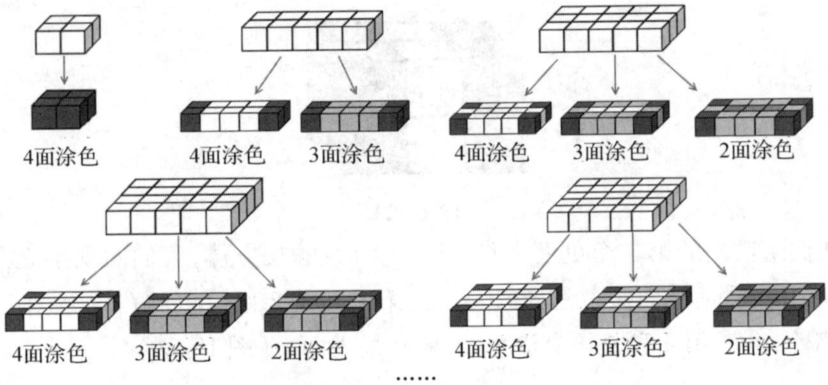

图 10-22

师：若像这样一直增加排数，规律会发生变化吗？你又有什么体会？

生：我发现像这样单层多排的情况，至少要摆成 3 排 3 列时，才会出现 3 种不同的情况，顶点处的正方体最多涂了 4 个面，棱上的正方体涂 3 个面，而每个面上的正方体涂了 2 个面。

师：为什么至少要摆成 3 排 3 列呢？

生：因为至少 3 排 3 列，去掉前后左右最外层的棱，才会出现最中间的面的部分。

师：会出现 1 面和没有涂色的情况吗？

生：不会，如果把正方体的前后左右都围起来，最少也会有 2 个面被涂色。

3. 探究多层多排长方体表面涂色的规律

师：刚刚我们共同研究出了单层长方体的表面涂色规律，如果接着想下去，我们会继续研究什么样的长方体呢？

生：多层多排。

（出示板贴：多层多排）

师：根据刚才研究单层的经验，你接下来打算怎样研究？

生：我们可以拟定一个计划，先摆出一些长方体或画出一些长方体，观察它们的涂色情况，记录下来，再通过比较找出它们的共性。

师：是啊！在研究一个问题时，我们都可以采用这样的方法。针对问题，我们可以先试着提出猜想，再通过列举不同的素材进行分析，在比较中抽象出不同现象中所体现出的共性，最后建构出这类问题的模型。（教师板书：动手尝试，摆一摆、画一画，比较异同，归纳规律）

出示探究 3：

如果是一个多层多排的长方体，把它的表面涂上色，再切分成若干个相同的小正方体。涂色面会出现哪些情况？尝试总结出多层多排长方体表面涂色的规律，在小组中说一说。

（学生小组合作，在研究单上完成。请一组同学汇报展示）

生 1：我们组摆出的第一个是 $3\times2\times2$ 的长方体，我们发现小立方体的涂色情况有 2 种：一种是 3 面涂色的，在顶点处；另一种是 2 面涂色的在棱上。（图 10-23）

图 10-23

生 2:我们组摆出的第二个更大一些,是 5 ×4 ×3 的长方体,我们发现小立方体的涂色情况有 4 种:第一种是 3 面涂色的,在顶点处;第二种是 2 面涂色的在棱上;第三种是一面涂色的,在各个面上;第 4 种是没有涂色的,藏在最里面。(图 10-24)

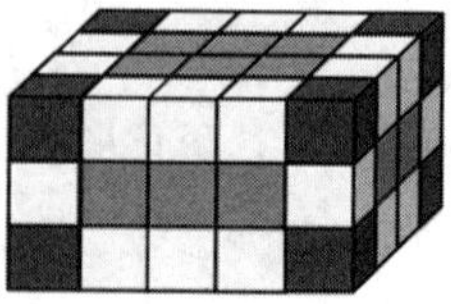

图 10-24

师:同学们想象一下,藏在最里面的没有涂色的小立方体,有几个呢?

生:剥掉上下前后左右各一层,最里面藏的 6 个小立方体是没有涂色的。

师:他说的到底对不对呢?我们请汇报的同学帮助大家来验证一下。

(学生操作验证)

生 3:我们还摆出了一个长方体,它的小正方体涂色只有 3 种情况:第一种是 3 面涂色的,在顶点处;第二种是 2 面涂色的,在棱上;第三种是 1 面涂色的在面上。(图 10-25)

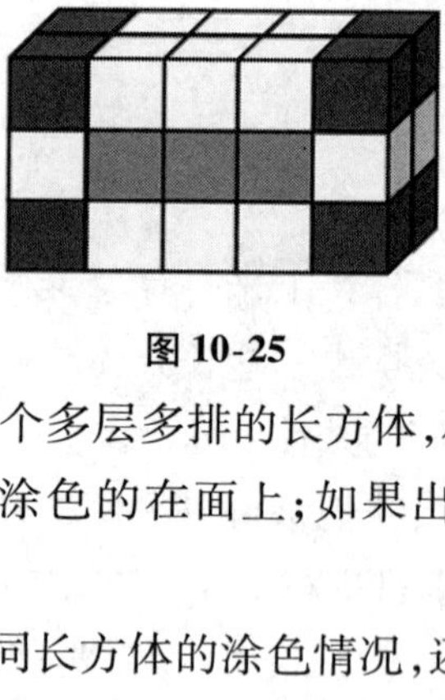

图 10-25

生 4:我来总结,我们组发现一个多层多排的长方体,小立方体的涂色面数最多有 3 面,在顶点处;2 面涂色的在棱上;1 面涂色的在面上;如果出现没有涂色的,是藏在最里面的部分。

师:这是他们组分享的 3 种不同长方体的涂色情况,还有没有其他的情况?

生:没有了。

师:虽然他们展示的三个长方体出现涂色面的情况有所不同,但有什么相同的地方?

生:小立方体都最多涂 3 个面,在顶点处。

(教师出示板贴:多层多排,最多涂 3 个面,在顶点处)

师:那为什么有的长方体会有 1 面涂色的情况?有的却没有?

生:因为 1 面涂色的必须在长方体的面上,至少要摆 3 层或 3 排,才可能有中间的面。

师:他说的有没有道理呢?我们来看图。要保证这个长方体有 1 面涂色的小立方体,可以怎么做?

生:可以增加层数或增加排数,只要保证有 3 层或 3 排,剥掉棱的那一层,中间的小立方体就会留下干净的面。(图 10-26)

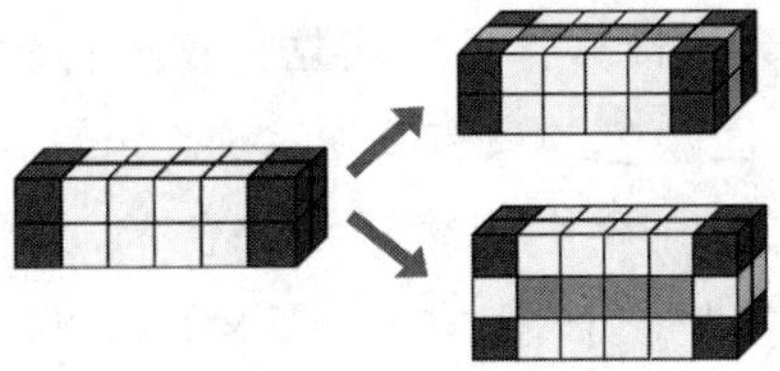

图 10-26

师:那在这个长方体的基础上,若要出现没有涂色的小立方体,又该怎么做呢?

生:同时增加它的排数和层数,至少要保证是一个 $3\times3\times3$ 的正方体时,才会出现没有涂色的。(图 10-27)

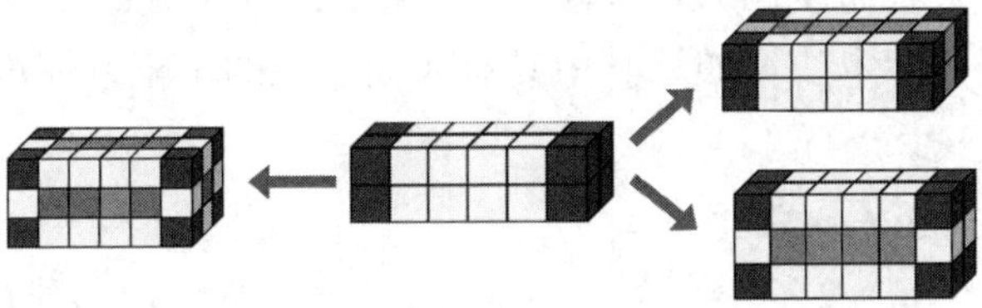

图 10-27

师:你觉得像这样的长方体表面涂色问题和正方体的表面涂色问题有什么联系?

生:它们的涂色规律是一样的。

师:看来,我们之前学习的正方体的表面涂色规律,对于像这样多层多排的长方体,还是适用的。但在长方体中还存在一些特殊情况,我们不能忽略。

【设计意图】 这个环节主要安排了三个层次的探究活动。在探究 1 中,教师先引导学生进行猜测,当学生借助原有经验提出猜想后,也就有了动手进行操作验证的需求。这时再引导学生通过操作去验证自己的猜想,并在操作中不断完善、调整或深化自己的原有认知。在探究 2 的学习过程中,学生已经积累了一些活动经验。这时,教师先引导学生直接进行直观操作,用小正方体动手摆一摆。探究 2 的教学重点放在了学生展示汇报后的多种素材的比较上,引导学生通过外在的“做”激发内在的“思”,从直观操作到建立空间表象,再通过比较分析,逐步抽象出单层多排的长方体表面涂色问题的模型。在进行探究 3 的学习时,学生已经在前 2 个探究活动中积累了丰富的活动经验,并且探究 3 的规律和表面涂色正方体的规律一致,所以这时教师放手让学生通过与同伴合作,先拟定研究方案,再自主完成整个研究过程,最后再引导学生回顾反思所有的学习过程,发现本质规律,形成空间观念。

片段三：运用模型，提升认识

出示我运用1:一个表面涂色的长方体木块,长、宽、高都是整厘米数,把它切割成若干个棱长为1 cm的小正方体木块。如果其中3面涂色的小正方体恰好有6块,那么长方体的长、宽、高各是多少?

师:先想一想这个长方体会是什么样的? 再摆一摆进行验证。

生(交流展示,并解释):3面涂色的只有6块,一定不是多层多排的情况。所以我们可以直接考虑单层的情况。单层单排不会出现三面涂色的,只要想单层多排的情况,3面涂色的在棱上,可以在前后棱上各摆3个,摆成一个5×2×1的长方体;也可以前后棱上各摆2个,左右棱上各摆1个,摆成一个4×3×1的长方体。(图10-28)

图 10-28

出示我运用2:一个表面涂色的长方体木块,长、宽、高都是整厘米数,把它切割成若干个棱长为1 cm的小正方体木块。如果其中只有2面涂色的小正方体恰好有4个,那么大长方体的长、宽、高各是多少?

(学生先独立思考,再展示汇报)

生(交流展示,并解释):2面涂色的只有4块,一定不是多层多排的情况。所以我们可以直接考虑单层的情况。单层单排不会出现3面涂色的,只要想单层多排的情况,2面涂色的在面上,可以在面上先摆4个,然后再在它的前后左右各摆一层。可以摆成一个4×4×1的长方体;也可以摆成一个6×3×1的长方体。(图10-29)

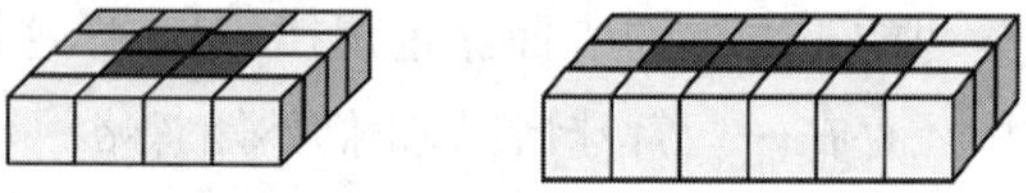

图 10-29

【设计意图】 这个环节是让学生在具体的模型应用中发展空间观念。学生在解决问题时,首先会在脑海中进行想象,并用语言进行描述"这个长方体是什么样的。"再通过动手摆一摆的直观体验进一步深化对长方体的表面涂色规律的认识,从抽象又回到直观,借助操作将脑海中模糊、不清楚的空间表象变得更加明晰起来。

片段四：回顾总结，发展思维

师:回顾我们今天这节课的研究过程,说说你有哪些收获。(图10-30)

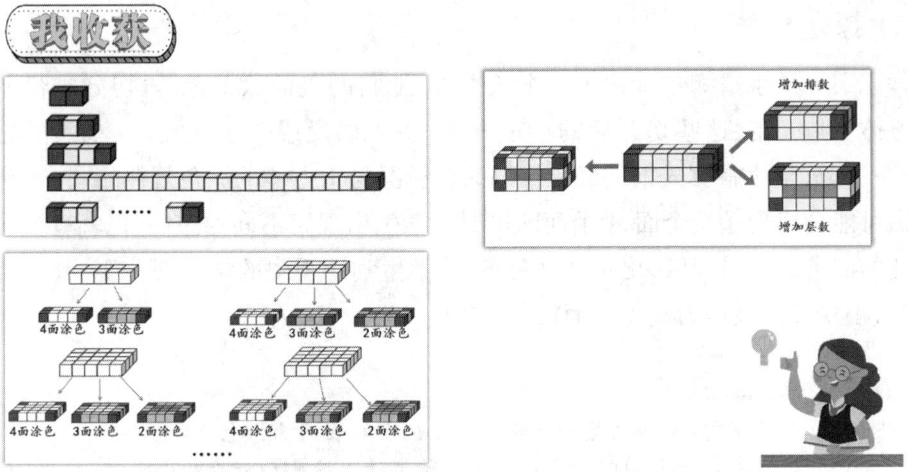

图 10-30

【设计意图】 思维是从动作开始的,切断了动作与思维的联系,思维就得不到发展。动手做是帮助学生在头脑中建立空间表象的过程,但操作后形成的表象还处于直观阶段,与比较、分析、综合、推理等思考过程相结合,才能使学生从直观思维过渡到抽象思维,空间观念也才能得以生长。

三、作品叙事

(一)我回顾

在学习本节课之前,学生已经研究过正方体的表面涂色问题。学生已经知道小正方体的不同涂色情况及其所在的位置与顶点、棱和面有关,也会计算不同涂色面小正方体的个数;学生在研究过程中也学会了研究问题的方法,会在分析与综合、比较与分类、抽象与概括等思维活动中,构建出正方体表面涂色问题的数学模型。因此,在教学之前,教师先出示了一个表面涂色的 $3\times3\times3$ 的正方体,来唤起学生对于研究涂色问题的经验(图 10-31)。学生在回顾旧知的过程中,再引出新问题:“如果这节课要继续研究涂色问题,猜猜看,我们会研究什么?”学生自然会想到研究长方体的表面涂色问题,这样就便于将研究正方体表面涂色问题的方法迁移到研究长方体的表面涂色问题上。

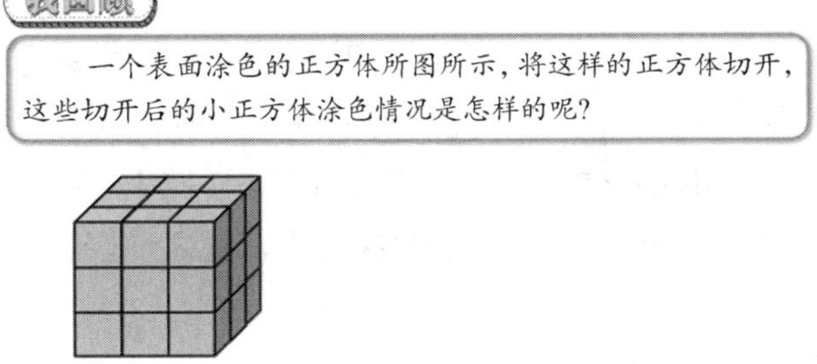

图 10-31

(二) 探究 1

教师先引导学生猜测:“如果是一个长方体,把它的表面涂上色,再切分成若干个相同的小正方体。猜一猜,这些切开后的小正方体(也可以说成是小立方体)涂色情况会是怎样的呢?”一部分学生根据先前的经验推测涂色情况与正方体的涂色规律相同,还有个别学生会说出可能会出现涂 5 个面、4 个面的情况。学生出现了不同的想法,也就有了动手进行操作验证的需求。这时,教师出示活动要求,让学生利用手中的学具摆一摆,看看会出现怎样的情况,小立方体最多会出现几面涂色(图 10-32)?

我研究

【探究1】如果是一个长方体,把它的表面涂上色,再切分成若干个相同的小正方体。猜一猜,这些切开后的小正方体涂色情况会是怎样的呢?

活动要求:
(1) 摆一摆:用若干个小正方体拼出不同的长方体。
(2) 数一数:把拼成的长方体表面涂色后分开,切成的小正方体最多会有几个面涂色?

图 10-32

学生通过直观的动手操作,发现不管用多少个小立方体摆,只要摆成单层单排,左右两端的小立方体始终都是涂 5 个面,因为摆成单层单排时,它们只隐藏了 1 个面,而另外的小立方体都只隐藏了 2 个面,所以都涂了 4 个面。学生借助直观操作,又通过对不同素材的观察比较分析,进一步构建出了单层单排情况下,长方体表面涂色问题的模型(图 10-33)。

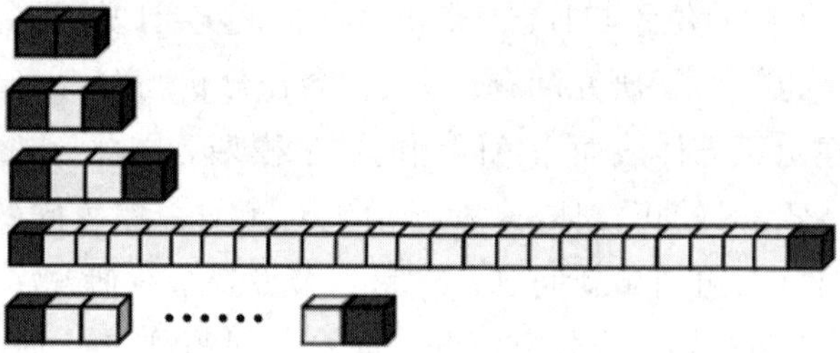

图 10-33

(三) 探究 2

当学生研究出单层单排的长方体表面涂色问题时,很多学生的原有认知受到冲击,他们开始主动打破原有的思维定式,愿意接受新的挑战。这时,教师又抛出新问题:“除了单层单排,要想出现涂 4 个面的小立方体,还可以怎样摆?”(图 10-34)学生借助学具积极思考。这时,他们就会从特殊的单层情况想起,解决起来也比之前轻松多了。

我研究

【探究2】除了单层单排，要想出现涂4个面的小正方体，还可以怎样摆？

图 10-34

在学生汇报时，教师刻意安排了3个不同层次的汇报。第一个层次，先展示只有一种情况的，所有小正方体都涂了4个面的；第二个层次，展示出现2种情况的，除了顶点是涂4个面的，棱上还有涂3个面的；第三个层次，展示出现3种情况的，除了有4面和3面涂色的，还有2面涂色的，在长方体中间的面上（图10-35）。

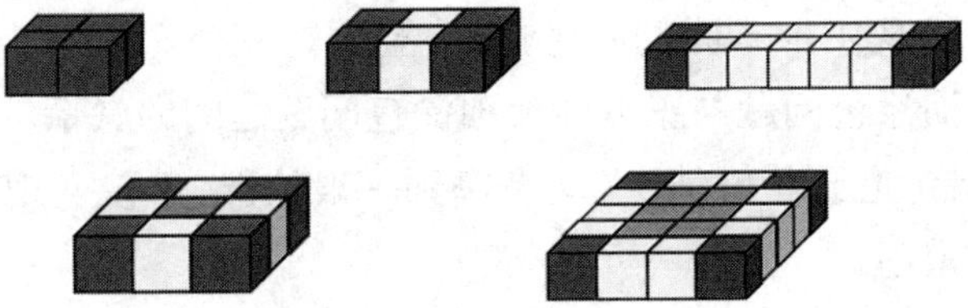

图 10-35

接着再引导学生观察比较分析，探讨怎样摆会出现3面涂色的？怎样摆会出现2面涂色的（图10-36）？

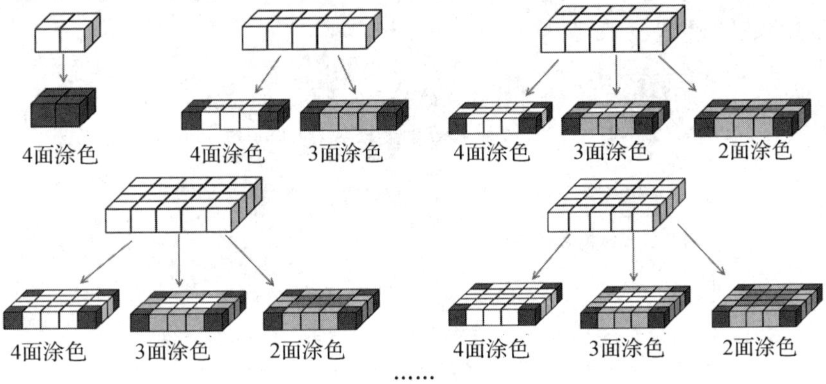

图 10-36

在探究2的学习过程中，学生从直观地动手做，再到在脑中不断想象，从直观操作到建立表象，再通过比较分析，逐步抽象出单层多排的长方体表面涂色问题的模型。

（四）探究3

因为有了前面单层长方体表面涂色问题的研究基础，接下来教师就放手让学生通过小组合作，自行研究多层多排长方体表面涂色的问题（图10-37）。

我研究

【探究3】如果是一个多层多排的长方体，把它的表面涂上色，再切分成若干个相同的小正方体。涂色面会出现哪些情况？

图 10-37

在汇报时，教师安排了出现不同涂色情况的学生进行汇报，主要选择了以下 3 种不同的长方体进行展示交流（图 10-38）。

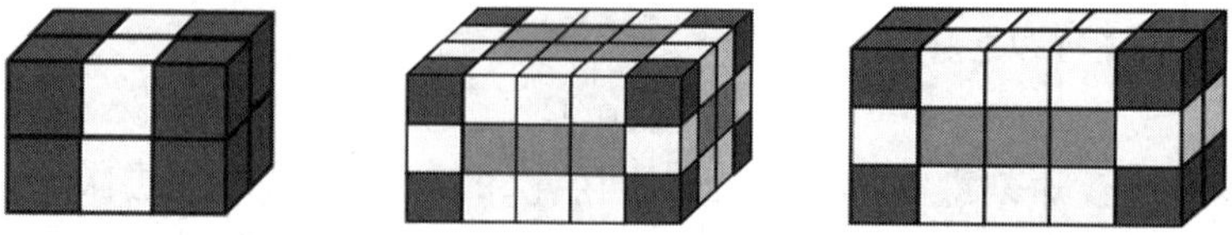

图 10-38

其目的就是希望学生在不同涂色情况的对比下，发现其中的共性及有差异的地方。先通过比较找到共性，多层多排的长方体，最多涂 3 个面，都在 8 个顶点处。通过不同发现，如果涂色小正方体要出现 4 种不同的涂色情况，至少是一个 3×3×3 的正方体，从而发现多层多排长方体的表面涂色问题与正方体表面涂色问题之间的联系。

学生在研究中，既考虑到特殊情况，又考虑到一般情况，不仅发现了其中的规律，还研究了规律背后隐藏的道理。

（五）我运用

要让学生真正理解所建立的数学模型，就必须设计出新的情境让他们将数学模型运用起来（图 10-39）。在这 2 个练习中，教师更加关注学生的说理过程来检验学生是否真正掌握了涂色问题的数学模型。

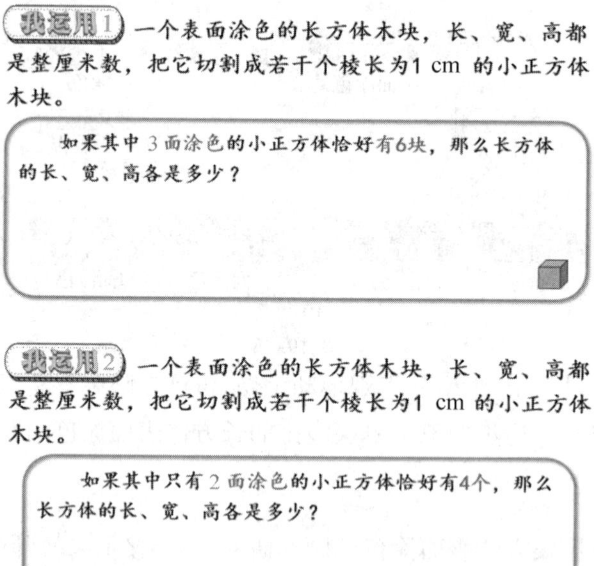

图 10-39

（六）我收获

在本节课的总结阶段，通过一屏三图的呈现，教师希望学生可以将这节课的学习过程像放电影一般在脑海中快速重播一遍，促使他们在回顾反思的过程中，不仅能总结出单层、多层长方体表面涂色问题的数学模型，还能总结出研究问题的数学思想方法（图10-40）。因为只有这样，才能促使学生的核心素养得到真正的发展。

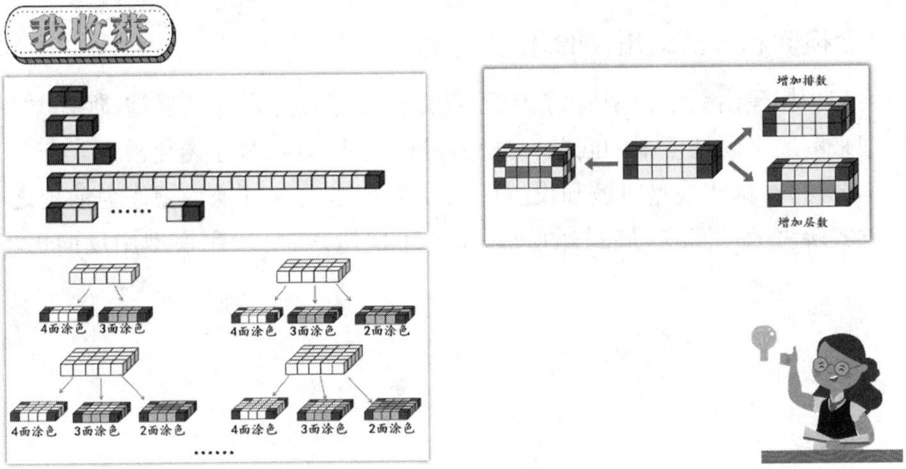

图 10-40

四、专题分析

（一）创设建模活动，建构模型意识

数学模型的建立并不是一蹴而就的，而是需要在不同情境中让学生自己进行多次感悟，并亲身经历从“境”到“模”的过程。只有以大量的实例作为支撑，让学生在做中经历建模的过程，学生才能够褪去不同情境的“包装”，发现问题的本质，最终做出数学模型。

本节课的每一个探究活动，教师都设置了有层次的展示和交流活动来促进学生形成模型意识。例如，在探究1中，当学生发现摆成 $2\times1\times1$ 的长方体，最多可以涂5个面时，教师立即追问：“还有谁摆出的长方体也是最多涂5个面的？”然后依次展示了 $5\times1\times1$ 和 $10\times1\times1$ 的长方体。接着又引导学生想象：“如果用50个小方块摆最多涂5个面的情况，可以怎样摆？”学生经历了前面不同素材的直观体验后，很快就能建构出无论多少个小方块，只要摆成单层单排的长方体，左右两端的2个小正方体始终都是涂5个面的模型。

因此，模型是学生自主进行建构的。教学中需要教师创设有效的建模活动促进学生建构模型的意识。

（二）调动学生多感官参与，发展模型思维

数学中的原理、定律、公式，我们在学习的时候不仅应该记住它的结论、懂得它的道理，而且还应该设想一下它是怎么想出来的，怎样一步步提炼出来的。只有经历了探索过程，数学的思想、方法才能沉淀、凝聚，从而使知识具有更大的智慧价值。教学时我们要善于调动学生多感官积极参与到建模的过程中，增强探究意识，提高学生的创新能力。

例如，本节课学生在经历构建模型的过程中，有利用学具动手摆一摆的直接动作体验，也有观看其他学生操作过程及借助屏幕展示不同素材的直观视觉体验，还有分析与综合、比较与分类、抽象与概括等思维活动。

（三）变换问题灵活运用，加深模型思想

在学生初步构建出数学模型后，教师还需要关注练习的设计及反馈，促使学生在练习中运用模型来解决不同情境下的问题，对模型进行灵活运用，真正内化模型。

正如本节课，在构建模型时教师设置的问题都是建立在以动手操作为前提之下，用正向思考的方式解决的。而练习环节的问题变换了情境，需要运用模型用反向思考的方式解决。

（郑雪凤）

第十一章

“做”中发现，活跃创新意识

创新意识主要是指主动尝试从日常生活、自然现象或科学情境中发现和提出有意义的数学问题。初步学会通过具体的实例，运用归纳和类比发现数学关系与规律，提出数学命题与猜想，并加以验证；勇于探索一些开放性的、非常规的实际问题与数学问题。创新意识有助于形成独立思考、敢于质疑的科学态度与理性精神。

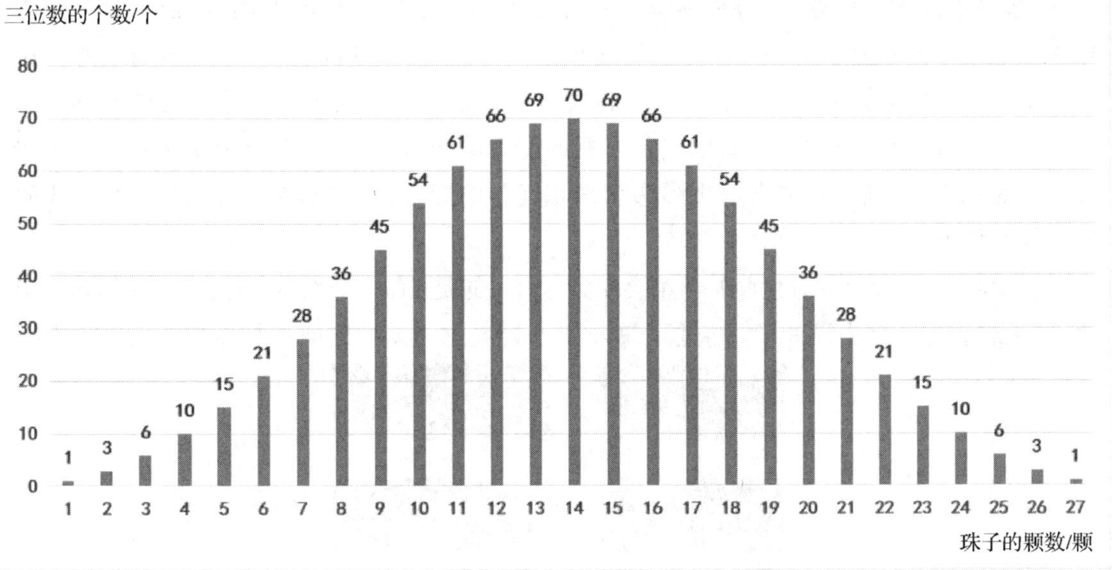

案例1
草坪中的学问

一、开发背景

（一）素养分析

《义务教育数学课程标准（2022年版）》明确指出：创新意识主要是指主动尝试从日常生活、自然现象或科学情境中发现和提出有意义的数学问题。初步学会通过具体的实例，运用归纳和类比发现数学关系与规律，提出数学命题与猜想，并加以验证；勇于探索一些开放性的、非常规的实际问题与数学问题。

因此，发展学生的创新意识需要鼓励学生尝试发现与提出数学问题，能运用归纳、类比等方法发现并提出猜想，进而能创造性地解决问题。在此过程中，发展学生善于思考的理性思维，形成敢于质疑的科学态度。在不断地提出问题—提出猜想—验证猜想—解决问题的过程中发展学生的创新意识。

（二）教材分析

“多边形面积的计算”是苏教版小学数学五年级上册第二单元的内容，该单元主要引导学生推导平行四边形、三角形、梯形的面积公式，应用公式计算有关图形的面积，并解决相关实际问题。本单元重在沟通各种面积公式及其推导过程的内在联系。通过不同层次的练习，在提高应用公式解决简单实际问题的能力的同时，让学生在学习中更深刻地领悟多边形面积之间的联系，丰富解决多边形面积问题的策略，提高学生综合运用各种知识解决问题的能力。

在学习这部分内容的过程中，学生会碰到这样一道题：有一个长60 m，宽24 m的长方形草坪，王叔叔在草坪中设计了两条宽为2 m的小路。这个草坪的面积是多少？（图11-1）

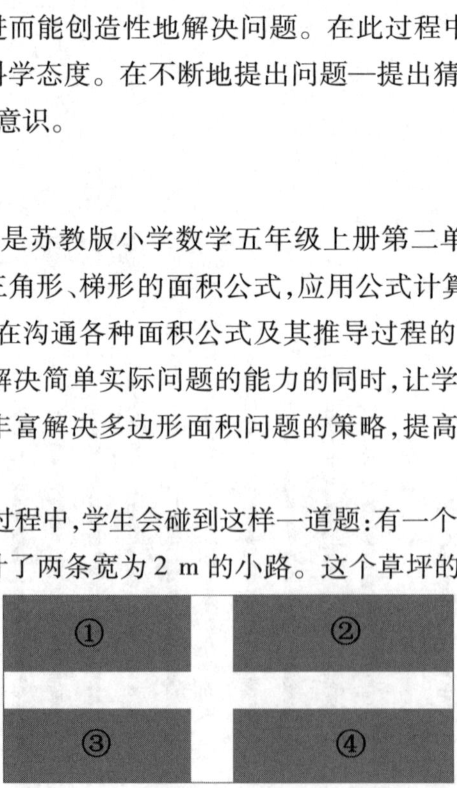

图11-1

学生通常会通过剪、拼，将四块小草坪拼成一个长方形，从而算出草坪的面积，即长为 $60-2=58(\mathrm{m})$，宽为 $24-2=22(\mathrm{m})$，草坪面积为 $58\times22=1276(\mathrm{cm}^2)$。这种方法对于解决这道题是完全可行的。但这样做为什么可行？很多教师并未做出详细的解释。当把题目中小路的位置进行相应的调整（图 11-2、图 11-3）后，学生会借助原有的知识经验，不假思索地把四段小路拼起来，算出草坪的面积。

图 11-2

图 11-3

但如果继续调整小路的位置（图 11-4），还可以用上面的方法去解决吗？答案是否定的。如果继续沿用，算出的草坪面积将是错误的。如何解决上述问题，将学生的错误认识通过合理的方式进行正向引导，并在此过程中促进学生创新意识的形成，这便是“草坪中的学问”一课的设置初衷。

图 11-4

（三）学情分析

新的学习往往以原有的学习为基础，原有的学习经历可能对后续的学习产生促进效果，也可能产生阻碍作用。后者在心理学上被称为“负迁移”。当草坪中的两条小路分别平行于长方形的长和宽时，通过剪、拼，能够将四块小草坪拼成一个新的长方形；当两条小路中只有一条小路平行于长方形的长或宽时，也可以通过剪、拼，将四块小草坪拼成一个新的长方形。在一系列相关知识的建构过程中，只要草坪中有小路，都可以通过剪、拼，将四块小草坪拼成一个新的长方形的认知逐渐在学生的头脑中形成。因此，在面对变式题目时，学生在没有真正理解这一内容的内涵及本质的情况下，仅仅根据自身的已有知识经验，极易被表面的相似迷惑。这是基于不成熟的数学认知的不恰当的迁移，即产生了负迁移。

负迁移的出现缘于学生对既有方法的模糊理解，以及缺乏动手实践和自主探究的实质性活动经验。当题目发生改变，即草坪中的两条小路都不平行于长方形的长与宽时，学生仅依靠对类似题目的模糊“经历”，用理解不够深刻的方法去解决，导致了错误的发生。

希望通过本节课的学习，学生能在探究中，理解这类题“转化”的特殊性，在不断探索与质疑中思辨，提高运用知识解决问题的能力；同时学生能在不断地尝试、创造性地解决问题的过程中,发展更强的创新意识。

二、教学实践

(一) 学习地图

学习地图如图 11-5 所示。

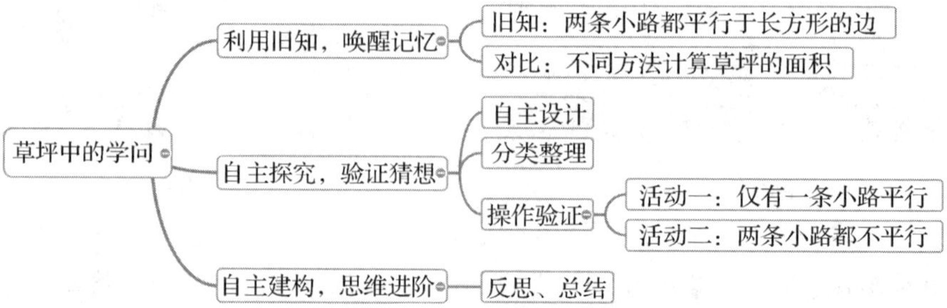

图 11-5

(二) 学习目标

(1) 在熟悉的习题情境中引发认知冲突,利用多元表征,通过经历尝试、猜想、验证、再猜想、再验证、归纳等过程,探究出知识的本质,削弱负迁移对学生的固有影响,促进迁移的正向生长。

(2) 自主探究,利用相关材料进行计算、实验、归纳,在活动中不断积累数学活动经验,发展空间观念,增强应用意识和创新意识。

(3) 通过开放性的探究活动,体会数学知识之间、数学与生活之间的联系,将原有的经验和现有的知识进行整合,提升发散性思维和创造性思维。

(三) 教学现场

片段一:利用旧知,唤醒记忆

师:同学们,我们经常去公园玩,公园里有许多的草坪,草坪不仅可以净化空气,还可以美化环境。其实,在数学学习中也有一些关于草坪的问题。今天这节课我们就来研究草坪中的学问。

师:同学们,还记得之前我们做过的这道题吗? 有一个长 60 m,宽 24 m 的长方形草坪,王叔叔在草坪中设计了两条宽为 2 m 的小路。这个草坪的面积是多少?(图 11-6)

图 11-6

师：你们能帮王叔叔解决这个问题吗？请同学们拿出学习单自己试一试。

生1：用大长方形的面积减去两条小路的面积。长方形面积是 $60 \times 24 = 1440(cm^2)$，小路面积是 $60 \times 2 + 24 \times 2 - 2 \times 2 = 164(cm^2)$，草坪面积是 $1440 - 164 = 1276(cm^2)$。

师：他是用长方形土地的面积减去小路面积算出草坪面积的，用这种方法解决需要提醒大家注意什么？

生2：不要忘记减去中间重叠的部分。

师：感谢你的分享。大家还有其他方法吗？

生3：剪、拼，将草坪拼成一个长方形。拼成后长方形草坪的长是 $60 - 2 = 58(m)$，宽是 $24 - 2 = 22(m)$，草坪面积是 $58 \times 22 = 1276(cm^2)$。

师：是的。通过剪拼可以实现图形的平移，平移是不改变图形的大小和形状的，就可以将四块分开的草坪转化成一个长方形草坪，这样我们就能很快地算出草坪的面积了。

师：同学们用了两种方法帮王叔叔算出了草坪面积。比较这两种方法，你们更喜欢哪一种？

生：我喜欢第二种。

师：为什么呢？

生：很方便。

师：是的。第二种方法通过剪、拼将四块草坪转化为长方形，这样能帮助我们较快地算出草坪的面积。

师：回到王叔叔的这块长方形草坪上来。请同学们仔细观察两条小路与长方形的边，它们有着怎样的关系呢？

生：横着的小路平行于长方形的长，竖着的小路平行于长方形的宽。

师：看来像这样一条小路平行于长方形的长，另一条小路平行于长方形的宽，简称两条分别平行（板书：两条分别平行）。我们可以通过剪拼的方法将这四块草坪转化成长方形。

师：同学们，你们想过为什么这种情况可以拼成长方形吗？

师：其实当一条小路平行于长方形的长，一条小路平行于长方形的宽时，两条小路可以看作四个长方形与一个正方形组成的，长方形的对边平行且相等，所以可以将去掉小路后剩余的四个部分拼成一个长方形。

师：那么这两条小路还能怎么设计呢？是不是只要长方形草坪有两条直的小路，我们就可以用这样的方法剪拼成长方形呢？

生：可以。

师：你们都认为可以吗？

生：不可以。

师：有不同的声音了。看来同学们都有自己的猜想（板书：猜想），那光有猜想是不够的，我们需要动手来验证。（板书：验证）

【设计意图】 学生的“不确定”是源于其对既定方法理解的模糊，以及缺乏动手实践、自主探究的实质性活动经验。当题目进行相关的改变,草坪中的两条小路都不平行于长方形的长与宽时,学生借助原有的学习"经历"直接将其"转移"到"相似"的题目上去,从而导致错误的发生。本环节利用学生的"不确定"引发学生的思考,为接下来的教学活动激活思路。

片段二:自主探究,验证猜想

师:(出示图 11-6)像王叔叔一样,在长 60 m,宽 24 m 的长方形草坪中自主设计两条笔直的小路,小路的宽度还是 2 m,把你的设计画出来。

(学生完成设计)

师:刚刚老师拍了一些同学的作品(出示学生作品),你们能帮老师分类吗?与同桌交流,互相说一说你的分类方法和理由。(学生交流汇报)

生:可以分成三类。第一类和原题一样,两条小路分别平行于长方形的长和宽。

师:是的,我们可以分成三类。第一类是两条分别平行的。(板书:两条分别平行)那第二类呢?

生:只有一条小路平行于长方形的边。

师:是的。只有一条小路平行于长方形的边,这条小路平行于长或者平行于宽。我们记作只有一条平行。(板书:只有一条平行)那第三类呢?

生:两条小路都不平行于长方形的边。

师:我们记作两条都不平行(板书:两条都不平行)。第一类两条分别平行的情况,之前已经通过动画进行了验证。接下来,我们重点研究第二类和第三类。先来看第二类(图 11-7、图 11-8),这些草坪去掉两条小路后,剩余部分都能拼成一个长方形吗?

方案一

图 11-7

方案二

图 11-8

生 1:能。

生 2:不能。

师:看来大家有争议,口说无凭,让我们一起来验证,请大家完成学习单的第一部分。

活动一:

(1) 打开 1 号文件夹,同桌两人合作选择一种方案剪一剪、拼一拼,注意保留完整的小路。

(2) 把剪好的四块"草坪"贴在各自的磁铁板上,动手操作,检验是否能够拼成长方形。

(3) 在小组中交流作品,记录你的发现,准备汇报,贴磁铁板汇报时注意先还原再演示。我们可以这样汇报:"我选择的是方案(　　),通过操作我发现,(能、不能)拼成长方形。”小组交流我们发现：（　　）。

（学生完成操作活动，小组汇报）

师：通过刚才的操作，我们发现，当一条小路平行于长方形的边时，确实能通过剪、拼得到一个新的长方形。那么同学们想过没有，为什么第二类情况下，去掉小路后剩余的四块“草坪”还可以拼成长方形？

（学生回答）

师：（图 11-9）只有一条小路平行于长方形的边时，两条小路可以看成由三个平行四边形和两个梯形组成，平行四边形的对边平行且相等，所以去掉小路后剩余的四块“草坪”可以拼成一个长方形。

图 11-9

师：刚刚我们已经验证了前两类（图 11-10、图 11-11），第三类是不是可以不用验证直接下结论了？

方案三

图 11-10

方案四

图 11-11

生：不能。

师：该怎么办呢？

生：继续验证。

师：我们继续来动手验证。

活动二：

（1）打开 2 号文件夹，同桌两人合作选择一种方案剪一剪、拼一拼，注意保留完整的小路。

（2）把剪好的四块“草坪”贴在各自的磁铁板上，动手操作，检验是否能够拼成长方形。

（3）在小组中交流作品，记录你的发现，准备汇报，贴磁铁板汇报时注意先还原再演示。我们可以这样汇报：“我选择的是方案（　　），通过操作我发现，（能、不能）拼成长方形。”小组交流我们发现：（　　）。

（学生完成操作活动，小组汇报）

生：当两条小路都不平行于长方形的边时，不能拼成一个长方形。

师：为什么第三类不可以通过剪、拼，将剩余部分拼成长方形呢？（学生回答）

师：（小结验证方法，如图 11-12 所示）当两条小路都不平行于长方形的边时，这两条小路可以看作由四个梯形和一个平行四边形共同组成。当把四块“草坪”拼在一起时，实际上就是将梯形的两个底进行拼接，但由于梯形的两底不相等，在外边沿对齐的情况下，就形成了中间部分还空出一块的结果。这说明，当两条小路都不平行于长方形的边时，四块“草坪”无法转化成一个完整的长方形。其实在以后初中学习了正弦和余弦相关知识后，我们还可以进一步探究。

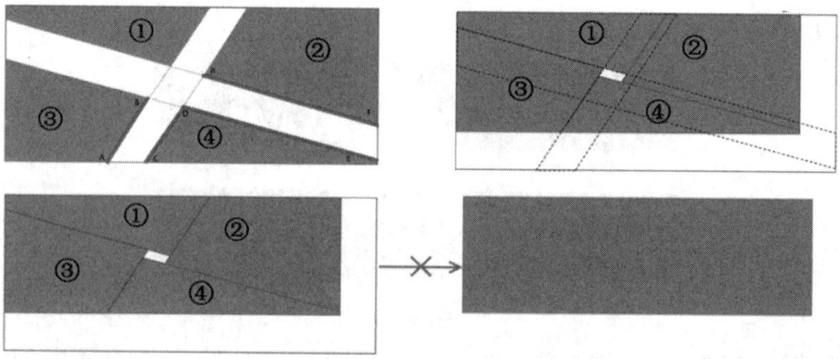

图 11-12

【设计意图】 当草坪中的两条小路都平行于长方形的长和宽时，通过剪、拼能够使得四块草坪拼成一个新的长方形；当两条小路中只有一条小路平行于长方形的长或宽时，也可以通过剪、拼将四块草坪拼成一个新的长方形。在一系列相关知识内容的建构过程中，“只要草坪中有小路，都可以通过剪、拼将四块草坪拼成一个新的长方形”的概念已经在学生的脑中根深蒂固。因此，教师要引导学生在数学活动中，将经历变成经验，从根本上真正地理解数学。

片段三：自主建构，思维进阶

师：同学们，我们在学习数学时，当遇到新的问题并且有一些想法时，我们要做的就是大胆地去验证这些猜想。通过刚才的验证，你知道了什么？

生：至少有一条小路平行于长方形的边时，可以拼成长方形；两条都不平行时，就不能拼成长方形。（图 11-13）

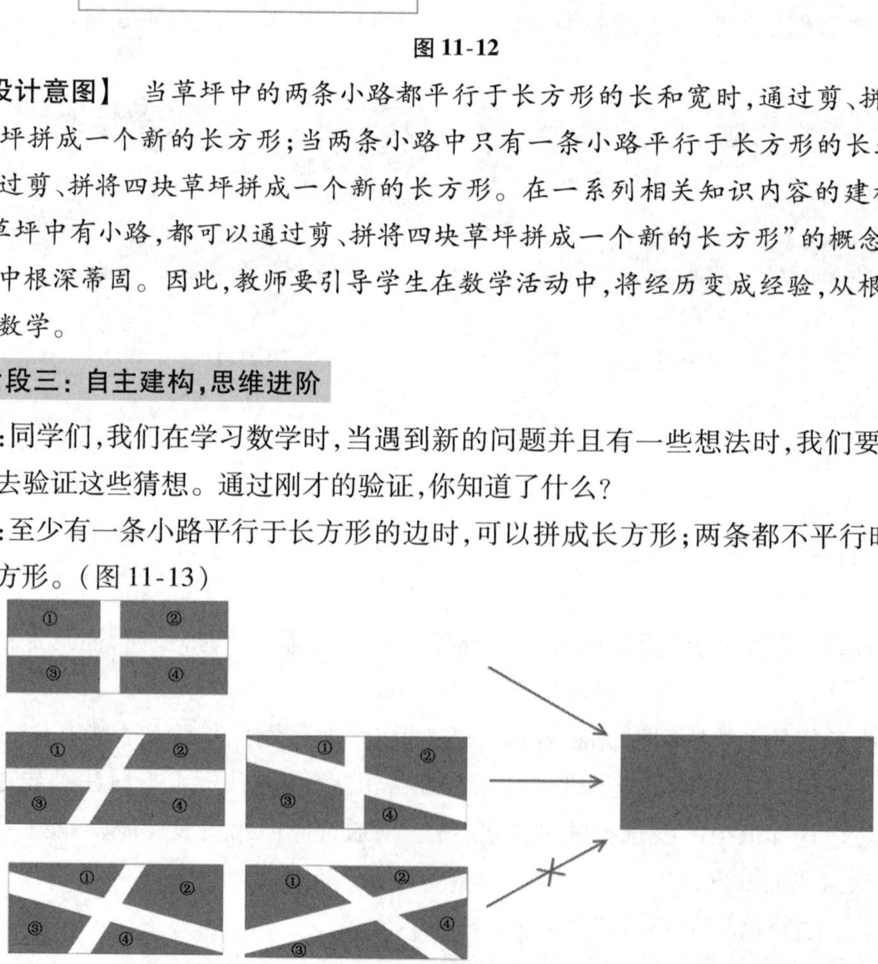

图 11-13

师：说得真好！同学们，刚刚我们先有了猜想，然后又对猜想进行了验证，最后我们得出了结论。猜想有可能是正确的，也有可能是错误的。无论猜想正确与否，都需要进行验证，我们要用科学的态度来研究数学问题，正如荷兰数学教育家弗赖登塔尔所说：“真正的数学家常常凭借数学的直觉思维作出各种猜想，然后加以证实。”其实你们每个人都是小小数学家，只要你们勇于探究，就会发现更多数学中的学问。

【设计意图】 在“草坪中的面积”这一系列题目的完成过程中，学生从自主探究到自主建构，实现的是学生个体知识的原生态建构。从自主建构到独立表达，通过思维可视化，将内部思维向外显行为进行转化。独立表达后要在同学之间进行合作交流，从原生态的独立知识建构转向对知识的多元理解。

三、作品叙事

留痕在于丰富知识的不同表征形式，更多的是在不同的表征形式间建立联系，从而真正地丰富对概念的理解。如果将定义描述为“骨架”，不同表征则是“血肉”，它们之间有了联系，就能真正达成理解，也就有了“灵魂”。

留痕有利于促进学生的视觉记忆，增加学生对数学知识长时记忆痕迹的强调，促进信息正确且顺利提取，有助于达成对所学知识的理解，也就是使知识有了“灵魂”。

因此，在探究实践的过程中，学生要留下思维的痕迹（图 11-14），用真实、可见的操作结果验证自己的猜想。课堂上的操作留痕正是学生思维活动结果的呈现，学生的创新意识在探索非常规性的问题中得到培养与提升。

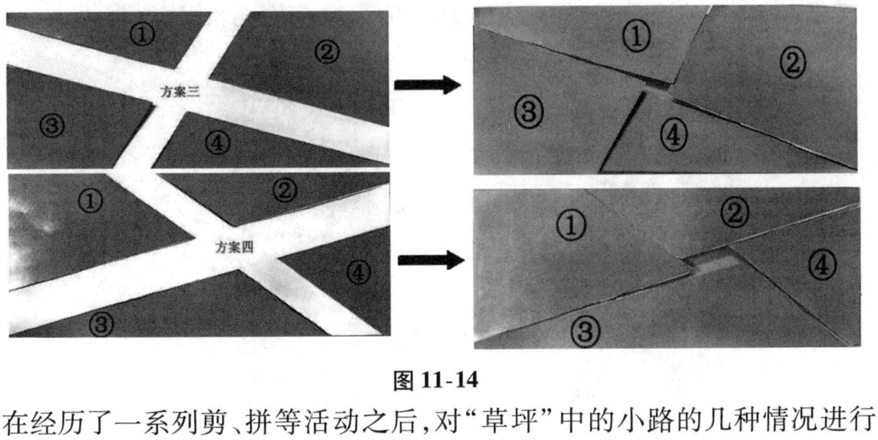

图 11-14

学生在经历了一系列剪、拼等活动之后，对“草坪”中的小路的几种情况进行分类，最终呈现出了三种情况（图 11-15），得出结论：当至少有一条小路平行于长方形的边时，可以拼成长方形；如果两条都不平行，就不能拼成长方形。操作后的归纳与总结，助力学生重新建构对原有知识的认识，从而实现对知识的深刻理解，实现思维进阶。

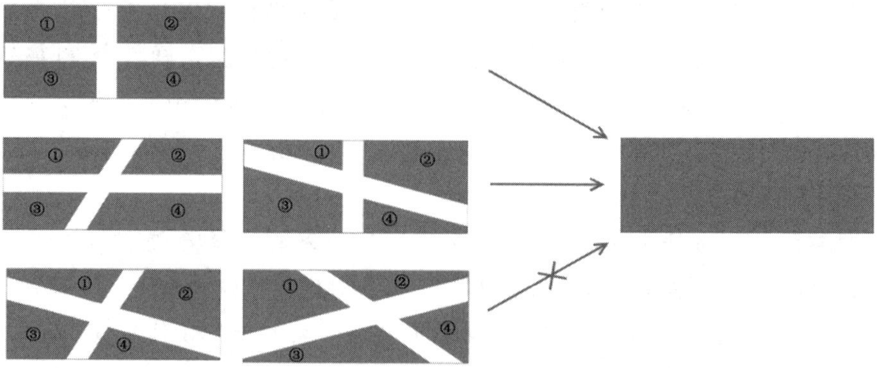

图 11-15

学生创新意识的培养是一个长期的,且可持续发展的过程,其并不仅限于一节课的探究、一个实验的操作,其贯穿于学生的整个发展过程中。本节课上完后并没有结束,学生的思考仍在继续。有个别学生已经提前接触到初中数学知识,在上完本节课后,他们在初中的练习中发现了一道题(图 11-16),并对草坪中的两条路都不平行于长方形的边且相关垂直时的这一特例进行了思考,通过实际的操作进行了验证,并且通过算术方法计算出了草坪的面积。学生的这一深入探究从另一个方面体现出本节课的延续性及其对于学生探究非常规问题影响十分深远。在探究—验证—再探究—再验证中学生的创新意识不断地持续发展着。

【题目】

如图，要在一块长52 m、宽48 m的矩形绿地上修建同样宽的两条互相垂直的甬道。下面分别是小亮和小颖的设计方案。求：

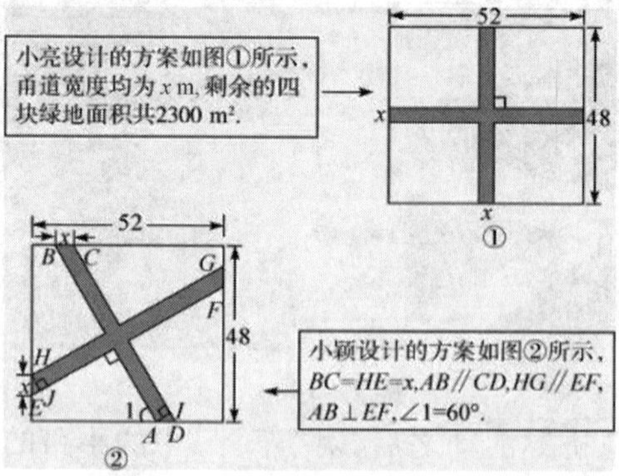

(1) 小亮设计方案中甬道的宽度为x。

(2) 小颖设计方案中四块绿地的总面积(提示：小颖设计方案中的x与小亮设计方案中x的取值相同)。

图 11-16

四、专题分析

(一)聚焦探索实践,在质疑中发展创新意识

创新意识主要表现在发现问题、提出问题,提出猜想并验证,探索解决开放性、非常规的问题等方面。“草坪面积问题”一课的设计从学生的已有知识经验出发,激发学生的探究欲望,在非常规的实际问题中让学生通过实践操作获得“四基”、发展“四能”的同时,发展创新意识。

本节课围绕探究实践展开,在探究活动中不断鼓励学生尝试发现和提出新的数学问题,培养学生的数学眼光。当学生对草坪中的小路的情况进行分类讨论后,教师鼓励学生运用归纳、类比等方法去提出自己的猜想,引导学生将已有的知识经验进行迁移与类比,最终获得结论。在整个探究过程中,学生从明了到质疑,从困惑到清晰,不断尝试创造性地解决问题,学生的创新意识朝着好的方向发展下去。

(二)借助多元表征,在正迁移中发展创新意识

研究表明,在教学较难理解的内容时,可以通过多元表征减轻学生理解知识的负荷。教师要让学生真正地将对数学知识的理解内化于心,并且能够重新建构对知识的认知,不仅要丰富知识的不同表征形式,而且要在不同的表征形式间建立联系,从而真正地丰富对知识的理解。如果将定义描述为“骨架”,不同表征便是“血肉”,它们之间有了联系,就能真正达成理解,也就有了“灵魂”,正迁移在此过程中自然发生。

在探究草坪中的小路(情境)的相关内容时,学生可以借助原有的知识,知道可以把四块小草坪拼起来,完成自我建构。在表达时,通过画图(图像)将自己的想法展示给其他同学,在合作交流(语言)的过程中,达成共识。接下来,进一步合作交流,明确有三种不同的情况,继而通过对三种情况的分类探究,发现横竖都不平行的情况是无解的。这一系列过程中,学生的好奇心被激发,他们愿意去发现问题,提出问题。于是在回顾反思中,对这几种情况进行知识的重新建构,明确当“至少有一条小路平行于长方形的边时,可以拼成长方形;如果两条都不平行,就不能拼成长方形”。通过情境、图表、语言等多元表征,学生在探究性的活动中,把对难点的理解展现出来,进而通过经历尝试、猜想、验证、再猜想、再验证、归纳等过程,探究出知识的本质,发现规律与关系。这些都是培养创新意识的重要方法与必经过程。正如史宁中教授指出的,“在数学教育中,无论从时间上还是从内容上都应当对归纳推理予以足够的重视,应当让学生在学习过程中,逐渐感悟出这种推理模式的自然属性”。这是一种促进创新意识形成的有效模式。

(三)通过“做”“思”共生,在活动经验中发展创新意识

教育家苏霍姆林斯基说过:“儿童的智慧在他的指尖上。”动手操作是学生学习数学知识的重要途径和基本方法。但“做”不是目的,“做思共生”才是动手操作活动的旨归,在“做”与“思”的不断碰撞中,学生敢于大胆尝试,勇于向非常规内容发起挑战,创新意识在

无形中逐渐形成。

“草坪面积问题”一课,教师精心设计了3次动手操作活动。在这3次动手操作活动中,教师通过安排合理的学习材料,组织合理的学习活动,给学生充足的自主探究时间,促使学生积累研究活动的直接经验,带着这样的经验走入小组,分享收获、解释发现和方法、阐明观点、经历修正和完善,在达成学习共同体的构建过程中,不断提升自我学习力。在深入探究的过程中,动手操作和深度思考让经历变成经验,让“经验”在不断地探索中滋生出一种力量:勇于探索的精神,这便是创新意识发展的萌芽。

(桑 坤)

案例2
奇妙的组数问题

一、开发背景

(一) 素养分析

小学阶段,创新意识是核心素养的主要表现之一。《新课标》指出:创新意识主要是指主动尝试从日常生活、自然现象或科学情境中发现和提出有意义的数学问题;初步学会通过具体的实例,运用归纳和类比发现数学关系与规律,提出数学命题与猜想,并加以验证;勇于探索一些开放性的、非常规的实际问题与数学问题。创新意识有助于形成独立思考、敢于质疑的科学态度与理性精神。

小学中高年级的学生,已经初步具有了创新意识。找规律类的课程,就是在对学生的创新意识进行初步的养成。而在找规律类课程的日常教学中,教师会理所当然地将教学的重点放在发现规律和应用规律上,学生也会理所当然地认为,自己只要发现了规律,就可以顺理成章地使用规律,学生在数学活动中,对数学规律进行“观察思考、猜想发现、确认运用”,积累了丰富的经验。然而,数学家进行研究时,一个数学规律被发现之后,到被确认之前,是要经历漫长的验证过程的,如何让学生在认识规律的同时,也能感受到规律的反复验证,甚至不断否定的过程,对于学生掌握真正的探索规律的科学方法,是有重要意义的。同时不断验证的过程也是对创新意识的进一步提升,让学生感受到数学推理和研究创新的科学性和严谨性。

(二) 教材分析

苏教版小学数学二年级下册中有这样一个问题(图11-17):在计数器上,用5颗珠子可以表示哪些三位数?在学生进行解答时,教师会有意识地引导学生进行分类和有序的列举:计数器的百位上放1颗珠子,有5个数,分别是104、113、122、131、140;百位上放2颗珠子,有4个数,分别是203、212、221、230;百位上放3颗珠子,有3个数,分别是302、311、320;百位上放4颗珠子,有2个数:401、410;百位上放5颗珠子,有1个数,是500。对于二年级的学生而言,问题解决到这里,既加深了学生对于数位的认识,也培养了学生有序思考问题的能力。但是一定会有学生发现并提出猜想:用5颗珠子组数,最终可以组成1+2+3

+4+5=15 个三位数,那么应该存在这样的规律,即有几颗珠子,组成三位数的个数就可以从 1 加到几。但是最终的规律并非学生们所想的这么简单,问题背后隐藏着更复杂也更有趣的正态分布规律。作为教师,如何引导学生对此问题中呈现的规律进行深入探索,并培养学生科学探索规律的能力,提升学生的推理能力和创新能力,成为可以深挖的关键点。

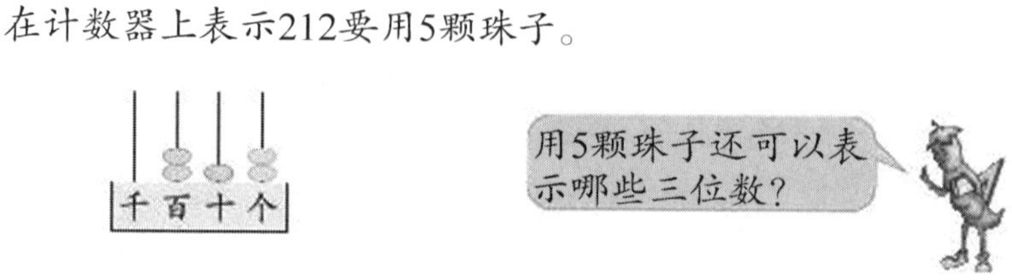

图 11-17

(三)学情分析

对于找规律类型的课程及问题,学生其实有不少的接触,他们在学习的过程中,对于"发现规律"和"运用规律"有着丰富的体会。例如,苏教版小学数学四年级上册"简单的周期"一课,学生能够比较顺利地找到周期规律,并运用周期规律对之后的图案或数进行推算和判断。回顾以往的探索规律教学课堂可知,学生虽进行了猜测、探索等一系列操作,发现了规律,得出了结论,但这是在教师的刻意引导下进行的,过程往往也是顺利的,这样毫无悬念的授课,虽能让学生快速找到规律、增强自信心,但由于缺少对规律和客观事实求证的过程,难以实现对学生探索能力和创新意识的培养。

要探究深层次的数学规律,需要有较强的推理意识和一定的推理能力,同时也要有扎实的数学方法和解决问题的策略作为基础,来支撑探究和推理的过程。五年级的学生在该学段下册教材解决问题的策略单元中,熟练掌握了有序列举的方法,在计数器组数问题中,可以在有限的课堂时间内,进行高效的列举验证。同时,五年级的学生在思维能力上更强,对于规律探索中出现的变化、转折,能够更理性地分析其原因,面对探究过程中出现的失败和挫折也更有耐心进行反思和优化。综上,笔者最终与五年级学生一起完成了一节别开生面的"找规律"探究课——"奇妙的组数问题"。

二、教学实践

（一）学习地图

学习地图如图 11-18 所示。

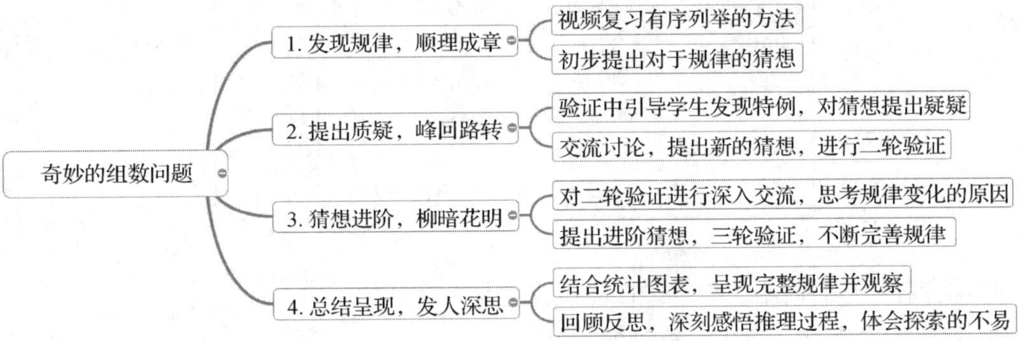

图 11-18

（二）学习目标

（1）通过独立思考、小组合作等方式，观察、思考、操作，能够按要求，分类、有序、不重不漏地列举出符合要求的数。

（2）在观察、比较、验证和交流等活动中，发现问题、提出问题、分析问题、解决问题，加深对于规律的发现和验证的感受，积累数学探究活动的基本经验；在交流和记录中，培养用数学的语言表达规律的能力。

（3）积极参与小组学习活动和探究活动并获得成功的体验，培养科学研究问题的精神，发扬学生积极探索、不畏困难、勇于质疑、敢于批判的创新精神和优良品质。

（三）教学现场

片段一：发现规律，顺理成章

（1）复习铺垫，掌握方法。

师：小致和小远正在玩数学游戏，让我们一起来看看（图 11-19）。

（播放视频）

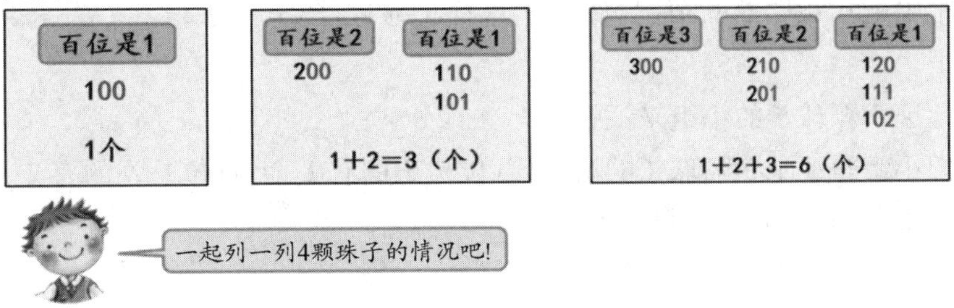

图 11-19

师：你们看懂了吗？

生：看懂了。

师：你们能像他们两人一样，列出 4 颗珠子的情况吗？记录在学习单 1 号位置，开始。

学生汇报（图 11-20）。

百位是4	百位是3	百位是2	百位是1
400	310	220	130
	301	211	121
		202	112
			103

1＋2＋3＋4＝10（个）

图 11-20

师：他列得特别好，给他掌声。谁能说说他是怎么列的？

生：按照百位是 4，3，2，1 这样列的。

师：是的，我们在列举之前，可以先进行分类。

生：是按照从大到小的顺序列的。

师：是的。我们在列举的时候，要有序地思考。

师：今天我们就接着小致和小远的游戏，一起来探究奇妙的组数问题。

（2）初步猜想，动手验证。

师：为了便于观察，老师把刚才得到的数据填入表格中（指向表格介绍）刚才我们研究了一颗珠子可以拨出 1 个三位数，两颗珠子可以拨出 3 个三位数，三颗珠子可以拨出 6 个三位数，顺着刚才的研究，如果珠子的数量越来越多，你会有什么想法呢？

生：用的珠子越多，组的数也越多。

生：结果是有规律的。

生：几颗珠子，就从 1 加到几。

师：这是我们提出的猜想，想要验证猜想是否正确，我们可以怎么做？

生：继续列下去，看看 5 颗、6 颗，甚至更多颗是不是符合。

师：是的。数学研究中，提出猜想之后需要大量的数据作为支撑，顺着往下操作验证确实是一个常见的思路。那我们一起分组来验证一下好吗？请前 4 小组验证 5 颗珠子的情况，后 4 小组验证 6 颗珠子的情况，像刚才这样记录在学习单的 2 号位置，每组派 1 位代表，准备汇报。

师：请验证 5 颗珠子的小组来汇报。

生：我们小组验证了 5 颗珠子的情况，百位是 5 的有 1 个，百位是 4 的有 2 个……一共有 $1+2+3+4+5=15$ 个。（图 11-21）

珠子的数量/颗	1	2	3	4	5	6	……
组成三位数的个数/个	1	3	6	10	15	21	……

图 11-21

师:验证之后,结果符合我们的猜想吗?

生:符合。

师:请验证 6 颗珠子的小组来汇报。

生:我们小组验证了 6 颗珠子的情况,百位是 6 的有 1 个,百位是 5 的有 2 个……一共有 1 +2 +3 +4 +5 +6 =21 个,也是符合猜想的。

【设计意图】 用一定数量的珠子在计数器上摆出三位数,是课本二年级中的一个练习题。本环节难度较低,每名学生都能轻易上手,在设置时主要有四个目的:第一,让学生按要求列举,掌握分类、有序的列举方法,为后续的研究打下方法基础;第二,让学生能够有效地记录结果,并能够准确地用数学语言表达;第三,让学生在列举过程中发现规律,并尝试提出猜想;第四,引导学生对猜想进行验证,初步形成验证猜想的意识,也为之后规律的变化反转做铺垫。

片段二:提出质疑,峰回路转

(1) 深入思考,提出疑问。

师:如果像刚才这样一直列下去,要组成三位数,最多用到多少颗珠子呢? 同桌相互讨论一下。

生:每个数位上最多只能放 9 颗珠子,最多用到 27 颗珠子。

师:听明白了吗? 给他掌声。所以 27 颗珠子能组成几个三位数?

生:1 个三位数,是 999。

师:27 颗珠竟然只能组成 1 个三位数,老师将这个结果填入表格中。

师:现在你有没有什么新的想法?

生 1:刚才找的这个规律可能不对。

生 2:刚才找的规律可能在珠子少的时候对,珠子很多,情况反而很少。

生 3:能组成的三位数先变多,再变少。

师:大家对刚才猜想的规律提出了疑问,也有同学提出了新的猜想。老师把这些猜想记录在黑板上。

(2) 二次验证,思维进阶。

师:想要知道新的猜想是否正确,可以怎么做?

生 1:我想验证 25 和 26 颗珠子的情况,看看珠子数量多的时候是不是能组成的三位数特别少。

生 2:我想验证 14 颗珠子,最多 27 颗珠子,14 颗是中间数,我猜 14 颗的数量会最多,接着开始减少。

师：你们都特别善于推理。那我们分两轮来验证。先来验证一下 26、25 颗的情况好不好？请小组合作，1 ~ 4 组验证 25 颗珠子，5 ~ 8 组验证 26 颗珠子，记录在学习单的 3 号位置，开始。

（小组上台汇报）

生：26 颗珠子有 3 个，899，989，998。（表格记录）（图 11-22）

珠子的数量/颗	1	2	3	4	5	6	……	25	26	27
三位数的个数/个	1	3	6	10	15	21	……	6	3	1

图 11-22

师：为什么你从百位 9 开始考虑？

生：百位上最多只有 9 个珠子。

师：你们只列了 900 多和 800 多，为什么没有 700 多呢？同学们知道吗？

生：百位 7 颗珠子，后面还有 19 颗珠子，放不下了。

生：25 颗珠子有 6 个，799，889，898，979，988，997。

（表格记录）

【设计意图】 第一环节结束后，同学们几乎是惯性地认为，我们第一轮验证的结果就是完整的规律。此时，我们可以用三个核心问题展开接下来的环节：① 像刚才这样一直列下去，要组成三位数，最多用到多少颗珠呢？这个问题不仅引发学生接下来的思考，也提示学生，在验证规律的时候，可以从极端数据入手，从特殊到一般。② 现在你有没有什么新的想法？开放式的问法，可以让学生尽可能地打开思维，重新审视刚才的规律和结论，提出疑问和新的猜想，调动学生思维的积极性。③ 想要知道新的猜想是否正确，可以怎么做？让学生自主提出验证方案，并交流原因，强化“提出猜想—操作验证”的科学方法，切实提升学生的推理意识。在验证交流时，教师和学生都会反复提到，每个数位最多放 9 颗珠子，为后续揭示规律变化原因埋下伏笔。

片段三：猜想进阶，柳暗花明

师：现在看着我们验证得到的数据，你有没有什么新的猜想？

生：可能到 14 颗的时候是最多的，接下来开始减少。

生：1 颗珠子和 27 颗珠子一样，2 颗珠子和 26 颗珠子一样，3 颗珠子和 25 颗珠子一样，所以前面和后面是一样的。

师：你的意思是可能规律是对称的。

师：现在你们想验证几颗珠子的情况？

生：我想验证 13 ~ 15 颗珠子……因为接近一半。

师：你觉得中间的数很关键。

师：看来大多数同学想验证 14 颗珠子的情况。那我们就一起来探究一下。

师：在开始列举之前，大家能不能猜一猜，到 14 颗珠子时会出现什么样的算式？

生:从 1 一直加到 14。

师:大家都这样想吗?那我们一起来看看是不是如你们所想。我们从哪里开始列?(图 11-23)

在计数器上,14颗珠子可以表示几个三位数?

百位是9	百位是8	百位是7	百位是6	百位是5	百位是4	百位是3	百位是2	百位是1
5	6	7	8	9	10	11	12	13
950	860	770	680	590	491	392	293	194
941	851	761	671	581	482	383	284	185
932	842	752	662	572	473	374	275	176
923	833	743	653	563	464	365	266	167
914	824	734	644	554	455	356	257	158
905	815	725	635	545	446	347	248	149
	806	716	626	536	437	338	239	
		707	617	527	428	329		
			608	518	419			
				509				
6个	7个	8个	9个	10个	9个	8个	7个	6个

共能表示多少个不同的三位数? 6+7+8+9+10+9+8+7+6=70(个)

图 11-23

生:从百位是 9 颗珠子的情况开始。接着研究百位是 8,7,6…

师:那就让我们分组合作,一起验证一下吧!

师:想要知道 14 颗珠是不是最多,大家还想验证相邻的 13 颗和 15 颗。由于时间有限,老师帮大家验证过了,我们一起来看看。(图 11-24)

在计数器上,13~15颗珠子可以表示几个三位数?

13颗珠子:**5+6+7+8+9+10+9+8+7=69**(个)

14颗珠子:**6+7+8+9+10+9+8+7+6=70**(个)

15颗珠子:**7+8+9+10+9+8+7+6+5=69**(个)

图 11-24

师:我们验证了 13 ~ 15 颗珠子的情况。观察这里的算式,符合我们的猜想吗?

生:符合,14 最多,13 和 15 是对称的。

师:最初的猜想我们是有疑问的,现在大家能否完善一下,让猜想符合规律?

生:1 ~ 14 颗珠子,珠子越多,组成的三位数越多。

师:还有其他发现吗?

生:规律不符合我们猜测的算式,并不是从 1 开始加到 14 的。

师:看来不知不觉中,算式的规律早就变化了,那么规律到底在几颗珠子的时候就变化了呢?谁来猜一猜?(图 11-25)

珠子的数量/颗	1	2	3	4	5	6	…	13	14	15	…	25	26	27
三位数的个数/个	1	3	6	10	15	21	…	69	70	69	…	6	3	1

图 11-25

生:我觉得是 9 颗或 10 颗,因为一个数位上最多放 9 颗珠子,超过 9 颗可能发生变化。

师:他的意思你们明白了吗? 他猜想珠子超过 9 颗,规律发生变化。

师:下面我们通过一个小视频了解一下其中的奥秘。

师:现在大家能把第二条猜想补充完整了吗?

生:1 ~9 颗珠,有几颗珠,就从 1 加到几。

【设计意图】 “提出猜想—操作验证—提出新的猜想—再次验证……”此环节让学生再一次打破了认知,规律变化再次出现令人出乎意料的反转。学生在这个环节会充分感受到了验证对于规律探究的重要性,也学会了通过验证的结果反过来思考猜想的合理性。这样反刍的经历,更有助于发展学生的创新意识,感受数学探究的理性精神。

片段四:总结呈现,发人深思

师:研究进行到这儿,虽然还有一些数我们没有验证,但是我们已经快要揭开这个秘密了,老师将完整的结果展示出来。

为了看得更直观、更形象,我们可以将统计表制作成条形统计图。谁能结合图像说说其中的规律?(图 11-26)

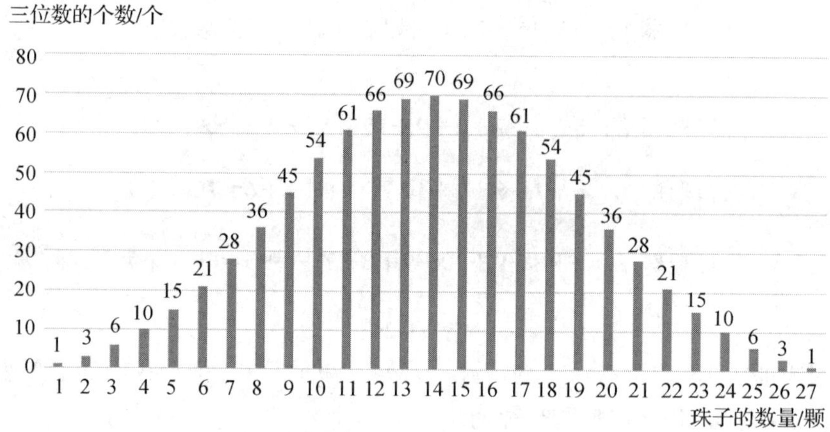

图 11-26

生:1 ~9 颗珠子,有几颗珠子就从 1 加到几,超过就不符合了。

生:超过 9 颗之后 +9, +7, +5, +3, +1,加的越来越少。

生:确实是 14 颗珠最多,对称的。

师:这样的规律就是数学中著名的正态分布规律。如果大家对正态分布感兴趣,可以回家查阅一些资料,继续你的研究。

师:请大家回忆一下,我们是如何一步一步发现计数器中的秘密的?

生:我们是通过发现简单的规律,提出猜想,接着不停验证,逐步列举出来的。

师：我们每一次的验证都是符合猜想的吗？

生：不是。

师：我们在验证中，不断质疑，再提出新的猜想，直到最终确认规律。

师：上完这节课，相信大家一定有许多收获和体会。请你用“我没想到……”开头，谈谈自己的感受。

【设计意图】 学生通过自己的努力和小组合作，最终发现了完整的规律，感受到了数学的神奇之美。在课堂的最后，我们往往会让学生谈谈有什么收获，但是这节课终，学生有许多没想到：“我没想到看似简单的问题背后藏着这样神奇的规律”“我没想到我的几次猜想都是错的”“我没想到一个问题的规律要验证这么多次”……在交流中，我们能切实感受到这节课给学生的数学观带来的冲击和颠覆，数学规律的发现不再“顺理成章”，而是多了更多的科学和严谨。“提出猜想—操作验证—确认规律”的探究过程不仅提升了学生的数学能力，更带领学生像数学家一样解决数学问题，切实发展了学生的创新意识和推理能力，也有利于他们逐步形成积极探索、勇于质疑、敢于批判的精神品质。

三、作品叙事

（一）课堂精彩瞬间

本节课的亮点有两个：一是规律本身在探究过程中，不断出现意料之外的反转；二是学生在提出猜想和疑问时，天马行空的想象力带来的不确定性，让整个推理过程更自由、更开放。在初步猜想：有几颗珠子，就从 1 加到几这个想法被推翻后，便有学生提出了新的猜想，其中大多数学生认为，规律是先增加后减少的，部分同学认为规律可能是对称的。此时，有少部分学生能提出：规律可能是 9 颗珠子内才会出现的，因为计数器上每个数位只能放 9 颗珠子，超过 9 颗珠子，规律可能会变化。甚至有少数学生认为，规律是每 9 颗珠子就会产生变化的。这两种想法令所有同学和老师都大为惊讶，大部分同学到这节课的尾声才意识到规律的变化与“9”之间的关联。

学生提出这样的想法后，教师更充分地认识到学生拥有丰富的想象力和强大的创新能力。大多数时候，普通的课堂内容缺少一个合适的问题去激发他们的想象力和创新力，我们设置的找规律问题在大多数时候是易成功的、有迹可循的，这样的问题是适合学生探究的，但是偶尔我们也需要一些更开放、更深入的问题，激发学生的探索欲，真正展现他们的才能。

（二）课后研究报告

有学生在课后对此问题进行了继续的深入探究，并写成了数学小论文，以下截取了其中一个片段：

“我们一起分组计算，终于算出了所有的数据，把数据列成了一张表（表 11-1）：

表 11-1　课后报告数据表

珠子的数量/颗	1	2	3	4	5	6	7	8	9	10	11	12	13	14
三位数的个数/个	1	3	6	10	15	21	28	36	45	54	61	66	69	70
珠子的数量/颗	14	15	16	17	18	19	20	21	22	23	24	25	26	27
三位数的个数/个	70	69	66	61	54	45	36	28	21	15	10	6	3	1

我们惊讶地发现：从 1 颗珠子到 9 颗珠子，三位数的个数，从 1 个、3 个、6 个、10 个，一直到 45 个，它们相邻两个数之间依次是 +2，+3，+4，+5，+6，+7，+8，+9，而从 9 颗珠子到 14 颗珠子，表示的三位数的个数之间的规律又变成 +9，+7，+5，+3，+1。从 14 颗珠子到 19 颗珠子，表示的三位数个数之间的规律又变成 −1，−3，−5，−7，−9，最后，从 19 颗珠子到 27 颗珠子，表示的三位数的个数之间又变成 −9，−8，−7，−6，−5，−4，−3，−2，−1。太有意思了！”

课堂上由于时间有限，无法将 27 种情况进行逐一验证，但是学生已经掌握了探究问题的基本方法，也感受到了规律的奇妙，极大地激发了他们的探索兴趣和创新意识，于是有学生自发进行了继续的探究，并将最终的每一个结果之间的规律和关系用更定量的方式呈现，学生会发现这个正态分布规律相邻两数之间是一个二次等差数列的变化规律。虽然课上只经历了短短 40 分钟，但是也给许多学生打开了一扇新的大门，探索规律不再是简单地看一看就能发现的，而是需要经过动手操作，不断深入推理，学生也能从中感受到，越是深入研究，所呈现出的数学规律越是有趣，数学之美越令人感受深刻。

四、专题分析

“创新意识”是《新课标》中明确指出的核心素养之一，而其中，“提出猜想，加以验证”“勇于探索开放性的，非常规的问题”都是明确提到的关键词。如何在找规律的课程中切实提升学生的创新意识和创新能力，笔者结合本节课的开发和授课过程，有一些思考。

（一）深挖素材，提升意识

在小学数学的教学中，创新意识在数与代数、图形与几何、统计与概率等各方面的知识中都有涉及。在日常的数学教学中，教师应当钻研课本，深挖一些看似简单的习题，将创新能力的培养融入各方面的数学课程中。让学生在问题中思考、发现、探求隐藏的规律或变化，突出探究规律的过程，体验探究和发现规律的方法，可以培养学生观察、分析、综合、归纳和推理等思维能力，从而培养其探究意识和核心素养。

（二）做出思维，明晰过程

在规律题的教学过程中，我们经常会发现以下两种现象。一是有的规律题，教师觉得一眼就可以找出隐藏在数字或图形之间的规律，学生却往往很难一下子就挑破那一层隐藏在表象背后的窗户纸。二是有的学生，能够找出规律的变化，也能推理并进行递推使用，但是很难用语言解释和表达出现规律的原因,对规律产生的过程体会不深。教师在进行规律问题授课时,可以运用动手操作、小组讨论等方法,让规律形成的过程具象化,通过指导学生研究方法、布置开放性的实践任务,引导学生积极主动参与到数学知识的学习与探究中,以此启发学生的创新意识,让学生在思维碰撞过程中,充分发挥主观能动性,在循序渐进中培养与提升学生创新能力。

(三)自由开放,有错可循

数学家彭加勒曾经说:"逻辑用于论证,直觉用于发明。"在探寻规律的过程中,不同学生对于规律的感受是不尽相同的,探究规律的思考点和切入点也可能是完全不同的。在数学问题的研究过程中,学生会产生许多大胆的设想或是超乎寻常的猜想,这些设想或猜想往往蕴藏着发明创造的潜质。我们可以适当给学生更多的自由度,不一定要按照教师设定的既定路线前进,可以在教授学生一些基本方法的基础上,引导学生进行自主研究,这样才能达成教学目标。教师可以深入挖掘不同知识之间的内在联系,重视指导学生进行观察、探讨与归纳,指导学生在解决问题时细致观察、严谨思考、明确思路、做好分析,从多维度、多角度对规律进行猜想和验证。

数学家华罗庚则说过:"学习数学最好到数学家的纸篓里去找材料,不要只看书上的结论,他在书上写给你看的结论不过两三行,可是他写这个两三行以前,不知花了多少心血,经历了多少困难和挫折,稿纸不知用去了多少张,他成功的历程,就是用这些稿纸记录下来的。"每一位数学家都是经历了无数次的失败后才有了数学史上的重大发现。所以,学生探索规律的过程一定是困难重重、有错可寻的。教师在创新类的课程,尤其是找规律类的课程设计课堂环节时,不必刻意引导学生尽快找到正确规律,也不必刻意回避在找规律过程中可能遇到的困难,而是应当更科学和严谨,遵循规律,在验证的过程中,既有证实,也有证伪,在成功中收获信心,也在挫折中反思进步,培养学生积极探索、勇于质疑、敢于批判的精神品质,切实发展学生的创新能力。

(陈 彧)

案例3
容积最大是多少

一、开发背景

（一）素养分析

在当前教育改革的大环境下,创新意识是促进社会和科技进步发展的重要条件。学生在小学阶段思维敏锐想象力丰富。因此,培养学生创新意识是小学教育的核心任务之一。因此,在探究实践的过程中,教师需要借助相应的教学手段,激发学生的好奇心和探究欲,培养学生敢于大胆质疑、猜测的批判性精神,发展其创新意识。

本案例是基于日常教学中容易被忽略的一道复习题进行开发与延伸的内容。本文将阐述如何对一道习题进行有效改编,如何基于学生是已有认知经验通过探究活动,让学生经历猜想—验证—再猜想—再验证—得出结论这一系列过程。在小组交流与合作中,发展学习共同体的同时,培养其创新意识,让核心素养的发展真正做到落地生根。

（二）教材分析

苏教版小学数学六年级上册“整理与复习”单元“应用广角”中有这样一题(图11-27):

把长26 cm、宽18 cm的长方形纸,从四个角各剪去一个边长4 cm的正方形,再折成一个无盖的长方体纸盒。这个纸盒的容积是多少?

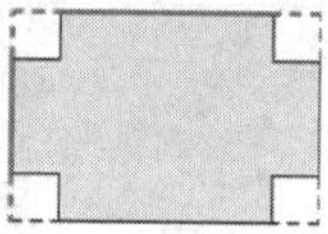

图11-27

教师用书中提到:可以先让学生观察示意图,说说从长方形的四个角各剪去一个边长4 cm的正方形后,折成的长方体的长、宽、高各是多少,也可以实际剪一剪、折一折,并解答题中的问题。从教师用书中的要求来看,只要解决“为什么长和宽都要分别减去2个4?”这一关键问题后,学生独立完成这道题目是非常简单的。长方体的长为 $26-4\times2=26-8=18$(cm),长方体的宽为 $18-4\times2=18-8=10$(cm),纸盒的容积为 $18\times10\times4=720$(cm^3)。但是如果我们的教学仅仅止步于此,只要求学生会解这道题,而不去做适度的拓展与提升,那么学生思维能力便得不到提升,长此以往,不利于学生数学核心素养的发展与必备品格的形成。

《义务教育数学课程标准(2022 年版)》明确指出：学生能对数学具有好奇心和求知欲，了解数学的价值，欣赏数学美，提高学习数学的兴趣，建立学好数学的信心，养成良好的学习习惯，形成质疑问难、自我反思和勇于探索科学精神。因此，本节课以学生熟悉的一道题为引，通过不断调整题目条件，连续发问，诱发学生不断猜测与质疑，在探索“容积最大是多少”的过程中，让其感悟不完全归纳的推理方法，积累思维经验，发展数据观念与创新意识。从根本上充分发挥了这道题的教学价值。

（三）学情分析

六年级学生的认知特点从以具体形象思维为主要形式逐步过渡到以抽象逻辑思维为主要形式，注意力、记忆力、想象力发展快速。他们思维的独立性和批判性增强，勇于发现和探索。“单一”“机械”“枯燥”的数学题目已经满足不了他们的需求，也不利于其思维能力的提升与发展。

《义务教育数学课程标准(2022 年版)》明确指出：学生通过数学课程的学习，掌握适应现代生活及进一步学习必备的基础知识和基本技能、基本思想和基本活动经验；激发学习数学的兴趣，养成独立思考的习惯和合作交流的意愿；发展实践能力和创新精神，形成和发展核心素养，增强社会责任感，树立正确的世界观、人生观、价值观。

因此，希望通过本节课能让学生在经历发现问题—尝试解决—追问反思—逐步完善的探索历程中发展思辨与质疑的能力，提高学生运用知识解决问题的能力；同时力求让学生在不断尝试创造性地解决问题的过程中，创新意识朝着好的方向发展下去。

二、教学实践

（一）学习地图

学习地图如图 11-28 所示。

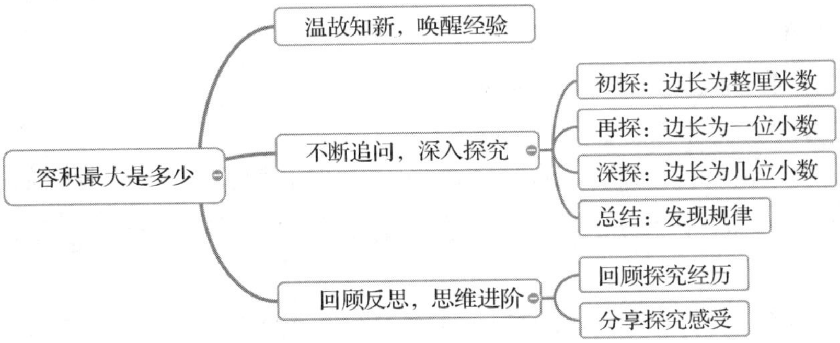

图 11-28

（二）学习目标

(1) 在熟悉的习题情境中引发认知冲突，利用多元表征，通过经历尝试、猜想、验证、再猜想、再验证、归纳等过程,最终探究出知识的本质,发现规律。

(2)自主探究,借助计算器进行计算,在实验、归纳、再实验的过程中不断积累数学活动经验,发展数据意识,激发探究欲,提升应用意识和创新意识。

(3)通过开放性的探究活动,在小组合作、同伴交流的过程中发展动手实践能力,积累思维经验,提升发散性思维和创造性思维。

(三)教学现场

片段一:温故知新,唤醒经验

师:大家知道我们今天这节课要学习什么内容吗?

生:容积最大是多少?

师:在我们学习长、正方体容积时遇到过这样一道题。还记得吗?

出示例题:

把长 26 cm、宽 18 cm 的长方形纸,从四个角各剪去一个边长 4 cm 的正方形,再折成一个无盖的长方体纸盒(图 11-29)。这个纸盒的容积是多少?

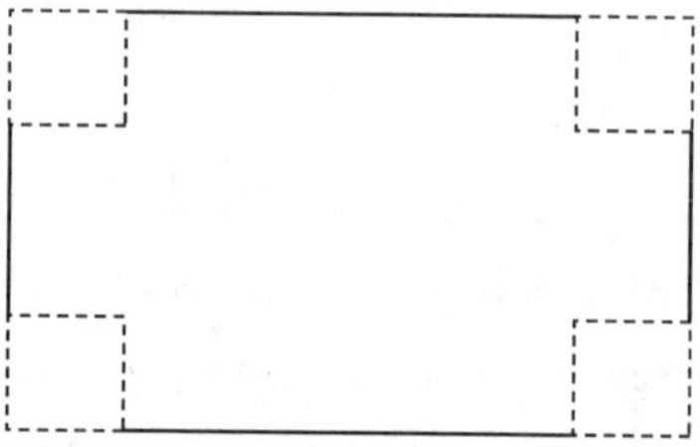

图 11-29

师:谁能说一说这道题的解题思路?为什么长和宽都要分别减去 2 个 4 呢?

【设计意图】 用一道学生熟悉的题目激活他们已有知识经验,重点发问"为什么长和宽都要分别减去 2 个 4 呢?"为后续题目中"剪去的小正方形边长"这一条件发生变化后,学生能顺利解决问题做好铺垫。

片段二:不断追问,深入探究

1. 初探:边长为整厘米数

师:解决这个问题已经难不倒大家了。今天老师需要在这道题的基础上进行一些调整。这道题是在一张长方形纸上剪去四个角,现在老师将这张长方形纸变成正方形,用这张正方形纸来继续研究。研究容积最大是多少?

师:你们知道为什么用正方形纸来研究吗?

生:正方形纸边长相等,比较好研究。

师:你有成为数学家的潜质。的确,正方形的边长相等,我们在研究图形关系时,需要从最简单的图形开始,并且要尽可能减少变量的个数,这样便于研究,能有效降低研究的难度。

出示题目:有一张边长为 9 cm 的正方形纸,从它的四个角各剪去一个小正方形(边长为整厘米数),然后折成一个无盖的长方体。这个长方体的容积可能是多少?

师:老师除了将长方形纸变成了正方形纸,和前面的那道题比较,还有什么不同的地方?

生:被剪去四个角的正方形边长不确定。

师:"不确定"这个词用得好。减去的小正方形的边长从一开始的"确定"到现在的"不确定",难度升级。

师:虽然具体的长度没有确定,但要求是整厘米数。

师:这个长方体的容积可能是多少呢?我们以小组合作的方式来完成,谁来读一读合作要求?在组长的带领下开始活动吧。(表 11-2)

表 11-2 活动表

正方形纸	剪去的小正方形边长/cm	折成的长方体纸盒			
		长/cm	宽/cm	高/cm	容积/cm^3
边长 9 cm					

小组合作:

(1) 想一想:先确定什么?

(2) 算一算:每人选择一种情况来计算。

(3) 填一填:将算出的结果记录在表格里。

师:老师找了一组同学将他们小组的数据记录在了屏幕上,你们和他们的结果一样吗?

师:那请你简单说一说你们交流思考的过程。

师:减去的小正方形的边长可以是 5 cm 吗?为什么?

生:如果边长是 5 cm 就要超过正方形的边长了。

师:同学们,通过刚才我们的有序列举,我们知道,当小正方形的边长是整厘米数,即为 2 cm 时,容积最大是 50 cm^3。

2. 再探:边长为一位小数

师:在这道题的基础上,老师继续改编题目。现在我们还能说折成的无盖长方体纸盒的容积最大就是 50 cm^3 吗?为什么?

生 1:不能。因为小正方形的边长还可能是小数。

师:你的思维很缜密。对于接下来的研究,你们有什么困惑?同学们,可以大胆地提出自己的困惑!

生 2:小数有无数个,我们到底选择哪几个小数来试呀?

师:的确。当去掉了限制条件后,剪去小正方形边长的长度该如何选择是个难题。让我们再次回到之前得出的数据,看看这些数据能否告诉我们些什么。

师:请同学们伸出你右手的食指。像老师这样,我们一起用手势来感受一下这几个数据的变化情况。如果用一幅图把它表示出来,用什么图来表示比较合适?

生:折线统计图。

师：老师将统计表中的数据做成了折线统计图(图 11-30)。(出示折线统计图)横轴表示剪去的小正方形的边长，纵轴表示无盖长方体的容积。

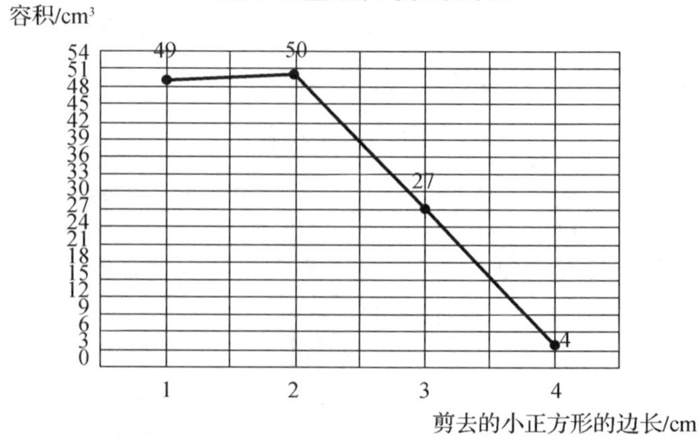

图 11-30

师：都说数形结合百般好！折线统计图能帮助我们更直观地看出数据的增减变化。接下来，请你结合折线统计图，思考一下，剪去小正方形的边长该如何选择，在哪会出现容积比 50 cm^3 大的情况？与同桌交流一下。

师：哪位同学愿意上台来跟大家分享一下你们的发现？

生 1：老师，我有发现！容积 50 cm^3 前的数据是逐渐变大的，之后的数据是逐渐变小的。我可以在 1 ~ 2 范围里挑几个小数试试看。

生 2：我可以在 2 ~ 3 范围里挑几个小数试试看。

师：这两位同学都是根据数据的特点，首先明确了选择的范围。在 1 ~ 2 和 2 ~ 3 之间选择小数。

师：为什么不在 3 ~ 4 之间选择？

生 3：数据呈下降趋势。

师：根据数据的特点，我们明确了研究的范围，那在 1 ~ 2 和 2 ~ 3 之间有那么多小数，从几位小数开始试起比较合适？

生 4：先选择一位小数来试一试。

师：在 1 ~ 2 之间一位小数有 1.1，1.2…一直到 1.9，共 9 个。同样在 2 ~ 3 之间也有 9 个一位小数。具体怎么研究，也是要有方法的。谁来读一读活动要求？

活动要求：

说一说：你准备怎样去研究？

记一记：把你们的研究过程记录在表格中。

议一议：交流研究过程中出现的问题。

师：老师这里还有个小建议，为了让我们的研究过程变得更有序、更高效。组长需要对组员进行合理的分工，以保证每位组员都能参与到研究中去。

反馈交流：

生1：我们小组选择在1~2范围里找一位小数来进行计算。

生2：我们小组选择在2~3范围里找一位小数来进行计算。

生3：我们小组选择在1~2范围里和2~3范围里各寻找几个一位小数来进行计算。

师：当我们在实践探究的过程中，发现实验的结果朝着与我们预估结果相反的方向发展时，我们需要及时调整方案，以保证实验能够顺利进行。

师：老师将同学们在1~2之间找的9个一位小数计算长方体纸盒容积的数据进行了汇总（表11-3）。

表11-3 长方体纸盒容积的数据

正方形纸	剪去的小正方形边长/cm	折成的长方体纸盒			
		长/cm	宽/cm	高/cm	容积/cm^3
边长9 cm	1.1	6.8	6.8	1.1	50.864
	1.2	6.6	6.6	1.2	52.272
	1.3	6.4	6.4	1.3	53.248
	1.4	6.2	6.2	1.4	53.816
	1.5	6	6	1.5	54.000
	1.6	5.8	5.8	1.6	53.824
	1.7	5.6	5.6	1.7	53.312
	1.8	5.4	5.4	1.8	52.488
	1.9	5.2	5.2	1.9	51.376

师：再次伸出手，感受一下数据的变化情况。将数据做成折线统计图看起来更直观、更清楚。（图11-31）

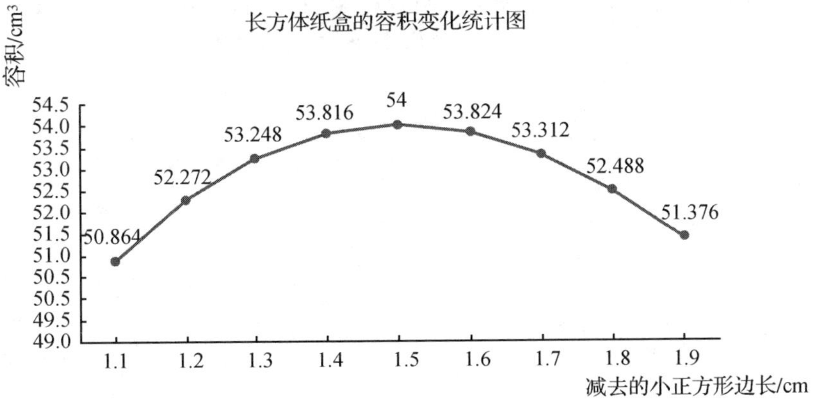

图11-31

师：仔细观察，你有什么想说的？

生1：剪去的小正方形的边长是1.5 cm时，容积有可能最大。

师：谁还想来说？

生 2：数据呈现先增大再变小的趋势。

生 3：表格里讨论的都是一位小数，如果小正方形的边长是两位、三位小数呢？

师：看来，我们还应该再举几个例子算一算。根据之前实践的经验，你认为接下来应该在哪个范围内继续研究？请结合折线统计图，四人小组交流。

3. 深探：边长为几位小数

师：接下来该从哪个范围继续研究，说说你的理由。

生 1：选择在 1.4 ~ 1.5 cm 范围里找小数。

生 2：选择在 1.5 ~ 1.6 cm 范围里找小数。

生 3：选择在 1.4 ~ 1.5 cm 范围里和 1.5 ~ 1.6 cm 范围里各寻找几个一位小数计算的小组。

师：看来大家都明确了自己的研究范围，接下来把时间交给你们，以小组为单位，分工合作，继续研究。

交流汇报：

生 1：我们选择的边长为 1.42 cm，1.45 cm，1.455 cm，1.48 cm，容积都没有超过 54 cm^3。

生 2：我们选择的两位小数分别是 1.51 cm，1.53 cm，1.55 cm，1.58 cm，容积都没有超过 54 cm^3。

生 3：我们选择的四个小数分别是 1.49 cm，1.495 cm，1.501 cm，1.505 cm，容积也没有超过 54 cm^3。

生 4：我们选择 1.49 cm，1.499 cm，1.4999 cm…

生 5：我们选择 1.51 cm，1.501 cm，1.5001 cm…

师：由于课堂时间的原因，我们不能将数据一一计算出来。老师选取了边长非常接近 1.5 cm 的几组数据，计算出了长方体纸盒的容积。由于数据非常接近，所以在折线统计图上看，似乎都在一条直线上了。尽管如此，但容积都没有超过 54 cm^3。（图 11-32）

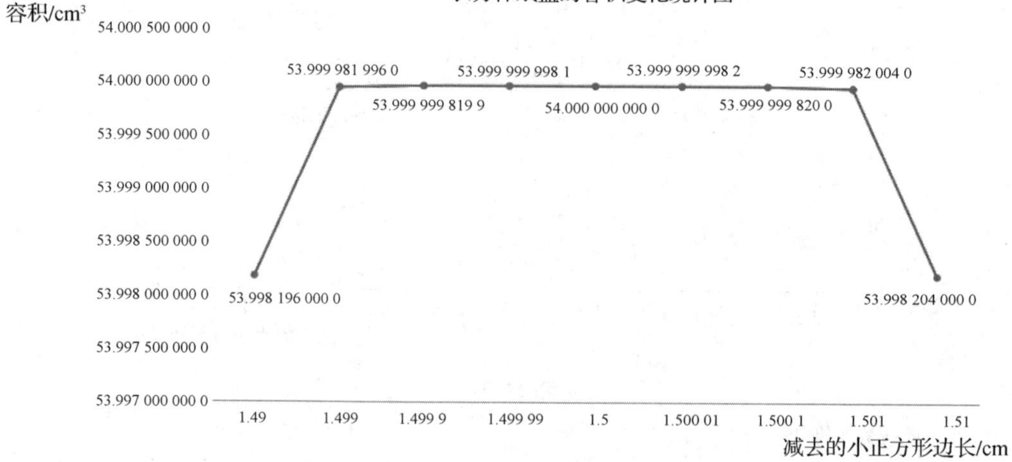

图 11-32

师:现在对于这道题,我们可以下结论了。什么时候折成的无盖长方体纸盒的容积最大?

生:当剪去的小正方形的边长是 1.5 cm 时,折成的无盖长方体纸盒的容积最大,是 54 cm^3。

师:通过大家的合作探究,我们确定了结论。

4. 总结:发现规律

师:请同学们继续观察,小正方形的边长是 1.5 cm,大正方形的边长是 9 cm,你有什么发现?

生 1:大正方形的边长是小正方形的 6 倍。

生 2:9 cm 的$\frac{1}{6}$是 1.5 cm。

师:是的,小正方形的边长是大正方形边长的$\frac{1}{6}$。由于课堂时间有限,我们仅仅对这就一道题进行了研究。如果将大正方形的边长调整为 12 cm、18 cm 呢?如果把大正方形的边长设为 a,小正方形的边长设为 b,当 $h=\frac{1}{6}a$ 时,折成的无盖长方体纸盒的容积最大?这个猜想是否正确?感兴趣的同学,课后可以继续深入研究。

【设计意图】 当题目中“剪去的小正方形边长”这一条件不断地发生变化时,学生在教师的反复追问下产生怀疑,在新旧知识的勾连中,促使学生产生探究的欲望。探究环节一共设计了 3 次“做数学”的活动。在层层递进的“做数学”过程中,学生的数学活动经验不断被丰盈,其观察力、思考力、表达力、创造力等综合素养在不知不觉中得以发展。学生通过自主探究,对题目的理解更加深入,对知识的构建更加完整。

片段三:回顾反思,思维进阶

师:同学们,马上要下课了。回顾一下刚才的探索和发现的过程,现在你对于数学的学习,有什么不一样的感受呢?

生 1:我很喜欢通过尝试计算慢慢找到答案的过程,很有意思。

生 2:有时候我们以为找到答案了,结果却不是,数学需要慢慢研究。

师:是啊。我们今天的研究问题是从一个确定的问题到一个不确定的问题,在这个研究过程中,我们会有一些疑问。面对这些疑问,我们要不断地思考、猜测、尝试、验证,一遍遍地追问自己“是这样吗?”让思考不断走向深入。

【设计意图】 课堂的最后,给学生留下再认识与梳理的时间,用来回顾在探索过程中自身参与的印记,为其以后的数学学习留下宝贵的思维痕迹,发展学生的思维品质。

三、作品叙事

课堂上,学生留下的探究单是其思维呈现的实物载体,也是教师了解学生是如何思考、如何实践、如何验证的最直接的资料。从探究单的数据呈现可以很清楚地看到,不同学生在经历交流、合作、验证这一系列的活动后,思维层面所体现出的差异性,也正是这些差异性成了课堂宝贵的生产性资源。(图11-33)探究实践二中,当剪去的小正方形边长限制为一位小数时,下图的数据体现了普遍性,大部分学生都会从1.1 cm开始算起,一直算到1.6 cm后发现容积变小后才会停止;而图11-33中的数据体现出了其特殊性,直接从中间数1.5 cm开始计算,然后取1.5 cm两边的数据进行核对即可。从两份探究单中清晰地看出了学生思维的差异性,也正是这节课需要让学生在探究过程中去感受与体会的,在肯定自我的同时,既要学会对比分析,又要及时调整,优化思路,不断提升自身的学习力。

【探究实践二】

有一张边长9 cm的正方形纸,从它的四个角各剪去一个小正方形(边长为一位小数),然后折成一个无盖的长方体。这个长方体的容积可能是多少?

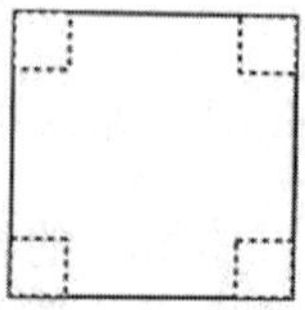

正方形纸	剪去的小正方形边长/cm	折成的长方体纸盒			
		长/cm	宽/cm	高/cm	容积/cm^3
边长9 cm	1.5	6.0	6.0	1.5	54.000
	1.6	5.8	5.8	1.6	53.824
	1.4	6.2	6.2	1.4	53.816

【探究实践二】

有一张边长9 cm的正方形纸,从它的四个角各剪去一个小正方形(边长为一位小数),然后折成一个无盖的长方体。这个长方体的容积可能是多少?

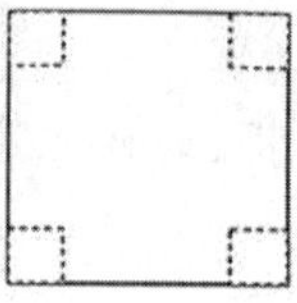

正方形纸	剪去的小正方形边长/cm	折成的长方体纸盒			
		长/cm	宽/cm	高/cm	容积/cm^3
边长9 cm	1.1	6.8	6.8	1.1	50.864
	1.2	6.6	6.6	1.2	52.272
	1.3	6.4	6.4	1.3	53.248
	1.4	6.2	6.2	1.4	53.816
	1.5	6.0	6.0	1.5	54.000
	1.6	5.8	5.8	1.6	53.824

图11-33

探究实践三中,当剪去的小正方形边长的限制要求调整为几位小数时,学生的发散性思维在作品中体现得淋漓尽致(图11-34)。剪去小正方形的边长无限接近1.5 cm时,容积最大仍然没有超过54 cm^3,极限思想也在作品中体现出了来。正如荷兰数学教育家弗赖登塔尔所说:“真正的数学家常常凭借数学的直觉思维做出各种猜想,然后加以证实。”只有在不断地猜想、验证中,才能发现数学的本质及探寻的规律。

【探究实践三】

有一张边长9 cm的正方形纸，从它的四个角各剪去一个小正方形（边长为几位小数），然后折成一个无盖的长方体。这个长方体的容积可能是多少？

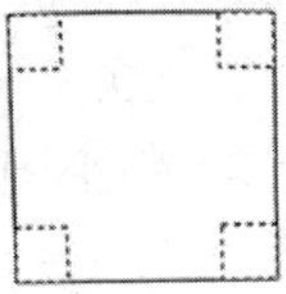

正方形纸	剪去的小正方形边长/cm	折成的长方体纸盒			
		长/cm	宽/cm	高/cm	容积/cm³
边长9 cm	1.51	5.98	5.98	1.51	53.998204
	1.499	6.002	6.002	1.499	53.9999…
	1.5001	5.9998	5.9998	1.5001	53.999999…
	1.5000001	5.9999999	5.9999999	1.5000001	53.9999…

【探究实践三】

有一张边长9 cm的正方形纸，从它的四个角各剪去一个小正方形（边长为几位小数），然后折成一个无盖的长方体。这个长方体的容积可能是多少？

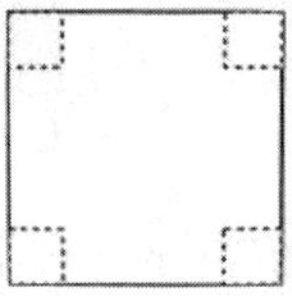

正方形纸	剪去的小正方形边长/cm	折成的长方体纸盒			
		长/cm	宽/cm	高/cm	容积/cm³
边长9 cm	1.51	5.98	5.98	1.51	53.998204
	1.49	6.02	6.02	1.49	53.998196
	1.501	5.998	5.998	1.501	≈53.999982
	1.499	6.002	6.002	1.499	≈53.99998
	1.5001	5.9998	5.9998	1.5001	53.99999982
	1.4999	6.0002	6.0002	1.4999	53.9999998199

图 11-34

在本课的尾声，留下了这样一个问题：由于课堂时间有限，我们仅仅对这就一道题进行了研究。如果将大正方形的边长调整为 12 cm，18 cm 呢？如果把大正方形的边长设为 a，小正方形的边长设为 b，当 $h=\frac{1}{6}a$ 时，折成的无盖长方体纸盒的容积最大？这个猜想是否正确？感兴趣的同学，课后可以继续深入研究。也正是这样的一个问题，激发了部分学生的好奇心与探究欲，他们利用课后时间，重新调整了数据，进行了验证。有初中知识储备的学生还利用初中的数学知识去进行验证，使得本节课的结论更加具体且抽象。在这一延续性的探究活动中，学生通过归纳与类比发现了数学关系与规律，学生的好奇心得到满足，敢于质疑的理性精神得以发展。

学生创新意识的培养是一个长期的，且可持续发展的过程，其并不仅限于一个猜想的提出、一节课的探究、一个实验的操作，其贯穿于学生的整个发展过程中。作为教师的我们，需要不断地去发现问题、开掘问题、延续问题，助力学生创新意识的发展。

四、专题分析

(一)注重问题引领,以问促思,激发创新思维

美国著名数学家哈尔莫斯曾说过:“问题是数学的心脏,有了问题,思维才有方向;有了问题,思维才有动力;有了问题,思维才有创新。”在新课程改革下,需要在教师的引领下,创设出最佳的认知活动条件,让学生能够自主地发现问题、分析问题和解决问题,通过自身情感体验去实现知识的再创造。

本案例注重核心问题、关键问题的引领,在激活学生思维的同时,调动了学生学习的热情,激发学生创新思维的生成。“容积最大是多少?”是本案例的核心问题、关键问题,此问题是开展学生一系列探究活动的基础。当题目中“剪去的小正方形边长”这一条件在不断地发生变化的时候,教师反复追问,以此问题来引起学生新旧知识的勾连,激发学生内心想要解决这一问题的欲望,当学生的好奇心与求知欲被激发出来后,一切的探究活动都会在学生自发性的行为下完成,探究效果将会最大化。这一过程不仅培养了学生的学习兴趣,还发展了学生的创造性思维。

(二)聚焦“做”数学,以做促思,积累创意活动经验

特级教师贲友林在《关于获得数学活动经验的三点认识》一文中提到,学生获得数学活动经验的过程,至少需要经历这样几个阶段:原初经验阶段、再生经验阶段、再认经验阶段、概括性经验阶段、再次参与多样化的数学活动,以及逐渐内化为概括性经验图式阶段。所以在教学设计中,我们要持续关注学生数学活动经验的积累,通过层层递进的活动设计,提升学生的参与度,让学生经历数学观察、数学思考、数学表达、概括归纳、迁移运用等过程。在“做”数学的过程中,提升创新性思维能力的同时,积累丰富的活动经验,其中不乏富有创意的活动。

在本案例的探究环节中,一共设计了初探、再探、深探 3 次“做”数学的创意性活动。以“剪去的小正方形的边长的长度”这一条件为载体,在不断追问的过程中调整此条件的限制要求,以此来激发学生的探究欲。在层层递进的“做”数学过程中,学生的数学活动经验不断被丰盈;在大胆猜想、敢于质疑中,富有创意的活动经验不断积累;在操作探究、互动交流中,学生的观察力、思考力、表达力、创造力等综合素养在不知不觉中得以发展。

(三)鼓励质疑发问,以疑促思,发展创新意识

古人云:“学则须疑。”质疑是创新的重要基石,是塑造创新人才的关键,是其所必备的思想品质。因此,在数学教学中,教师要充分抓住学科本质,创设问题情景,鼓励、启发、引导学生在探究活动中勇于对已产生的结论质疑发问。能以疑促思,在活跃思维的同时,对问题产生更深层次的思考,进而发展学生的高阶思维能力,培育学生的数学核心素养。

本案例主要从“调整探究活动中的条件”和“课终设置疑问”这两个方面来激发学生质疑兴趣、提高学生的质疑能力。当“剪去的小正方形的边长的长度”发生变化后,学生需要

通过实践来研究自己的猜测，但在实践过程中亦会对产生的数据发生质疑，在不断调整条件、不断猜想、不断质疑的过程中，最终得出结论。在这一连串的实践活动中，学生不断思考，不断调整研究方案，思维能力得以进阶。同样，本课的最后设问“如果将大正方形的边长调整为 12 cm，18 cm 呢？如果把大正方形的边长设为 a，小正方形的边长设为 b，当 $h=\frac{1}{6}a$ 时，折成的无盖长方体纸盒的容积最大?”给学生留下了猜测、质疑、实践的空间，以疑促思，开拓学生思维的深度和广度，提升思维品质，促进深度学习，这就是教学中创新的意义。

（桑　坤）